Misterios y Enigmas de la Historia

Del Norte a Jerusalén

Trilogía de las Cruzadas I

Jan Guillou

PLANETA DeAGOSTINI®

Misterios y Enigmas de la Historia

Director editorial: Virgilio Ortega

Edita y realiza: Centro Editor PDA, S.L.
Edición: Macarena de Eguilior - Isabel Jiménez

Diseño cubierta: Mercè Godas

Título original: *Vägen till Jerusalem*
Traducción: Mayte Giménez, Dea Marie Mansten y Frida Sánchez Giménez

Fotografía de la cubierta: © Corbis

ISBN: 84-674-2056-1
ISBN obra completa: 84-674-1459-6
Depósito legal: B-35755-2005

Imprime: Cayfosa-Quebecor, S.A.
Santa Perpètua de Mogoda (Barcelona)
Distribuye: Logista
Aragonés, 18 - Polígono Industrial Alcobendas
28108 Alcobendas (Madrid)
Printed in Spain - Impreso en España

El camino del infierno está empedrado de buenas intenciones.

Jacula Prudentum, 1651, 170

Götaland Occidental, 1150-1250

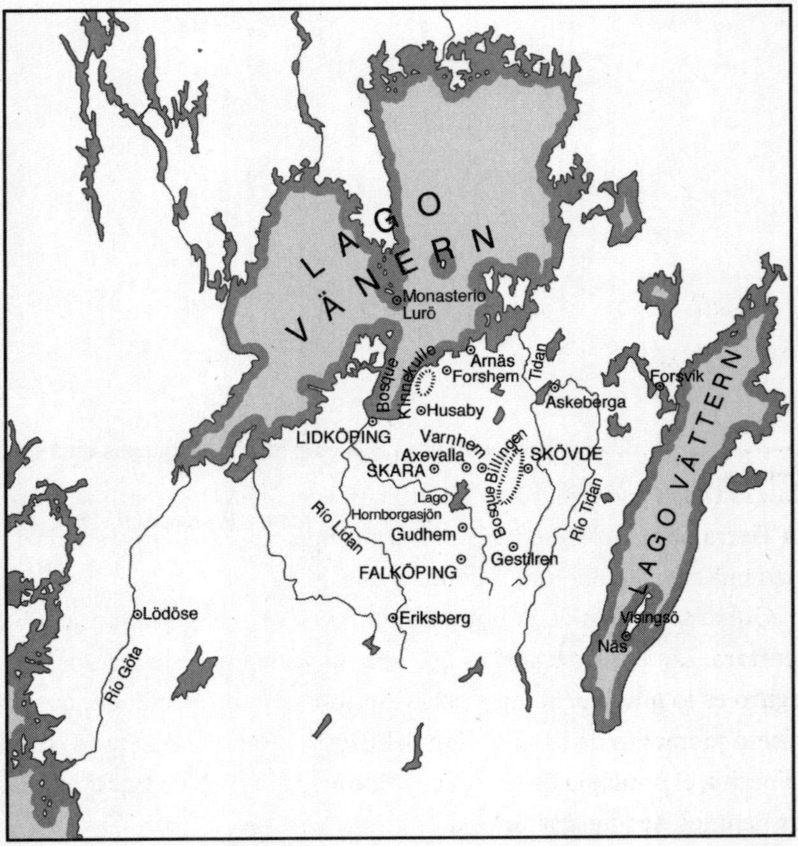

I

En el año de gracia de 1150, cuando los herejes sarracenos, hez de la tierra y vanguardia del anticristo, ocasionaban tantas derrotas en Tierra Santa, el Espíritu Santo descendió sobre la señora Sigrid y le hizo una revelación que cambió su vida.

Quizá se podría decir que aquella revelación llevó a que su vida se acortara. Lo que es seguro es que ella no volvió a ser la misma. Menos seguro es lo que mucho más tarde escribió el monje Thibaud, que en el mismo momento de la aparición del Espíritu Santo ante Sigrid, se creó, de hecho, el principio de un nuevo reino arriba en el Norte que, al final de los tiempos, se llamaría Suecia.

Fue en la misa de San Tiburcio, el día que se contaba como el primero del verano y cuando los hielos rompían en Götaland Occidental. Nunca como aquel día había habido tanta gente reunida en Skara, ya que la misa que se iba a celebrar no era una misa cualquiera. Por fin se iba a consagrar la nueva catedral.

Las ceremonias iban ya por la segunda hora. La procesión había dado las tres vueltas alrededor de la iglesia, e iba infinitamente despacio ya que el obispo Ödgrim era un hombre muy viejo y avanzaba tambaleándose como si fuera su última peregrinación. Además, parecía un poco desorientado, ya que había leído la primera oración dentro de la santificada iglesia en idioma corriente en lugar de hacerlo en latín:

Dios, Tú que invisiblemente lo proteges todo
pero que para la salvación de los hombres haces visible Tu poder,
recibe Tu morada y reina en este templo,
y que todos los que aquí se reúnan para orar
reciban Tu consuelo y Tu ayuda.

Cierto que Dios hizo visible su poder para la salvación de los hombres o por otros motivos. Fue un espectáculo que nadie nunca había visto en toda Götaland Occidental, fueron colores radiantes del hilo de oro de los vestidos del obispo, seda celeste y granate, con perfumes adormecedores de los incensarios que los canónigos balanceaban a su paso y había una música tan celestial que ninguna oreja en Götaland Occidental había podido oír algo así anteriormente. Y si se levantaba la vista era como contemplar el cielo aunque bajo techo. Era incomprensible que tanto los constructores borgoñones como los ingleses pudieran crear aquellas bóvedas tan altas sin que se les derrumbara todo, si no por otra cosa, porque Dios debería enfurecerse ante la vanidad de que intentaran construir hasta llegar a Él.

La noble Sigrid era una mujer práctica, por eso muchos decían que era dura. No le había apetecido en absoluto emprender el pesado camino hasta Skara, ya que la primavera había llegado pronto y los caminos eran barrizales y sentía inquietud ante la idea de ir sentada en un carro, en su estado de buena esperanza, dando brincos arriba y abajo, adelante y atrás. A nada en la vida terrenal temía tanto como al nacimiento de su segundo hijo. Y sabía muy bien que al consagrar una catedral, se trataba de estar de pie en el duro suelo durante horas y de vez en cuando arrodillarse para rezar, lo que era un suplicio en su estado. Conocía a fondo lo que se refería a las muchas reglas de la vida eclesiástica, seguro que mucho mejor que la mayor parte de los próceres y las hijas de los próceres que la rodeaban en aquellos momentos. Bien era cierto que aquellos conocimientos no los había adquirido por fe o por propia voluntad, pero cuando tenía dieciséis años a su padre, no sin razón, se le metió en la cabeza que ella demostraba un interés exagerado por un pariente de Noruega de origen demasiado humilde, que podría haber conducido a aquello que sólo es propio del matrimonio, como su padre rudamente resumió el problema. La enviaron a un convento en Noruega durante cinco años y no hubiera conseguido salir nunca de allí si no hubiera heredado de un tío materno que no tenía hijos en Götaland Oriental. Con ello se convirtió en alguien que más valía casar que guardar en un convento.

Por tanto, sabía cuándo debía levantarse y cuándo arrodillarse, cuándo había que repetir el *Pater Noster* y el *Ave María* que alguno de los obispos que estaban delante rezaba primero, y cuándo se tenía que rezar una plegaria propia. Cada vez que rezaba una plegaria propia pedía por su vida.

Dios le había dado un hijo hacía tres años. Había tardado dos días enteros en parirlo; el sol había subido y bajado dos veces mientras ella estaba bañada en sudor, angustia y dolor. Sabía que iba a morir y al final también lo supieron las buenas mujeres que la ayudaban. Habían ido a buscar al cura abajo en Forshem y éste le había concedido el perdón de los pecados y la extremaunción.

Tenía la esperanza de que nunca más. Nunca más aquel dolor, nunca más aquel terror a la muerte, pedía ahora. Era una forma egoísta de pensar, lo sabía muy bien. Era normal que las mujeres murieran en el parto y que el ser humano naciera con dolor. Pero había cometido el error de pedirle a la Virgen Santa que la librara justo a ella y había intentado cumplir con sus deberes matrimoniales sin que desembocaran en un nuevo parto. Su hijo Eskil vivía y era un muchacho bien formado y espabilado con todas las facultades que los niños deben tener.

Naturalmente, la Virgen Santa la había castigado por ello. La obligación de los hombres era poblar la tierra, así que ¿cómo esperaba ser escuchada si pedía precisamente librarse de su parte de aquella responsabilidad? Así pues, seguro que ahora la esperaban nuevos suplicios. Y, una y otra vez, aún seguía rezando para que fuera leve.

Para por lo menos aliviar el suplicio, mucho menor pero malo también, de estar de pie y arrodillarse, levantarse y en seguida volverse a arrodillar, durante muchas horas, había hecho bautizar a su sierva Sot, para que la pudiera acompañar a la casa de Dios, tenerla a su lado y apoyarse en ella cuando tenía que levantarse y arrodillarse. Los grandes ojos negros de Sot estaban abiertos como los ojos de un caballo, aterrorizados por todo lo que estaba viendo, y si antes no era del todo cristiana, ahora probablemente acabaría siéndolo.

Tres hileras de hombres por delante de Sigrid estaban el rey Sverker y la reina Ulvhild y a ellos con el peso de la edad les era cada vez más difícil levantarse y arrodillarse sin demasiados resoplidos o ruidos inoportunos del trasero. No obstante, era por ellos y no por Dios que Sigrid se hallaba en la catedral. El rey Sverker no le tenía mucho aprecio a los linajes de ella, ni al noruego ni al godo-occidental, ni tampoco a los de su marido, ni al noruego ni al de los Folkung. Y ahora, a su avanzada edad, el rey se había vuelto tan suspicaz como inquieto respecto a su vida después de la vida terrenal. Faltar a la gozosa consagración de la iglesia del rey a Dios hubiera creado malentendidos. Si un hombre o una mujer ofendían a Dios, las cuentas probablemente se saldarían con Él en persona. A Sigrid le parecía peor ofender al rey.

Pero a la tercera hora, la cabeza empezó a darle vueltas a Sigrid, y cada vez se le hacía más difícil arrodillarse y levantarse constantemente, y el niño que llevaba dentro le daba patadas y se movía cada vez más, como si protestara. Tuvo la sensación de que el suelo de mosaico amarillo pálido, pulido hasta brillar, se balanceaba debajo de ella y empezó a verlo agrietarse, como si quisiera abrirse y tragársela de golpe. Entonces hizo algo inaudito. Resolutamente y con un crujir de sedas fue y se sentó en un pequeño banco al fondo de la catedral. Todos lo vieron; el rey, también.

Aliviada, se hundió en el corto banco de piedra situado al lado del muro de la iglesia, y en ese momento empezaron a entrar los monjes de Lurö por el centro de la nave lateral. Sigrid se secó la frente y la cara con un pequeño pañuelo de hilo, enviando un gesto de ánimo a su hijo, que estaba allá lejos, al lado de Sot.

Entonces empezó el canto de los monjes. En silencio y con la cabeza agachada como en oración, habían avanzado por todo el pasillo central y se habían colocado al fondo, al lado del altar, de donde los obispos y sus ayudantes se apartaban ahora. Primero sólo sonó como un débil y sordo murmullo, después llegaron de pronto altas voces de muchachos; sí, una parte de los monjes de Lurö llevaban la capucha marrón y no blanca y se veía claramente que eran unos niños. Sus voces subieron claras como alegres pájaros hacia el enorme espacio del techo, y cuando habían subido tan alto que llenaban la enorme sala, aparecieron las sordas voces de hombre, de los mismos monjes que cantaban lo mismo y no lo mismo. Sigrid había oído cantos en dos y tres voces pero aquello era por lo menos ocho voces. Era como un milagro, algo que no podía suceder, ya que tres voces era algo muy difícil de conseguir.

Sigrid miraba, agotada, con los ojos muy abiertos, hacia el lugar donde el milagro ocurría y escuchaba con todo su ser, con todo su cuerpo, de manera que empezó a temblar de emoción y se le nubló la vista y ya no veía, sino que sólo oía, como si también sus ojos tuvieran que utilizar su fuerza para oír. Parecía como si se desvaneciera, como si se convirtiera en tonos y formara parte de la música sagrada, que era más bella que cualquier otra música en la vida terrenal.

Al cabo de un instante volvió en sí al tocarle alguien la mano, y cuando levantó la vista descubrió al mismísimo rey Sverker.

Le acarició levemente la mano e irónicamente le dio las gracias porque él, que realmente era un hombre viejo, más que nada necesitaba una mujer embarazada que fuera a sentarse antes que él. Si una mujer en estado de buena esperanza podía, él también, dijo. Aunque, naturalmente, al revés no hubiera estado bien visto.

Sigrid ahogó decididamente el deseo de explicar que el Espíritu Santo acababa de hablarle. Pensó que si contaba algo así sólo parecería que estaba presumiendo, y los reyes tenían a su disposición a bastante gente así, hasta que alguien les cortaba la cabeza. En lugar de hacerlo, explicó susurrando lo que acababa de descubrir.

Como seguramente el rey ya sabía, había disputa respecto a su herencia en Varnhem. Su pariente Kristina, que acababa de casarse con aquel ambicioso de Erik Jevardsson, reclamaba la mitad de la propiedad. Pero el caso era que los monjes de Lurö necesitaban una naturaleza con inviernos menos duros. Gran parte de sus cultivos se habían perdido allí donde estaban, era sabido por todos, por eso no había nada malo en que el rey Sverker, en su generosidad, les donase Lurö. Pero si ella, Sigrid, donara Varnhem a los cistercienses, el rey debería bendecir la donación y declararla legal y entonces todo el problema se acabaría. Todos ganarían con aquello.

Había hablado de prisa y en voz baja, todavía con el corazón latiéndole fuertemente después de lo que había visto en la música celestial cuando la oscuridad se volvió luz.

Al principio el rey parecía un poco sorprendido, pues no estaba acostumbrado a que los hombres de su alrededor le hablaran tan directamente y sin rodeos ornamentados, y mucho menos las mujeres.

–Eres una mujer bendita en más de un aspecto, mi querida Sigrid –le dijo finalmente despacio, tomándole de nuevo la mano–. Mañana, cuando hayamos descansado en la finca real después del banquete de hoy, haré llamar al padre Henri y lo arreglaremos todo. Mañana, hoy no. No está bien que sigamos mucho rato aquí susurrando.

En un abrir y cerrar de ojos había regalado su herencia, Varnhem. No hay hombre ni mujer que rompan la palabra dada al mismo rey, lo mismo que el rey nunca rompería su palabra. Lo que había hecho no se podía dar por no hecho.

Pero también era práctico, lo vio cuando se hubo repuesto un poco. Por tanto, el Espíritu Santo podía ser práctico y los caminos del Señor no eran siempre inescrutables.

Varnhem y Arnäs estaban a un poco más de dos días a caballo de distancia uno de otro. Varnhem, a las afueras de Skara, no muy lejos del obispado, en la montaña de Billingen. Arnäs estaba situado arriba, en la orilla oriental del lago Vänern, donde la tierra de Sunnanskog acababa y empezaba Tiveden, en la montaña de Kinnekulle. La finca de Varnhem era más nueva y estaba en mucho mejor estado y por eso quería pasar la época más fría allí, especialmente ahora que se acercaba el espantoso parto. Magnus, su marido, quería que Arnäs, que era su herencia paterna, fuera su residencia, ella prefería Varnhem y nunca se habían puesto de acuerdo. A veces ni siquiera habían podido hablar del asunto amablemente y con la paciencia que debían tener como marido y mujer.

Arnäs necesitaba equiparse y reconstruirse. Pero estaba situado en una zona fronteriza sin amo a lo largo del bosque, donde había mucha tierra comunal y del rey que se podían comprar negociando. Se podían mejorar muchas cosas, especialmente si se llevaba con ella a sus siervos y a los animales de Varnhem.

No era exactamente así como el Espíritu Santo había expresado el asunto cuando se le apareció. Había tenido una visión no explícita, una manada de caballos muy bonitos que cambiaban de color como si fueran de nácar. Los caballos habían llegado hasta ella corriendo por un prado con muchas flores, sus crines eran blancas y limpias y sus colas se levantaban arrogantes, y se movían juguetones y ágiles como gatos. Eran encantadores en todos sus movimientos, no salvajes pero tampoco libres, ya que eran sus caballos. Y en algún sitio detrás de los caballos juguetones, vivarachos y sin riendas, llegó un hombre joven montado en un caballo de color plateado, también aquél con la crin blanca y la cola bien levantada, y ella reconoció al hombre joven aunque, sin embargo, no lo conocía. Llevaba escudo pero no llevaba casco. No reconocía la insignia del escudo, no era ni de su linaje ni del de su marido, era completamente blanco con una gran cruz roja de sangre, nada más.

El hombre joven había amarrado su caballo justo al lado del de ella y le había hablado y ella oía cada una de las palabras, las entendía pero a la vez no las entendía. Pero sabía que lo que él decía significaba que debería hacerle a Dios aquella ofrenda, que justo ahora era lo que más se necesitaba en el país donde mandaba el rey Sverker, un buen lugar para los monjes de Lurö.

Después de aquello observó detenidamente a los monjes cuando salían trotando después de su larga función. No parecían en absoluto llenos del milagro que habían logrado, más como si hubieran acabado una jornada picando piedras entre todos los picapedreros de Götaland Occidental, como si ahora pensaran en la cena más que en cualquier otra cosa. Habían hablado un poco, se habían rascado la erupción roja que muchos de ellos tenían en la mal afeitada tonsura. La piel colgaba en la cara y en la nuca de muchos de ellos. No les sobraba la comida en Lurö, cualquiera lo podía ver, y el invierno seguro que no había sido benevolente con ellos. Así que la voluntad de Dios no era difícil de entender, aquellos que podían cantar hasta el milagro deberían tener un lugar mejor para vivir y para trabajar. Y Varnhem era un lugar muy bueno.

Cuando llegó a la escalinata de la catedral se le aclaró la cabeza con el aire fresco y comprendió con una repentina inspiración, casi como si el Espíritu Santo se hubiera quedado con ella, cómo debía decírselo todo a su marido, que ahora se acercaba hacia ella entre el gentío con los mantos en un brazo. Lo observó con una sonrisa cuidadosa, completamente segura. Lo quería porque era un marido dulce y un padre considerado, aunque no era un hombre por el que sentir respeto o admiración. Realmente era difícil creer que era nieto de todo lo contrario, el fuerte canciller real, Folke *el Gordo*. Magnus era un hombre delgado y sin los vestidos extranjeros que ahora llevaba se lo podría confundir con uno del montón.

Cuando llegó hasta ella le hizo una reverencia y le pidió que llevara su propio manto mientras él se envolvía en el suyo azul cielo y forrado de piel de marta, y lo fijaba bajo la barbilla con el broche noruego de plata. Después la ayudó, la acarició en la frente, escudriñador, con sus tiernas manos, que no eran manos de guerrero, y le preguntó cómo había podido soportar un canto de alabanza al Señor tan largo en su estado de buena esperanza. Le contestó que de ninguna manera había sido difícil porque de una parte llevaba a Sot consigo como sostén y de otra parte el Espíritu Santo había tenido a bien aparecérsele; lo dijo de la manera que utilizaba cuando no hablaba en serio. Él sonrió a lo que creía que era una broma común y después buscó a uno de sus guardias que venía del atrio con su espada.

Cuando se colocó la espada bajo el manto y empezó a ajustársela en el portaespadas tenía los dos codos bajo el manto, haciéndolo parecer ancho y poderoso, de una manera que ella consideraba que no era.

Después le ofreció el brazo y le preguntó si quería dar una vuelta por la plaza que había delante de ellos para contemplar el espectáculo o si prefería ir directamente a descansar.

Contestó rápidamente que le gustaría estirar un poco las piernas sin tener que arrodillarse todo el rato, él sonrió tímidamente por su atrevida broma, y también porque era divertido ver a todos aquellos bufones que el rey había invitado; en medio de la plaza actuaban acróbatas francos y un hombre que echaba fuego por la boca, tocaban la gaita y el rabel y de más lejos, al lado de la gran tienda de la cerveza, se oían unos sordos tambores.

Se apretujaron con cuidado entre el gentío, donde los distinguidos visitantes de la iglesia se mezclaban ahora con la gente común y corriente y con los siervos. Al cabo de un rato tomó aire y lo dijo todo de golpe y sin rodeos:

–Magnus, mi querido esposo, espero que te mantengas tranquilo y digno como un hombre cuando oigas lo que acabo de hacer –empezó, respirando de nuevo profundamente y continuó con rapidez antes de darle tiempo a que contestara–: He dado mi palabra al rey Sverker de donar Varnhem a los monjes cistercienses de Lurö. Mi palabra al rey no la puedo retirar, es irrevocable. Nos veremos con él mañana en la casa de campo real para ponerlo por escrito y sellarlo.

Tal como esperaba, él se paró de golpe a examinar su cara, buscando la sonrisa que hacía cuando era socarrona, a su modo particular. Pero en seguida comprendió que estaba completamente seria y entonces lo invadió la ira con tal fuerza que probablemente le hubiera pegado por primera vez si no se hubieran hallado entre familiares y enemigos y toda la gente baja.

–¿Es que te has vuelto loca, mujer? Si no fuera porque heredaste Varnhem, aún estarías marchitándote en el convento. Fue gracias a Varnhem que nos casamos.

En el último momento se había contenido y hablaba bajo, pero con los dientes muy apretados.

–Sí, es verdad, mi querido esposo –contestó ella, bajando la mirada virtuosamente–. Si no hubiera heredado Varnhem, tus padres habrían elegido otro partido. Es verdad que ahora sería monja, pero también es verdad que Eskil y la nueva vida que llevo dentro, bajo mi corazón, no existirían sin Varnhem.

No contestó. Parecía como si pensara de forma demasiado acalorada como para poner orden a sus palabras. En ese momento llegó Sot con su hijo Eskil, que inmediatamente fue a agarrarse de la mano de su madre y empezó a hablar de prisa y alto, de todo lo que había visto en la catedral. Tras haber sido obligado a callar y estarse quieto tanto rato, ahora hablaba de manera que las palabras parecían como el agua cuando se abre un dique en primavera, imposible de parar.

Magnus cogió a su hijo en brazos y le acarició el pelo con amor a la vez que observaba a su legítima esposa con otra cosa que no era amor. Pero de golpe dejó a su hijo en el suelo y ordenó, casi descortés, que Sot se lo llevara a ver a los bufones, diciendo que ya se verían después. Sot, sorprendida, cogió al niño de la mano y se lo llevó mientras él protestaba y ofrecía resistencia.

–Pero como también sabes, mi querido esposo –continuó ella rápidamente para dirigir la conversación y no permitirle a él que estallase lleno de rabia sin sentido ni sensatez–, yo deseaba Varnhem como regalo de bodas, a pesar de que era yo la que lo había heredado y lo recibí como regalo de bodas por escrito y sellado, y por ese motivo no obtuve mucho más que este manto que llevo ahora encima y algo de oro para engalanarme.

–Sí, también es verdad –contestó Magnus, huraño–. Pero, sin embargo, Varnhem es una tercera parte de nuestra propiedad común, una tercera parte que ahora le has quitado a Eskil. Lo que no puedo entender es por qué has hecho una cosa así, aunque tuvieras derecho a hacerlo.

–Vayamos andando despacio hacia los bufones y no nos quedemos parados aquí, ya que podría parecer que estamos enfadados el uno con el otro, y te lo explicaré todo –le dijo ofreciéndole el brazo.

Magnus miró a su alrededor, violentado, comprendió que ella tenía razón y esbozando una sonrisa forzada la tomó por el brazo.

–Bueno –dijo al cabo de un momento–. Sí, empecemos por lo terrenal, eso que más ocupa tu cabeza ahora mismo. Naturalmente me llevo conmigo a Arnäs a todos los animales y a todos los siervos. Es cierto que Varnhem tiene las mejores construcciones, pero por eso mismo es Arnäs lo que podemos reconstruir desde los cimientos, sobre todo ahora que tendremos muchas más manos que poner a la obra. De esta manera tendremos un lugar mejor donde vivir, especialmente en invierno. Más animales significa más cubas de carne salada y más pieles que ahora podemos enviar en barco a Lödöse. Tú querías comerciar con

Lödöse y se puede hacer fácilmente desde Arnäs tanto en invierno como en verano, pero más difícilmente desde Varnhem.

Él iba callado a su lado, inclinado hacia adelante, pero ella se dio cuenta de que se había calmado y empezaba a escuchar con interés y entonces supo que no sería necesaria una lucha con palabras. Lo vio todo tan claro como si hubiera empleado mucho tiempo en pensarlo, a pesar de que toda la idea tenía menos de una hora de vida.

Más pieles y más cubas de carne salada a Lödöse significaba más plata, y más plata significaba más grano para la siembra. Más grano significaba que más siervos podrían ganarse la libertad cultivando nuevas tierras, tomando prestada la semilla y pagando luego el doble en centeno, que se podría enviar a Lödöse y cambiar por más plata. Y entonces se podrían organizar las fortificaciones que Magnus siempre había deseado, ya que Arnäs era difícil de defender, especialmente en invierno cuando helaban las aguas. Concentrando las fuerzas en Arnäs en lugar de dividirlas en dos lugares, pronto serían ricos. Con el cultivo de las tierras nuevas, además, podrían tener propiedades más grandes, tendrían un hogar más caliente y más seguro y dejarían a Eskil una herencia mayor que la de ahora.

Al haber adelantado a la muchedumbre, abriéndose paso sin ademanes y con toda naturalidad, Magnus permaneció durante largo rato en silencio, pensativo. Sot llegó resoplando con Eskil en brazos, lo levantaba delante de ella para que la gente viera su vestido y así se diera cuenta de que ella también tenía derecho a pasar. El niño saltó al suelo delante de su madre que, cariñosamente, le puso las manos sobre los hombros, le acarició la mejilla y le arregló el gorro con plumas.

Los bufones que estaban delante de ellos iban vestidos con ropas divertidas de vivos colores y llevaban pequeños cascabeles alrededor de los tobillos y de las muñecas, de manera que todos sus movimientos se mezclaban con el ruido de los cascabeles. En estos momentos estaban construyendo una alta torre humana con un niño muy pequeño, quizá algo mayor que Eskil, arriba del todo. La gente gritaba de espanto y deleite y Eskil señalaba, nervioso, diciendo que quería ser bufón, lo que hizo que su padre rompiera a reír con una sorprendente y sincera carcajada. Sigrid lo miró con cuidado, pensando que con esa risa había pasado ya el peligro.

Él descubrió que lo estaba mirando a escondidas y continuó sonriendo cuando se inclinó hacia ella y la besó en la mejilla.

–Realmente eres una mujer especial, Sigrid –le susurró sin ira en la voz–. He pensado en lo que has dicho y tienes razón en todo. Si aunamos nuestras fuerzas en Arnäs seremos más ricos. ¿Cómo podría un comerciante tener una esposa mejor y más fiel que tú?

Le contestó rápidamente en voz queda y con los ojos bajos que ninguna mujer podría tener un esposo mejor y más comprensivo que él. Pero luego alzó la vista, lo miró seriamente a los ojos y añadió que era cierto que había tenido una aparición dentro de la iglesia y que todas sus ideas procedían del mismísimo Espíritu Santo, incluso aquellas que eran inteligentes y que hacían referencia a los negocios.

Magnus pareció un poco malhumorado, como si no la creyera del todo, casi como si estuviera mofándose de lo sagrado; él era mucho más creyente que ella, los dos lo sabían. Sus años en el convento no la habían ablandado en absoluto.

Cuando los bufones acabaron su actuación y se fueron hacia la tienda de la cerveza a que los invitaran a la bebida y a la carne bien hecha que se merecían, Magnus tomó a su hijo en brazos y se dirigió con Sigrid a su lado y Sot a diez respetuosos pasos por detrás hacia las puertas de la ciudad; al otro lado de la empalizada los estaban esperando sus carruajes y sus guardias. En el camino, Sigrid le explicó la aparición que había tenido. Lo explicó sensatamente y con muchas palabras, ya que también describió cómo se debía interpretar el significado del Sagrado Mensaje.

Su primer parto casi la había matado y la Santa Madre de Dios la había salvado a ella y a Eskil en el umbral de la muerte. Era sabido que un parto difícil a menudo era seguido por otro también difícil y de nuevo era hora. Pero al donar Varnhem estaría asegurada por muchas oraciones, además rezadas por los hombres más hábiles en saber muchas oraciones. Ella y el nuevo niño vivirían.

Pero, naturalmente, lo más importante era que sus dinastías unidas serían más poderosas cuando Arnäs se construyera fuerte y rico. De lo único que no estaba segura era de quién podía ser el joven con el caballo plateado de abundante crin blanca y larga cola levantada. Seguro que, de todas formas, no era el Sagrado Desposado. No era creíble que él viniese montado en un semental brioso con un escudo en el brazo.

Magnus quedó preso del problema y después de cavilar un rato preguntó el tamaño de los caballos y su forma de moverse. Después objetó que seguramente ese tipo de caballos no existían y se preguntaba qué quería decir cuando decía que el escudo llevaba una cruz de sangre. En ese caso se trataba de una cruz roja, pero ¿cómo podía saber ella que era de sangre y no simplemente de color rojo?

Ella respondió que sencillamente lo sabía. La cruz era roja, pero de sangre. El escudo era completamente blanco. La ropa del joven no la había visto del todo, ya que el escudo le ocultaba el pecho, pero de todos modos llevaba ropa blanca. Blanca, igual que los cistercienses, pero evidentemente no era en absoluto un monje, ya que llevaba el escudo de un guerrero. Y posiblemente llevara una cota de malla debajo de la ropa.

Magnus preguntó, pensativo, por la forma y la medida del escudo pero, cuando se enteró de que tenía forma de corazón y no era más grande que para proteger el pecho, sacudió la cabeza, desconfiado, y explicó que él no había visto nunca un escudo así. Los escudos o eran grandes y redondos, como los escudos que antes empleaban en los saqueos, o eran alargados y en forma de triángulo, para que los guerreros pudieran moverse mejor cuando se colocaban en forma de *fylking*, una alineación en forma de cuña. Un escudo tan pequeño como el que ella había visto en la aparición sería más un estorbo que una protección si se utilizaba en una contienda.

Pero naturalmente, como persona corriente, no se podía entender todo lo que se aparecía. Y por la noche los dos juntos rezarían agradeciendo que la Madre de Dios les hubiera mostrado indulgencia y prudencia.

Sigrid respiró, sintiendo un gran alivio y una profunda paz. Lo peor había pasado, ahora sólo quedaba persuadir al viejo rey para que no le quitara la donación y la entregara sólo en su propio nombre. Desde que se había hecho mayor se preocupaba cada vez más de la cantidad diaria de oraciones en su nombre y ya había fundado dos conventos para asegurarse este asunto. Todos lo sabían, tanto sus amigos como sus enemigos.

El rey Sverker tenía una cruel resaca y además estaba furibundo cuando Sigrid y Magnus entraron en la gran sala de la casa de campo real, donde el rey debía resolver todas las decisiones de un día largo, desde cómo se debía ejecutar a los ladrones que habían apresado el día anterior en el mercado, de si sólo los colgaban o si primero los torturaban, hasta cuestiones que se referían a disputas sobre la tierra y herencias que no se podían solucionar en audiencias normales.

Mucho más que la resaca, lo que lo ponía furioso era la noticia del día sobre el bribón de su penúltimo hijo, que miserablemente lo había traicionado. Su hijo Johan había marchado a una correría de pillaje a la danesa Halland. Eso no es que fuera muy peligroso; eran cosas que podían hacer los nobles jóvenes si querían jugarse la vida en lugar de jugar sólo a los dados. Pero había mentido respecto a las dos mujeres que había raptado para convertir en esclavas. Había dicho, sin hablar claro, algo que dio lugar a creer que las dos mujeres que se había llevado a casa eran dos extranjeras cualesquiera. Pero acababa de llegar un escrito del rey danés diciendo algo, por desgracia, completamente diferente y que ahora nadie ponía en duda. Las dos mujeres eran la mujer del canciller del rey danés en Halland y su hermana. Por tanto se trataba de ultraje e infamia y cualquiera que no fuera hijo de un rey habría perdido de inmediato su vida por un crimen así. Naturalmente las había deshonrado a las dos. Así que ni siquiera se podían devolver en el mismo estado en que habían sido raptadas. Se solucionara de un modo u otro, representaría un elevado gasto en plata y, en el peor de los casos, podría desembocar en una guerra.

El rey Sverker y sus hombres más cercanos habían discutido con tan elevadas voces que pronto todos los presentes en la sala supieron toda la verdad. Lo único seguro era que las mujeres debían ser devueltas. Pero ahí se acababa el consenso. Algunos decían que era demostrar debilidad si pagaban con plata, pues podía despertar en el rey Sven Grate la idea de ir con su ejército a saquear y a conquistar tierras.

Otros decían que incluso mucha plata sería más barato que un ejército saqueando, dejando de lado el asunto de quién ganaría una guerra como aquélla.

Después de una discusión larga y rica en palabras, de pronto el rey, con un suspiro cansado y profundo, se dirigió hacia el padre Henri de Clairvaux, que estaba sentado en la parte delantera de la sala, esperando que se hablara de la cuestión de Lurö. Estaba sentado con la cabeza como inclinada en oración, con la capucha blanca y puntiaguda bien baja, de manera que no se veía si realmente oraba o dormía. Ahora resultaba evidente que más bien había estado durmiendo. En cualquier caso, el padre Henri no había entendido la acalorada discusión y cuando respondió a la pregunta del rey parecía más latín que el idioma común, así que nadie entendió lo que dijo. No había ningún otro hombre de Dios cerca, ya que aquí se iban a discutir sobre todo cuestiones bajas y terrenales. El rey montó en cólera en la sala y con la cara roja gritó que se acercara rápidamente algún diablo que hablara aquel pedante idioma clerical.

Sigrid vio en seguida su oportunidad, se levantó y caminando lentamente con la cabeza gacha fue hasta la parte delantera de la sala y se inclinó respetuosamente primero ante el rey Sverker y luego ante el padre Henri.

–Mi rey, estoy a vuestro servicio –dijo, esperando su decisión de pie.

–Si aquí no hay ningún hombre, pues que sea lo que sea, quiero decir, si no hay ningún hombre que hable ese idioma –suspiró el rey, cansado–. Y por cierto, ¿cómo es que tú lo haces, querida Sigrid? –añadió con una voz mucho más suave.

–Lamentablemente, lo único que realmente aprendí durante mi reclusión en el convento fue el latín –contestó Sigrid en voz baja y púdicamente seria, aunque Magnus fue el único hombre de la sala que pudo adivinar una sonrisa llena de burla cuando lo dijo. A menudo hablaba de aquella manera, decía una cosa pero en realidad quería decir otra.

El rey, mientras tanto, no captó la burla con lo sagrado y pidió sin demora a Sigrid que se sentara junto al padre Henri, le explicara la situación y después le pidiera su opinión. Obedeció inmediatamente y mientras ella y el padre Henri iniciaron una conversación en susurros en el idioma que, por lo visto, eran los únicos de la sala en conocerlo, se extendió una sensación embarazosa; los hombres se miraron interrogantes unos a otros, alguno se encogía de hombros, alguno cruzaba las manos exageradamente mirando hacia el cielo. Entre tantos buenos hombres, ¡una mujer aconsejando al rey! Pero así era. Y lo sucedido no se podía dar por no sucedido.

Al cabo de un rato, Sigrid se levantó y explicó en voz alta, acallando el murmullo de la sala, que el padre Henri había reflexionado sobre el tema y decía que lo más cuerdo sería obligar al truhán a casarse con la cuñada del canciller real. Pero la esposa del canciller sería devuelta con regalos y bien vestida, con banderas y juegos. El rey Sverker y el truhán de su hijo, sin embargo, renunciarían a la dote, así la cuestión de la plata estaría resuelta. Lo que el truhán opinara de este asunto no se tendría en cuenta, dado que si él y la cuñada del canciller se unían, el lazo de sangre evitaría la guerra. Sin embargo, el truhán debería hacer algo para pagar el pillaje. De cualquier forma, la guerra sería una solución más costosa.

Al callar y sentarse Sigrid, primero se hizo un completo silencio mientras los reunidos reflexionaban acerca del contenido de la propuesta del monje. Pero poco a poco corrió un murmullo de aprobación, alguien desenvainó su espada y dio un fuerte golpe sobre la pesada mesa que se extendía a lo largo de la pared de la parte delantera. Otros siguieron su ejemplo, y en seguida la sala retumbaba del ruido de las armas y con ello la cuestión estaba, por el momento, zanjada.

Puesto que ahora Sigrid estaba sentada en la parte delantera de la sala y ya que parecía que había tomado parte en la cuerda propuesta del padre Henri, el rey Sverker decidió que podían aprovechar el momento para decidir la cuestión sobre Varnhem e hizo una seña a un escribano, que empezó a leer el escrito que el rey había encargado para solucionar el asunto ante la ley. Según el texto leído parecía, sin embargo, que la donación era sólo del rey.

Sigrid solicitó tener el texto en sus manos para traducírselo al padre Henri y a la vez aprovechó también para proponer suavemente que quizá el señor Magnus podría participar en la conversación. Claro, claro, gesticuló el rey, como cohibido y molesto, e hizo una seña a Magnus para que se acercara y se sentara al lado de su mujer.

Sigrid tradujo el texto rápidamente al padre Henri, que se había echado la capucha hacia atrás, intentando leer el texto mientras Sigrid lo iba marcando. Cuando hubo acabado añadió rápidamente y aparentando que todavía estaba traduciendo que la donación era de ella y no del rey, pero que ante la ley necesitaba la aprobación del rey. El padre Henri le echó una corta mirada con una sonrisa que le recordaba a la suya propia y asintió pensativamente.

–Bien –dijo el rey, impaciente, como si quisiera acabar pronto con la cuestión–, ¿tiene el reverendísimo padre Henri algo que decir o proponer en este asunto?

Sigrid tradujo la pregunta mirando al monje fijamente a los ojos y él no tuvo ninguna dificultad en entender sus pensamientos.

–Bueno –empezó con cuidado–, es una acción de la satisfacción de Dios que le sea donado a los más fieles de Su huerto. Pero ante Dios como ante la ley, una donación sólo se puede aceptar cuando se está seguro de quién es realmente el donante y quién es el receptor. ¿De lo que ahora tan generosamente vamos a disponer, es propiedad de Su Majestad?

Le hizo una seña con la mano a Sigrid, haciendo un movimiento en círculo para que tradujera. Ella recitó rápida y sordamente la traducción.

El rey se sintió embarazado y le echó una mirada huraña al padre Henri, mientras éste sólo parecía amablemente interrogante ante el rey, como si fuera la cosa más natural controlar que todo estuviera bien hecho. Sigrid no dijo nada; esperaba.

–Sí, puede ser... puede ser –murmuró el rey, molesto–. Puede ser, digamos que ante la ley la donación debe venir del rey, así es. Quiero decir, para que nadie se pelee por este asunto. Pero la donación es también de parte de la señora Sigrid, que está aquí entre nosotros.

Cuando el rey dudaba sobre cómo debía continuar, Sigrid aprovechó para traducir lo que acababa de decir en el mismo tono formal y recitativo que antes. El padre Henri se iluminó en una amable sorpresa cuando se enteró de lo que ya sabía y luego sacudió lentamente la cabeza con una dulce sonrisa y explicó, con palabras muy sencillas pero con todos los rodeos y cortesías exigidos cuando se rectifica a un rey, que ante Dios probablemente sería más adecuado atenerse a la verdad también en documentos formales. Así que si se hacía aquella carta con el nombre real del donante, y con la aprobación y conformación de Su Majestad, el asunto estaría bien hecho y las plegarias corresponderían en el mismo orden tanto a Su Majestad como al donante.

No fue solamente que el asunto se decidiera justamente de aquella manera, es decir, como Sigrid deseaba. Puesto que no podía ser de otro modo, el rey Sverker tomó la rápida decisión de añadir que la carta se escribiera en idioma común y en latín y que le pondría su sello a lo largo del día; y ahora tal vez se pudiesen animar un poco pasando a la cuestión de cómo y cuándo tendrían lugar las ejecuciones.

Lo que también ocurrió fue que con el padre Henri y la señora Sigrid se habían encontrado dos almas. O dos personas en la tierra con una mentalidad y un sentido común muy parecidos.

De este modo, la cuestión sobre Varnhem quedó momentáneamente zanjada.

Para San Felipe y San Jacobo, día en que la hierba debería estar verde y frondosa, suficiente para dejar suelto el ganado a pastar por los cercados, a Sigrid le entró el pánico, como si una mano fría le hubiera estrujado el corazón. Sintió que iba a empezar, pero el dolor desapareció tan de prisa que pronto le pareció que había sido fruto de su imaginación.

Había paseado con el pequeño Eskil de la mano hasta el arroyo, donde los monjes y sus hermanos legos estaban subiendo con poleas, cuerdas y muchos animales de tiro, una enorme rueda de molino hasta ponerla en su sitio. Habían empedrado el arroyo, lo habían estrechado y profundizado y habían conseguido más corriente, justo allí donde ahora iban a colgar la rueda de molino. La rueda era ingeniosa, estaba ensamblada con más de mil piezas de roble e iba a hacer suficiente fuerza como para mover tanto el molino de harina como el martillo de la fragua que pronto estaría lista.

Un poco más abajo en el arroyo había una instalación parecida pero más pequeña. Sin embargo, allí la rueda de agua era diferente. Estaba formada por una larga serie de cubos que alzaban el agua, la vaciaban en un canal hecho de troncos de roble ahuecados y caía en la zona donde iban a estar las otras construcciones de la iglesia y el convento. La corriente de agua pasaría a través de las construcciones y después sería dirigida de nuevo al arroyo. Estaría construida en lo alto para que no se helara en invierno y, por ello, siempre habría agua corriente, tanto para la cocina como para las inmundicias de las letrinas.

Sigrid había pasado mucho tiempo viendo los trabajos de construcción y el padre Henri le había explicado pacientemente lo que se hacía y los planes que tenían. Ella se había llevado consigo a dos de sus mejores siervos: Svarte, que era el que había engendrado a Sot, y Gur, que tenía a su mujer y a sus hijos arriba en Arnäs, y de forma detallada había traducido y explicado en su idioma todo lo que el padre Henri había descrito.

Magnus se había quejado diciendo que no iba a sacar provecho de los mejores siervos abajo en Varnhem; por lo menos, no de los hombres. En cambio habrían sido valiosos en la construcción arriba en Arnäs. Pero Sigrid se había mantenido firme y le había explicado que era mucho más provechoso aprender de los hermanos legos borgoñones y de los picapedreros ingleses que el padre Henri había empleado. Y, como tan a menudo ocurría, se había salido con la suya, a pesar de que era cosa difícil explicar a un hombre godo-occidental que los extranjeros eran mucho mejores constructores que la gente de verdad.

En sólo unos pocos meses, Varnhem se había transformado en un gran lugar de trabajo donde los golpes de martillo retumbaban, las sierras rechinaban y gemían, y las grandes ruedas de las afiladoras chirriaban y crujían. Había vida y movimiento por todas partes y a primera vista podía parecer desordenado y embrollado, como cuando se mira un hormiguero en primavera y las hormigas parece que sólo vayan de un lado para otro sin ton ni son. Pero había planes detallados detrás de todo cuanto se hacía. El capataz era un monje enorme que se llamaba Guilbert de Beaune, el único de los monjes que participaba, pues eran los hermanos legos, vestidos de marrón, quienes hacían todo el trabajo manual. Posiblemente se podría decir que también el hermano Lucien de Clairvaux rompía con esa regla. Era el jardinero del monasterio y no quería confiar a otras manos que no fueran las suyas la delicada tarea de plantar, ya que era un poco tarde para la siembra y difícil conseguirlo todo si no se tenía la sensibilidad adecuada en las manos y el ojo adecuado.

Los demás monjes, que por el momento utilizaban la casa principal tanto de vivienda como de lugar de oración, se dedicaban a lo espiritual o a escribir.

Al cabo de un tiempo, Sigrid había ofrecido a los hermanos legos la ayuda tanto de Svarte como de Gur y su propósito con ello era más bien que aprendieran, y no porque fuesen a ser de especial ayuda. Al principio, algunos de los hermanos legos se habían ido a quejar al padre Henri de que los incultos y maleducados siervos eran torpes con lo que se les encargaba. Pero el padre Henri había desoído aquellas quejas, ya que comprendía bien la intención de Sigrid con aquellos aprendices. Por el contrario había hablado del asunto, aparte, con el hermano Guilbert y consiguió, para el enojo de muchos hermanos legos, que justo cuando Svarte y Gur empezaban a hacer las cosas bien en un lugar de trabajo, fueran llevados a otro completamente nuevo, donde las torpezas y la falta de habilidad comenzaban de nuevo. Tallando piedras, puliendo piedras, dándole forma al hierro candente, montando ruedas de agua con piezas de roble, empedrando un pozo o un canal, limpiando el huerto de todo lo que no debía crecer allí, talando robles y hayas y adaptando los troncos para diversos fines, pronto los dos espabilados siervos habían aprendido un poco de casi todo y Sigrid se interesaba por sus avances y hacía planes de cómo se podrían utilizar en el futuro. Pensó que los dos podrían trabajar hasta ganarse la libertad; sólo el que tuviera algo de valor podría apañárselas como hombre libre. Su fe y su salvación le interesaban menos y no había obligado a ninguno de sus siervos a bautizarse, excepto a Sot, y fue porque tenía una necesidad especial de apoyo en el suelo cuando se iba a consagrar la catedral.

Había sido un tiempo pacífico. Siendo ama de casa no había tenido tantas cosas que hacer como si hubiera sido la dueña de Varnhem o responsable de todo el trabajo de la finca arriba en Arnäs. Había procurado pensar lo menos posible en lo inevitable. Aquello que llegaría de la misma forma en que a todos nos viene la muerte, siervos como amos. Dado que la casa principal no estaba bendecida como convento podía participar, cuando ella quisiera, en cualquiera de las cinco oraciones que allí se hacían diariamente. A medida que pasaba el tiempo, más asistía a las oraciones. Siempre rezaba por lo mismo, por su vida y la de su hijo, que la Virgen Santa le diera fuerzas y valentía y que la librara de los dolores que había padecido la vez anterior.

Con la frente sudada y con mucho cuidado, como si con movimientos demasiado bruscos pudiera provocar el dolor, se alejó lentamente del jaleo de la construcción hacia la casa. Llamó a Sot y no necesitó explicar lo que pasaba. Sot asintió con la cabeza y farfulló algo en su árido idioma, se fue corriendo hacia la cocina y empezó a prepararlo todo junto con las demás mujeres. Apartaron todo lo que tenía que ver con la hornada y con los guisos de carne, barrieron y fregaron el suelo y después metieron balas de paja y pieles de la casa pequeña donde Sigrid guardaba todas sus pertenencias. Cuando todo estuvo preparado y Sigrid se dispuso a tumbarse le dio la segunda punzada que, como era mucho peor que la primera, la hizo empalidecer, se encogió de dolor y tuvieron que llevarla hasta el lecho en medio del suelo. Las siervas habían avivado los fuegos y limpiaron a toda prisa las calderas de tres pies para llenarlas de agua y colocarlas sobre el fuego.

Cuando pasó el dolor le pidió a Sot que fuera a buscar al padre Henri y ordenara que Eskil se quedase con los otros niños un poco lejos para que pensara más en el juego y en la diversión y no oyera los gritos de su madre, si es que llegaba a eso. Pero alguien debía cuidar a los niños para que no se acercaran a la peligrosa rueda de molino que parecía ser lo que más curiosidad les despertaba de todo cuanto allí había. ¡No debían dejar a los niños sin vigilancia!

Se quedó sola un momento mirando a través de la abertura que había en el techo para el humo y hacia la gran ventana situada en una de las paredes de la casa principal. Fuera cantaban los pájaros, los pinzones que cantan de día antes de que los tordos tomen el relevo y hagan que los demás pájaros callen avergonzados.

Le sudaba la frente pero, aun así, temblaba de frío. Una de sus siervas se acercó tímidamente y le secó la frente con un paño de lino mojado pero no se atrevió a mirarla a los ojos.

Magnus le había ordenado que mandara a buscar con tiempo a las mujeres de bien de Skara cuando se acercara la hora, y no parir entre siervas. Pero era como si todo el tiempo hubiera querido retrasar lo inevitable, como si esperara en secreto que pudiera evitar dar a luz. Había sido absurdo, había sido frívolo. Ahora por fin iba a parir y vivir, parir y morir, o morir con su hijo entre siervas. Sabía muy bien lo que Magnus opinaría de aquello. Pero de todos modos era hombre y como tal no podía comprender que las siervas, que normalmente se reproducían mucho más que los señores, sabían muy bien lo que se debía hacer. Aunque no tuvieran la piel blanca, no hablaran bien ni se comportasen cortésmente como las mujeres que Magnus desearía que llenasen la habitación ahora con su parloteo y sus correrías atolondradas, las siervas tenían, sin embargo, conocimientos suficientes, si es que ahora era suficiente con la ayuda de las personas. Probablemente, la Santa Virgen María la ayudaría o no sin tener en cuenta lo más mínimo qué almas ocupaban la habitación.

Las siervas tenían alma como los señores, le había dicho el padre Henri completamente en serio y convencido. En el Reino de los Cielos no había libres ni siervos, ricos o serviles, allí sólo estaban las almas que se lo habían ganado con su bondad. Sigrid pensó que todo aquello bien podría ser verdad.

Cuando el padre Henri entró en la habitación, vio que llevaba consigo la estola. Había comprendido qué tipo de ayuda necesitaba. Pero primero hizo como si nada y ni siquiera se preocupó de echar a las siervas que limpiaban y corrían con nuevos cubos de agua y traían ropa blanca y mantillas para el niño.

–Se la saluda, mi venerada señora, y entiendo que nos acercamos a un momento de alegría aquí en Varnhem –dijo el padre Henri, mirándola más amable y tranquilamente de lo que había hablado.

–O a un momento de tristeza, padre, no lo sabremos hasta que haya pasado –se lamentó Sigrid, observándolo con una mirada llena de miedo, ya que presentía que le venía un nuevo dolor. Pero sólo fueron imaginaciones, pues no fue así.

El padre Henri acercó un pequeño taburete de tres patas a su cama y estiró una mano hacia la de ella, la tomó y la acarició con la otra mano.

–Eres una mujer sabia –dijo–. La única que he encontrado en este mundo terrenal que tiene capacidad para hablar latín y tú, además, eres capaz de mucho más, como enseñar a tus siervos lo que nosotros sabemos. Dime entonces, ¿por qué esto que te espera es tan extraordinario cuando todas las mujeres pasan por ello, mujeres de alta alcurnia como tú, siervas y mujeres miserables, miles y miles de todas ellas? Piensa, en este preciso instante no eres la única en el mundo. Quizá en este momento en que nosotros estamos aquí, en este instante, hay como tú diez mil mujeres de todo el mundo. Así que, dime, ¿por qué precisamente tú tienes algo que temer, más que todas las demás?

Había hablado bien, casi con el tono de sermón, y Sigrid pensó que aquello lo habría estado sopesando durante varios días, las primeras palabras que le diría cuando llegara el terrible momento. No pudo dejar de sonreír cuando lo vio y él se dio cuenta de que lo había descubierto.

–Hablas bien, padre Henri –le dijo con voz débil, con miedo a que la invadiera de nuevo el dolor–. Pero de las diez mil mujeres de las que has hablado quizá la mitad estén muertas mañana y yo puedo ser una de ellas.

–Entonces tendría dificultades en comprender a nuestro Salvador –dijo el padre Henri tranquilamente y todavía sonriendo, con su mirada buscando en todo momento la de ella.

–Pero es que hay cosas que hace nuestro Salvador que tú todavía no entiendes, padre –susurró mientras se tensaba, esperando la nueva punzada de dolor.

–Eso es bien cierto –asintió el padre Henri–. Incluso hay cosas que nuestro fundador, san Bernardo de Clairvaux, no entiende. Como las grandes derrotas que justamente ahora se padecen en Tierra Santa. Él, más que nadie, quería que mandáramos a más gente, no deseaba otra cosa que la victoria de nuestra justicia sobre los infieles. Sin embargo, nos derrotaron por completo, a pesar de nuestra profunda fe, a pesar de nuestra buena causa, a pesar de que luchábamos contra el mal. Así que, naturalmente, es cierto que nosotros los hombres no siempre podemos entender a nuestro Salvador.

–Quisiera tener tiempo para confesarme –susurró.

El padre Henri echó a las siervas, se puso la estola y la bendijo diciéndole que estaba dispuesto para oír la confesión.

–Padre, perdóname, ya que he pecado –jadeó con el miedo brillándole en los ojos. Después tuvo que respirar profundamente varias veces para recuperarse antes de continuar.

–He tenido pensamientos impíos y pensamientos terrenales, te he donado Varnhem a ti y a los tuyos no sólo porque el Espíritu Santo me dijera que estuviera bien y que era una buena obra. También he tenido la esperanza, con esta donación, de poder ablandar a la Madre de Dios, ya que yo en mi locura y egoísmo le he pedido que me librara de más partos, a pesar de que sé que es nuestra obligación poblar la tierra.

Había hablado de prisa y en voz baja esperando la nueva punzada, que la atacó justo cuando había acabado de hablar. La cara se le desencajaba de dolor y se mordía los labios para no gritar.

Primero el padre Henri se sentía inseguro acerca de lo que debía hacer pero se levantó a buscar un paño que mojó en agua fría en un cubo que había al lado de la puerta. Después fue hacia ella y, levantándole la cabeza, le mojó la frente y la cara y le secó la flema y la sangre que le corrían por las comisuras de los labios.

–Cierto es, hija mía –le susurró, inclinándose hacia su mejilla y sintiendo el vapor de su miedo–, que el agrado de Dios no se puede comprar con dinero, que es un gran pecado tanto vender como comprar aquello que sólo Dios puede dar. También es verdad que tú en tu debilidad humana has tenido miedo y has pedido a la Madre de Dios ayuda y consuelo. Esto último no es pecado, en absoluto. Y la donación de Varnhem ha sido porque el Espíritu Santo se posó sobre ti haciendo una aparición que estabas dispuesta a recibir. Nada de tu voluntad puede ser más fuerte que Su voluntad y tú la has cumplido. Te perdono en el nombre del Padre, del Hijo y del Espíritu Santo. Ahora estás libre de pecado y te dejo para ir a rezar.

Con cuidado le apoyó la cabeza en el cabezal y vio que en algún lugar muy profundo de su dolor parecía un poco aliviada. Después se apresuró a salir y ordenó rudamente a las mujeres que esperaban que entraran en la casa, que lo hicieron como una bandada de pájaros negros.

Pero Sot se quedó y le tiró con cuidado de las vestiduras diciendo algo que primero él no entendió, ya que ni él ni ella eran buenos en el idioma corriente. Pero ella se esforzó de nuevo, hablando muy lentamente y llenando sus palabras con gestos; entonces él comprendió que le estaba diciendo que tenía una bebida secreta hecha con plantas prohibidas, que podía aliviarle el dolor y que las siervas acostumbraban a dársela a los suyos que iban a ser azotados, amputados o castrados.

Miró, pensativo, hacia abajo a la cara oscura de aquella mujer bajita mientras pensaba. Sabía muy bien que estaba bautizada y tenía que hablarle como si fuera una de su congregación. Sabía también que lo que le había dicho podía ser verdad; Lucien de Clairvaux, que cuidaba todo el cultivo del huerto, tenía muchas recetas que podían conseguir el mismo efecto. Sin embargo, había un riesgo con la bebida de la que hablaba la sierva, si se había hecho con magia y poder maligno.

—Escucha, mujer —le dijo despacio y lo más claro posible—. Yo preguntar hombre sabio. Si yo volver, entonces beber. Si no volver, no beber. ¡Jurar ante Dios obedecer a mí!

Sot juró sumisamente ante su nuevo dios y el padre Henri se fue de prisa para, primero, tener una conversación con el hermano Lucien antes de reunir a todos los hermanos para orar por su bienhechora.

Al cabo de un momento dio con el hermano Lucien que, espantado, rechazó sus palabras con las dos manos. Aquellos bebedizos que aliviaban el dolor eran muy fuertes, podían utilizarse con los heridos, con los moribundos o en aquellas situaciones médicas en que se le tiene que amputar el brazo o el pie a alguien. Pero de ninguna manera se le podía dar a las mujeres que iban a dar a luz, porque entonces también se le daba al pequeño, y éste podía nacer aturdido o paralizado para siempre. En cuanto el niño hubiera nacido sí se podía hacer. Aunque, de otra parte, entonces ya no hacía falta. Así que no se trataba sólo de la voluntad de Dios de que todos debemos nacer con dolor, sino también, a un nivel más práctico, de pagar el precio de parir niños incompletos si se aliviaba el dolor. Por lo demás, sería interesante llegar a saber alguna vez de qué se componía aquella bebida, quizá se podría conseguir alguna idea nueva.

El padre Henri asintió, avergonzado, pues debería haberlo sabido, aunque él estaba especializado en escritura, teología y música, pero no en medicina ni horticultura. Se apresuró a reunir a los hermanos para iniciar un tiempo largo de oración.

De momento, Sot había decidido obedecer al monje, aunque le parecía que era una pena y una vergüenza no aliviar el sufrimiento de su ama, pero asumió el mando sobre las otras mujeres de la habitación y sacó a Sigrid del lecho. Le soltó el pelo, que apareció largo, brillante y casi tan negro como el de Sot, la lavaron y le pusieron paños húmedos mientras ella tiritaba de frío y después le pusieron un nuevo camisón de lino y la obligaron a andar por la sala diciendo que aquello lo aceleraría todo.

En una nube de miedo y esperando la nueva oleada de dolor, Sigrid se tambaleaba por la sala entre dos de sus propias siervas y se sintió avergonzada, se sentía como una vaca que los siervos llevan dando vueltas por el mercado para venderla en nombre de su amo y señor. Oyó las campanadas de la casa principal pero no estaba segura de si eran imaginaciones suyas.

Después le invadió la siguiente ola de dolor. Esta vez empezaba mucho más abajo y en lo más profundo de su cuerpo y supuso que ahora duraría más. Entonces gritó, más de miedo que de dolor, y se hundió en el lecho, donde una de las siervas la cogió desde atrás por las axilas y la levantó un poco mientras las otras le gritaban a la vez que debía ayudar, que tenía que empujar. Pero no se atrevió a empujar y quizá se desvaneció.

Cuando el atardecer pasó a ser noche y los tordos callaron fue como si la calma se posara sobre Sigrid. Los dolores, que habían sido muy seguidos las horas anteriores, parecían haber acabado. Tanto Sot como las otras sabían que era una mala señal. Se tenía que hacer algo.

Sot cogió a una de las otras y salieron a la noche, pasaron a escondidas por la casa principal, donde el susurro y el canto de los monjes se oía débilmente a través de las gruesas paredes, y llegaron hasta el establo. Sacaron un joven carnero con una correa alrededor del cuello y lo llevaron, en la noche cerrada, hacia el bosquecillo prohibido. Allí le ataron la correa a una de las pezuñas traseras y tiraron el otro cabo por encima de una de las muchas fuertes ramas de roble del bosquecillo. Mientras Sot tiraba de la correa de manera que el carnero quedaba suspendido en el aire de una de sus patas traseras, la otra sierva se tiró encima del animal, lo agarró de la paletilla y con su peso lo hizo bajar hacia el suelo mientras sacaba un cuchillo y le cortaba el cuello. Después las dos se ayudaron para izar al animal, que aún pataleaba balando en la angustia de la muerte, mientras la sangre del animal salpicaba en todas direcciones. Cuando ataron la correa a la raíz del roble se quitaron sus negras blusas y, desnudas, se pusieron debajo del chorro de sangre y se embadurnaron el pelo, el pecho y el regazo mientras rezaban a Freyr.

Al llegar la mañana, Sigrid se despertó de su sopor por los fuegos del infierno que la cercenaban de nuevo y rogó, desesperada, a su querida Virgen María que la salvara del dolor, que mejor se la llevara ya, si era eso lo que tenía que pasar, pero que por lo menos la librara de aquel sufrimiento.

Las siervas que habían dormitado a su alrededor volvieron en seguida a la vida y empezaron a palpar su cuerpo con las manos, hablando de prisa entre ellas en su incomprensible idioma. Después empezaron a reír y, sonriendo, asintieron hacia ella y hacia Sot, con el pelo completamente mojado de tal manera que le colgaba recto y lacio, goteante de agua fría cuando se inclinó hacia Sigrid para decirle que ahora era el momento, en seguida iba a venir su hijo, pero que tenía que ayudar de verdad, por última vez. La tomaron por debajo de los brazos y la alzaron un poco para sentarla. Sigrid aullaba y gritaba desesperadamente unas plegarias hasta que se dio cuenta de que podía despertar y asustar a su pequeño Eskil, y entonces se mordió otra vez los labios heridos que, de inmediato, empezaron a sangrar de nuevo y le llenaron la boca de sabor a sangre. Pero despacio, en medio de lo insoportable, le fueron llegando más y más esperanzas, como si la Madre de Dios ahora realmente estuviera a su lado, le hablara suavemente y le ordenara hacer lo que sus sabias y fieles siervas le decían. Empujó y gritó, pero se mordió de nuevo para no gritar y se oyeron los cantos de los monjes lejos en el amanecer, muy altos, como un himno o como un canto para ahogar lo terrible.

De pronto todo había pasado. A través del sudor y de las lágrimas vio un sanguinolento fardo allí abajo que parecía que fuera un desecho de la matanza de los siervos. Las mujeres de la sala corrían con agua y paños de lino, y en un ataque de desesperación, Sigrid se echó hacia atrás como si se rindiera ante todo.

Notó cómo la lavaban y cómo parloteaban, oyó algún restallo y después un grito, frágil, un claro sonido tembloroso que sólo podía significar una cosa.

–Es un niño bien formado –dijo Sot, radiante de alegría–. La señora ha tenido un niño bien formado que tiene todos los dedos de las manos y de los pies que debe tener. ¡Y ha nacido de pie!

Una vez limpio y envuelto, lo recostaron sobre su dolorido e hinchado pecho, y ella le miró la cara pequeña y arrugada y se sorprendió de que fuera tan pequeño. Lo tocó un poco con el dedo y él liberó un brazo, agitándolo en el aire hasta que ella le puso el dedo al que él inmediatamente se asió.

–¿Cómo se va a llamar? –preguntó Sot con la cara roja y excitada.

–Se llamará Arn, por Arnäs –susurró Sigrid, desfallecida–. Arnäs y no Varnhem será su casa, pero será bautizado aquí por el padre Henri cuando llegue el momento.

II

El hijo del rey Sverker, Johan, murió como merecía. Ciertamente, el rey Sverker había seguido los consejos del padre Henri: asegurarse de que la esposa del canciller real danés fuera devuelta inmediatamente a Halland. Pero tanto el rey Sven Grate como su canciller rechazaban con desprecio la siguiente parte del plan del padre Henri: disponer el matrimonio entre el regio aunque desvergonzado hijo y la segunda mujer danesa ultrajada, de tal manera que con lazos sanguíneos se pudiese evitar una guerra.

Tal vez el error no estuviese tanto en el plan del padre Henri como en que el rey Sven Grate desease una guerra. Cuantas más propuestas de conciliación llegaban del rey Sverker, más deseaba el rey Sven Grate la guerra. Interpretaba, posiblemente con razón, que el rey de los godos se demostraba débil al ofrecer ora esto ora lo otro para evitar la guerra.

Sven Grate estaba tan seguro de su victoria que ya había empezado a prometer, a sus hombres más cercanos, acantonamientos en Götaland, y puesto que se decía que allí había una mujer muy bella de nombre Sigrid, la había prometido como esposa a aquel de sus hombres que demostrase mayor valentía en las próximas conquistas.

En un último esfuerzo, el rey Sverker había persuadido al cardenal del papa, Nicolaus Breakspear, a visitar a Sven Grate en su camino hacia Roma para hablar de sensatez y de paz.

El cardenal fracasó en esto de la misma manera que recientemente había fracasado en ordenar un arzobispo para una Götaland y Svealand unidas.

La misión papal de designar un arzobispo había fracasado porque los svear y los godos no lograban ponerse de acuerdo en dónde se ubicaría la catedral arzobispal ni en dónde tendría el arzobispo su sede: en Aros Oriental, como exigían los svear, o en Linköping, como deseaba el rey Sverker.

La misión mundana del cardenal, hacer la paz, que era de mayor interés para la Iglesia que la guerra puesto que se estaba cerca de añadir un país unificado más a los dominios del Santo Padre, fracasó por la sencilla razón de que el monarca danés estaba convencido de su futura victoria. Sus nuevas conquistas estarían entonces bajo el arzobispo Eskil en Lund, por lo que Sven Grate no veía motivo cristiano alguno para abstenerse de la guerra.

El rey Sverker no había hecho ningún preparativo para la defensa del país; además, estaba demasiado ocupado por una parte en lamentar la muerte de su reina Ulvhild y, por otra, en preparar una nueva boda con otra viuda doble, Rikissa. Tal vez pensaba que, además, todas las plegarias que se había asegurado en los monasterios lo salvarían a él y a su país.

Su desvergonzado hijo Johan no creía en absoluto en unas plegarias redentoras. Y si los daneses salían vencedores de la batalla que se avecinaba, se perdería toda esperanza para él. Por eso fue él y no su padre quien llamó a consejo en la finca real de Vreta para decidir cómo se dispondría la defensa contra los daneses.

No comprendía lo odiado que era como malhechor. Si su padre no hubiese sido viejo y blandengue, habría castigado a su hijo con la muerte por doble fechoría y mentira, eso lo comprendía todo el mundo excepto el mismo Johan. Ningún hombre con honor quería ir a la guerra y arriesgarse a perder la vida por un infame, un ultrajador de mujeres de la peor calaña.

Sin embargo, llegaron muchos hombres esperanzados al concilio en Vreta, pero por motivos muy diferentes de los que Johan imaginaba. Cuando vio cuántos hombres habían ido, lo malinterpretó todo.

Habían ido para matarlo. Y así lo hicieron. Sus propios guardias no movieron ni un dedo para defenderlo. Tampoco nadie los atacó. El cadáver de Johan fue descuartizado en trozos bastante grandes y echado a los cerdos en los patios traseros de Skara para así no tener que celebrar un entierro real.

En el año de gracia de 1154 llegó pronto el invierno y cuando los hielos se posaron el rey Sven Grate condujo a sus tropas desde Escania hasta Finnveden en Småland. Naturalmente, las tropas quemaban y devastaban allí por donde pasaban, pero se avanzaba lentamente porque había mucha nieve este año. Los caballos y animales de tiro tenían dificultades para desplazarse.

Además, los campesinos de Värend opusieron resistencia. Una generación atrás su poblado había sido asolado por el noruego Sigurd Jorsalafar, que se hizo pasar por caballero que en nombre de la fe cristiana realizaba las cruzadas por Värend. Por lo que se dijo, había hallado cinco o seis siervos descarriados, a quienes dejó elegir entre la espada o el bautizo, pero por lo demás lo que mejor se recordaba era que había robado más de 1 500 bueyes para llevarse a casa.

Los habitantes de Värend, poco conocedores de la cuestión de una u otra mujer ultrajada o cualquier motivo que los reyes pudieran hallar como excusa para saquear y quemar, decidieron en su consejo que si había que morir era mejor hacerlo como un hombre, según la ancestral creencia de sus antepasados. Morir como un pobre o como un siervo sin luchar era morir en deshonra. Además, nada se podía saber con seguridad cuando se trataba de la guerra, nada excepto una cosa: el que no luchaba o hacía frente él solo a las tropas extranjeras seguramente moriría si las tropas se cruzaban en su camino. El resto estaba en manos de los dioses.

El rey Sven Grate no lo tuvo nada fácil. Los habitantes de Värend se defendieron palmo a palmo tras barricadas de troncos de madera. Exigía mucha fuerza y tiempo luchar contra estas barricadas y nunca se vencía realmente. Si parecía esperanzador por la noche cuando se interrumpía la lucha para la cena, el descanso y la oración, a la mañana siguiente habían desaparecido los defensores de la barricada. Luego se habían reunido en un pueblo un poco más allá con gente nueva que tenían sus propios hogares que defender y todo volvía a empezar.

Los soldados de las tropas danesas se esfumaban de noche en grandes cantidades y emprendían la marcha hacia casa. Los que tenían la lucha como profesión sabían que el invierno había avanzado demasiado. Aunque finalmente se lograse atravesar los malditos defensores campesinos no se llegaría a las llanuras godo-occidentales hasta la primavera y quedarían atrapados en el barro. Además, los campesinos de Värend tenían una forma malintencionada de defenderse. Mataban y herían cuantas más bestias podían. De noche se acercaban sigilosamente en pequeños grupos, atacaban a los guardias y luego apuñalaban por el vientre a cuantos caballos y bueyes podían antes de que apareciesen los refuerzos. Luego huían hacia la oscuridad del bosque.

Un caballo apuñalado muere bastante rápido. Los bueyes son un poco más resistentes, pero también los bueyes mueren si una horca o la punta de una lanza ha atravesado la piel de su vientre. Bien era cierto que las tropas danesas tenían mucha carne de buey para asar. Pero de poco consuelo les servía, ya que literalmente se estaban comiendo sus posibilidades de victoria.

Cuando Sven Grate finalmente tuvo que aceptar los hechos, que en cualquier caso la guerra no podría ser ganada este año, decidió que las tropas se dividirían para la retirada. Él mismo volvería a las islas danesas a través de Escania. Su canciller se llevaría la otra mitad de las tropas restantes a su casa y a sus propios dominios en la danesa Halland. Sven Grate hizo mandar mensajeros para anunciar que no habría más guerra cuando sus soldados, él mismo y su canciller volvían.

Pero en Värend había mucho que vengar. Por ello se habló durante mucho tiempo de la mujer Blenda, que ahora mandó mensaje en cadena a muchas más mujeres, y juntas recibieron al canciller y a sus hombres cerca del riachuelo Nissa con pan y carne salada. Resultó ser una tremenda cantidad de carne salada. Ofrecieron una insólita invitación y acompañaron la carne salada de una insólita gran cantidad de cerveza.

Cuando el canciller y sus hombres finalmente fueron tambaleándose a un granero a dormir mientras que los soldados tuvieron que arreglárselas bajo pieles de buey y oveja, aunque tan ebrios como la gente distinguida, Blenda y sus amigas se prepararon cuidadosamente. Untaron antorchas de brea y llamaron a sus hombres, que se habían escondido en el bosque.

Al caer el silencio sobre el campamento y oírse solamente ronquidos, echaron cuidadosamente el cerrojo al granero y prendieron fuego a las cuatro esquinas a la vez. Luego se abalanzaron sobre los soldados dormidos.

A la mañana siguiente ahogaron con alegres risas a los últimos prisioneros bajo el hielo del riachuelo Nissa, donde habían abierto dos grandes agujeros en el hielo de tal forma que podían arrastrar a los presos bajo el hielo como en un gran sedal de fondo.

El rey Sverker había ganado la guerra contra los daneses sin mandar un solo hombre, sin levantar un solo dedo.

Seguramente, él consideraba que esto se debía principalmente a todas sus plegarias y a la salvaguardia de Dios. Pero él no quería ser menos hombre e hizo llamar a Blenda y a sus más allegados. Decidió que las mujeres de Värend, que ahora se habían mostrado tan varoniles en la defensa del país, en lo sucesivo heredarían al igual que los hombres. Y llevarían, como símbolo eterno de la guerra, cinturón rojo adornado con cruces doradas, un símbolo que solamente les pertenecería a ellas y a nadie más. Y cuando las mujeres de Värend se casaran tendrían, ellas y nadie más, derecho al honor imperecedero de llevar tamborileros delante de las procesiones matrimoniales.

Si el rey Sverker hubiese vivido más tiempo, probablemente su decreto habría tenido un mayor efecto legal. Pero los días del rey Sverker estaban contados. Pronto sería asesinado.

Ningún castillo puede construirse inexpugnable. El hogar de todo hombre puede ser devastado y quemado si existen motivos lo suficientemente fuertes. Pero la cuestión será entonces si valió la pena, cuántos asaltantes fueron matados por flechas, cuántos aplastados por piedras y cuántos perdieron las ganas y la salud durante el transcurso del asedio.

El señor Magnus sabía todo esto y caviló mucho mientras duró la construcción. Porque lo que él no podía saber, lo que nadie podía saber en estos tiempos, era qué pasaría tras la muerte del anciano rey Sverker, que no tardaría mucho en llegar, independientemente de cómo se viese el asunto.

Todo era posible. Karl, el hijo mayor de Sverker, podía ganar el poder monárquico y entonces no cambiaría nada importante. La relación con el rey Sverker había mejorado, sobre todo gracias a Sigrid, que había regalado Varnhem casi en su propio nombre.

Pero no se podía saber mucho acerca de lo que sucedía en Svealand, quién o quiénes de los svear se preparaban ahora para la lucha por la corona. ¿O tal vez algún godo-occidental? Tal vez alguien del propio linaje, de un linaje emparentado o de un linaje enemigo. Pero a la expectativa de la resolución, solamente quedaba seguir construyendo.

Arnäs estaba situada en la punta de un cabo del lago Vänern, por lo cual se hallaba naturalmente protegida por el agua a tres bandas. Al lado de la antigua casa principal se alzaba ahora una torre de piedra que tenía la altura de siete hombres. Las murallas en torno a la torre aún no habían sido acabadas, así que la zona estaba esencialmente protegida por empalizadas de troncos de roble apretados y afilados. Todavía quedaba mucho por hacer.

Magnus había pasado largo rato en la torre de su propiedad tirando con un arco largo contra una bala de paja al otro lado de los dos fosos. Realmente era extraordinaria la distancia que podía alcanzar un flechazo si se disparaba desde arriba y hacia abajo de aquella manera. Tras pocas prácticas de tiro se podía aprender a calcular el ángulo de tal manera que se daba casi en el blanco, como mucho a un brazo de distancia de donde se pretendía dar. Incluso en su estado actual, Arnäs sería difícil de tomar, por lo menos para algún grupo de soldados de regreso de una u otra guerra y que necesitasen abastecerse de camino a casa. Llegaría a ser aún más fuerte, pero todo requería su tiempo y habitualmente Sigrid deseaba cosas diferentes de Magnus.

Él sabía muy bien que normalmente ella lograba imponer su voluntad cuando estaban en desacuerdo. Actualmente sabía incluso cómo lo hacía para que pareciese que ella no lo estaba manejando, sino que se adaptaba dócilmente a la voluntad de su marido y señor.

Como aquello del sitial de los antepasados noruegos. El sitial y las paredes del lateral corto del salón de la vieja casa principal habían sido decorados con tallas en roble de Noruega que representaban drakkares balanceándose en el mar y una gran serpiente, cuyo nombre había olvidado, rodeando toda la imagen y todo lo que se podía ver y leer en ella. El texto rúnico era viejo y difícil de leer.

Primero Sigrid había sugerido que se quemase toda aquella vieja herejía ahora que se construía de nuevo. En lugar de eso, las paredes serían vestidas con tapices de los nuevos tiempos en que hombres cristianos defendían la Ciudad Santa de Jerusalén, donde se levantaban iglesias y se bautizaba a los paganos.

A Magnus le era difícil reconciliarse con la idea de quemar las elaboradas tallas de los antepasados. Actualmente no se hacían esas cosas, como mínimo era imposible encontrar su semejante en otro lugar de Götaland Occidental. Pero también le era difícil manejar las palabras de ella sobre herejía y arte pagano. Precisamente en eso tenía razón.

Pero aquellos antepasados que esculpieron ornamentos draconianos y runas no habían conocido otra forma de tallar y lo único que ahora quedaba tras ellos era la labor de sus manos y su bella obra. Sus imágenes hablaban a la sensibilidad del espectador como una voz del pasado, sin que por ello uno fuese necesariamente a tener pensamientos impuros. Era como ver un amanecer radiante; podía significar cualquier cosa y significaba algo diferente en la época de los trazados draconianos que en la época de Nuestro Salvador. Pero le era difícil explicarle todo esto con propiedad cuando ella sólo hablaba de herejía y de purificar la herejía con fuego. Parecía como si ella tuviese razón y él estuviese equivocado.

Pero mientras disputaban acerca de los trazados draconianos y las runas existía también la cuestión de los albañiles, ante todo Svarte y Gur y algunos de su descendencia. ¿Utilizarían primero toda la albañilería para las fortificaciones, o debían construir antes la fachada de la nueva casa principal? La hoguera en la vieja casa se había extendido por el centro del suelo, de manera que el calor era distribuido de forma bastante equilibrada. Al fondo de la casa permanecían los siervos y las bestias, en la parte en que se ubicaba el sitial permanecían el amo y su gente y sus huéspedes. De esta manera se conservaba mejor el calor durante los severos inviernos.

Pero ahora Sigrid había llegado con ideas completamente nuevas que naturalmente había hallado en los monjes abajo en Varnhem. Él todavía recordaba su asombro y sus dudas cuando ella lo dibujó todo en la arena ante él. Todo era nuevo, nada era como antes.

La casa que ella dibujaba estaba dividida en dos mitades, con un gran portal en medio que llevaba a un vestíbulo y desde allí se accedía o bien a la mitad de los amos o a la mitad de los siervos y las bestias. Además, la parte de los siervos y las bestias estaba dividida en dos plantas: la planta de arriba servía para almacenar el forraje, y la planta baja, como establo y cobertizo. En esta mitad de la casa no habría ningún hogar, por lo contrario el fuego sería prohibido y de duro castigo.

En la otra mitad de la casa principal, que sería la suya con sitial como antes, la fachada del fondo sería construida completamente de piedra, y debajo de la fachada se colocarían piedras lisas afirmadas en obra a un hogar casi tan ancho como la casa, y encima del hogar una campana y cañones de chimenea en obra empedrada.

Él había puesto muchas objeciones y ella la misma cantidad de respuestas. ¿Si no se tenía fuego a lo largo de todo el suelo, no haría demasiado frío en los severos inviernos?

No, mi querido esposo y señor. La muralla será calentada constantemente, puesto que siempre hay fuego durante el día y la muralla conserva el calor durante la noche. Sin todas esas aberturas en el techo para el humo, por donde el frío baja como demonios, conservamos mejor el calor de los fuegos.

Pero sin aberturas en el techo para el humo, ¿no estaremos constantemente tosiendo y con los ojos enrojecidos?

No, mi querido señor y esposo. El humo sólo sube por los cañones de chimenea por encima del hogar, no sale humo a la sala.

Pero los siervos y las bestias no tendrán fuego en su parte de la casa, no podemos perderlos por el frío. ¿Cómo aguantarán entonces el invierno? ¿No morirán de frío y nos harán bien pobres por primavera?

No, mi querido señor y esposo. Dividiendo su casa en dos plantas, el calor de los animales se quedará en la planta baja y tanto hombre como siervo pueden arreglárselas bien con tanta paja en la planta superior.

Sí, pero si construimos como tú dices, con troncos largos uno encima de otro, nos aturdirá el viento y la nieve. ¿No deberíamos construir a la vieja manera con la madera en posición vertical?

No, mi querido señor y esposo. Los carpinteros deberán alisar primero los troncos todo lo posible con las hachas, de manera que estén planos el uno contra el otro. Luego cubrimos las grietas con lino embreado hasta que estén completamente taponadas y pasamos brea negra correosa tanto por la parte exterior como interior de las paredes, como se hace en Noruega con las iglesias de madera.

Así había procedido y justo en el momento en que dijo esto acerca de las iglesias de madera noruegas se había dado cuenta de que, pensándolo bien, seguro que podía ceder en lo referente al sitial de los antepasados y a sus ornamentos poco cristianos. Y entonces él, inmediatamente aliviado y animado, había accedido a que primero se llevara a los albañiles a la nueva casa principal. De todos modos, ya había conseguido lo que quería.

Claro que la había descubierto, claro que comprendía cómo lo hacía para conseguir imponer su voluntad en casi todo. Alguna vez había sentido una pequeña ola de ira ante la idea de que su esposa se comportase como si ella y no él fuese el señor en Arnäs.

Pero lo que ahora veía, al quitar la cuerda del arco largo y gritar a uno de los siervos que estaban en el foso que recogiese las flechas y las pusiese en su soporte en el porche, no era sólo un bello panorama. Era un panorama muy convincente.

Bajo él, en la misma zona del fuerte, se hallaba la nueva casa principal, resplandeciente con sus paredes de brea y con el techado de musgo frondosamente verde. Habían pasado de techo de caña a techado de musgo con hierba en todas las casas, a pesar de que existiese mucha caña fácil de recolectar en los alrededores. No era solamente por el calor, sino también porque una única flecha inflamada convertiría techos de caña en grandes antorchas.

En el otro extremo del patio, en la zona del fuerte, se hallaba un largo cobertizo bajo la protección de la parte del alto muro que había sido acabado primero. En la torre bajo él había cereales y armas. Incluso en el actual estado sería capaz de organizar la defensa de Arnäs en medio día.

Si miraba tierra adentro, aparecía todo un pueblo al otro lado del foso exterior. Allí se hallaba la curtiduría que apestaba a lo largo del agua tras las otras casas; era donde se preparaban las pieles de buey y las de marta y armiño que proporcionaban tanta moneda de plata en Lödöse. Hacia el fuerte se disponían las otras casas en dos filas, cobertizos y moradas de los siervos, talleres de pedreros y herrerías, despensas, cocinas, tonelería y telar de lino. Actualmente había el doble de siervos y bestias que tan sólo unos pocos años atrás.

Lo último era como un milagro e igual de difícil de comprender. Él había aprendido de su padre, que a su vez había aprendido de sus antepasados, hasta donde alguien era capaz de recordar exactamente cuántos siervos y bestias podía soportar una tierra en relación a su tamaño para evitar comerse hasta las piedras.

Ahora había una muchedumbre allí abajo, el doble de cuantos habría tenido según su propio criterio y, aun así, Arnäs se había enriquecido y crecido por cada mes que pasaba. El bosque que antes llegaba cerca del foso septentrional estaba ahora tan lejos como a diez tiros de flecha, lo más lejos que un ojo podía llegar a ver de forma nítida. El bosque se había convertido en la madera que ahora formaba todas las casas nuevas de allí abajo. Donde antes había estado el bosque se extendían nuevos prados y pastos.

Independientemente de cuantas monedas de plata hubo gastado en cosas que no podían fabricarse en Arnäs o en aquello que sólo la plata podía comprar, como la sal o como el herrero de Bjälbo que trabajaba en los adornos de todos los portales, su cantidad de moneda había aumentado constantemente, como si las monedas se reprodujesen al igual que siervos y bestias en sus cofres de roble en la tesorería y la cámara de la torre.

Cuando el rey Sverker puso en marcha la fabricación de monedas en Lödöse dos inviernos atrás, era el único rey que había creído en las monedas como forma de pago desde hacía más tiempo del que nadie podía recordar, desde los tiempos paganos. La mayoría de los comerciantes habían desconfiado de la novedad y preferían el sistema antiguo, en que se cambiaba sal y hierro, pieles, mantequilla y cuero en cantidades de fanegas de cereales.

Pero Sigrid había convencido ansiosamente a Magnus para que ya desde el principio utilizase el nuevo orden y fuera el primero en cobrarlo todo en plata. Ella lo había planteado como que, de aquella manera, ayudaba al rey Sverker con una difícil novedad en la que nadie creía y con ello mantendrían la buena disposición del monarca hacia Arnäs.

Por ello, al principio le daban diez veces más plata por un producto de lo que le daban ahora, cuando los demás habían empezado a seguirlo. Pero simplemente con haber sido el primero había duplicado su riqueza en unos pocos años. Sigrid había asegurado constantemente que esto de las monedas de plata como pago iría a más, que era propio de los nuevos tiempos, que era de inteligentes mirar por el bien de su casa también cuando se trataba esta extraña e insegura novedad.

Y, como siempre, había tenido razón. Cuando por primera vez se dio cuenta de aquello, de la fuerza que ahora imperaba en el fondo de sus cofres en la torre, había sentido, sin comprender por qué, deseos de escarmentarla, dejar que probase la vara, hacerle saber cuál era su sitio como esposa.

Pero la ira se calmó. En lugar de eso fue como ahora que, viendo el gran paraje hirviendo con toda la vida que se creaba en torno a Arnäs, se dirigió hacia Dios con una plegaria de agradecimiento porque Dios le había concedido la esposa más sabia de toda la tierra de Göta; consideraba la tierra de los svear hundida y decaída en el pasado y ni siquiera merecedora de comparación. Sigrid era un regalo de los dioses, era cierto y verdadero. Estando solo, bajo el techo del cielo donde solamente Dios podía oír sus pensamientos, Magnus lo reconocía sin amargura. Naturalmente sólo lo sabían él y Dios, aparte de la propia Sigrid, claro está. Ningún hombre lo sabía. Todos pensaban que la floreciente región en torno a Arnäs y los dos pueblos hacia Forshem que pertenecían a Arnäs eran obra suya y de nadie más. Todos pensaban que era un gran hombre, un hombre que había que tener en cuenta, un hombre que podía crear riqueza.

Además, pensaba, Sigrid era él y él era ella, porque lo que Dios ha unido jamás podrá ser separado por los hombres. Todo lo que florecía y crecía en torno a Arnäs era su obra común, de la misma manera que Eskil y Arn eran mitad él mismo y mitad Sigrid.

Si se veía la cosa de esta manera, la única forma cristiana de ver el asunto, realmente era un gran hombre, gracias a la Divina Providencia. ¿Y de qué otra forma podía ser si no por la Divina Providencia?

El invierno era época de banquetes en Götaland Occidental. Pero precisamente este invierno, en que los días estaban contados para el rey Sverker, se celebraron inusualmente muchos banquetes. Los trineos recorrían el país de aquí para allá y no era solamente por la carne asada y la cerveza. Eran, para algunos, tiempos helados de inseguridad y, para otros, tiempos fervientes para elaborar planes al calor de la intriga.

Erik Jevardsson había advertido su intención de visitar Arnäs poco antes del solsticio de invierno y como motivo había indicado que además de deber conocerse mejor, dado que Sigrid y Kristina eran familia, había mucho de que hablar. Además, tal vez con ello se lograse zanjar de una vez por todas la disputa por Varnhem.

Sólo una cosa del anuncio preocupaba a Magnus, eso de que había mucho de que hablar. Su propósito era oscuro, pero aun así, amenazador, ya que todo el mundo sabía que Erik Jevardsson era un hombre con grandes planes para él mismo. En el peor de los casos, iba tras el poder de la monarquía. Eso significaba a su vez que ahora quería averiguar quién era su enemigo y quién era su amigo en aquella contienda.

Magnus se debatió internamente, a favor y en contra. Tenía claro lo que él mismo quería hacer con su vida. Construir enriqueciendo y fortaleciendo Arnäs y dejar una buena herencia a Eskil, tal vez también algo para Arn. Pero el que se dejaba implicar en la lucha por la corona podía salir ganando mucho, y también perderlo todo. Hasta este punto no era difícil la elección de Magnus, puesto que su forma de ganar algo en la vida tenía el camino libre hasta el día de su muerte, a una edad, ojalá, avanzada. Continuaría construyendo, continuaría con su comercio y continuaría ampliando sus tierras. Era un camino seguro hacia el beneficio y hacia una buena vida.

Pero, por otro lado, lo que realmente complicaba la cosa era el hecho de que quien no apoyase a un vencedor en la lucha por la corona lo tendría negro cuando el vencedor fuese de visita al año siguiente y preguntase por qué no había recibido ningún apoyo hasta que fue innecesario. Lo poco que Magnus sabía acerca de Erik Jevardsson le decía que ciertamente éste se lanzaría a la lucha, tan igual de cierto como que era un hombre conocido porque difícilmente perdonaba a sus enemigos. Independientemente de cómo se situaba, Magnus siempre se arriesgaba a perder.

En secreto, Magnus no se consideraba un hombre de guerra. Naturalmente sabía manejar espada y escudo, lanza y arco. ¿Con qué se habría entretenido de joven si no con esto? Su guardia ascendía a una docena de hombres, familiares lejanos, mayormente hombres jóvenes que no podían esperar ninguna herencia y tampoco conocían otro trabajo que el que se realizaba con armas. La mayoría eran gamberros gandules, opinaba Magnus. Había tenido muchos problemas en hacer que dedicasen al menos la mitad de su tiempo como carpinteros y constructores de barcos, el único trabajo que no hallaban directamente indigno ni consideraban quehacer de siervo. El resto del tiempo aseguraban dedicarlo a juegos de armas para ser de utilidad el día que hiciese falta.

En definitiva, podía participar con su guardia de doce hombres. Y podría equipar escasamente a ocho docenas de sus campesinos de los dos pueblos de Forshem. Éste no era el tipo de fuerza armada que pudiese hacer inclinar la balanza hacia arriba o hacia abajo en una lucha por la corona. Había otras cosas más importantes. Lo determinante para el futuro era cómo se había situado uno en la lucha, a favor o en contra del que vencía. Y si una mitad de la familia, la suya propia de Götaland Occidental, se situaba a favor o en contra de Erik Jevardsson, dependía de todos modos principalmente de cómo se situaría la otra mitad de la familia, la de Bjälbo en Götaland Oriental.

Magnus había mandado a buscar a su hermano menor Birger que, a pesar de no ser el mayor ni el más destacado, llevaba la palabra del linaje de Bjälbo en muchos asuntos complicados. Birger era considerado tanto astuto como íntegro en negociaciones, un hombre al que a pesar de ser todavía barbilampiño se le pronosticaba un alto puesto en el reino, independientemente de quien lo dirigiese, ya que el linaje de Bjälbo era muy fuerte contabilizando tierras y guardia.

Birger, siempre sonriente, llegó apresuradamente, como una ventisca de nieve, una tarde antes que los demás invitados. Con gran griterío llegó en su trineo al patio de la casa principal, dando un giro tan pronunciado que la nieve salía expulsada de los patines. Rápidamente saltó del trineo y dejó que se encargasen de él los siervos del establo, que acudieron apresuradamente, y lanzó un lobo muerto en el patio para que lo llevasen de inmediato a despellejar a la curtiduría; muchos de los siervos consideraban de mal agüero dejar que un lobo muerto se acercase demasiado a las moradas de los seres humanos.

Luego se echó el macuto con la ropa de vestir a la espalda, y ya estaba entrando en la casa principal cuando Magnus salió tropezando para darle la bienvenida. Cuando entró en la casa y se encontró con Sigrid, a quien saludó bastante cuidadosa y caballerosamente, inmediatamente se llenó de palabras de admiración sobre la construcción. Bajo la dirección de Sigrid, con Magnus trotando detrás de ella, dio vueltas por la sala dejando que el calor de la pared lateral empedrada con los fuegos de leña irradiase su calor hacia él. Frotándose las manos de ilusión, eligió inmediatamente un lugar donde dormir, arrojó su muda y cerró la manta de lana que cubría el lecho, continuó hacia el banco situado cerca del fuego, y empezó a contar su viaje sobre los hielos del lago Vättern, cómo había descubierto una manada de lobos, cómo el caballo la había alcanzado sobre la fina capa de nieve en el hielo y cómo había disparado a un lobo, pero cómo el lobo caído desgraciadamente se había enredado en los patines del trineo, de tal manera que los otros lobos consiguieron huir.

Luego alargó, acostumbrado, la mano y recibió una jarra de cerveza sin siquiera mirar al siervo doméstico que se la había dado. Bebió a la salud de sus anfitriones y espiró sonoramente y muy satisfecho.

Magnus casi se sentía enmudecido por su vivaz hermano menor, para quien nada parecía difícil o imposible. Cosas como irse solo de viaje en trineo por hielos inseguros en temporales difíciles, o viajar desde Bjälbo hasta Arnäs en un solo día sin la menor preocupación, hacían que Magnus dudase sobre la importancia de tener un mismo padre si como hermanos se tenían diferentes madres.

Tardaron bastante en dejar cerrado el tema sobre el estado de la familia en las dos fincas hasta que Magnus casi tímidamente pudo introducir en la conversación las difíciles cuestiones del día siguiente.

Pero tampoco nada de eso le parecía difícil a Birger. Despachó el problema con unas pocas frases.

–Cierto y verdadero es –dijo mientras alargaba el brazo para recibir una nueva jarra de cerveza en su mano– que ese Erik Jevardsson es un hombre que acabará como rey o una cabeza más abajo o ambas cosas. Eso lo sabemos todos. Pero tal y como está ahora la situación no nos puede llevar a ninguna lucha. No puede ganar sobre Götaland Occidental contra Götaland Oriental o al revés. Posiblemente pueda ganar a los svear por su causa, con o sin ritos paganos. Si lo hace, tendremos que ver cómo nos situamos. Entonces el juego habrá cambiado. Basta ya de esta tontería, ¿cuándo comemos?

La llegada de Erik Jevardsson a Arnäs al día siguiente constituyó una estampa legendaria. Llegó en cuatro trineos y llevaba doce hombres de guardia, como si ya fuese rey, o como mínimo canciller. Además, llegó cuatro horas antes de lo esperado, lo cual resultó ser por no haber viajado desde su finca Ladås en Lidan ese mismo día. Había parado una noche aproximadamente a mitad del camino en casa del hombre del rey Sverker en la finca real de Husaby. Pero se mostró muy reticente a comentar lo sucedido allí durante tan breve estancia.

La carne en los asadores todavía estaba medio cruda, los nabos aún se estaban llevando a las cocinas y Sigrid apenas había tenido tiempo de arreglar la sala y colgar tapices. Así que tras un aperitivo de bienvenida, como exigía la costumbre, en el que bebió un trago de cerveza y compartió un poco del pan blanco que era el orgullo de Arnäs, el grupo se dividió según conveniencia para pasar el tiempo sin demasiado aburrimiento. Magnus pidió al hombre de más edad de su guardia que se encargase de sus hermanos guerreros de Ladås, acomodándolos bien y que se hartasen de beber; Sigrid se llevó a Kristina a ver la casa y a dar un paseo por todas las construcciones nuevas de la finca y Magnus se llevó a Erik Jevardsson a ver las obras del fuerte.

Erik Jevardsson no se dejó impresionar por nada de lo que vio. Dijo que los muros eran tanto demasiado bajos como demasiado frágiles, que el foso doble ciertamente era una idea ingeniosa, pero que de todos modos no servía de mucho tener fosos profundos si había que defenderse en invierno cuando había hielo. Y así prosiguió, mientras que todo el rato pasaba como por casualidad a hablar de sus propias construcciones, comparándolas, sobre todo acerca de la construcción de la iglesia en Eriksberg, que ahora ya estaba casi acabada. Naturalmente empleaba picapedreros ingleses que había reclutado de la familia inglesa de su padre y dijo que estos trabajadores ingleses le podrían ser alquilados a Magnus cuando llegase la primavera, en lugar de volverse a casa.

Magnus le dejó hacer. Si los muros de Arnäs eran demasiado bajos y frágiles, eran demasiado bajos y frágiles para un rey. Si hubiese un rey en la torre, los asaltantes serían más en cantidad y más pacientes que si sólo hubiese un comerciante. No era difícil ver que Erik Jevardsson ya soñaba con ser rey.

Pero Magnus no se encontraba a gusto en su compañía. El otro era un hombre más alto y más fuerte, lo que lo hacía hablar como si fuese anfitrión y no huésped.

Cuánto mejor fue la sorpresa para Magnus cuando dejaron las obras del fuerte y comenzaron a examinar los establos y la casa principal. Era un método completamente nuevo construir con largos troncos de pino en vértices anudados uno encima de otro, la fachada completamente empedrada y tres grandes aberturas para el humo en el caballete también era algo nuevo para Erik Jevardsson. En su casa todavía se seguía construyendo en obra alternada vertical, que se taponaba con paja y barro.

Magnus se animó inmediatamente cuando empezó a contar cómo había ideado la construcción, aunque en su fuero interno sabía que había sido Sigrid la que lo había convencido de introducir todas las innovaciones. De todos modos estaba seguro de que a ella no le molestaría que él describiese ahora la gran obra como si fuese la suya propia.

Cuando Erik Jevardsson fue invitado a entrar en la sala y le golpeó el calor del lateral de piedra situado al fondo, donde el sitial, incluso vociferó sus elogios y avanzó con grandes zancadas hacia los troncos, pasándoles las manos por encima y por las juntas para comprobar que no entraba la más mínima corriente de aire frío. Mientras se le sacaba cerveza al peligroso huésped, Magnus le explicaba tímidamente que aquí arriba en el Norte, donde el bosque del Sur se encontraba con el bosque del Norte, había madera de sobras, los largos troncos de pino, que abrían unas posibilidades de construcción completamente diferentes que, por ejemplo, abajo en Lidan, donde existía mayoritariamente bosque de fronda.

La cerveza se calentaba y Magnus empezaba a sentirse más a gusto.

Sigrid tenía otras dificultades cuando guiaba a su emparentada Kristina. El ambiente entre las dos no podría ser otro que cortésmente frío, puesto que Kristina había empezado a discutir tanto con los curas como con el rey que al menos una parte de Varnhem debería corresponderle a ella y que realmente ella no había donado su parte de la herencia a unos monjes.

Pero no sería apropiado tocar esa cuestión ahora, estando sus maridos ausentes. Si algo debía decirse en este asunto, sería mejor hacerlo cuando todos aquellos que tuviesen derecho a hablar acerca del problema estuviesen presentes en la misma habitación.

Kristina no podía más que sentirse enormemente impresionada con todos los talleres que habían aparecido por la finca. No bajaron hasta la curtiduría a causa del olor, pero visitaron las cocinas, los talleres pedreros, las herrerías, la tonelería y el telar de lino antes de dar una vuelta por las despensas de los víveres y por una de las moradas de los siervos en la que hallaron a una pareja copulando, lo que no las preocupó lo más mínimo, sólo dijeron unas palabras alentadoras a los avergonzados siervos mientras pasaban. Pero Kristina bromeó diciendo algo de que en casa hacía capar como mínimo a uno de cada dos siervos, ya que si no las bestias tenían demasiada capacidad de reproducción y creaban demasiadas bocas nuevas que alimentar.

Sigrid explicó que había acabado con esa costumbre. No por el bien de los siervos, aunque era una novedad que parecían apreciar altamente, sino porque difícilmente llegarían a tener demasiados siervos.

Ése era un razonamiento que Kristina no podía comprender. Más siervos son más bocas para alimentar, más animales para matar y más cereal para el molino, ¿eso no estaba más claro que el agua?

Sigrid intentó explicar los métodos del desplazamiento forzoso, la roturación de tierras y liberación aplicada al mismo ritmo que los siervos se reproducían, y cómo esto a su vez generaba ingresos a través de los toneles extra de cereal que los nuevos cultivos daban cada año, al igual que el, por lo demás, escaso consumo de alimentos de los siervos, si lo tenían que pagar ellos mismos, debido al elevado precio que se ponía a la libertad.

Kristina se reía tontamente ante esas absurdas ideas; era como soltar a las vacas a pastar para ordeñarse, sacrificar y finalmente asarse a sí mismas. Sigrid abandonó en seguida todo intento de explicación y al final se la llevó a la caseta del baño, donde un montón de siervos se estaban aseando para la noche.

El vapor les golpeó en forma de una gran nube cuando abrieron la puerta de la casa de baño y el frío del pleno invierno colisionó con el calor del interior. Cuando cerraron la puerta tras de sí y volvió la visibilidad, Kristina se asombró por primera vez de tal forma que no lo pudo ocultar. La habitación estaba llena de siervos desnudos que pasaban entre ellos con cubetas de agua hirviendo que echaban en grandes tinas de roble; otros estaban sentados en el agua humeante de las tinas. Sigrid se acercó y cazó a una sierva doméstica dejando que Kristina palpase su carne. ¿Verdad que estaban sanos y nutridos?

Pues sí, estaban bien. Pero ¿qué sentido tenía dejar que los siervos usasen leña y cobertizos como si fuesen personas? Le era imposible comprenderlo.

Sigrid explicó que de todos modos se trataba de siervos domésticos, que iban a girar los asados y servirlos, ofrecer la cerveza y sacar las sobras toda la noche. ¿Y no era más agradable con siervos domésticos limpios, que no con otros que apestasen? Por cierto, todos se vestirían con telas de lino limpias después de lavarse, ya que, de todos modos, en Arnäs se fabricaba más lino del que era posible vender por el momento.

Kristina sacudió la cabeza, no podía evitar manifestar lo ridículo que le parecía esta forma de tratar a los siervos. Podrían ocurrírseles ideas por estas cosas, decía. Ya tenían ideas, contestó Sigrid con una sonrisa que Kristina no lograba comprender.

Pero al iniciarse el banquete por la tarde fue una hermosa imagen ver cómo todos los siervos domésticos recién fregoteados entraron en procesión a la sala con ropa de lino blanca y con la primera tanda de carne, nabos, pan blanco y sopa de cebolla, judías y algo que Sigrid llamaba nabos rojos y que constituía una novedad para los invitados.

En el sitial noruego con los ornamentos draconianos estaban sentados Magnus y Erik Jevardsson. A la izquierda de Magnus estaba su hermano Birger, los hijos Eskil y el pequeño Arn y, junto a ellos, Knut, el hijo de Erik Jevardsson, que era de la misma edad. A la derecha del sitial estaban Kristina y Sigrid. A lo largo de las paredes ardían antorchas de brea en sus grandes soportes de hierro. En la mesa larga, donde los veinticuatro hombres de la guardia estaban sentados según la edad, ardían costosas velas de cera como en una iglesia y el muro de piedra tras el sitial irradiaba calor, aunque cada vez menos cuanto más al fondo de la sala se estaba. Los hombres más jóvenes de la guardia sentados al fondo del todo no tardaron en envolverse en sus mantos.

Los asadores habían empezado a servir lo más tierno y también lo que había sido más rápido de preparar fuera en el asadero entre los dos espacios de la casa principal, tiernos cochinillos para abrir el apetito. Luego seguirían los platos fuertes con ternero, cordero y jóvenes jabalíes y también pan moreno del tipo antiguo para quien no le gustase la novedad del pan blanco. La cerveza se servía en grandes cantidades, o bien fuerte sin condimentar o bien de esa que se daba a mujeres y niños, con gotas de miel y nebrina.

El banquete iba por buen camino y se conversaba alegremente acerca de asuntos poco importantes, y el siempre sonriente Birger tuvo que contar de nuevo la hazaña del día anterior cuando mató un lobo.

Erik Jevardsson y su guardia bebieron a la salud de los anfitriones. Magnus y su guardia bebieron a la salud de sus huéspedes y todo era alegría sin malos pensamientos ni palabras duras.

Erik Jevardsson incluso llegó a elogiar, una vez más, la belleza de la sala, el nuevo método de construcción con troncos largos y conseguir taponarlo de aquella manera, los bellos ornamentos draconianos que rodeaban el sitial y, sobre todo, las camas que formaban una hilera de compartimentos a lo largo de una de las paredes largas, construidas una encima de otra y con mucha tela y pieles de tal manera que se podían apañar bastantes en la misma cama sin que estuviesen demasiado apretados ni hiciese demasiado calor. También esto podía ser algo que hubiera que tener en cuenta cuando uno se fuese a construir una nueva morada. Magnus explicó tímidamente que aquella manera de organizar las camas era habitual en Noruega; todo noruego sabía que se evitaba mejor el frío si uno se alzaba y se separaba un poco del suelo.

Pero a medida que Erik Jevardsson iba engullendo cerveza, su lengua se iba afilando, sin que al principio se notara. Bromeaba acerca del rey Sverker, el único rey del Norte que podía ganar una guerra siendo cobarde, y bromeaba cada vez más acerca de los monjes y los problemas que había con ellos. Volvió a lo del cobarde rey Sverker y se burló del hecho de que el viejo se había casado una vez más con una vieja, aquella Rikissa, que incluso había sido la hembra de un ruso, Volodar o como se llamara, al otro lado del mar del Este.

–Pero mi querido huésped, con ello salvó, una vez más, al país de la guerra y de los incendios, ¿no has pensado en eso? –replicó Sigrid con una gran sonrisa, como si la cerveza también se le hubiera subido a la cabeza y por eso pudiese soltar la lengua con menos responsabilidad de lo normal. Magnus le echó una dura mirada que ella aparentó no ver.

–¿Cómo? ¿Qué favores puede haber hecho ese viejo por el país en la cama con una viuda doble? –replicó Erik Jevardsson en voz alta, dirigiéndose más hacia su propia guardia sentada al final de la mesa que hacia Sigrid. Los guardias no tardaron en reírse de sus palabras.

–Porque Rikissa tiene el hijo Knut Magnusson de su primer matrimonio y porque Knut Magnusson acaba de convertirse en el nuevo rey de Dinamarca y difícilmente atacará un país donde su madre es la reina –contestó Sigrid, cortante, en cuanto se hubieron apagado las carcajadas de los guardias. Sin embargo, parecía muy alegre cuando dijo aquello.

Cuando Erik Jevardsson se puso serio, ella pareció aún más contenta y añadió al embarazoso silencio que se hizo que precisamente, de esta manera, incluso un hombre viejo sin capacidad viril había utilizado la cama para evitar la guerra. Así que también un miembro fláccido podía hacer cosas buenas, cosa que no sucedía todos los días.

La última broma sobre el fláccido miembro del rey hizo que toda la guardia rompiera a reír a mayores carcajadas y vitorease más fuerte que por la broma de Erik Jevardsson.

Sigrid miró modosamente hacia abajo y parecía que se sonrojaba por su propio atrevimiento. Pero Magnus intuía un engaño. Nadie sabía mejor que él lo suavemente afilada que tenía la lengua su mujer. Tampoco nadie sabía mejor que él que si en este banquete se trataba de ver quién ganaba intercambiando palabras en el aire como golpes de espada, Sigrid les ganaría a todos, menos a Birger, quizá. Y eso no debía ocurrir, ya que acabaría en tragedia.

De momento salvó la situación iniciando una explicación larga y confusa sobre la importancia de los conocimientos que los monjes habían traído al país. Bastaba con ver Arnäs, la nueva forma de construir, cómo se podían colgar ruedas de molino más grandes que antes, cómo se podía sembrar trigo ya en otoño y dejar que el trigo durmiera el sueño del invierno para después cuidarse él mismo durante toda la primavera y el verano hasta la siega. Como aquella idea de cambiar mercancías por monedas de plata en lugar de mercancías por mercancías, seguro que pertenecía al futuro. Y otras cosas que le había enseñado Sigrid, pero que solo él y Sigrid sabían que era ella la que se lo había enseñado casi todo.

Ciertamente era difícil interrumpir a su anfitrión, pero cuando Magnus empezó a repetir por tercera vez la importancia de las monedas de plata en los negocios, Erik Jevardsson se levantó ostentosamente para salir a mear. Con ello Magnus calló y echó una mirada de intranquilidad a su hermano Birger. Pero Birger sonreía como siempre y no parecía nada intranquilo cuando se inclinó hacia Magnus y le susurró que quizá les sentaría bien salir también a mear porque iba a llegar el momento para el que el huésped se hallaba allí.

Además, era bueno hacer una pausa ahora. La mitad de la guardia había seguido el ejemplo del ilustre huésped y al poco casi todos los hombres estaban fuera en fila, charlando alegremente mientras rociaban las ramas de abeto superpuestas; en invierno un patio parecería muy sucio después de una visita si no se pusiesen ramas de abeto, que los siervos iban cambiando de vez en cuando.

Cuando Erik Jevardsson volvió a ocupar su puesto al lado de

Magnus en el sitio de honor y tomó más cerveza fresca, levantó la mano en señal de que quería hablar sin ser interrumpido. Sonriendo, Birger le echó una mirada a Magnus y movió la cabeza afirmativamente.

–Antes de que esta gran hospitalidad se nos suba demasiado a la cabeza y hablemos más que nada de lo gigantes de hombres que somos –empezó sonriendo y esperando las risas corteses que sobre todo llegaron de sus propios guardianes– es hora de que discutamos una seria cuestión. Los días del rey Sverker están contados. Y no exagero si digo que pronto ya no estará con nosotros en la vida terrenal. Karl Sverkersson está lejos, en Linköping, y cree que la corona real recaerá sobre sus rodillas. En Götaland Occidental somos muchos los que no queremos caer en esa desgracia, y yo soy uno de ellos. Por eso, con la ayuda de Dios, ganaré la corona real. Ahora os pregunto, parientes y amigos, ¿tengo vuestro apoyo o debo abandonar esta confortable casa como vuestro enemigo?

Un silencio total se hizo en la sala. Incluso los tres pequeños muchachos sentados al lado de Birger miraban con los ojos abiertos como platos hacia Erik Jevardsson, que estaba declarando que quería ser rey a la vez que amenazaba con su enemistad.

Magnus le echó una mirada desesperada y significativa a su hermano Birger, pero Birger sólo sonrió y le indicó con la cabeza que en adelante tomaría la responsabilidad.

–Señor Erik, hablas con tanta fuerza y decisión que en ningún momento he dudado de que pudieses ser el rey de todos nosotros –empezó a decir Birger en voz alta para que todos descubrieran que era él, el hermano joven debajo del sitial, y no Magnus, el que hablaba. Después bajó la voz.

»Primero déjame contestarte. Hablo en nombre de todo el linaje de Bjälbo, he recibido esa confianza. Y mi hermano Magnus puede contestar después de mí, pero has de saber que nuestros dos linajes están unidos con muchos lazos de sangre y difícilmente irán el uno contra el otro. Puedes confiar. No somos tus enemigos pero tampoco tus amigos en esta precisa cuestión en este preciso momento. Si quieres ser nuestro rey, deberías empezar en el punto opuesto del país que no sea el nuestro. Primero tendrías que conseguir que los svear te elijan rey ante las piedras de Mora. Si consigues esa proeza, ya tienes ganada la mitad. Si por el contrario intentas ser rey en Götaland Occidental en contra de la voluntad de los godo-orientales, sólo conseguirás la guerra y nadie sabe quién saldría victorioso de esa devastación. Lo mismo si vas por el otro camino. Por tanto, tendrás que ganarte primero a los svear. Y cuando lo hayas hecho, seguramente podrás contar con nuestro apoyo. ¿Tengo razón o no, hermano Magnus?

Magnus se dio cuenta de que todos lo observaban y de que se había hecho el silencio como en el momento en que el arco está tensado al máximo y la flecha a punto de ser soltada hacia su meta. Sólo se le ocurrió asentir con la cabeza lentamente, pensativo, como si fuera un viejo hombre sabio. Un murmullo de descontento empezó a oírse por parte de la guardia de Erik Jevardsson, sentados en un extremo de la sala.

–Birger, ¡no eres más que un pequeño descarado! –gritó Erik Jevardsson, enrojecido–. Te podría matar aquí y ahora por tus desvergonzadas palabras. ¿Quién eres tú para instruir a un guerrero hecho y derecho?

Erik Jevardsson hizo un gesto hacia el lugar donde le colgaba la espada, como si hubiera olvidado que ya no era uso ni costumbre sentarse a comer como huésped con la espada colgando; todas las armas estaban en unos soportes fuera en la casa del medio, donde se asaba la carne.

Birger no se dejó amedrentar por el gesto rebuscado que había hecho hacia la vaina vacía y su sonrisa no cesó ni por un momento cuando contestó:

–Puedes pensar que soy un descarado, Erik Jevardsson –empezó tranquilamente pero ahora en un tono de voz un poco más alto para que nadie en la sala dejara de oír sus palabras–. No me alegra saber que sólo ves en mí a un descarado. Pero de todas formas no tiene trascendencia alguna para este importante asunto, porque si sacas tu espada contra mí, a la vez llamas a que la desgracia caiga sobre ti, vaya como vaya.

–¿Crees, descarado, que ni por un momento podrías hacerme frente con la espada? –gritó Erik Jevardsson con la cara aún más roja y tan furioso que todos los de la sala temían lo peor, y una sierva se llevó rápidamente a los tres chiquillos que estaban al lado de Birger.

Birger se levantó despacio, pero su sonrisa no cesó cuando contestó:

–Te pido de verdad que reflexiones, como huésped nuestro que eres, Erik Jevardsson –dijo–. Si tú y yo intercambiamos golpes de espada, saldrás perdiendo. Si mueres aquí, nunca llegarás a ser rey. Si me matas, el resto de tu vida será un largo viaje en el que todo el linaje de los Bjälbo te perseguirá de concilio en concilio, y si eso no surte efecto al final, te asesinarán. ¡Contrólate y piensa! Tienes un reino a tiro de piedra, de eso no me cabe duda. ¡No lo eches todo a perder porque pienses que el portavoz del linaje de los Bjälbo es demasiado joven y descarado! Gánate primero a los svear, después a nosotros. Es mi consejo por segunda vez.

Birger se sentó tranquilamente, como si no hubiera pasado nada especial, y alargó la mano reclamando más cerveza hacia una de las siervas, que estaban muertas de miedo.

Erik Jevardsson estuvo un rato sombrío antes de contestar. Se había dado cuenta de que el joven Birger de Bjälbo había hablado con razón y claro como el agua. Es decir, tenía que reconocer que había sido respondido y confundido por un descarado que tenía buenas salidas. Lo que todos habían oído no se podía dar por no dicho.

–Bien –dijo finalmente–. Ya había pensado dirigirme hacia las piedras de Mora para ganarme a los svear, así que en eso estamos de acuerdo. Pero por tus palabras me queda todavía un asunto pendiente, una oca que desplumar cuando vuelva como tu rey.

–No lo dudo en absoluto, mi futuro señor y rey –dijo Birger con una amplia sonrisa, casi exagerada, esperando después burlonamente antes de continuar–. Pero ya que parece que a pesar de todo te tomas mis consejos a bien, te aconsejaría que ¡en lugar de desplumarme como una oca harías mejor convirtiéndome en tu canciller!

Su manera fresca y alegre de decir aquello en la cara del furioso Erik Jevardsson surtió un efecto asombroso. Primero se hizo silencio y Erik Jevardsson lo miró fijamente con los ojos oscurecidos mientras Birger se limitaba a sonreír hasta que la cara de Erik Jevardsson de pronto se torció en una amplia mueca. Y empezó a reírse. Al instante empezó a reírse su guardia, después empezó a reír la guardia de Magnus, después las mujeres, después los siervos y finalmente los tres muchachos, que pudieron volver a sus puestos. La sala retumbaba de risas mientras la tormenta pasaba de largo.

Erik Jevardsson se dio cuenta de que era mejor dejar para otra ocasión cualquier tema que se refiriera a su camino hacia el trono, prefirió hacer bondad y ser tenido en buena consideración y dando palmas llamó al bardo noruego que llevaba con él en el último trineo y le pidió que hablara de los tiempos en los que los hombres del Norte eran capaces de unas proezas y bravuras cada vez más difíciles de ver en estos tiempos.

Mientras el bardo se levantaba desde su ignominioso lugar allá lejos junto a los guardias más jóvenes y se dirigía hacia la parte delantera de la sala hasta situarse al lado del fuego, donde recitó y cantó, los siervos recogieron rápidamente los restos de comida, sacaron más cerveza, y empezaron a secar los meados y los vómitos que había en la puerta. Un silencio lleno de esperanza empezó a esparcirse por la sala mientras el bardo hábilmente esperó, con la cabeza baja, a que la expectación creciese hasta estar a punto de explotar antes de empezar.

Empezó con voz débil pero bella, casi cantarina, relatando las ocho grandes victorias de Sigurd Jorsalafar camino de Jerusalén, cómo saqueó Galicia, cómo se encontró por primera vez frente a la costa de Tierra de Túnicas con barcos de paganos sarracenos que venían remando hacia él con una gran flota de galeras, y cómo, sin dudarlo un instante, se lanzó al ataque saliendo de inmediato victorioso entre los paganos que por lo visto nunca se habían encontrado con una flota nórdica y nunca hubieron imaginado una lucha como aquélla, que sólo pudo acabar de una manera y que el bardo describió en un canto:

Los desgraciados paganos
atacaron al rey.
El poderoso príncipe
los mató a todos.
El ejército se deshizo de ocho barcos
en la arriesgada lucha.
El príncipe de tantos amigos
llevó el botín a bordo.
El cuervo voló hacia heridas frescas.

Aquí el bardo hizo una pausa y pidió cerveza para poder seguir explicando, y todos los guardias hicieron sonar los puños en la larga mesa como señal de querer oír más.

Los dos muchachos más pequeños, Arn y Knut, habían escuchado el relato boquiabiertos y con los ojos como platos, pero Eskil, que era un poco mayor, empezó a ponerse pesado y a bostezar. Sigrid le hizo una señal a sus siervos para que metieran a los muchachos en la cama que les había preparado en una de las cocinas, ya que supuso que los niños pequeños quizá no se encontrarían a gusto entre hombres adultos que bebían sin parar durante toda una noche.

Eskil, obediente, los acompañó, bostezando de nuevo y pareciendo preferir una cama caliente a un viejo que contaba remotas historias en un idioma difícil de entender. Pero Arn y Knut patalearon y se pusieron pesados, y se revolvieron queriendo escuchar más y prometiendo estar callados, aunque en vano.

Al poco rato estaban los tres metidos bajo gruesas pieles en una cocina con tres de las ollas más grandes llenas de brasas. Eskil se dio la vuelta en seguida y se quedó dormido mientras Arn y Knut seguían completamente despiertos y no poco furiosos porque el mayor de todos les hubiese estropeado la diversión. Muy pronto y susurrando se pusieron de acuerdo; se vistieron en silencio, salieron de puntillas a la oscuridad, pasaron como pequeños elfos delante de dos guardias que estaban en la puerta vomitando, se metieron de prisa en la sala y se sentaron en la parte más oscura, al lado de la puerta, donde nadie los veía, ya que Arn encontró una gran piel que, con movimientos cuidadosos, arrastró poniéndola sobre los dos, de manera que sólo sus melenas rubias y sus ojos abiertos sobresalían por encima de la piel. Se sentaron como ratones, completamente quietos, completamente expectantes ante la nueva hazaña de Sigurd Jorsalafar.

Al Norte de la Tierra de túnicas, en una isla que se llama Formentera, siguió relatando el bardo, pero haciendo aquí una pausa para que se hiciera silencio antes de continuar, Sigurd Jorsalafar y su ejército se encontraron con piratas sarracenos, paganos y apestosos, inútiles que nunca se lavaban, ni siquiera en Navidad, holgazanes, acostumbrados a fornicar con las burras, y sin embargo ricos con los botines que robaban a los buenos peregrinos cristianos que no habían podido defenderse en el placentero viaje de Dios.

Sin embargo, los paganos se habían refugiado bien con todo su botín arriba en una cueva de una montaña muy escarpada y delante de la entrada de la cueva habían construido un muro de piedra. Así que al principio parecieron inexpugnables allí arriba y se burlaron de los nórdicos agitando sedas y otros tesoros por encima del muro de piedra. Puesto que los paganos podían disparar hacia abajo y tirar piedras y suciedad sobre los nórdicos si éstos intentaban subir por la escarpada montaña, un intento así para hacerse con ellos no sería prudente.

Pero Sigurd Jorsalafar encontró la forma. Hizo que arrastraran algunos de esos barcos llamados barcas de dos palos desde la playa hasta arriba de la montaña. En la cima de la montaña, sobre la entrada de la cueva, los nórdicos anudaron gruesos cabos en las cuadernas y en las rodas de los barcos, los llenaron de hombres atrevidos, piedras y armas y deslizaron los barcos lentamente de manera que los paganos pudieron probar su propia astucia, verse obligados a defenderse de un enemigo que venía desde arriba.

La lucha acabó en seguida. Los hombres del rey tiñeron las flechas de sangre. El cuervo voló a heridas frescas. En todo el viaje no se hicieron con un botín más valioso.

De nuevo el bardo se encontró con aclamaciones ensordecedoras y se le pedía que continuara y él hizo como si estuviera cansado, pero Magnus le dio plata y más cerveza. Se sentó un rato a esperar que la gente, que se había aguantado hasta el último momento y aprovechando la pausa había salido a mear, entrara de nuevo.

Pese a que una docena de hombres habían pasado por delante y casi habían tropezado con Arn y Knut, y alguno entrando o saliendo incluso había dado un traspiés con ellos, no hubo nadie que los descubriera allí donde se apretujaban como polluelos de urogallo en el bosque y de noche.

A lo largo del verano, Sigurd Jorsalafar navegó hacia Tierra Santa y fue bien recibido por el rey Balduino en Jerusalén. El rey Balduino se sentía muy honrado por la visita de un guerrero nórdico tan magnífico y montó a caballo con Sigurd hasta el río Jordán y hasta la bien fortificada ciudad marítima de Acad, donde estaba anclada la flota de los pueblos guerreros nórdicos.

El rey Balduino tuvo la cordura de aprovecharse de los poderosos guerreros del Norte y se fue con ellos hasta Siria, donde liberaron la ciudad de Sidón de todos los paganos, y aún salvaron otra ciudad en Tierra Santa para los que creían en Dios.

Pero por aquella ayuda Sigurd no pidió oro ni seda. Por ello recibió, por consejo tanto del patriarca como del rey Balduino, astillas de la cruz sagrada donde el mismo Dios había sido atormentado. E hizo el sagrado juramento de llevar aquellas reliquias a la tumba de Olav *el Santo* en Nidaros y construir allí una inmensa iglesia.

Al bardo le llovieron nuevas aclamaciones ensordecedoras y le pedían insistentemente que repitiera el verso más bonito de la canción:

Sigurd venció en Sidón
así los hombres recuerdan.
Con ímpetu las armas blandieron
en la lucha encarnizada.
Los guerreros hiciéronse pronto
con el bastión de la ciudad.
Bellas espadas tiñéronse de sangre
donde el príncipe victorioso salió.

La aclamación de la sala no quería acabar y después tampoco el murmullo cuando todos hablaban a la vez de las hazañas de los viejos tiempos y de los reyes de ahora que eran como Sverker Pichafloja y no como Sigurd Jorsalafar.

Magnus intentó hacer una broma de que era otra cosa con los noruegos, ya que él era de linaje noruego. Pero a nadie le pareció divertido, y mucho menos a Erik Jevardsson, que se levantó cogiendo el viejo cuerno de beber que le habían puesto delante, por cierto, un cuerno de beber noruego aunque quizá él no lo supiera, y bebió a la salud de la bravura hasta la última gota sin sacarse el cuerno de la boca. Después explicó que acababa de ver ante sí, como en una visión, la nueva seña del escudo que sería la suya y la de todo el reino. Allí habría tres coronas reales de oro, una corona por Svealand, otra por Götaland Occidental y otra por Götaland Oriental. Las tres coronas sobre un fondo de color celestial. Ésta, juró, sería su nueva seña en un futuro no muy lejano, la suya y la de su reino.

La sala hervía de excitada aclamación. Pero Erik Jevardsson quería seguir hablando a la vez que tenía que mear, y ya que quería hacer las dos cosas con la misma entrega decía, alto y borracho mientras iba hacia la puerta, que todos y cada uno de quienes lo acompañaran en el futuro podían dar por hecho que se ganarían el honor en cruzadas. Quizá sólo hasta la tierra de los fineses al otro lado del mar Oriental, en un primer viaje, pero luego cuando los fineses hubieran sido cristianizados, quizá los nuestros necesitaran que les echaran una mano también abajo en Tierra Santa.

Cuando llegó a la puerta le dio pereza pasar por encima del alto umbral, así que, balanceándose, se apoyó en la jamba de la puerta y se alivió allí donde estaba.

No se dio cuenta de que estaba meando encima de Arn y de su propio hijo Knut. Ellos, a su vez, no pudieron hacer nada más que apretujarse y aguantar en silencio. Ninguno de los dos chicos olvidaría aquello nunca.

En especial porque acababa de meárseles encima un hombre que sería tanto rey como santo.

III

El invierno tuvo a Arnäs en un puño de hierro. Todos los caminos que iban hacia el sur habían permanecido intransitables desde la misa del Gallo, y aunque se pudiese ir por los hielos del Vänern, por lo menos con trineos de patín ancho, por ahora no existía motivo importante para tomarse la molestia. Lo que Magnus quería vender por allí, en Lödöse, doblaría el precio a finales de invierno cuando empezase la escasez en muchas despensas.

En Arnäs, el trabajo transcurría con normalidad en la tonelería, en el matadero y en el saladero, así como en los talleres de mujeres donde se preparaba la lana y el lino y se tejía tanto la tela gruesa como los tapices para la alegría de Dios y de la gente.

Suom se llamaba una hábil tejedora que se diferenciaba de las otras siervas porque tenía el pelo lacio y rubio, no negro y rizado, y también porque era alta y agradable de ver. Todavía no se había reproducido y era como si se mantuviera a distancia, o como si tuviera sueños en la vida a pesar de ser sólo una sierva. Parecía como si no oyera las groseras palabras y las risotadas que hacían cuando pasaba con la espalda erguida por delante de las fraguas y de la tonelería. Era una de las siervas preferidas de Sigrid y a menudo estaban juntas en los telares, donde todo el tiempo encontraban nuevos dibujos para tejer. Una vez, cuando Sigrid le preguntó si quería dejarse bautizar por Cristo Inmaculado, ella le contestó, avergonzada y asustada, que no. Sigrid no se lo preguntó nunca más pero se asombraba de que un pagano fuese capaz de hacer aquellas imágenes cristianas tan bellas que representaban a los soldados del Señor y el templo victorioso sobre los poderes malignos, el fuego de los infiernos y el esplendoroso templo de Dios.

Sin embargo, Magnus había estado un poco irritable por la inactividad que el duro invierno conllevaba. No estaría bien que trabajara en los talleres y la profunda nieve hacía imposible cualquier tipo de caza señorial. Pero había empezado a demostrar interés por el tejido de tapices y Sigrid había visto de vez en cuando sus huellas en la nieve hasta los telares y había notado que Suom se estremecía como de miedo cuando Sigrid entraba.

Finalmente, Sigrid le preguntó directamente qué era lo que pasaba. Primero Suom lo negó rotundamente y con demasiada ansia, pero después se puso las manos en la cara y rompió a llorar.

Sigrid consoló a Suom, y le acarició con cuidado la espalda mientras reflexionaba sobre la situación. Si Suom hubiera sido una mujer libre, Magnus habría cometido adulterio. Naturalmente, ese problema no existía en este caso. Si un señor quiere montar a sus siervas, es libre de hacerlo. Y no era difícil entender que Suom era una gran tentación, no sólo para los siervos, sino también para los hombres. Además, en cierto modo, Sigrid tenía la culpa y era muy consciente de ello. A menudo ponía inconvenientes cuando Magnus quería hacer uso de sus derechos maritales y el motivo que tenía para poner pegas sólo lo sabía ella y nunca conseguiría que él lo comprendiese. No quería tener más hijos, no quería volver a jugarse la vida a los dados entre el dolor y la muerte.

Por ello, ahora tenía que pagar el precio. Si la distracción de Magnus duraba mucho, y empezaba a haber risitas y carcajadas, quizá fuera necesario proponerle una pequeña restricción a la diversión. Pero de momento lo que importaba era demostrarle amabilidad a Suom, que entendiera que no era cuestión de que viera en su ama una enemiga celosa, algo que más de una sierva había tenido que padecer en los tiempos de los antepasados. Sigrid recordaba con un escalofrío un relato de la familia de su madre donde alguien, hacía tiempo que había olvidado quién, había hecho asar a una sierva demasiado ardiente en un espetón y se la había servido a su marido de cena. Según la leyenda, de esta manera se le curaron los picores de pantalones al marido.

Sin embargo, pronto corrió el rumor por Arnäs de que la altiva Suom ya había sido montada y ya no podría ir por ahí tan arrogante y altiva como si fuese pura. Aquello hizo que las palabras de los siervos fueran cada vez más insolentes y al final ya se atrevían a hacerle proposiciones a Suom de cómo le sentaría mejor un hombre de verdad, un toro que se la metiera sin florituras ni reverencias, y otras bromas por el estilo. Se corrió como un olor a lascivia alrededor de la pobre Suom. De alguna manera, la futura desgracia estaba escrita.

Pero para los niños Eskil y Arn el crudo invierno era un tiempo espléndido. Su maestro, el hermano lego Erlend, de Varnhem, había vuelto al monasterio justo antes de Navidad y aún no había podido regresar por la nieve que había hasta Arnäs, a pesar de que la misa de San Pablo ya se acercaba. Puesto que los días que los niños deberían haber dedicado a estar sentados con las narices en los textos latinos sobre el filósofo y venerable san Bernardo se habían convertido en días de ocio, se habían dedicado con toda su alma a los juegos de invierno y a hacer travesuras. Lo más divertido era cazar ratones vivos en el granero y después soltárselos a las siervas de la cocina y, muertos de risa, salir corriendo mientras los gritos, los fuertes golpes y los ruidos sordos hablaban de lo que les sucedía a los ratones.

Una vez se metieron en la armería y cogieron dos antiguos escudos redondos que llevaron hasta la entrada grande, frente al granero de la casa principal, donde se ponía la paja a finales de verano, y se sentaron encima de los escudos, deslizándose como dos pequeñas nutrias por toda la ladera. Sus carcajadas llamaron la atención sobre ellos y cuando llegó su padre y vio lo que estaban haciendo con los utensilios de los mayores se puso furioso y les dio una zurra y ellos, gimiendo, se fueron corriendo a su madre en la casa del telar.

Pero el pequeño disgusto pasó pronto. El siervo Svarte, que había visto el invento de los chicos, fue al taller de los carpinteros, encontró unas maderas lo suficientemente anchas que trabajó hasta conseguir una tabla plana. Luego, con vapor, calentó uno de los lados cortos de la tabla y lo dobló despacio hacia arriba, como la parte delantera de un patín de hierro, metiendo una correa a modo de riendas de carro, y en seguida hubo de nuevo gritos y risas en la colina de nieve.

Pero cuando los hijos de Svarte vieron lo que les había hecho a los hijos del amo, le exigieron lo mismo para ellos, y cuando él objetó que había diferencia entre los hijos de los siervos y los de los señores, Sot se le echó encima; así que se pasó un día entero en la carpintería. Claro que el trineo de sus hijos no lo hizo tan bonito.

Al principio, a Magnus no le hizo gracia ver cómo sus hijos se revolcaban en la nieve en divertidos juegos con los hijos de los siervos. No le parecía adecuado. Eskil y Arn debían crecer como amos de los siervos, no como sus compañeros de juegos.

Sigrid dijo que los niños eran niños y que las diferencias de la vida adulta no pasarían desapercibidas cuando se hicieran un poco mayores, ni a los siervos ni a los hijos de los amos. Además, ahora se libraban del latín.

Naturalmente sonrió a su manera, ambiguamente, al decir lo último. Que los niños debían aprender latín era tan claro para ella como incomprensible para Magnus. Según ella, aquel idioma pertenecía al futuro. Él opinaba que sólo los monjes y los curas necesitaban aquellos conocimientos y por lo menos en Lödöse se podría negociar en el idioma corriente, incluso con gente venida de mucho más lejos, aunque a veces fuese complicado y se tuviesen que repetir las cosas. Pero bueno, en cuanto el hermano lego consiguiese arrastrarse desde Varnhem para retomar la enseñanza con los chicos se acabaría de todos modos la relación con los siervos.

Pero el invierno no quería dejar Arnäs, y Eskil y Arn no habían pasado un invierno tan divertido, ya que lo que pasó fue que cada vez estaban más con los hijos de los siervos. Construyeron un castillo de nieve que Eskil y Arn se turnaban en defender mientras el otro debía conquistar el castillo, con el mismo número de hijos de siervos para cada uno. Eskil y Arn tenían unas pequeñas espadas de madera mientras los otros tenían que contentarse con bolas de nieve, ya que eran siervos y no podían llevar armas. Hubo algún llanto y unos cuantos cardenales.

Y ayudaron a Kol, el hijo de Svarte, que tenía su misma edad, a cazar ratones vivos con los que después Svarte podía tender las trampas para armiños. La piel de armiño era muy valiosa; un siervo costaba cuatro pieles.

Cuando empezaban a acercarse los lobos a Arnäs, Svarte llevó los restos del matadero y los puso al lado de una abertura de uno de los graneros más alejados para esperar al lobo una noche que hubiera luz de luna, buen tiempo y silencio.

Eskil aseguró burlonamente, y Arn asintió entusiasmado, que su padre había dicho que podían estar durante la vigilancia, siempre y cuando se mantuviesen callados como ratones. Svarte tenía sus dudas, pero no se atrevió a ir a preguntar al señor Magnus si las cosas estaban tan mal que el amo tenía hijos mentirosos.

Cuando el tiempo fue el adecuado, Eskil y Arn salían a escondidas por las noches, con gruesas pieles de oveja bajo los brazos, para sentarse con Svarte, que tenía dos ballestas preparadas para esperar al lobo. Como Svarte se había ido de la lengua en casa, pronto también vino Kol, de manera que tres chicos con ojos chispeando y corazones palpitando se sentaban, impacientes, a su lado a esperar, procurando evitar hacer ruido con la paja y vigilando la extensión blanca y el montón de restos del matadero que cada noche era visitado por los lobos.

Finalmente, una noche cuando la luna ya se hubo reducido a media pero el tiempo seguía siendo claro y tranquilo, llegaron los lobos. Oyeron sus cautelosas pisadas en la dura capa de la nieve mucho antes de poder distinguirlos con la vista. Svarte, excitado, les señaló que debían mantenerse completamente en silencio, sin hacer ningún ruido ni moverse un pelo. Con la emoción dibujó una raya sobre el cuello para remarcar cuál, si no, sería el duro castigo y descubrió al momento los ojos abiertos y sorprendidos de Eskil y Arn. Nunca en su vida habían sido amenazados por un siervo, ni siquiera en broma. Pero ahora asentían con fuerza con la cabeza y levantaron sus pequeños dedos índices y medios juntos, apretados, como señal de que juraban no hacer ni un ruido.

Svarte se movió insufriblemente despacio cuando tensó las dos ballestas sin el más mínimo ruido, ni clic ni clac. Luego dejó una preparada y colocó con cuidado la otra en posición, lista para disparar.

Pero los lobos eran suspicaces. Ahora se les veía como sombras negras un poco más allá, fuera, en la nieve. Tardaron antes de acercarse y Svarte tuvo que bajar su ballesta para no cansarse los brazos. Finalmente se acercó el primer lobo, pellizcó un poco de carne y desapareció rápidamente del ángulo de tiro, pero inmediatamente fue perseguido por los otros lobos. Los niños podían, sin verlos, oír los gruñidos de los lobos cuando se peleaban por la comida. Pero luego se tranquilizaron y se acercaron uno a uno y pronto estaban todos allí zampando bajo gruñidos y apagados jadeos. Los niños encontraron la tensión casi insoportable y no lograban comprender por qué Svarte se tomaba tanto tiempo.

De nuevo les indicó que se mantuviesen completamente quietos, esta vez más respetuoso en sus gestos; luego alzó una de sus ballestas y apuntó con precisión. En el mismo momento que dejó ir el flechazo agarró la otra ballesta, la colocó en posición, apuntó rápidamente y disparó de nuevo. Fuera en la nieve se oía ahora un gemido lastimoso.

Cuando Svarte se movió ruidosamente, los niños se atrevieron a exclamar en gritos su alegría mientras se abrían camino peleándose por el mejor sitio desde donde mirar por la abertura. Allí abajo yacía un lobo pataleando en la nieve. Svarte observaba en silencio por encima de sus cabezas. Luego dijo que ahora no era un momento adecuado para que niños pequeños anduviesen por ahí, puesto que uno de los lobos había huido, herido. Debían irse a casa o quedarse sentados en la seguridad mientras él bajaba a ver lo sucedido. Inmediatamente prometieron quedarse quietos y no ir a ningún sitio.

Cuando Svarte bajó al lugar de tiro debajo de ellos, llevaba en una mano una lanza, y un trozo más allá se inclinó hacia adelante e inspeccionó la nieve con detalle. Pasó de largo del lobo que yacía y que ahora había dejado de patalear. Luego descubrió el rastro de sangre y empezó a avanzar con dificultad por la profunda nieve.

Los niños permanecieron largo rato escuchando en el silencio y empezaron a tiritar de frío. Al final oyeron un aullido que les heló la sangre, luego gruñidos roncos que sonaban como cuando los lobos se habían acercado a zampar. Eskil, Arn y Kol esperaban ahora, pálidos y callados, y no poco asustados. Pero aguzaron los oídos y oyeron, primero flojo pero luego cada vez más claramente, los pesados pasos y jadeos de Svarte allí afuera.

—Padre carga con el segundo lobo en la espalda, por eso camina tan pesado —constató Kol con un orgullo mal disimulado. Eskil y Arn asintieron, atentos. En ese momento no se pararon a pensar en lo gracioso de que Kol hubiese llamado padre al siervo Svarte. Todo el mundo tiene un padre, ¿pero los siervos también?

La desgracia de Suom llegó como había sido escrita. La vieja sierva Urd, que era una hábil curtidora a pesar de ser hembra, tenía un retoño que era lento de cabeza y que se llamaba Skule. Era fuerte como un buey y podía hacer una buena jornada donde no se necesitase demasiado juicio, como cuando había que almacenar la cosecha, recolectar el forraje y apilar los toneles. Por eso sus amos habían pasado por alto que no fuese completamente de provecho.

Hacía tiempo que le había echado el ojo a Suom y notaba la excitación de los otros siervos más con los instintos que con su sentido común, oyendo todas sus insolencias que, de alguna manera, entendía.

Una semana antes de la misa de San Pablo se metió en la cabaña donde estaban los telares con el miembro erecto por delante y la falda levantada como si ya no pudiera aguantar más. Muchos lo vieron y pidieron ayuda rápidamente.

Sin embargo, Suom salió malparada y, por lo que se podía ver, también deshonrada. Cuando llegó Sigrid, ya habían reducido a Skule, atándolo con correas y tirado sobre la nieve en la explanada. Sigrid se limitó a pasar por encima de él y se apresuró a entrar a ver a Suom que, a pesar de respirar, estaba más muerta que viva. Sigrid hizo que llevaran a Suom a las cocinas, donde hacía más calor, y después le insistió a la vieja Sot que cuidara bien de Suom, con las artes que fuera, de las cuales Sigrid no quería saber nada, sólo que Suom volviera a ser la que era antes. Dejó que metieran a Skule en uno de los graneros, que quedó bien cerrado.

Después de la oración vespertina había una tranquilidad inusual en la casa principal. Los siervos domésticos se movían despacio y sigilosamente y no se atrevían más que a susurrar unos a otros. Su habitual, casi descarada, alegría había desaparecido.

También en el sitio de honor donde cenaron Magnus y Sigrid con sus dos hijos había un ambiente sombrío y no se dijo mucho. Magnus sólo había mencionado lo que les pesaba a todos con unas pocas palabras cuando supo lo que había sucedido. Había murmurado que nunca le había gustado aquello de ajusticiar a los siervos.

A Sigrid aquello no le preocupaba especialmente. Claro que aquel tal Skule perdería la vida, le tocara a quien le tocara llevarlo a cabo. Sin embargo, se trataba de que Magnus no tuviera la sensación de que era ella la que había tomado la decisión y no él. Porque su devaneo con Suom no tenía nada que ver y no debía creer que la esposa lo sabía, y aún menos que sentía celos. Por ello, Sigrid había decidido no decir nada en absoluto, sino dejar totalmente en sus manos lo que se decidiera.

Por su parte, Magnus esperaba sentado que su inteligente esposa lo liberara de toda la angustia diciendo rápidamente y proponiéndole lo que se debía hacer. Es lo que realmente deseaba.

Así que los esposos no se dijeron casi nada. Eskil y Arn sentían lo que flotaba en el aire y no se atrevían a hacer ninguna travesura mientras comían, sino que comieron en silencio, pensando en los trineos y en los lobos.

Al final, Magnus tenía que solventar el problema. Carraspeó y apartó de un golpe la carne asada como signo de que ya había acabado de comer y quería más cerveza, que le sirvió de inmediato alguno de los siervos, que estaban callados como espíritus.

–Y bien, hace tiempo que no ejecutamos a ningún siervo en Arnäs, ni siquiera los castramos –empezó a decir con una decisión que en seguida desapareció, ya que su mujer no demostró ninguna intención de responder.

–¿Lo vas a matar tú, padre? –preguntó Arn, impaciente.

–Sí, hijo mío, es la pesada responsabilidad del amo –contestó Magnus, buscando la mirada de Sigrid sin que ésta se la ofreciera.

Y siguió contestando a su hijo, aunque en realidad le estaba hablando a su mujer–. Sabes, hijo mío, y tú también Eskil, aquí en Arnäs tenemos un orden establecido. Nuestros siervos son dóciles y están bien alimentados. Saben que deben agradecer a sus dioses paganos por estar aquí y no en otro lado. Pero yo soy su amo y su ley. Las leyes están establecidas y tienen que acatarse, también la ley del amo. Un violador tiene que morir, las cosas son así. No es divertido cortarle el cuello a un siervo, pero se tiene que hacer para poder mantener el orden en Arnäs.

Se quedó callado porque notó que les estaba hablando a sus pequeños hijos en un tono de voz y con unas palabras que no eran los adecuados para ellos. Pero ya había despertado la curiosidad y el horror de los chicos.

–¿Le vas a retorcer tú el pescuezo, padre? –preguntó Arn de nuevo.

–Sí, así será –suspiró Magnus–. En otras fincas tienen a alguien que lo hace, pero a mí nunca me ha parecido bien. ¿A qué se va a dedicar uno de ésos cuando no corte el cuello o apalee a los suyos? Y según dicen, suele ocurrir que su propia gente acaba matándolos discretamente. No, nunca he querido tener a un verdugo de ésos. Es mi responsabilidad y es muy pesada, pero uno no puede olvidar su responsabilidad ni siquiera cuando se trata de matar, que lo sepas Eskil, tú que en el futuro te encontrarás muchas veces con estas deliberaciones.

La conversación murió tan pronto como había empezado. No quedaba nada más por decir acerca de este asunto. Y ningún tema podría haber avivado la conversación decadente.

A la mañana siguiente, Magnus hizo colocar a sus doce hombres de guardia y sus más de cien siervos y siervos liberados, contando todos sus hijos, en el punto más alto del patio del fuerte para que todos pudiesen mirar hacia abajo, donde esperaba él con su espada ancha.

Había dormido mal durante la noche pero no había intercambiado ni una palabra con Sigrid, sino que había tomado todas sus decisiones él solo. No haría torturar al siervo, ni aplastarlo y luego empalarlo, ni le amputaría la parte del cuerpo con que más había pecado, ni lo colgaría de forma graciosa para humillarlo, tan solamente le quitaría la vida. Lo haría él mismo y con una espada. De esta forma demostraría ser un señor indulgente, especialmente aquello de la espada era una gracia que no correspondía a siervos depravados.

Skule temblaba de frío y tenía los labios azules cuando lo sacaron de su encierro. Su noche sin pieles ni abrigo en la despensa había sido dura. Aun así no parecía comprender lo que le esperaba. Cuando vio a su amo en la nieve con la gran espada, y ramas de abeto esparcidas en forma de rosca a los pies del amo, empezó a patalear y forcejear de tal forma que la nieve se arremolinaba en torno a sus pies, miserablemente vestidos. Consiguió enredarse y perder un zapato de tal manera que su pie azulado de frío y sucio hacía grandes surcos en la nieve cuando era arrastrado implacablemente.

Eskil y Arn estaban junto a su madre, un poco por delante de los guardias, que a su vez estaban delante de los siervos y los siervos liberados. Sigrid no hizo ni un gesto, su cara estaba como tallada en hielo por su dignidad de ama. Pero Eskil y Arn susurraban y señalaban y estaban tan excitados que su madre tuvo que agarrarlos con cuidado por sus pequeños pescuezos, que nadie veía, y apretar fuerte y como advertencia para mantenerlos quietos. Magnus se había obstinado en que los muchachos debían estar presentes, que debían aprender que un amo no solamente tenía diversiones, sino también obligaciones difíciles y que tales obligaciones debían cumplirse.

Era peliagudo intentar que Skule mantuviese la cabeza quieta, ya que tiraba con el cuerpo hacia un lado y otro gimoteando. Los dos siervos que lo sujetaban fueron arrastrados en varias ocasiones a una posición peligrosa bajo la espada alzada. Pero finalmente Magnus golpeó y acertó.

La cabeza de Skule cayó sobre las ramas de abeto con la cara hacia arriba y toda la muchedumbre pudo ver cada uno de los pequeños espasmos, así como el deseo de los labios de decir algo y cómo los ojos tras los párpados revoloteados querían ver algo. El cuerpo de Skule daba coletazos de las rampas que sentía y la sangre salía del cuello seccionado en dos chorros que fueron debilitándose.

Arn miró fijamente el pie desnudo y sucio en la nieve que primero se había movido pataleando salvajemente pero pronto quedó quieto. Entonces rezó en silencio a Dios, con la cabeza agachada y los ojos fuertemente cerrados, que lo librase de presenciar una cosa así otra vez.

Pero Dios no le contestó, pues estaba escrito que ningún hombre en la tierra de los svear o los godos vería tantas escenas parecidas como el pequeño Arn.

Durante el tiempo que siguió, a los muchachos no se les permitió relacionarse con los hijos de los siervos. Se los mantenía solos dentro de la casa principal, donde la misma Sigrid empezó a estudiar latín con ellos en espera del hermano lego Erlend, que aún tardaría algo debido a la gran cantidad de nieve.

Para la misa de San Pablo, cuando la mitad del invierno había pasado, el oso daba media vuelta en su guarida y quedaba por caer la misma cantidad de nieve que hasta ese momento, Magnus había hecho limpiar el camino que llevaba a la iglesia de Forshem para que él y sus allegados pudiesen asistir a la misa por primera vez en demasiado tiempo.

El tiempo era agradable, con sol y ligero viento, y el frío estaba justo en el límite al goteo del tejado, y por ello el viaje resultó agradable en los surcos marcados. Magnus podía oír cómo los niños, bien empaquetados en la gran piel de lobo de su abuelo, armaban jaleo y reían atrás en el trineo mientras éste se tambaleaba en los surcos y animó a sus dos fuertes alazanes a que corriesen más rápidamente porque le gustaba oír los chillidos alegres de los pequeños niños. Se permitió ese entretenimiento también porque tenía malos presentimientos, aunque no sabía decir por qué. Sin embargo, había dejado a la mitad de la guardia en casa, en Arnäs, algo por lo que los hombres habían refunfuñado ya que tras largos meses de invierno en la soledad de Arnäs tenían buenas ganas de ver lo que hubiera en la explanada de la iglesia ante lo que pavonearse. Era allí donde tenían su pensamiento más que, como buenos cristianos, en el interior de la iglesia y las palabras de Dios.

Al llegar la compañía de trineos de Arnäs a la explanada de la iglesia, Magnus vio algo que reforzó sus malos presentimientos. La gente estaba distribuida en pequeños grupos, hablando en voz baja, y no se habían mezclado como era la tradición, sino que cada uno se mantenía cerca de su propio linaje y muchos de los hombres llevaban cota de malla bajo sus mantos, una vestimenta que correspondía únicamente a tiempos de preocupación. La iglesia se llenaría, puesto que todos los vecinos del sur y todos los del este y de Husaby habían ido. Pero al oeste no había más vecinos que sus propios siervos liberados y éstos se hallaban un poco separados de los demás, agachados como si todavía no hubiesen aprendido a comportarse como hombres libres. En una situación normal, Magnus habría ido a buscarlos y habría hablado con ellos acerca del tiempo y del viento, en voz alta para demostrar lo que significa la libertad, pero ahora no era momento para ese tipo de atenciones. Cuando Sigrid y los niños bajaron del trineo, dejó el cuidado de los caballos en manos de sus siervos domésticos y se dirigió inmediatamente con su familia hacia los vecinos con quienes mantenía mejores relaciones, el linaje de Pål de Husaby, para enterarse de lo sucedido.

El rey Sverker había sido asesinado de camino a la misa del Gallo en la iglesia de Tollstad y ya estaba enterrado al lado de su esposa Ulvhild en Alvastra. Se sabía quién era el infame, el capataz y servidor del propio Sverker de Husaby, y ese hombre ya había huido, probablemente a Dinamarca.

Pero la gran cuestión no era quién había sido la espada, sino quién la había sujetado. Algunos opinaban que debía de ser Erik Jevardsson, que ahora se hallaba en Aros Oriental con los svear y que, según los rumores, ya había sido elegido rey de los svear en las piedras de Mora. Otros opinaban que había que buscar al instigador en Dinamarca, que era Magnus Henriksen, quien ahora reclamaba la corona puesto que era hijo de la sobrina del rey Inge *el Viejo*.

Karl Sverkersson ya se había autoproclamado rey en Linköping y había convocado a concilio nacional para ratificar el asunto. Ahora la cuestión era quién sería elegido rey en Götaland Occidental, ¿Karl Sverkersson o Erik Jevardsson? Pero probablemente el asunto no se resolvería de manera tranquila ni pacífica.

Cuando llamaron a misa se interrumpió el chismorreo y la gente acudió a la casa de Dios para silenciar su preocupación, consolarse con el evangelio o enfriar su exaltación con canto divino o, como Magnus, permanecer quieto en otros pensamientos, dejando de lado el propósito de purificarse de todo lo terrenal. Probablemente, la mayoría de los hombres de linaje y con blasón pensaban lo mismo que Magnus, que quizá era la última vez que se encontraban como amigos bajo un mismo techo de iglesia. Sólo Dios podía saber qué les deparaba el futuro y qué linaje se enfrentaría con el otro. Los godos no se habían visto obligados a luchar entre ellos desde que el rey Sverker tomó el poder monárquico, y eso había sucedido cuando Magnus todavía era un niño. Pero ahora no se hallaban lejos de ese momento.

Al acabar la misa, Magnus se hallaba tan sumido en sus pensamientos que no se dio cuenta de que era hora de marchar hasta que Sigrid lo empujó suavemente. Sin embargo, había podido decidir con todo detalle lo que debía y lo que no debía decir.

En las largas conversaciones que tuvieron lugar entre los hombres, mientras que sus esposas e hijos esperaban cada vez más fríos e impacientes en los trineos, Magnus eligió sus palabras con mucho cuidado. Reconoció que Erik Jevardsson había visitado Arnäs poco antes del asesinato, pero señaló que la esposa de Erik, Kristina, provocaba muchas molestias con su disputa sobre Varnhem. Así pues, su linaje estaba tanto a favor como en contra de Erik Jevardsson.

Admitió que Sigrid había sido muy allegada del rey Sverker, pero que el rey no veía su linaje noruego, por parte de su madre, con buenos ojos. Así pues, su linaje estaba tanto a favor como en contra del linaje sverkeriano.

Otros tomaron posturas más claras, parecía que la mayoría por el linaje sverkeriano, pero Magnus no quería atarse, no quería señalar a nadie de los presentes como futuro enemigo. Sería insensato, pasase lo que pasase. De todos modos, tarde o temprano, uno se enfrentaría con espada a los enemigos que Dios le quería dar, independientemente de lo que se dijese en un determinado momento en la explanada de una iglesia.

Pero de camino a casa estuvo acongojado y preocupado, y cuando se acercaban a Arnäs vigilaba intranquilo, como si ya esperase asaltantes, aunque la nieve todavía protegiese a Arnäs de toda soldadesca procedente del Norte y del este.

Al llegar a casa hizo que fueran a buscar inmediatamente más leña para las fraguas, y buscó a todos los siervos herreros y los puso a trabajar con soplillos y yunques para forjar tantas puntas de flechas y de lanzas como pudiesen; el hierro ordinario del que había tanto en Arnäs no servía para la forja de espadas.

Ya al día siguiente, Magnus equipó dos trineos pesados para viajar a Lödöse y adquirir todo aquello que ahora se necesitase para la futura guerra.

Pero el invierno sólo soltó lentamente a Arnäs de su puño de hierro y no llegaron noticias de ejércitos que se armaban ni en Götaland Oriental ni en Svealand y Magnus se puso de mejor humor y reorganizó el trabajo en las herrerías y carpinterías, dedicándolo a faenas más cotidianas. Además, Sigrid lo había tranquilizado con que era poco probable que los guerreros se dirigiesen en primer lugar a Arnäs. Si Erik Jevardsson había sido proclamado rey de los svear, y Karl Sverkersson rey de Götaland Oriental, tendrían que arreglárselas entre ellos, si era eso lo que querían. Aquí en Götaland Occidental luego sólo les quedaría rendir homenaje al ganador.

Magnus estaba de acuerdo con ella a medias. Él opinaba que también podía suceder que uno de los dos se dirigiese primero a Götaland Occidental para lograr una más de las tres coronas que Erik Jevardsson había dicho que pretendía. Y entonces deberían decidirse. ¿Y si Erik Jevardsson llegaba primero con esta demanda? ¿Y si Karl Sverkersson llegaba antes? Las dos alternativas tenían las mismas posibilidades.

Sigrid opinaba que, en cualquier caso, uno no podía influir sobre ese asunto quedándose sentado en Arnäs, bebiendo cerveza por las noches hasta tarde y especulando. Tarde o temprano todo quedaría claro y entonces, pero sólo entonces, sería hora de decidirse. Magnus se conformó por el momento con ese planteamiento.

Pero cuando los techos hubieron goteado durante una semana y los hielos empezaban a descomponerse llegó una desgracia a Arnäs, significativamente mayor que la que podría haber sucedido si uno de los dos reyes hubiese llegado de visita con exigencias de juramentos de fidelidad.

Los chicos permanecían la mayor parte del tiempo tranquilos, castigados y sermoneados, dado que el hermano lego Erlend había vuelto a

Arnäs poco después de la misa de San Blas. Desde el amanecer hasta el véspero se mantenían mayoritariamente en un rincón de la sala de la casa principal, cerca de los hogares de fuego, donde el hermano lego Erlend se dedicaba a embutir algo de sentido común en sus poco entusiastas cabezas. Ambos encontraban su trabajo servil, puesto que los textos que Erlend había traído de Varnhem eran pocos y trataban de asuntos que en nada podían interesar a los chiquillos, ni tan siquiera a los hombres adultos de Götaland Occidental. Sobre todo se trataba de tesis filosóficas sobre los elementos y la física. Pero el trabajo no era ni siquiera para enseñarles la filosofía, para eso eran demasiado jóvenes, sino para martirizarlos con la *grammaticus*. Sin *grammaticus*, ningún conocimiento, sin *grammaticus* el mundo estaba cerrado a toda comprensión, machacaba Erlend y, suspirando, los niños, obedientes, hundían de nuevo sus cabezas en los textos.

Era cierto que el hermano lego Erlend no refunfuñaba. Pero también podría imaginarse una expresión más importante para su vocación divina, o por lo menos un trabajo más agradable, que no intentar embutir sentido común en las conciencias poco entusiastas de unos chiquillos. Pero ni siquiera se plantearía cuestionar los encargos del venerado padre Henri. Tal vez este encargo sólo era una dura prueba que debía resistir, pensaba a veces, melancólico, o un castigo prolongado por los pecados que había cometido en su vida terrenal antes de sentir la vocación espiritual.

Pero el día de descanso era sagrado, también para los niños que únicamente trabajaban con el latín. Y en el día de descanso sacaron la cabeza después de la misa matinal y, como ardillas escurridizas, desaparecieron. Magnus y Sigrid estaban de acuerdo en dejarlos hacer y preferiblemente no descubrir que no se comportaban con la tranquilidad y reflexión que el día de descanso exigía según el mandamiento de Dios.

El niño siervo Kol tenía una corneja domesticada que podía hacer sentarse en su hombro fuera donde fuera, y había prometido a Eskil y a Arn que juntos cazarían nuevas crías de corneja al llegar el verano, tan pronto como las nidadas del año fuesen lo suficientemente grandes como para coger las crías de los nidos arriba en la torre.

Ahora habían subido sigilosamente para ver cuántos nidos había y si ya habían puesto huevos. Resultó que aún no había huevos, pero vieron que las cornejas habían empezado a trabajar con sus nidales del año; parecía prometedor.

Eskil había exigido tomar prestada la corneja de Kol y llevarla en su hombro, y naturalmente Kol no tenía nada en contra, aunque advirtió que podía ser un poco más antipática con desconocidos que con él.

Y tal como había temido Kol, la corneja de repente abandonó el hombro de Eskil, salió volando y se posó en la punta del pretil como si ahora contemplase todo el espacio del pájaro libre y pensase en abandonar su servidumbre. Eskil no se atrevió a hacer nada porque tenía miedo a las alturas. Kol no se atrevió a hacer nada porque temía ahuyentar la corneja al vuelo entre el cielo y la tierra. Pero Arn salió con cuidado hacia el pretil y se alargó para coger el cordón que la corneja llevaba atado a una de sus patas. No lo alcanzaba y tuvo que subirse a la almena helada, ponerse de puntillas y alargarse cada vez más. Cuando alcanzó el cordón y lo agarró con cuidado, la corneja alzó el vuelo con un grito y fue como si lo tirase por el precipicio. A los niños, asustados, les pareció que pasaba una eternidad antes de oír el ruido sordo y grave allá abajo, cuando Arn golpeó contra el suelo.

Pronto Arnäs resonó de gritos y chillidos cuando el exánime Arn era llevado con cuidado sobre una camilla a la cocina que Suom acababa de abandonar tras su cura. Lo recostaron y pareció haberse perdido toda esperanza. Arn yacía completamente pálido y quieto, sin respirar.

Cuando Sigrid llegó corriendo desde la casa principal estaba primero fuera de sí, como cualquier madre estaría al recibir la noticia de que un hijo ha caído y está hecho pedazos, pero cuando vio que era Arn quien estaba tumbado se paró en seco, se quedó callada y su cara se llenó de duda. Era como si lo que veía no pudiese ser verdad. Arn no podía morir tan joven, había estado convencida de ello desde el momento en que nació de pie.

Pero permaneció sin vida, pálido, sin respirar.

Cuando un rato más tarde Magnus se arrodilló junto a ella, ya sabía que habían perdido toda esperanza. Desesperado, hizo señas para que saliese todo el mundo excepto el hermano lego Erlend, ya que no quería que sus siervos y servidumbre doméstica vieran sus lágrimas.

No parecía tener sentido seguir rezando por la vida de Arn, era preferible pedir perdón por los pecados que evidentemente les habían traído el castigo de Dios, opinaba Magnus. Erlend no se atrevía a opinar sobre aquella cuestión.

Con las lágrimas inundándole la cara, Sigrid les rogó que no abandonaran la esperanza sino que rezasen por un milagro. Accedieron en silencio, puesto que los milagros podían suceder y puesto que no se podía saber nada seguro antes de haber intentado rezar por ello.

Magnus sugirió que destinasen sus oraciones a Nuestra Señora, puesto que evidentemente había tenido mucho que ver con la creación de los niños.

Sin embargo, Sigrid sentía en su interior que Nuestra Señora, la Santa Madre de Dios, debía de haber perdido la paciencia con ella a estas alturas y pensó febrilmente por unos instantes antes de ocurrírsele que tal vez el santo que de otra manera era cercano a Arn fuese el venerable san Bernardo, un santo completamente nuevo y cuyos poderes nadie conocía demasiado bien aquí arriba en el Norte.

El hermano lego Erlend accedió de inmediato y empezó a entonar una oración tras otra ante los padres arrodillados; para el mismo Erlend, san Bernardo era clarísimamente el santo que le era más cercano.

Al atardecer, Arn seguía sin dar señales de vida. Pero no abandonaron, aunque Magnus murmullase en alguna ocasión que era una causa perdida y que ahora era mejor admitir el castigo de Dios con pesar, dignidad y arrepentimiento.

Pero Sigrid juró ante san Bernardo y Dios que si Arn era salvado lo entregaría al sagrado trabajo de Dios entre los hombres en la tierra. Y repitió su promesa e hizo que Magnus la repitiera con ella una tercera vez.

Justo cuando Sigrid sentía que el último destello de esperanza se estaba apagando también en su corazón, sucedió el milagro.

Arn se levantó sobre uno de sus codos y miró, desconcertado, a su alrededor, como si sólo se hubiera despertado del sueño de una noche y no como si hubiese vuelto del reino de los muertos.

Se quejaba un poco de que le dolía el otro brazo y que no podía apoyarse en él. Pero los tres adultos no lo oían, puesto que estaban profundamente sumergidos en oraciones de agradecimiento que probablemente eran los rezos más sinceros que jamás habían dirigido a Dios.

Pronto Arn pudo caminar, cogido a la mano izquierda de su madre, al calor de la casa principal, donde se le preparó el lecho cerca de los hogares de leña en la pared lateral. Como seguía doliéndole el brazo derecho llamaron a Sot y se le indicó que sólo utilizase técnicas puras y no manchase el milagro del Señor con conjuros o medicina impura. Sot palpó un poco el brazo de Arn y examinó dónde le dolía más, lo que no era fácil puesto que Arn quería demostrar su valentía y no reconocer el dolor cuando lo estaba mirando tanta gente y su padre se hallaba entre quienes lo veían.

Pero a Sot no le engañaba con eso. Buscó ortigas secas, hizo una masa que colocó en torno a su brazo y lo envolvió con tela de lino. Luego habló con Svarte, que fue a la carpintería a trabajar un rato y después volvió con dos trozos de pino ligeramente ahuecados, con los que estuvo tomando medidas antes de desaparecer de nuevo y acabar el trabajo como le había indicado Sot.

Cuando Svarte acabó, Sot ató las dos tablillas alrededor del brazo de Arn con nuevas vendas de lino y le indicaron a él y a Sigrid que debía mantener el brazo quieto, puesto que estaba mal torcido. Luego le dio una decocción de finas hojas secas y raíces de ulmaria para que durmiese sin fiebre.

Pronto Arn dormía con una cara tranquila, como si nada malo y ningún milagro le hubiese sucedido. Sigrid y Magnus permanecieron un largo rato observando a su hijo dormido, los dos igual de colmados por lo extraordinario de que Dios su Señor hubiese dejado que uno de sus milagros sucediese en su finca.

Su segundo hijo Arn había sido devuelto de la muerte. Nadie podía dudar de ello. Pero la duda era, ¿había sido porque el Señor quería demostrar su bondad hacia quienes Le rezaban con las lágrimas que todo padre y madre derramarían en el más difícil de los momentos, o realmente era como Sigrid decía saber en lo más profundo de su interior, que el Señor tenía preparada una misión especial para Arn cuando se hiciese hombre?

De esto, sin embargo, no se podía saber nada cierto, puesto que los caminos del Señor a menudo sobrepasan la razón de los hombres. Sólo podían aceptar el milagro sucedido en Arnäs y rezar de nuevo en agradecimiento.

El hermano lego Erlend estuvo ocupado en su misión durante largo tiempo. De forma precisa y con todo pequeño detalle debía caligrafiar la historia del milagro en Arnäs. Puesto que habían pasado pocos años desde la muerte del venerable san Bernardo, parecía probable que éste fuese el primer milagro que se pudiese ligar a él en Götaland Occidental y por ello era de gran importancia. Probablemente, Erlend pensase que con esta historia también alegraría mucho al padre Henri. Y posiblemente su diligencia y precisión en esta misión podrían reducir su tiempo de espera a ser ordenado verdadero monje en la orden de los cistercienses. En cualquier caso, no podría hacer ningún mal dar tan grandes noticias.

En Arnäs no se fabricaban pergaminos pero sí había una fina piel de ternero lustrosamente pulida por un lado y que el señor Magnus vendía con fines de hacer ropa. Erlend podía utilizar retazos de este material para sus ejercicios de escritura con los muchachos.

Pero ahora se produjo más escritura y caligrafía que lectura en el rincón de estudio de la sala. Y los niños no tenían nada en contra de ese cambio, puesto que los dos tenían buena mano con la pluma y la tinta. Mayormente se dedicaron a copiar en retazos el texto que Erlend redactaba en latín y luego intentar traducirlo a texto rúnico en la línea inferior. El señor Magnus había ordenado severamente que si iba a escribirse en idioma eclesiástico ya podía hacerse, a la vez, también en la escritura de los antepasados. Para futuros comerciantes no representaba para nada un saber inútil.

En sus primeros ejercicios de escritura, Erlend descubrió que el pequeño Arn, que todavía tenía su brazo derecho inmovilizado, escribía, caligrafiaba y hacía pequeños dibujos igual de fácilmente con su mano izquierda. Erlend no se había preocupado por ello mientras persistía la lesión, pero sin embargo no era buena señal que alguien prefiriese la mano impura. Pero cuando la mano derecha de Arn estuvo bien, resultó que la empleaba igual de bien que su mano izquierda. Era como si le fuese indiferente, como si fuese cuestión de estado de ánimo o de qué mano hubiese tomado casualmente antes la pluma de ganso.

Cuando Erlend consideró que, tras muchas repeticiones, esmero y oración, su historia estaba terminada, estuvo ansioso por visitar Varnhem lo antes posible, lo cual disculpó con obligaciones en el monasterio, algo de que ciertos días festivos requerían la presencia de todos los hermanos legos y que de lo contrario arriesgaba escarmiento. Repleto de ilusión lo dejaron, pues, cabalgar a Varnhem para la Anunciación de María, el día en que las grullas volvían a Götaland Occidental.

Los chicos no lamentaron su partida. Al llegar la primavera y la explanada, el patio del fuerte y otras grandes superficies entre las casas de Arnäs quedaban libres de nieve, y llegaba la hora de los juegos para todos los niños. Un juego especial en Arnäs era pillar aros de la tonelería y luego correr con el aro rodando delante de uno mientras que se dirigía e impulsaba con un palo. El juego se había desarrollado de tal manera que consistía en intentar quitarse los aros los unos a los otros, aunque sólo con la ayuda del palo, y luego llevar el aro ante sí entre los muros del patio del fuerte. Cuando alguien lograba que el aro golpease contra el muro había logrado una victoria, lo que no era fácil, dado que todos los otros que no tenían el aro bajo su propio palo hacían todo lo posible para impedirlo.

Arn no se hallaba entre los mayores de los niños, pero sin embargo pronto demostró ser el mejor en este juego, pese a lo pequeño que era. Era rápido como una comadreja pero además sabía hacer algo que los otros niños no podían imitar, cambiar rápidamente de la mano izquierda a la derecha y con ello de golpe cambiar la dirección del aro rodando de tal manera que de repente todos los demás chicos corrían en la dirección equivocada. Sólo si se le ponía la zancadilla, se le agarraba por el jubón o atrapaba se le podía parar. El ardor de los mayores por emplear esos métodos crecía, pero entonces aumentaba también la rapidez de Arn. Al final, Eskil, que era el único que se atrevía, empezó a abofetearlo en la cara cuando tenía la oportunidad.

Entonces Arn se cansaba y se iba solo y enfadado.

Magnus intentó inventar formas de consuelo e hizo fabricar un arco y flechas del tamaño apropiado y se llevó a Arn a solas y empezó a enseñarle a disparar. No tardó mucho en aparecer Eskil, que también quería participar. Pero para su enojo, su hermano pequeño disparaba cada vez mejor que él y pronto hubo una nueva pelea entre los hermanos. Evidentemente, Magnus entró a separarlos y decidió que si iban a reñir de aquella manera sólo les permitiría disparar cuando él estuviera presente. Con ello, de repente el juego se convirtió en ejercicio, parecido a estar sentado caligrafiando y leyendo textos incomprensibles acerca de los elementos y las categorías de la filosofía. Y así desapareció la diversión, por lo menos para Eskil, que siempre era vencido tanto por su padre como por su hermano menor.

Pero lo que Magnus había descubierto en sus hijos le hizo pensar. Eskil era como los demás niños en su manera de moverse y disparar con arco y flecha, similar a como él mismo había sido de pequeño. Pero Arn tenía algo en su interior que otros niños no tenían, una capacidad que por fuerza debía de ser un don divino. Algunos de los guardias a quienes Magnus pidió consejo contemplaban pensativos a Arn cuando disparaba y asentían con la cabeza. Lo que sería de esto no se podía saber con seguridad, pero grande era la capacidad de ese chiquillo.

Magnus habló con Sigrid muchas claras noches de primavera acerca de la cuestión, después de que los niños se hubieron acostado. Eskil heredaría Arnäs tal como estaba escrito y era voluntad de Dios, puesto que Eskil había nacido primero. Por tanto, Eskil se encargaría de la finca y del comercio. ¿Pero qué intención tenía Dios con Arn?

Sigrid estaba de acuerdo con que parecía que Dios había dispuesto una misión de guerrero para Arn, pero no estaba segura de que le gustase esa explicación, por muy evidente que fuese. Y en su interior le remordía la mala conciencia por lo que había prometido a Dios, que aunque había sido en un momento de lágrimas y con los nervios hechos trizas, seguía siendo la promesa a Dios de que Arn sería cedido para el trabajo de Dios entre los hombres en la tierra.

No había hablado con Magnus al respecto, era como si precisamente esa promesa fuese algo que Magnus ahuyentaba de su memoria, aunque debía de recordarla igual de bien que Sigrid y aunque fuese un hombre orgulloso de cumplir siempre con su palabra. Pero ahora Magnus veía el futuro de su segundo hijo como un poderoso guerrero en la principal formación de combate de su linaje, y probablemente esa visión le alegraba mucho más que la de Arn como obispo en Skara o prior en algún monasterio. Los hombres pensaban así. Para Sigrid no era ninguna novedad.

Pero pronto Dios hizo recordar duramente su voluntad. Empezó como una pequeña irritable herida en una de las manos de Sigrid que, por lo que ella recordaba, le había creado una astilla que se le había clavado en uno de los establos cuando una vaquilla rebelde la empujó y se tuvo que agarrar fuertemente para no caerse en el estiércol. La herida no quería curarse y cada vez era más grande y fea.

Una mañana, Magnus descubrió algo raro en su cara. Cuando fue a un tonel de agua y se vio reflejada descubrió una nueva herida parecida a la de la mano, y cuando la tocó descubrió que estaba llena de pus y mucosidad.

A partir de ese momento su enfermedad empeoró rápidamente. Las heridas en la cara se extendieron y pronto no podía ver con el ojo más cercano a la primera herida, donde más picaba y donde a menudo se tenía que frotar. Empezó a ocultar su cara y rezó perseverantes oraciones mañana, tarde y noche. Pero no parecía ser de ayuda. Su marido y los niños empezaron a mirarla con miedo.

Cuando el hermano lego Erlend volvió cabalgando de Varnhem traía buenas y malas noticias. Las buenas noticias, que explicó primero, eran que la historia del milagro en Arnäs había sido tan bien recibida en Varnhem que ahora se estaba trazando en pergamino de verdad en escritura bella en el libro conmemorativo del monasterio.

Las malas noticias se referían a la esposa de Erik Jevardsson, Kristina. Había comparecido en una de sus fincas familiares con una poderosa guardia que su marido, el rey de los svear, había dispuesto para ella. Pues sí era verdad, Erik Jevardsson era ahora rey en Svealand.

Kristina la había liado, una diablura detrás de otra, y había engrescado a sus campesinos contra los hermanos e incluso había conseguido que más de un cura se pusiese de su parte. Decía que el monasterio estaba en tierra apropiada indebidamente, que una gran parte de la tierra legalmente le pertenecía a ella y que si no se cumplía su voluntad por las buenas no habría piedad cuando el rey Erik llegase a Götaland Occidental.

En una ocasión, un grupo de mujeres vestidas tan sólo en paños menores había irrumpido a mitad de una misa y habían bailado y cantado canciones indecentes con sus desvergonzadas ropas. Luego se habían sentado en el centro del patio del monasterio a hacer sus necesidades. Los hermanos habían tenido una dura tarea limpiando y bendiciendo de nuevo el monasterio.

Sigrid comprendió ahora el duro recordatorio de Dios. Llevó a su marido y a Erlend a solas a un lado de la sala, hizo echar a todos los siervos domésticos y mostró su deformada cara a Erlend, que empalideció y se asustó por lo que vio. Luego ella dijo lo que debía decirse.

–Magnus, mi querido señor y esposo. Seguramente recordarás tan bien como yo lo que prometimos a san Bernardo y a Dios nuestro Señor justo en el último momento antes de que el Señor devolviese a Arn a la vida. Prometimos ofrecerle a la sagrada labor de Dios en la tierra si lo dejaba vivir. Pero luego no hemos hablado del asunto. Ahora Dios nos dice cómo percibe nuestra falsedad. Debemos arrepentirnos y hacer penitencia, lo comprendes, ¿verdad?

Magnus retorció sus manos y reconoció que en realidad recordaba muy bien esa promesa, pero que de todos modos había sido una promesa pronunciada en un momento muy difícil y eso también lo debería de comprender Dios, ¿verdad?

Sigrid se dirigió ahora hacia Erlend, que debía de estar más familiarizado con lo divino que ella y Magnus. Erlend no podía hacer otra cosa que asentir. Podía decir claramente que padecía la lepra. Y ese mal no existía ni en Arnäs ni en otro lugar de Götaland Occidental, y por tanto no podía proceder de otra parte que del mismo Señor. Y la señal de que la obra más favorable a Dios de Sigrid, la donación de la tierra de Varnhem, ahora estuviese en peligro, también debía ser interpretada como un claro aviso.

Dios exigía cobrar su promesa. Y castigaba a Sigrid por su vacilación en el asunto. De otra manera no se podía interpretar lo ocurrido.

Al día siguiente pesaba la pena sobre Arnäs. En las explanadas y en el patio del fuerte no se oían ni risas ni peleas de niños jugando. Los siervos domésticos se movían sigilosos por la sala, como silenciosos duendes del bosque, y la mayoría de ellos tenían dificultades para ocultar sus lágrimas.

Magnus era indeciso respecto a cómo transmitir la dura noticia a su hijo menor. Pero mientras Sigrid preparaba el equipaje para el viaje se llevó a Arn a la torre, donde estarían completamente tranquilos. Arn, que aún no comprendía lo que le esperaba, parecía más curioso que asustado.

Magnus lo colocó en una de las almenas para poder mirar a su hijo cara a cara, pero se despistó al darse cuenta de que tal vez no era una buena elección, tal vez Arn tuviese miedo a la altura de la cual había caído hasta el reino de los muertos.

Pero Arn no demostró ni una pizca de miedo a la altura sino que se asomó por la muralla para poder mirar por dónde había caído, puesto que parecía que su padre estaba distraído en sus propios pensamientos.

Magnus tiró con cuidado de Arn hacia atrás y lo abrazó, empezando su difícil explicación. Señaló el paraje en el que, hasta donde alcanzaba la vista, se trabajaba con el cultivo primaveral. Luego dijo que todo esto sería el reino de Eskil el día que él ya no estuviese en vida, pero que para Arn habría un reino aún mayor, el reino de Dios aquí en la tierra.

Arn no parecía comprender sus palabras; tal vez a los oídos de Arn pareciese un típico sermón de iglesia cuando la gente se ponía solemne y decía un montón de cosas que no significaban nada antes de decir aquello que significaba algo. Magnus tuvo que empezar de nuevo.

Describió el difícil momento en que Arn no estaba presente entre los vivos y cómo él y Sigrid en su desesperación habían prometido a Dios que cederían su hijo al trabajo de Dios en la tierra con tal de que lo dejase volver a la vida. Luego habían dudado en cumplir con su promesa, pero ahora Dios los había castigado por esa desobediencia y por tanto debían cumplir con la promesa inmediatamente.

Arn, preocupado, empezó a sospechar que algo malo iba a suceder. Y pronto su padre lo confirmó al decir directamente lo que ocurriría. Arn viajaría ahora a Varnhem con su madre y con Erlend. Allí entraría en el monasterio como oblato, como se llamaba a los niños que entraban a servir a Dios. Seguro que Dios velaría por él, al igual que su santo protector san Bernardo, pues Dios tenía grandes planes para él.

Ahora Arn empezaba a comprenderlo. Sus padres lo sacrificarían a Dios. No como se hacía antes, no como en los cuentos de los tiempos paganos, pero aun así lo sacrificarían a Dios, y él que sólo era un niño no podía hacer nada para evitarlo, puesto que los niños siempre deben obedecer a su padre y a su madre. Empezó a llorar y no podía, por mucho que se avergonzase de llorar ante su padre, parar las lágrimas.

Magnus lo tomó en sus brazos e intentó consolarlo torpemente con palabras acerca de la buena voluntad y protección de Dios, acerca de san Bernardo, que velaría por él, y todo lo que se le podía ocurrir. Pero el pequeño cuerpo del niño temblaba de llanto en sus brazos y sintió que él mismo podría llegar a manifestar su pena. ¡Dios lo prohibía!

Cuando los carros estuvieron preparados y la guardia hubo montado y retenía sus caballos en la explanada ante el portal de la casa principal, salió primero Sigrid con su cara cubierta y subió directamente al primer carro. Luego salió Erlend, miró espantado a su alrededor y subió al segundo carro.

Por último salió Magnus con los dos niños que se abrazaban, llorando, amarrándose el uno al otro como si la fuerza de sus brazos de niño pudiera evitar lo que iba a suceder. Magnus los separó tierna pero decididamente, levantó a Arn, lo llevó al carro de Sigrid y lo colocó junto a su madre. Luego respiró profundamente y azotó a los caballos, que empezaron a moverse con un tirón brusco mientras que él mismo se giraba y volvía al portal, haciendo un fallido intento de cazar a Eskil que, sin embargo, se le escapó.

Magnus entró y cerró tras de sí la puerta sin haberse girado. Eskil corrió llorando tras los carros un rato hasta que cayó y se golpeó e, impotente, vio desaparecer la cabeza de su hermano en el polvo del camino.

Arn lloró amargamente y se quedó de rodillas mirando hacia atrás a Arnäs, que se iba haciendo cada vez más pequeño en la lejanía. Comprendió que nunca más volvería a ver su hogar y a Sigrid le fue imposible consolarlo.

Para el padre Henri, la visita de Sigrid llegaba en mal momento. Su viejo amigo y colega de Clairvaux, el padre Stéphan, que ahora era prior en Alvastra, estaba de visita para discutir la difícil situación surgida con una reina que creaba problemas y excitaba al pueblo en contra de los hermanos de Varnhem. Lo cierto era que el padre Henri prefería hablar con Stéphan cuando se trataba de cuestiones difíciles. Habían estado juntos desde que eran jóvenes y habían pertenecido al primer grupo que recibía la tremenda orden del mismo venerable san Bernardo de marchar al frío y bárbaro Norte para fundar un monasterio filial. Había sido una marcha lúgubre, larga y terriblemente fría hasta llegar aquí, al Norte.

El padre Stéphan ya había leído el relato sobre el milagro de Arnäs y, por tanto, estaba al corriente del problema de Sigrid. Ciertamente, tanto en Alvastra como en Varnhem, así como en el monasterio de Burgund, habían dejado de admitir oblatos y el motivo de ese cambio era lógico y fácil de comprender. La propia voluntad del hombre, de elegir el camino de Dios o el camino de la perdición, quedaba anulada si se aceptaban niños pequeños para educarlos en el monasterio. Aquellos niños, ya a los doce años estaban formados como monjes y no conocían otra vida que la de los monjes. Se debía suponer que una infancia así privaba a los niños de su propia voluntad y por tanto el no admitir oblatos era una sabia modificación.

Por otra parte no se debía ignorar el milagro de Arnäs, ya que realmente no había sido ninguna menudencia. Si los padres habían ofrecido su hijo a Dios en el momento más crítico y no había duda ninguna de que Dios verdaderamente dejó que sucediese el milagro, entonces, la promesa de los padres debería considerarse tan sagrada que fuera imposible romperla.

Pero ¿y si los mismos siervos de Dios hacían que la promesa fuese imposible de cumplir si, sencillamente, se negaban a aceptar al muchacho porque la costumbre de admitir oblatos había sido suprimida?

Entonces posiblemente se liberaría a los padres de su promesa. Pero a la vez, y en cualquier caso, uno se situaría deliberada e intencionadamente por encima de la voluntad de Dios, la cual había expresado de forma bien clara. Eso era imposible. Por tanto, se debía aceptar al muchacho.

¿Y qué le pasaba a la señora Sigrid? Parecía como si Dios la hubiera castigado duramente por su indecisión, y ahora estaba aquí, deseando hacer penitencia; había dicho algo de vivir sólo de las sobras del monasterio o algo parecido.

Y cómo se veía afectado todo esto por la cuestión, mucho más grave, de si, sencillamente, había que dejar Varnhem, volver a casa a Clairvaux y desde allí intentar excomulgar a aquella tal Kristina y posiblemente también a su esposo, para solucionar el problema y empezar de nuevo. Era un proceso que con el viaje y todo incluido duraría un par de años.

Los dos hombres estaban sentados a la sombra, en el peristilo añadido que unía la iglesia con los dormitorios de los monjes. Delante de ellos, bajo el sol, resplandecían, exuberantes, los cultivos del hermano Lucien. El padre Henri había enviado al hermano Lucien a la pequeña casa de la antigua propiedad, donde ahora se hallaban Sigrid y su hijo. En este momento fue interrumpida su importante y difícil conversación, ya que volvía el hermano Lucien con la frente profundamente fruncida.

–Bueno –dijo, suspirando y sentándose a su lado en el banco de piedra–. Realmente no sé qué pensar. No creo que sea la lepra, porque hay llaga y líquido. Más bien se trata de algún tipo de peste porcina, de esa que procede de la suciedad de los animales. Pero parece maligno, eso es innegable.

–Y si sólo se trata de algún tipo de peste porcina, ¿qué puedes hacer, querido hermano Lucien? –preguntó el padre Henri, interesado.

–Es que... ¿quieres decir que realmente tengo que hacer algo? –interpeló, dudoso, el hermano Lucien.

–¿Cómo? –preguntaron los otros dos a la vez, ambos igual de sorprendidos.

–Bueno, quiero decir... si el Señor ha puesto esa enfermedad en ella, ¿quién soy yo para ir en contra de Su voluntad?

–Vamos, hermano Lucien, ¡no digas tonterías! –refunfuñó el padre Henri, irritado–. Tú eres la herramienta del Señor y debes hacerlo lo mejor que puedas, y si Él considera que tu trabajo está bien hecho, ayudará. De otra manera no hará nada, y la nada tiene su importancia. Así que, ¿qué piensas hacer?

El monje, que sabía de hierbas, explicó que él creía que se debían limpiar y secar las llagas. El agua hervida y bendita para lavar y después el aire puro y el sol podrían secar los abscesos en unas semanas. Al menos los abscesos que la señora Sigrid tenía en la cara; lo de la mano parecía más grave y en el peor de los casos podría tratarse de algo completamente diferente de la inofensiva peste porcina.

El padre Henri asintió con la cabeza; como siempre, cuando el hermano Lucien hacía su primer diagnóstico, resultaba convincente. Lo que especialmente admiraba el padre Henri era aquella capacidad de mantener la calma ante los problemas y no lanzarse a poner todo tipo de hierbas a la vez, con la esperanza de que si una no surtía efecto quizá otra lo hiciera. Según el hermano Lucien, esas actuaciones imprudentes podían hacer más mal que bien.

Cuando el hermano Lucien fue a hacerse cargo de lo más urgente del trabajo que acababa de asumir, el padre Stéphan retomó el hilo de la conversación diciendo que estaba claro que Nuestro Señor quería algo especial con aquel chico. Pero si lo que Él quería era otro monje entre los demás monjes, ¿no parecía un poco exagerado recurrir tanto al milagro como a la lepra? La gente se hacía monje con mucha menos presión que aquélla.

El padre Henri se echó a reír ante la lógica tanto drástica como humorística de su compañero. Pero bueno, no había argumentos en contra. Se tendría que admitir al muchacho pero tratarlo con cuidado, como si fuese una delicada planta del hermano Lucien, y vigilar que su propia voluntad no se quebrara. Tal vez en el futuro se podrían llegar a conocer mejor las intenciones del Señor para con el muchacho. Claro que sobre esto, en realidad, siempre habían estado de acuerdo.

Así que el muchacho sería oblato, aunque llegado con un poco de retraso. Y si se veían obligados a irse de Varnhem, en ese caso los acompañaría. Pero eso era un asunto para más tarde.

Aún quedaba la cuestión de la señora Sigrid. Lo más sencillo sería empezar dejando que se confesara y oír su propia opinión. El padre Stéphan entró en el *scriptorium* para, una vez más, quizá un poco más atento que otras veces, leer el relato sobre el milagro de Arnäs. El padre Henri fue con gesto preocupado hacia la vieja casita situada al otro lado de los muros del monasterio para escuchar la confesión de Sigrid.

Encontró a la madre y al hijo en un estado lastimoso. En la habitación había un solo camastro y allí yacía Sigrid con los ojos cerrados, jadeando de fiebre, y a su lado, un pequeñuelo sentado con la cara roja de tanto llorar, aferrado a la mano sana de la madre. La casa estaba sucia, llena de trastos y con una corriente de aire helado. Hacía años que no se usaba y probablemente había habido cosas más importantes que hacer que derribarla, posiblemente porque las paredes de madera eran viejas y estaban podridas y no se podían utilizar en una construcción nueva.

Se puso la estola sobre los hombros, fue hasta Arn y le acarició la cabeza con cuidado. Pero parecía como que Arn no se daba cuenta o hacía ver que no lo notaba.

El padre Henri le pidió entonces al muchacho con voz suave que saliera un momento mientras su madre se confesaba, pero el muchacho sacudió la cabeza sin mirar hacia arriba y se agarró aún con más fuerza a la mano de su madre.

Sigrid se despertó en ese momento y al cabo de un instante Arn salió de mala gana, cerrando de golpe la desvencijada puerta tras de sí. Parecía como si a Sigrid le hubiera disgustado aquello, pero el padre Henri se puso, sonriendo, el índice derecho sobre los labios chitando como señal de que no debía preocuparse. Entonces le preguntó si estaba preparada para confesarse.

–Sí, padre –contestó con la boca seca–. Perdóname, padre, ya que he pecado. Con la ayuda de san Bernardo conseguimos mi esposo y señor y yo, junto con el hermano lego Erlend, en profunda oración que, con la ayuda del Señor, Arn volviera de nuevo a la vida entre nosotros. Pero antes de que ocurriera el milagro le prometí al Señor, por lo más sagrado, que entregaría al muchacho para el santo trabajo de Dios entre los hombres de la tierra si tenía a bien salvar a mi hijo.

–Sé todo esto, es al pie de la letra como lo escribe el hermano lego Erlend. Por cierto, tu latín fluye como el agua, ¿has practicado últimamente? Bueno, sea como sea, volvamos a tu confesión, hija mía.

–Sí, he estudiado con los muchachos... –murmuró, cansada, pero respiró hondo y se concentró antes de continuar–. Traicioné mi promesa sagrada a Nuestro Señor, no la cumplí y por eso, como ves, Él me ha castigado con la lepra. Quiero hacer penitencia, si es que se puede hacer penitencia por un pecado tan grave, y quisiera vivir en esta casa como una mujer perdida y, mientras viva, sólo comer las sobras que queden en la mesa de los monjes.

–Parece como si el Señor hubiera sido muy duro, mi querida Sigrid, tanto que habéis hecho por nosotros, devotos del jardín del Señor en Varnhem –dijo el padre Henri, pensativo–. Pero no se puede negar que es un pecado grave romper una promesa sagrada a Nuestro Señor, aunque la promesa se haya hecho en un momento difícil. Ya que, ¿no es en las situaciones más difíciles cuando hacemos las mayores promesas al Señor? Cuidaremos bien de tu hijo tal y como el Señor y tú misma, aunque de distinta manera, nos habéis pedido. El pequeño se llama Arn, ¿es así? Lo debería saber, ya que fui yo quien lo bautizó. Bueno, y luego vamos a cuidarte las llagas y te quedarás aquí y comerás, como tú dices, las sobras de nuestra mesa. Pero ahora mismo no te puedo dar la absolución; te pido que no te asustes. Es que no sé lo que el Señor nos quiere decir. ¿Quizá sólo quiera hacerte un pequeño recordatorio? Reza veinte *Pater Noster* y veinte *Ave María*, después duerme y siente que estás en buenas manos, que te cuidarán. Voy a hacer que venga el hermano Lucien para que te cure las llagas con el máximo cuidado y si resulta, como me imagino aunque no lo sé, que el Señor te quiere sanar de nuevo, pronto estarás libre de pecado. Ahora descansa; yo me llevaré al muchacho al monasterio.

El padre Henri se levantó despacio, contemplando la cara deformada de Sigrid, donde un ojo estaba tan cerrado de pus y suciedad que no se veía y donde el otro ojo sólo estaba medio abierto. Se inclinó y olió con cuidado la llaga, asintió pensativo con la cabeza y salió metiéndose la estola en el bolsillo.

Fuera estaba el muchacho, sentado en una piedra y mirando al suelo sin moverse, ni siquiera cuando salió el padre Henri.

Se quedó un instante contemplando a Arn hasta que éste no pudo resistirse a mirarlo de soslayo. Entonces le sonrió amablemente pero sólo recibió un sollozo de enfado como respuesta y de nuevo el muchacho miró hacia otro lado.

–Vamos, *mon fils*, ven conmigo como niño bueno –dijo el padre Henri tan delicadamente como pudo, acostumbrado como estaba a ser siempre obedecido, mientras se acercaba a Arn y lo levantaba por el brazo.

–¿Es que no puedes hablar claro, viejo diablo? –espetó Arn, pataleando y resistiéndose con todas sus fuerzas mientras el padre Henri, que era un hombre bastante fuerte y alto, lo llevaba a rastras hacia el monasterio con la misma facilidad como si hubiera llevado una cestita de hierbas del huerto del hermano Lucien.

Cuando entraron en el claustro al lado del huerto, el padre Henri encontró a su colega de Alvastra sentado en el mismo sitio donde habían estado razonando antes.

Al padre Stéphan se le iluminó el semblante cuando vio al rebelde y aireado Arn.

–Ajá –gritó–. Aquí tenemos... eh, nuestro *jeune oblatt. Enfin...* en estos momentos no precisamente lleno de agradecimiento *de Dieu*, ¿eh?

El padre Henri sacudió sonriente la cabeza, asintiendo y sentando de golpe a Arn en las rodillas de su colega que, sin dificultad, se defendió de un brusco puñetazo del pequeño.

–Sujétalo cuanto puedas, querido hermano. Tengo una pequeña conversación pendiente con el hermano Lucien que tengo que atender de inmediato –dijo el padre Henri, saliendo al huerto para buscar a su hermano de monasterio responsable de la medicina.

–Vamos, no pedalees –susurró el entretenido padre Stéphan a Arn.

–¡Se dice patalear no pedalear! –soltó Arn, intentando liberarse pero, al descubrir que estaba bien agarrado por unos fuertes brazos, se dio por vencido.

–Vamos, si te parece que mi idioma nórdico suena mal en tus pequeños oídos, podemos hablar en otro que yo sepa mejor –susurró el padre Stéphan en latín sin esperar realmente respuesta.

–Seguro que nos va mejor a los dos, ya que tú no sabes nuestro idioma, viejo monje –contestó Arn, enfadado, en el mismo idioma con el que le había hablado.

Al padre Stéphan se le iluminó la cara, gratamente sorprendido.

–La verdad, creo que nos llevaremos bien, tú, yo y el padre Henri, mejor y mucho antes de lo que crees, jovencito –susurró el padre Stéphan al oído de Arn, como si le confesara un gran secreto.

–No quiero pasarme los días atado a libros viejos y aburridos como si fuera un esclavo –refunfuñó Arn, aunque un poco menos enfadado que hacía un instante.

–Y ¿qué es lo que prefieres hacer? –preguntó el padre Stéphan.

–Quiero irme a casa, no quiero ser vuestro preso ni vuestro esclavo –dijo Arn sin poder aguantarse más la arrogancia y rompiendo a llorar de nuevo, pero apoyándose en el pecho del padre Stéphan mientras éste le acariciaba suavemente la frágil espalda.

El primer diagnóstico del padre Lucien fue acertado, como casi siempre. Las heridas que Sigrid tenía en la cara no eran de lepra y su tratamiento dio resultado bastante rápido.

Primero había enviado a unos cuantos hermanos a la casa pequeña para que la limpiaran y encalaran y taparan las grietas de las paredes, a pesar de que Sigrid estuviera en contra de aquella mejora, ya que consideraba que en su ruindad no se merecía galas ni limpieza. El hermano Lucien había intentado explicarle que no se trataba de estética sino de medicina, pero no parecían entenderse el uno al otro.

Sin embargo, la cara de Sigrid se recuperó con los medios que el hermano Lucien había pensado al principio, agua bendita limpia, sol y ventilación. Por el contrario no parecía tener éxito con la herida que se extendía desde la mano arriba hacia el brazo, que ahora se había hinchado y además tenía un color azulado de mal aspecto. Había probado una serie de preparados que eran muy fuertes, incluso a veces peligrosos, pero sin éxito. Al final supo que sólo había un remedio para aquel envenenamiento de la sangre. Un signo seguro era que todavía no había conseguido bajarle la fiebre.

No se lo quería decir personalmente a Sigrid, sino que le explicó al padre Henri lo que se debía hacer. Se tenía que quitar todo lo malo, cortarle el brazo. De otra manera, lo malo del brazo se le extendería hasta el corazón. Si se hubiera tratado de uno de los hermanos, se habría llamado al hermano Guilbert con el hacha grande, pero no iban a comportarse así con la señora Sigrid, benefactora de todos los hermanos.

El padre Henri estaba de acuerdo. Intentaría explicárselo a la señora Sigrid como mejor pudiera, pero en aquellos momentos tenía otra cosa en que pensar. El hermano Lucien lo reconvino con delicadeza y probablemente por primera vez en su vida. Y es que no había tiempo, pues estaba entre la vida y la muerte.

A pesar de todo, el padre Henri dejó para algo más tarde el difícil asunto, dado que la señora Kristina iba camino del monasterio junto con un montón de hombres armados.

Cuando Kristina llegó a Varnhem iba a la cabeza de sus soldados al igual que un caudillo, vestida con traje de gala, y en la cabeza llevaba la corona de una reina para demostrar su alcurnia.

El padre Henri y cinco de los hermanos más próximos la esperaban en las puertas del monasterio, que demostrativamente habían cerrado tras de sí.

Kristina no se bajó del caballo, ya que prefería hablar a los monjes desde lo alto, y fue sarcástica en su hablar cuando comunicó que de cualquier forma una de las casas se tenía que derribar y pronto, el *scriptorium* del padre Henri. Precisamente aquella casa, por alguna razón, estaba aún más situada en un territorio que, según la ley, le pertenecía a ella.

Kristina sabía muy bien dónde meter la lanza. Su intención era que el padre Henri finalmente perdiera la paciencia y, aún mejor, la cordura, y ahora, para alegría suya, por lo menos había conseguido lo primero. El padre Henri pasaba la mayor parte de su tiempo entre los libros en el *scriptorium*, eran sus momentos luminosos en el oscuro Norte y la barbarie, y la parte del monasterio que, más que ningún otro sitio, era suya propia.

Serenamente respondió que no tenía intención de echar abajo el *scriptorium*.

Kristina contestó entonces que, si dentro de una semana la casa no estaba derruida, volvería no sólo con soldados sino con siervos que bajo el látigo de los soldados harían el trabajo rápidamente y podía ocurrir que los siervos fueran más desconsiderados que los hermanos, si éstos decidiesen no llevar a cabo ellos mismos la orden que ella había dado. Sólo tenían que elegir.

El padre Henri le respondió entonces, tan enojado que apenas podía contenerse, que en ese caso prefería irse de Varnhem. Y que el viaje acabaría en una instancia al Santo Padre en Roma para que excomulgara a aquella mujer y a su esposo, si éste era cómplice, que se había atrevido a lo inaudito de atacar a los siervos del Señor en la tierra y a su Santa Iglesia de Roma. ¿No entendía que estaba a punto de llamar a la desgracia eterna sobre ella y sobre Erik Jevardsson?

La amenaza del padre Henri era verdadera, pero Kristina no parecía entenderla, tan poco como entendía la amenaza que ella dirigía hacia los avariciosos planes de su esposo; un rey excomulgado no podía esperar mucho del mundo cristiano.

Se limitó a volver la espalda haciendo girar al caballo en un giro amplio y obligando a los monjes a apartarse para no ser pisados por el animal y repitió por encima del hombro cuando se alejaba que dentro de una semana vendrían sus siervos, herejes por demás, a hacer la tarea.

Con ello quedaba dicho que el trabajo del monasterio en Varnhem se suspendía hasta que la Iglesia demostrara su poder y pudiera restablecer el orden. La Santa Iglesia de Roma no podía admitir una ofensa como aquélla y menos aún permitirse perder la contienda que se avecinaba. Al padre Henri le asombraba la ignorancia que aquella supuesta reina tenía sobre todo aquello.

Habían tratado a Arn con cuidado y no lo habían sometido a más de cuatro horas diarias de *grammaticus*. Primero se trataba de que no cometiera faltas en latín y después pasarían al siguiente idioma. Primero una herramienta para la ciencia, después la ciencia.

Para aligerar la melancolía del muchacho, el padre Henri también había hecho que pasara el mismo tiempo con el enorme hermano Guilbert de Beaune, que le podía enseñar otras artes distintas del latín y el canto.

La ocupación principal del hermano Guilbert en Varnhem estaba en la herrería, especialmente en la fragua de armas, que era la más grande y la mejor equipada de todas. La fragua de armas la llevaban como negocio y nada más, ya que las espadas que el hermano Guilbert hacía eran, por supuesto, insuperables a cualquier cosa que se hiciera en esta bárbara parte del mundo. La reputación de las espadas de los monjes se había extendido rápidamente y por ello la fragua de armas poco tardó en reportar buenas sumas de plata.

Como se había supuesto, Arn en seguida se sintió seducido a mirar e incluso ayudar de vez en cuando en el taller del hermano Guilbert, quien había admitido al muchacho con tanta seriedad y detalle como si se tratara de enseñarlo a fraguar, desde las cosas más sencillas hasta las obras de arte.

Cuando al cabo de algún tiempo Arn se volvió menos enfurruñado y más abierto de espíritu, se atrevió a preguntar sobre más cosas aparte de lo que se refería simplemente al trabajo. Por ejemplo, si el hermano Guilbert había disparado con el arco alguna vez y, en ese caso, si se atrevía a competir.

Para indignación de Arn, el hermano Guilbert encontró aquello tan divertido que empezó a reírse de tal manera que perdió el hilo de lo que estaba haciendo, dejó el material candente en un cubo de agua y tuvo que sentarse para reírse a sus anchas mientras se le saltaban las lágrimas.

Al final, cuando empezó a recuperarse, con hilaridad y secándose las lágrimas admitió que sí, que en alguna contada ocasión la verdad es que había utilizado el arco y que ya llegaría el día en que ellos dos tendrían un momento para jugar a aquello. Después añadió que naturalmente temía enfrentarse a un joven y atrevido luchador como Arn de Gothia. Y de nuevo se echó a reír.

Tuvo que pasar mucho tiempo antes de que Arn supiera dónde estaba lo divertido. En aquellos momentos sólo se sentía indignado. Refunfuñó que quizá el hermano Guilbert era un cobarde y con ello provocó un nuevo ataque de risa a Guilbert de Beaune.

Ante la elección entre que le cortaran el brazo y quizá salvar la vida pero quedarse inválida o morir, Sigrid escogió la muerte. En su opinión, era la única interpretación posible de la voluntad del Señor. Con pena en el corazón, el padre Henri la confesó una última vez, le perdonó todos sus pecados y le dio la comunión y la extremaunción.

En la misa de San Pedro, cuando el verano había llegado a su cenit y era tiempo de siega, Sigrid murió tranquilamente, arriba en la casa pequeña.

A la vez era el momento de la marcha para el padre Henri y los siete hermanos que lo acompañarían en el viaje hacia el sur. Enterraron a Sigrid dentro, en el claustro de la iglesia, bajo el suelo de delante del altar, y sólo marcaron el lugar con pequeños signos secretos, ya que el padre Henri pensaba muy mal de la señora Kristina y de su esposo. Mandaron a dos hermanos con la noticia de la muerte a Arnäs con la invitación de que, cuando quisieran, visitaran la tumba de Sigrid.

Durante la larga misa del funeral que duró cuatro horas, Arn estuvo tieso y quieto, un niño solo entre todos los monjes. El canto celestial era lo único que de vez en cuando le hacía tanto daño en su interior que no podía alejar el llanto. Pero no se avergonzó, ya que se dio cuenta de que no era el único que lloraba.

Al día siguiente empezó el largo viaje hacia el sur, que primero llevaría a Dinamarca. Arn sabía ahora con seguridad que su vida pertenecía a Dios y que ninguna persona, buena o mala, fuerte o débil, podía hacer nada al respecto.

No miró hacia atrás en todo el viaje.

IV

No son pocas las veces que las cosas resultan totalmente diferentes de como las han pensado las personas. Lo que los incrédulos llaman pequeñas casualidades, lo que los creyentes llaman la voluntad de Dios, a veces puede cambiar un acontecimiento de manera que nadie podría haber imaginado el desenlace. Eso en cuanto a hombres de fuerza que se creen forjadores de su propia suerte, hombres como Erik Jevardsson. Pero también en cuanto a hombres que están más cerca de Dios que otros y que deberían comprender sus caminos mejor que otros, hombres como Henri de Clairvaux. Y para estos dos hombres, los caminos del Señor realmente se presentaban inescrutables los años siguientes.

Cuando el padre Henri y sus siete acompañantes más un niño llegaron a Roskilde camino del sur, él estaba determinado a continuar todo el camino hasta la capital general de los cistercienses en Cîteaux para presentar el caso de excomunión de Erik Jevardsson y su esposa Kristina. Era una cuestión de principios de gran importancia, era la primera vez que los cistercienses se veían obligados a cerrar un convento a causa del capricho de un rey o una esposa de rey más o menos importante. Era una cuestión de decisiva importancia para todo el mundo cristiano: ¿Quién decide sobre la Iglesia, la propia Iglesia o el poder del rey? Esto había sido debatido durante mucho tiempo y sólo una reina bárbara del Norte como la tal Kristina podía no estar enterada del asunto.

Varnhem debía ser reconquistada a cualquier precio. No cabría un acuerdo en este asunto.

Y si el padre Henri y su compañía hubiesen llegado a Roskilde unos años antes o unos años más tarde, todo habría salido como planeado. Sin ningún lugar a dudas.

Pero el padre Henri y su compañía llegaron a Roskilde en el momento que acababa una violenta guerra civil de diez años y un nuevo y poderoso linaje tomaba el poder. El nuevo rey se llamaba Valdemar y con el tiempo se llamaría Valdemar *el Grande*.

Por fin había logrado matar a sus dos competidores, Knut y Svend, y antes de la batalla decisiva había prometido construir un monasterio cisterciense si Dios lo dejaba ganar. Su arzobispo, Eskil de Lund, bien conocía esta promesa, ya que lo habían obligado a participar y bendecir la guerra ante la lucha final. Y el arzobispo Eskil era un viejo amigo personal del mismísimo venerable san Bernardo. Y era en casa de san Bernardo en Clairvaux donde había llegado a hacer amistad también con el padre Henri.

Ahora que los dos se encontraron en Roskilde, justo cuando la Iglesia danesa había convocado a sínodo, no solamente se alegraron en general por volverse a ver. Se emocionaron también por cómo Dios sabiamente podía dirigir los pasos de los hombres al mínimo detalle.

Las piezas encajaban con precisión milagrosa. Aquí venía un prior cisterciense en el mismo momento en que el nuevo rey iba a honrar, u olvidar, su promesa a Dios sobre un nuevo monasterio. En lugar de comenzar un intercambio de escritos con Cîteaux que podría durar varios años, ya podían arreglarlo todo inmediatamente, puesto que aquí había un arzobispo y un prior.

También el mismo rey Valdemar sentía claramente la fuerza de la voluntad de Dios cuando su arzobispo le informó de que la santa promesa que había dado a Dios podía cumplirse en la realidad y de forma inmediata, pues así lo había dispuesto Dios.

El rey Valdemar dispuso una parte de la herencia de su padre, un cabo que salía en el fiordo de Lim en Jutlandia y que se llamaba Vitskøl, para el terreno del nuevo monasterio. El sínodo, que por suerte ya estaba convocado en Roskilde, bendijo el asunto y el padre Henri pudo continuar su viaje en seguida, como si solamente hubiese parado a descansar un poco en Roskilde. Pero ahora se dirigía hacia un destino completamente diferente de sus dos monasterios habituales de Clairvaux y Cîteaux.

En principio, lo ocurrido no suponía ninguna diferencia respecto a la cuestión de Varnhem y la excomunión de Kristina y Erik Jevardsson. Pero en la práctica sí, ya que ahora se tenía que llevar el asunto por correspondencia y por tanto se alargaría un poco más. Por tanto, el padre Henri debía escribir unas cuantas cartas importantes antes de iniciar el viaje a Vitskøl, pero en seguida lo haría. Escribió a Varnhem y dio instrucciones de que veintidós de sus monjes cogiesen una buena cantidad de reses, y sobre todo de libros, y fuesen al lugar de la construcción del nuevo monasterio de Vitskøl. Sin embargo, cinco hombres se quedarían en Varnhem con la siniestra tarea de intentar defender los edificios contra saqueos y a la vez explicarle a todo el mundo la venidera excomunión de la señora Kristina y Erik Jevardsson para el efecto que pudiese tener.

Luego redactó dos cartas al capítulo general de los cistercienses y al Santo Padre Adriano IV en las que describió al inmoral y borracho Erik Jevardsson, que pretendía llamarse rey a pesar de haber dejado que su mujer profanara un monasterio. Después estaba dispuesto a partir hacia Vitskøl, adonde el Señor había conducido sus pasos sin vacilar.

Y a donde el Señor llevaba al padre Henri, también llevaba a Arn.

Erik Jevardsson no tardó en sentir la fuerza de la Iglesia. Ahora que había conquistado una de las tres coronas reales que anhelaba, envió sus negociadores a los procuradores de la corte, de hombres de ley tanto de Götaland Occidental como de Götaland Oriental. Pero las respuestas que recibió fueron desalentadoras. Allí abajo, Varnhem había funcionado como una hoguera en rescoldo humeante de rumores, y el humo pendía sobre ambas regiones: Erik Jevardsson y su esposa Kristina serían excomulgados. Nadie quiere tener un rey excomulgado.

Por suerte, los svear ignoraban lo que se decía allí abajo, o si no, no entendían lo que significaba una excomunión. De momento, Erik estaba seguro como rey de los svear.

Debían hacerse dos cosas, una fácil y una difícil. La fácil era enviar un grupo de negociadores a aquel monje francés que hoy por hoy se encontraba en algún lugar de Dinamarca, y por escrito humillarse y retractarse y pedir a los monjes que volvieran a Varnhem, asegurarles el apoyo real, solicitar tener a Varnhem como iglesia donde enterrar al propio linaje, asegurar a los monjes que tendrían más tierra para Varnhem y cualquier otra cosa que se le ocurriese. Su obispo Henrik, que era un práctico hombre de Dios, le aseguró que la alternativa sería muchísimo peor que todo eso. Tendría que caminar a pie a Roma, vestirse en saco y ascuas el último trozo, ir descalzo y echarse ante los pies del Santo Padre. Esas cosas no solamente eran molestas y exigían mucho tiempo, además eran inseguras, ya que de ningún modo había garantías de que artimañas de tal tipo aplacasen al papa. Y sería fastidioso haber hecho todo eso en vano, ¿verdad?

Tanto más fácil sería aplacar a los monjes, ya que se podía hacer con un par de cartas, unas palabras bonitas y unos cuantos terrenos, lo cual era muy poco dentro de todos los terrenos de un rey. Esto era la parte fácil.

La parte difícil era limpiar para siempre todo el chismorreo sobre el rey impío. Se desempolvó la vieja idea de Erik sobre cruzadas a Finlandia y el obispo Henrik la encontró muy buena. Un rey que también era un luchador por la causa de Dios sería honrado por todo el mundo. El camino hacia las dos coronas restantes pasaría, por tanto, por Finlandia.

Los svear, que eran un pueblo guerrero y que durante mucho tiempo no habían podido mostrarlo ni a sí mismos ni a otros, se añadieron con alegría a los planes del nuevo rey de saqueos en Finlandia. Había viejos rencores que vengar, aparte de todo lo demás, ya que los fineses y los estonios habían causado estragos a lo largo de las costas de Svealand; lo más arraigado en la memoria colectiva era cómo habían saqueado y quemado Sigtuna.

La guerra fue bien durante dos años. Los svear tomaron buenos botines. Los cuervos volaron a heridas frescas.

En realidad, la mayoría de los fineses ya eran cristianos, pero no estaba de más hacerles elegir entre la espada y dejarse bautizar de nuevo por un obispo de los svear. Sin embargo, en el interior del país se encontró algún que otro pagano durante el segundo año de la guerra.

Un día, los soldados de Erik se encontraron con una vieja bruja al apartarse del camino por donde marchaba el ejército en busca de campesinos a quienes robar la comida. Lo raro de la mujer era que hablaba casi la misma lengua que en Svealand y que no se dejó asustar cuando la cogieron. En cambio pidió con soberbia que la llevaran ante el jefe del ejército, ya que tenía una propuesta que éste difícilmente podría rechazar. Si los soldados no la obedecían, les enviaría desgracias eternas con su magia.

Más por curiosidad, sobre lo que la bruja pudiese proponer a Erik Jevardsson que éste no podría rechazar, que por miedo a su magia, los soldados hicieron lo que pedía.

Cuando Erik Jevardsson oyó lo ocurrido pensó que esto podría ser una divertida interrupción para la noche e hizo llevar a la bruja consigo hasta que acamparon hacia el anochecer.

Entonces hizo llamar a su verdugo a la tienda real, preparado con el bloque y el hacha. Sus hombres más próximos se reunieron, expectantes, ante el gracioso juego y finalmente arrastraron a la bruja y la tiraron de rodillas ante el rey.

–¡Bueno, bruja! Tenías una propuesta que hacerme que yo como rey no podría rechazar, ¡habla! –gritó Erik a la sucia mujer que estaba arrodillada y atada. Y luego sonrió alegremente a sus hombres, inspirando mucho regocijo.

–Bueno –susurró la mujer con voz ronca, ya que un soldado la tenía cogida por el cuello–, tengo una propuesta que un rey sabio no rechazaría.

–La queremos oír todos, pero entenderás que el verdugo no ha venido para nada, o sea que imagínate que te la rechazara –contestó Erik igual de alegre.

–Déjame ponerme en pie y suéltame para que pueda hablar. Si dices que no a mi propuesta, me voy directamente al verdugo –contestó la mujer con rapidez y seguridad.

Erik señaló a los hombres que la soltaran y mostró con la misma alegría de antes que estaba dispuesto a escuchar. Los hombres de alrededor se lo pasaban en grande con lo que ocurría.

La mujer se arregló el pelo con un gesto de dignidad y se aclaró la voz antes de hablar.

–Mi propuesta es la siguiente, rey Erik. Déjame leer tu mano y decir quién eres y qué será de tu futuro. Si encuentras que me he equivocado acerca de ti, o si no me crees acerca de lo que yo digo que te va a pasar, me puedes enviar a tu verdugo inmediatamente. Si crees en lo que tengo que decir, exijo un caballo y un carro que me lleve a casa desde donde me secuestraron.

Erik se quedó pensativo y la risa de los hombres cambió a un murmullo. Todos comprendían que quien estaba tan segura de sus adivinanzas que apostaba su cabeza en su credibilidad tal vez tenía buen ojo para lo venidero. Pero no todos los hombres quieren saber su futuro, puesto que puede ser malo ya desde el día siguiente: una flecha desde el bosque donde nadie vio quién disparó, una lanza tirada por equivocación al final de la lucha cuando en realidad ya nada está en juego. Y si una plaga cayera sobre la familia de uno, ¿realmente querría alguien saber eso? Hace falta valor para querer conocer el futuro.

Erik lo interpretó exactamente así, que sería una muestra de cobardía enviar a la bruja parlanchina directamente al verdugo. En cambio, si primero la escuchaba y luego la hacía decapitar, él quedaría mejor.

–Bien –dijo Erik Jevardsson–. Escucharé tus palabras. Si las encuentro buenas, tienes mi palabra como rey de que volverás a tu casa con carro y caballo. Si no encuentro tus palabras interesantes, te entregaré al verdugo al instante. ¡Veamos lo que tienes que decir!

–Bueno –decía la bruja, esquiva–. Tendremos que entrar en tu tienda para que tú y solo tú oigas mis palabras.

Un murmullo de horror se esparció entre los hombres. Entrar solo con una bruja no podía ser de sabios. Erik vio el temor en sus hombres y se enfureció tanto por eso como por la desfachatez de la bruja.

–¡Y si rechazo tu propuesta, si te mando explicar tus adivinanzas aquí y ahora! –rugió con el tono grave que solía utilizar al dar órdenes.

–Entonces no sabrás quién eres ni adónde vas, ya que tu futuro te pertenece solamente a ti y tal vez lo encontrarías poco prudente que fuese del conocimiento de todos. Luego, si solamente tú lo has oído, siempre podrás contar aquello que tú quieras –contestó la mujer con tal seguridad que ya parecía saber que Erik estaría de acuerdo con su propuesta.

Y lo estaba. Unas manos descaradas registraron a la mujer para estar seguros de que no llevaba nada punzante encima. Erik dio media vuelta y entró en su tienda y empujaron rudamente a la mujer detrás de él.

Una vez en la tienda cayó en seguida de rodillas ante el rey, pidiendo que le dejara leer la palma de una de sus manos. Le dio la mano real y ella la estudió en silencio.

–Veo Inglaterra... –empezó, titubeante–. Alguien de tu familia... tu padre venía de Inglaterra. Veo Roma y el hombre al que llaman papa... no, esa línea se corta aquí. Estabas de camino a Roma... descalzo... ¿Cómo es? Bueno, ese viaje no se hará... hum, tu futuro es realmente interesante...

A Erik Jevardsson se le había helado su interior al oír las palabras verdaderas sobre su origen inglés y cómo casi había tenido que caminar hasta el papa. Ya estaba convencido.

–¡Bien, mujer! Sé quién soy, ¡dime ahora mi futuro sin rodeos! –ordenó sin temblarle mucho la voz.

–Veo... veo tres coronas reales. Un nuevo reino con tres coronas en el escudo y este símbolo permanecerá dentro de mil años por todas partes en tu reino. Linaje tras linaje, rey tras rey, guardarán por tiempos eternos tu símbolo. Las tres coronas significan tres países unidos en un poderoso reino y dentro de mil años estas tus coronas seguirán siendo el símbolo del reino en todas partes, en todos los sellos, en todos los documentos.

–Y ¿qué pasará con aquel papa? –preguntó Erik Jevardsson, temblando y casi susurrando.

–Veo tu imagen en todas partes... –murmuró la mujer en voz baja–. Por todas partes tu imagen, tu cabeza... como un santo, tu cabeza en oro contra un cielo azul. Empezaste haciendo mal a tu Dios... el camino interrumpido hacia Roma... luego hiciste bien y por eso tu nombre vivirá para siempre.

–¿Qué me puedes decir sobre mi muerte? –preguntó Erik Jevardsson con aires reverentes.

–Tu muerte... tu muerte. ¿Estás seguro de querer saberlo? Pocos hombres lo quieren.

–Sí, ¡di algo!

–No lo veo tan claro... –murmuró la mujer, que de repente parecía un poco asustada de contar lo que tan claramente había visto. Pero se repuso y de nuevo tenía la voz segura.

–Tu nombre vivirá eternamente y ningún hombre de mujer nacido, ni ninguna mujer de Svealand ni de los dos países de Göta podrán matarte ni siquiera herirte –dijo rápidamente y se levantó.

Erik Jevardsson, ahora poseído por la certeza de que todos sus sueños se harían realidad y que además ninguno de sus posibles enemigos lo podría matar, salió de la tienda y con voz firme dio la orden de que trajeran un carro y un caballo para la mujer, que nadie debía tocarla ni hablarle impropiamente y que tenía la salvaguardia real.

Después de esto, Erik Jevardsson volvió a Aros Oriental, con la mente ligera por el futuro tan próspero y del que se sentía tan seguro. No tenía nada que temer de ningún hombre de Svealand ni de Götaland Occidental ni de Götaland Oriental.

Sin embargo, Magnus Henriksen no era un hombre nacido de mujer de Svealand, Götaland Occidental ni Götaland Oriental. Era danés.

Era uno de los muchos próceres daneses que los vientos de la guerra habían esparcido como grano por el mundo después de que Valdemar finalmente ganase la larga batalla real danesa. Huyendo de Dinamarca, navegó por el Báltico, se quedó un tiempo en Linköping conversando con el rey Karl Sverkersson, acerca de lo cual nadie pudo saber nada, y luego continuó costa arriba, entrando en el lago Mälar y subiendo por el río Fyrisån.

Tomó el rey Erik Jevardsson por sorpresa y fue él personalmente quien le cortó la cabeza, que según la bruja, en Finlandia, sería el símbolo eterno del reino venidero.

Hizo proclamarse nuevo rey, puesto que había matado al anterior, cosa que en estos tiempos era la forma más común de convertirse en rey en el Norte, y además porque por parte de madre era descendiente directo de la familia del rey Inge *el Viejo*.

Magnus Henriksen viviría un año. Erik Jevardsson viviría para siempre.

Leer es la base de toda sabiduría. Ésta era la firme convicción del padre Henri, que incluso hombres como él, cuyo trabajo principal era el texto, redactando o copiándolo, deberían emplear al menos dos horas al día a tal lectura, que era como cultivo del alma, una especie de placer permitido.

Por eso las reglas de Vitskøl sobre la lectura eran severas. Incluso los hermanos cuya ocupación principal era el trabajo manual, como los cocineros provenzales, los hermanos que continuamente se ocupaban en trabajos de la construcción o el pulido de piedras, el hermano Guilbert y sus aprendices de herrero o el hermano Lucien y sus aprendices de jardinero, debían leer todos los días acerca de cosas no relacionadas con el trabajo que los ocupaba en aquel momento.

De manera un poco diferente se presentaba, sin embargo, esta obligación en cuanto al pequeño niño Arn; los primeros cuatro o cinco años de su lectura no habían sido destinados a otra finalidad práctica que a limar su herramienta idiomática. Por la misma razón siempre debía hablar en latín con el padre Henri, siempre en francés con el hermano Guilbert y siempre en nórdico con los hermanos legos nórdicos. Los textos con los que había trabajado los primeros años habían sido mayoritariamente los textos de los salmos, ya que de cualquier modo los debía aprender. Además, tenía un soprano muy válido que, si se utilizaba como primera voz, concedía una belleza adicional, ante todo para las misas muy tempranas o las del atardecer.

Ahora, en el quinto año por fin estaba acabada la iglesia del monasterio de Vitskøl y sería bendecida por el arzobispo Eskil, que estaba en camino desde Lund. A la vez que se bendecía la iglesia se le daría un nombre al monasterio, todos los monasterios cistercienses tenían un nombre propio. Desde hacía tiempo, el padre Henri tenía decidido que el nombre de Vitskøl sería Vitae Schola, la Escuela de la Vida.

Naturalmente, Arn tenía algo que ver con la elección de ese nombre. Habitualmente ya no había oblatos ingresados en el monasterio y por eso Arn había sido el único niño en su grupo. Aunque todavía era imposible saber por qué Dios había colocado este niño con los hermanos cistercienses, era evidente que el nombre de Vitae Schola era apropiado para Arn. Todo lo importante que aprendería en la vida lo haría aquí, probablemente.

Ahora que el niño dominaba el instrumento del idioma, el padre Henri lo había dejado entrar en la gran literatura. Arn tenía que trabajar con la lectura obligatoria todos los días, al igual que los demás.

El padre Henri estaba convencido de que la literatura mundana tenía casi la misma importancia que la literatura teológica para la formación de un joven. Sin embargo, era necesaria cierta atención por parte del padre Henri, ya que al principio Arn entraba y salía un poco como quería del *scriptorium* y a veces encontraba libros inadecuados para niños.

El sentido de leer a Ovidio, por ejemplo, obviamente era concentrarse en la *Metamorfosis*, poco más de doscientos cuentos sobre transmutaciones mágicas, textos que enseñaban mucho a sus lectores sobre leyendas y culturas que habían sido parte del Imperio romano. Sin embargo, era menos oportuno que el niño cogiese *Ars amatoria*, el *Arte de amar*. El padre Henri había pillado a Arn en un rincón de la cocina con ese libro precisamente. Además, Arn se había mostrado conmocionado de una manera poco sana que la naturaleza humana no podía ocultar.

Por supuesto que el padre Henri le había dado un castigo apropiado, agua fría y cierto número de oraciones o lo que fuera, pero de ninguna manera lo había juzgado tan severamente como hacía ver. Al contrario, incluso un tanto divertido se lo había explicado todo al hermano Guilbert, quien se había reído a gusto del inocente pecado del niño.

Sin embargo, los textos impropios de Ovidio fueron apartados a la celda del mismo padre Henri y la selección de la literatura para la lectura libre de Arn se hizo a partir de entonces con más rigor y cuidado.

Leer *Germania* de Tácito, por ejemplo, era perfecto para un niño pequeño que también era de un origen bárbaro similar. Según el padre Henri, Tácito podría haber tenido una u otra razón de política interna para describir a esos germanos, incluso como un modelo a seguir antes de la depravada población romana. Pero todos los conocimientos sobre el pasado del hombre, incluso los que remontaban a tiempos y rituales paganos, podrían, según el padre Henri, servir como buena ilustración. El *Epistulae* de Horacio, o ante todo el *Ars Poetica*, eran unos ejemplos extraordinarios de la buena educación que realmente representaban a los escritores clásicos. Posiblemente fuesen a veces un poco teóricos, pero entonces simplemente se podía pasar a Virgilio, preferiblemente *Aeneis*, con el que el niño se ocupaba de momento; Arn había venido con las mejillas encendidas explicando sobre la reina Dido en Cartago y el episodio siguiente cuando Virgilio fue permitido a bajar al mundo/infierno y contemplar el futuro de Roma.

La lectura era la base de todo conocimiento y de todo pensamiento puro y sabio. Por supuesto estarían todos de acuerdo en ello. Pero el padre Henri se distinguía tal vez algo de sus colegas en el hecho de que pensaba que hasta los niños pequeños deberían leer estos textos a temprana edad, antes de que se solidificasen demasiado en la ciencia teológica y nunca pudiesen leer una línea de texto sin pensar como si fuera la Santa Escritura y si el texto debía ser interpretado literal, alegórica, moral o analógicamente, las cuatro alternativas de interpretación de la Biblia existentes.

Por otra parte, tampoco se trataba de descuidar la formación teológica de Arn. Sólo existían todavía dos copias del libro más leído del momento en la Vitae Schola, *Glossa Ordinaria*, los cuales eran continuamente solicitados por los hermanos. Pero el padre Henri procuraba conseguir este texto para Arn en la medida de lo posible.

Y para evitar nuevas situaciones embarazosas del tipo de textos inadecuados como el de Ovidio, a partir de ahora Arn debía recoger todos los libros directamente de la mano del padre Henri. Además de esto, por lo menos una hora al día debía dedicarse a enseñarle lo que era fácil y lo que era difícil de entender de las Sagradas Escrituras.

Secretamente, el padre Henri se alegraba, y no poco, de la ilusión que Arn mostraba cuando llegaba corriendo para recibir nuevas instrucciones de lectura o para que le tomasen la lección del texto bíblico del día anterior. El objetivo era que el niño se formase manualmente y espiritualmente en proporciones iguales. Puesto que las intenciones de Dios para con él todavía no eran demasiado obvias, en cualquiera de los casos este método nunca sería el equivocado.

Posiblemente se podría imaginar, sin que por ello se pensase mal de él, que el rato con el hermano Guilbert fuese más agradable que el rato en el *scriptorium*, que el rato al lado de los aprendices que construían los muros, y donde usaban a Arn para que llevase la mezcla a los lugares difícilmente penetrables para un hombre adulto, fuese más agradable que el rato que tenía que pasar en la cocina, que el rato en el puerto con los pescadores en el fiordo fuese más agradable que el rato de ensayar una voz difícil para la próxima misa grande.

El padre Henri imaginaba que seguramente él mismo de niño habría valorado todos estos deberes de diferente manera. Pero en el pequeño Arn no notaba nada de eso, era como si Arn se aplicase con la misma ilusión a todo lo que en realidad era el sentido del nombre del monasterio: Vitae Schola.

Por tanto, este niño podría convertirse en cualquier hombre. Podría acabar sus días como prior en un monasterio, por lo que veía el padre Henri. También podría ser algo totalmente distinto, de lo que el hermano Guilbert había hablado secretamente, algo que no se debía mencionar en voz alta, según el padre Henri. Pero el problema era que sobre esto, sobre las intenciones de Dios para con Arn, todavía no se sabía nada con certeza. Así que sólo les quedaba seguir como hasta entonces, darle al espíritu lo que correspondía al espíritu, y a la mano lo que correspondía a la mano.

El padre Henri había trasladado su tarea diaria de libros a uno de los claustros cerca del jardín y estaba profundamente absorto en uno de los clásicos problemas teológicos sobre por qué Dios, si el diablo a través de la serpiente en el paraíso había llevado al hombre al pecado, tenía que corregir esto renaciendo como persona humana, sufrir y morir por los hombres. ¿Por qué no solamente usar la fuerza todopoderosa?

El diablo había atraído al hombre engañosamente, como un ladrón. Y un ladrón no tiene derechos.

Pero aun si se eliminaba al diablo de la ecuación, la culpa del hombre era hacia Dios. ¿Por qué no enviaba Dios a uno de sus ángeles para esclarecer el asunto?

Primero, porque ninguno de los ángeles de Dios podría ponerse en el lugar del hombre, y por tanto tampoco pagar sus deudas. Y aun si fuese posible, en segundo lugar, el hombre estaría eternamente en deuda con alguno de los ángeles de Dios en vez de con Dios mismo. Solamente al ponerse en el lugar del hombre, cosa de la que únicamente Dios era capaz, Él podría pagar la deuda de los hombres y salvarlos del pecado.

Hasta aquí todo era lógico y claro. Hasta aquí la explicación incluso era elegante, opinaba el padre Henri, puesto que eliminaba todas las viejas disputas sobre los derechos del diablo del contexto.

Pero la explicación no bastaba, tenía una flaqueza. Dios en su misericordia podría haber perdonado simplemente al hombre. Incluso parecía más sencillo perdonar una cosa como haber probado la fruta prohibida en el paraíso, que el castigo sumamente peor de dejar morir al Hijo de Dios sufriendo en la cruz en lugar de Barrabás.

Si Dios hubiese querido bajar a los hombres en forma de hombre, Él podría haberlo hecho y lo habría arreglado todo en una semana. Pero en cambio se dejó nacer como niño y vivir una larga vida hasta el sacrificio decisivo. Por tanto, la vida de Jesús en la tierra debía de tener importancia, gran importancia.

Por consiguiente, ¿el hijo de Dios había vivido toda una vida en la tierra como ejemplo para los hombres? ¡Eso debía de ser! Los hombres podrían ver en Su vida en la tierra cómo debían vivir, y podrían escuchar Sus palabras y aprender de ellas. ¿Cuán más pobres no serían las Sagradas Escrituras sin las propias palabras de Dios?

El padre Henri sintió una oleada de paz interior, como si un calor le atravesase el cuerpo cuando ahora, lentamente y sin prisas, había llegado a la verdad pensando. Estos ratos eran los más hermosos.

Cuando Arn llegó corriendo tenía prisa y llevaba los pies mojados, pues venía directamente del *lavatorium*, ya que estaba prohibido pasar de un trabajo manual a un trabajo del alma sin haberse purificado en el *lavatorium*. Las últimas dos horas había trabajado terminando las labores de construcción en la torre de la iglesia del monasterio, puesto que al final habían tenido más trabajo de lo que se pensaba cuando por fin se había decidido la fecha de inauguración de la iglesia. Los andamios de la construcción preferiblemente deberían estar retirados cuando el arzobispo Eskil fuese a bendecir la iglesia.

Pero al comenzar a quitar los andamios también se tuvo una mejor perspectiva y el hermano Guilbert y el hermano Richard desde el suelo habían visto una brecha por aquí y otra por allá que debían taparse, o alguna junta que no estaba correctamente hecha. Arn se había colgado allí arriba como un pequeño armiño para acabar de mejorarlo todo, según sus exigencias; puesto que Arn era tan pequeño en comparación con los demás, era el único que sin temor subía arriba sin andamios. La altura no le importaba, ya que estaba seguro de que Dios no haría recaer una desgracia en alguien que era tan sólo un niño y que además trabajaba en cumplir una obra en Su honor. Por lo menos era ésa la explicación que Arn había dado cuando uno de los hermanos le había hecho una tímida pregunta sobre alturas y miedo.

Su respuesta tal vez no era del todo verdad, aunque no es que fuese mentira. En Vitae Schola no había nadie que mintiese, eso habría sido una grave falta contra las reglas del monasterio. Pero Arn también tenía la convicción, que por cierto se le había inculcado desde muy niño, de que Dios tenía una intención determinada con su vida y esta intención no podría ser que Arn trabajase con piedras unos pocos años de su niñez para luego perder el equilibrio y caer y lastimarse o matarse, como les había pasado a dos aprendices durante la construcción, por lo que no sentía temor.

Pero responder de ese modo, si alguien le preguntaba, sería mostrar orgullo, pronunciar la creencia de que uno mismo era mejor que otros. Y eso también habría sido un pecado grave, tal vez más grave que mentir.

Una vez había caído desde una torre alta. No se acordaba mucho de ello, pero le habían dejado leer la historia en una copia del libro de los recuerdos arriba en Varnhem y el padre Henri le había hablado de cómo debía interpretarse aquello. Dios había querido salvar su vida para una tarea futura, una gran tarea. Ésa era la interpretación más importante de la historia, eso lo podía ver todo el mundo.

Desde hacía un año, el trabajo de lectura se había dirigido cada vez más hacia precisamente esto, a cómo interpretar textos y sobre todo la Sagrada Escritura, y era a una de esas lecciones que Arn acudía ahora corriendo con un poco de retraso, sin aliento y con los pies desnudos pero limpios, resbalando en las baldosas pulidas de piedra calcárea del claustro, en donde encontró al padre Henri.

Pero el padre Henri no le recriminó y parecía estar de muy buen humor, como absorto, con una sonrisa de satisfacción, y se limitó a acariciar la cabeza rasurada del niño durante un rato antes de decir nada.

Arn, que se había acomodado a su lado en el banco de piedra, vio la *Glossa Ordinaria* abierto ante el padre Henri, y aunque estaba demasiado lejos para poder ver el texto, bien podía adivinar por dónde estaba abierto el libro.

–Bien –dijo el padre Henri después de un rato, al dejar su mundo de pensamientos casi a desgana–. Si empezásemos con el texto que vas a cantar hacia el final de la misa de bendición... ¿Cómo se debe entender?... Bueno, ¡cántame las primeras estrofas!

El Señor es mi pastor,
nada me falta.
Me hace descansar en verdes pastos,
me guía a arroyos de tranquilas aguas,
reconforta mi alma,
y me lleva por caminos rectos,
haciendo honor a Su nombre.

Cantaba obedientemente Arn con su soprano tan nítido que los hermanos del jardín se levantaron de su trabajo agachado, reposaron en sus herramientas y escucharon con dulces sonrisas. Todos adoraban el canto del niño.

–Excelente, excelente, paramos ahí –dijo el padre Henri–. Y ahora vamos a comprender este texto. ¿Lo interpretaremos moral o literalmente? No, naturalmente que no, sino ¿cómo?

–Obviamente es un texto alegórico –dijo Arn, respirando profundamente, necesitaba más aire, ya que había cantado mientras todavía le faltaba un poco el aliento.

–¿Querrás decir, hijo mío, que en realidad no somos ovejas? Bien, es evidente, pero ¿por qué esa metáfora?

–Es obvia, es fácil de entender –meditó Arn con una pequeña arruga en la frente–. Todos hemos visto ovejas y pastores, e igual que las ovejas necesitan su pastor para protegerlas y cuidarlas, nosotros necesitamos a Dios, aunque nosotros seamos hombres y no ovejas, es como si Dios fuese nuestro pastor.

–Hum –dijo el padre Henri–. Hasta aquí no era difícil. Pero ¿qué significa entonces «reconforta mi alma, y me lleva por caminos rectos»? ¿Acaso tienen alma las ovejas?

–No –dijo Arn pensativamente. Intuía una de las muchas trampas lógicas del padre Henri pero ya había dicho que el texto se debía interpretar alegóricamente–. Dado que la alegoría es obvia desde el principio... eso de las ovejas que nos representan a nosotros, pues... el texto que sigue debe interpretarse literalmente. El Señor realmente reconforta nuestras almas.

–Sí, debe de ser así –murmuraba el padre Henri, sonriendo astutamente como solía hacer cuando tendía una trampa lógica–. Pero ¿qué pasa con la continuación: «me lleva por caminos rectos»? ¿De qué caminos se trata? ¿Significado literal o alegórico?

–No lo sé –dijo Arn–. ¿No podrían ser ambos?

–¿Ah, sí? ¿Un texto que podría interpretarse tanto literal como alegóricamente? Ahora tendrás que explicarte, hijo mío.

–En la línea anterior se dice que Dios reconforta nuestras almas, por tanto se trata literalmente de nosotros y no de unas ovejas –empezó Arn para ganar un poco de tiempo mientras pensaba tan agudamente como podía–. Pero naturalmente Dios nos puede llevar por caminos rectos de manera literal, caminos en la tierra, caminos visibles, caminos en los que andan los caballos y los carros de bueyes y las personas. Si Él quiere, Él puede guiarnos por el camino a Roma, ¿por ejemplo?

–Hum –dijo el padre Henri con el semblante severo–. ¿No se te habrá escapado que esto de los caminos por aquí y por allá pertenece a las metáforas más comunes de las Sagradas Escrituras? Si los caminos del Señor son inescrutables, no significará eso unos caminos de ganado en la niebla, ¿verdad?

–Claro que no, los caminos rectos se refieren a todo lo que sea apartarse del pecado, el camino a la salvación, etcétera. Es decir, de forma alegórica.

–Bien. ¿Dónde estábamos? ¿Cómo es el siguiente verso? No, no hace falta que lo cantes, porque harás que se relajen los hermanos del jardín. ¿Bien?

–«Aunque pase por valle sombreado por la muerte, no temeré peligro alguno, porque tú, Señor, estás conmigo» –recitó Arn rápidamente–. El significado debe de ser general, creo. Si me encuentro en grandes dificultades, si estoy cerca de la muerte, como arriba en la torre con la argamasa, por ejemplo, no temo peligro alguno porque Dios está conmigo. Las palabras «sombreado por la muerte» deben de ser alegóricas, literalmente la muerte no puede hacer sombra en ningún lugar y no existe ningún valle en particular donde yo pudiese caminar bajo esta sombra. Y aunque fuese posible... es decir, teóricamente, no sería solamente en aquel lugar donde podría sentir confianza. Ni en el valle más oscuro, es decir, en los ratos oscuros, ni en pena ni en peligro, debo desesperar. Más o menos es así, ¿no?

El día que a Arn le quedó pequeño su viejo arco, se le acabó por el momento aquella diversión, que en el caso de Arn contaba como trabajo. Tenía su pista de entrenamiento justo delante de la herrería y podía salir corriendo de vez en cuando durante las muchas pausas naturales del trabajo para disparar mientras el hierro se enfriaba o se encendían nuevas fraguas. Sin embargo, el hermano Guilbert salió un día y vio cómo el niño, sin dudar pero también sin demostrar demasiado interés por la tarea, disparaba doce flechas continuas al objetivo móvil, un montón de trapos de lino con cintas alrededor que se movía de un lado para otro colgado de una fina cuerda.

Entonces era hora de empezar de nuevo. Porque para el hermano Guilbert era tan importante que los instrumentos que ponía en las manos de Arn fuesen adaptados a su tamaño y fuerza como el hecho de que siempre practicara con total fuerza mental. Si era demasiado fácil, los ejercicios se embrutecerían y surtirían un efecto negativo; el hermano Guilbert encontraba difícil de explicar aquello incluso a hombres adultos. A Arn no le daba muchas explicaciones y tampoco hacía falta, puesto que la obediencia era una de las reglas más importantes del claustro.

Usaron tejo como material para el nuevo arco y fresno para las flechas. Porque para un arco nuevo eran necesarias también flechas nuevas, ya que todo debe estar en proporción correcta para funcionar de forma conjunta, al igual que los movimientos de la mano y la fuerza del pensamiento deben estar en equilibrio.

Tardaron mucho tiempo en fabricar el nuevo arco y sus flechas, desde la fría primavera cuando los tulipanes habían colocado extensas cintas rojas a lo largo de los caminos del claustro. Arn debía estar presente para aprender cada paso, cómo dejar secar la madera en la oscuridad y a una temperatura fresca, cómo cortar láminas de las diferentes partes del árbol, lijarlas juntas en una forma igualada, unirlas con cola de pescado y ponerlas bajo prensa, para luego volver a lijarlas. Era más fácil con las flechas, el mismo trabajo que antes, solamente que más largas. Las puntas de las flechas era una de las tareas fáciles de la herrería que Arn podía hacer completamente solo.

Cuando por fin era hora de probar las nuevas herramientas de trabajo, el hermano Guilbert, además, aumentó la distancia al objetivo de dieciocho largos pasos de hombre a veinticinco. Para Arn, los primeros días fue como empezar de nuevo. Era duro y fatigoso armar el arco nuevo y el esfuerzo influía en la dirección de las flechas de manera que a veces se equivocaba totalmente. Cuando entonces mostraba tristeza, el hermano Guilbert en seguida le recriminaba por ser perezoso y no tener fe, un pecado tan malo como el otro. Y Arn tenía que ponerse de rodillas y rezar unos cuantos *Pater Noster* ante el arco y las flechas como castigo antes de volver al ejercicio.

En esos momentos, el hermano Guilbert estaba tentado de decirle al niño lo bien que disparaba, sin duda mejor que la mayoría de los adultos y arqueros entrenados. Pero puesto que Arn nunca podía haberse comparado con otro que el hermano Guilbert, era como si sólo existiesen dos arqueros en todo el mundo. El hermano Guilbert siempre se había callado su vida anterior y la razón por la que tuvo que acabar esa vida con una penitencia eterna en un monasterio cisterciense. El padre Henri le había prohibido explicar su historia a Arn.

Hasta hace un año, el hermano Guilbert y Arn habían tenido su pequeña pista de tiro al arco a las afueras de los muros del monasterio, los que estaban acabados y los que todavía estaban en construcción, ya que algunos hermanos habían encontrado ofensivo que tal actividad se desarrollase delante de sus ojos dentro del monasterio.

Pero un día, un grupo de soldados que iban camino a casa desde la isla de Fyn, todos de buen humor ya que alguna guerra había acabado y pronto volverían a ver a sus seres queridos, habían parado delante del monasterio en el lugar donde Arn estaba practicando. Primero habían encontrado inmensamente cómico que un pequeño hermano lego con la cabeza rapada, hábito marrón y rizos bailando alrededor de las orejas sostuviese un arco en su mano. Era como una imagen imposible, algo que no podía ocurrir.

Habían soltado algunas bromas rudas, pero luego se habían quedado para observar al pequeño y quizá hacerle más bromas. El hermano Guilbert, que estaba al lado de Arn instruyéndolo, había pretendido no entender el idioma nórdico o por lo menos hacer como si no oyese los comentarios.

Pero los soldados habían callado rápidamente, puesto que lo que vieron según sus ojos era cierto, pero según el sentido común no podía ser verdad. El pequeño hermano lego estaba a dieciocho pasos de distancia y colocaba una flecha tras otra en una zona del tamaño de media palma de la mano y cuando fallaba de un dedo parecía triste y pedía perdón a su profesor y se concentraba aún más para el siguiente disparo. Los soldados se alejaron en silencio. A cierta distancia empezaron a discutir sobre algo en voz alta.

El hermano Guilbert comprendió muy bien el desconcierto de los soldados licenciados. Pues ninguno de ellos, al igual que el mismo hermano Guilbert, había visto a ningún niño con esa capacidad. Pero Arn, ni antes ni después, no había entendido nada de eso, puesto que para él sólo existían él mismo y el hermano Guilbert, y en esa comparación Arn era el peor arquero del mundo.

El padre Henri a menudo se había mostrado contrario a discutir el asunto. Él pensaba que Arn trabajaba mucho con la lectura y que era sensato, como era de esperar de un chico que aún no había alcanzado el cambio de voz, ay, aquel día, pero ni más ni menos que eso. El padre Henri no se veía como un niño prodigio de pequeño; más o menos se recordaba como ahora veía a Arn. Lo más importante en realidad era el interés con el que él mismo y Arn estudiaban, y recordaba con una sonrisa cómo él mismo de muy joven había encontrado libros no apropiados para niños pequeños y lo habían pillado in fraganti y lo habían castigado más o menos como él ahora castigaba a Arn por lo mismo. Pero lo más importante era la inspiración de leer, el interés por aprender y la constancia. Dios daba a todos un entendimiento más o menos igual y era responsabilidad de cada uno dotar aquel entendimiento de un contenido, de administrar su don.

Frente a esa lógica, el hermano Guilbert sólo ponía una sencilla objeción. En ese caso, Dios también daba a todos la habilidad de manejar un arco y una espada, excepto que algunos recibían claramente menos y otros más de ello. El hermano Guilbert afirmaba que el pequeño Arn había recibido más de ese don que ningún hombre joven o viejo que hubiese conocido.

Esta afirmación hizo reflexionar al padre Henri. Casi ningún hombre vivo había conocido a tantos otros hombres con armas en la mano como el hermano Guilbert, eso era evidente. Por otro lado, el hermano Guilbert no mentiría a su propio prior.

Sin embargo, este tema de conversación desagradaba al padre Henri y había acordado con el hermano Guilbert, es decir, le había prohibido infundir ilusiones al niño. Por eso Arn nunca entendía cuando hacía algo bueno con el arco o la espada, tan sólo entendía, o era bruscamente recriminado, cuando fallaba.

Arn aún no había utilizado una espada de verdad para sus ejercicios. Pero tampoco le hacía falta para que el hermano Guilbert viese lo que más tarde pasaría cuando el niño tuviese los brazos más fuertes y pasase de los palos de madera al acero.

En cuanto al manejo de la espada, la rapidez del ojo y del pensamiento, el equilibrio del pie y la sensibilidad en la mano, eran más importantes que la fuerza del brazo. Por lo poco que el hermano Guilbert había visto de los hombres nórdicos al manejar la espada, la técnica de estos bárbaros se basaba casi solamente en la fuerza. Sus espadas eran cortas, ya que nunca luchaban desde un caballo, curiosamente tenían la idea de que los caballos no servían para la guerra. Y puesto que se colocaban en líneas, una cerca de la otra, más o menos como los antiguos romanos y griegos hacía mil años, aunque ellos no llamaban falange a su formación, sino *fylking*, alineación en forma de cuña, la idea de la técnica era casi limitarse a golpear desde arriba en diagonal, desde la izquierda o la derecha. Puesto que todo hombre con algo similar a un escudo y un mínimo de instinto de conservación puede parar todos los golpes de este tipo sin tener que pensar ni moverse, se continuaba así hasta que una de las partes se cansaba y la otra, más o menos por error, acertaba con uno de los golpes en la cabeza del contrincante. Bajo tales circunstancias tal vez fuese natural que el más fuerte acabase ganando.

Arn recibió su primer entrenamiento, los primeros tres o cuatro años, con palos de madera envueltos en tela, con los que el hermano Guilbert introducía metódicamente el ritmo de tres compases en el niño, para que se le enganchase y se quedase en él para siempre. Un golpe alto desde la izquierda, un golpe bajo desde la derecha y luego una estocada recta hacia adelante o un nuevo golpe desde el lado. Miles y miles de veces.

Lo primero que Arn aprendió de tal manera fue el ritmo y el movimiento. Lo segundo fue contener su rabia, pues el hermano Guilbert siempre le daba en el tercer paso, todos los días durante los primeros dos años. No fue hasta el tercer año que Arn se las arregló con sus pies, sus movimientos y su ritmo, como en el canto, y a veces lograba parar el tercer y doloroso golpe.

El cuarto año, el hermano Guilbert había elaborado unas espadas de madera del peso adecuado, y las equilibraba incrustando cuidadosamente una barra de metal. Era importante que la espada de madera tuviese, en proporción a los pequeños brazos de Arn, el mismo peso en relación con su cuerpo que una espada de verdad tendría más tarde en su vida, de la misma manera que los arcos debían ser cada vez más duros, por lo que el hermano Guilbert iba probando en la fabricación antes de obtener lo adecuado.

Era en las prácticas con la espada, al igual que en la herrería, donde el hermano Guilbert había descubierto que el niño usaba las dos manos con la misma habilidad. En todas las demás circunstancias del monasterio, los profesores de Arn insistirían, como lo hacían en el *scriptorium*, en que dejase de usar la mano impura. Pero para el hermano Guilbert era otra cosa. Él consultaba con su conciencia y preguntaba a Dios. El padre Henri no quería inmiscuirse en ese problema.

Pronto llegó a la conclusión de que no era zurdo de una manera normal; tales hombres existían y en alguna ocasión en su vida anterior el hermano Guilbert se había enfrentado con un hombre así. Y no era fácil, lo sabía. Era como si todo lo aprendido fuese al revés.

Por eso había entrenado a Arn a usar las dos manos desde el principio, cambiando todos los días o todas las semanas. Pero nunca había notado una clara diferencia en la técnica, excepto que el brazo izquierdo parecía un poco más fuerte que el brazo derecho del niño. Pero eso también significaba que desde el principio se podía introducir un secreto en la técnica del niño, podía cambiar la espada de una mano a la otra y luego empezar a girar alrededor de su adversario en el sentido del sol en lugar de a contrasentido. Si el adversario llevaba ropas pesadas y el piso era inseguro, este cambio de táctica podría tener consecuencias fatales.

El hermano Guilbert bien sabía que probablemente ese tipo de pensamientos eran pecaminosos. También los había confesado al padre Henri, pero había explicado que mientras su tarea sólo consistiese en enseñar al niño, no podía otra cosa que hacerlo lo mejor posible. Puesto que Dios aún no había expresado su deseo sobre el fin con la vida de este niño, por ahora ¿no habría mucha diferencia entre leer a Ovidio en secreto con las mejillas enrojecidas o tomar la espada en la mano izquierda?

Cuando el padre Henri consultó con Dios, obtuvo la respuesta que mientras el niño mostrase el mismo interés ante la lectura como ante los juegos guerreros del hermano Guilbert, todo estaría en orden. Pero sería malo si empezase a preferir las flechas y las espadas a la *Glossa Ordinaria*. Por suerte, Arn no mostraba ninguna tendencia a eso.

Y mientras el padre Henri siempre predicaba trabajo y disciplina, pureza y oración, el hermano Guilbert siempre predicaba agilidad y agilidad, agilidad y trabajo. Igual de importante que era, como en los compases de la música, aprender a sentir cuándo la flecha debía salir hacia un lugar ante el objetivo móvil para que la flecha y el objetivo se encontrasen allí, igual de importante era mover los pies todo el tiempo, no quedarse nunca quieto y esperar el golpe del adversario, estar en otro lado cuando aquel golpe se asestaba para luego asestar un golpe uno mismo.

Trabajo y disciplina. Pureza y oración. Agilidad, agilidad, agilidad y trabajo. Arn seguía todas estas reglas con la misma facilidad que seguía las de obediencia y amar a todos los hermanos, las dos reglas más importantes del monasterio, lo de siempre decir la verdad, la tercera regla, y luego todo lo demás y lo menos importante y a veces incomprensible, como las reglas de las comidas y al acostarse.

Sin embargo, para él no era difícil seguir este orden divino. Al contrario, era una alegría. A veces se preguntaba cómo vivían los otros niños allí fuera en el mundo bajo, tenía un vago recuerdo de deslizarse por la nieve, aros de tonel y otros juegos infantiles. Tal vez echaba de menos algo de eso, al igual que todas las noches, cuando en la última oración rezaba por el alma de su madre y entonces añoraba su aliento, su voz y sus manos, al igual que rezaba por su hermano Eskil y recordaba cómo los habían separado llorando. Pero entendía, se daba cuenta al menos, que la mayor felicidad para un niño debía de ser repartir su tiempo entre todo lo maravilloso que contenían los libros y todo el trabajo con el sudor y a veces las lágrimas de dolor que el hermano Guilbert ofrecía.

Magnus Folkesson había prometido ante Dios cinco años de luto por su esposa Sigrid antes de volver a casarse. Esta decisión había despertado asombro dentro de su linaje, ya que no era común que un hombre todavía ágil y con solamente un hijo legal como heredero rechazase durante tanto tiempo tener nuevos hijos y fortalecer el linaje con nuevos lazos.

Magnus se había consolado un poco con Suom y tenía un hijo ilegítimo con ella. Pero Arnäs se había vuelto un castillo lúgubre donde nada ocurría ni cambiaba. Tras la muerte de Sigrid, Magnus había sentido que tenía la cabeza vacía y no podía encontrar nuevas ideas para su comercio y sus negocios. Todo seguía su camino.

Había construido algo, había acabado los muros y dos leguas de camino hacia Tiveden. Construir caminos era una buena obra a los ojos de Dios y había prometido esta construcción cuando por primera vez visitó la tumba de Sigrid y rezó por ella en Varnhem y le compró unas oraciones.

También pensaría que no haría ningún daño unir lo que era bueno a los ojos de Dios con lo que pudiese ser bueno para los futuros negocios; el día que hubiese camino a través de todo el bosque de Tiveden podría comerciar hacia el Norte con los svear, que ciertamente eran hombres sencillos que no entendían demasiado pero tenían un hierro excelente y representaban un buen comercio de pieles que podría dar mucha plata si se lograba hacerlo llegar por caminos transitables.

Una cosa que aumentaba lo lúgubre de Arnäs era que su madre, Tora Guttormsdotter, había ido desde sus fincas noruegas para encargarse de todas las tareas de la mujer mientras él siguiera soltero. Sin embargo, ella era dura con los esclavos y quería dirigirlo todo según viejas tradiciones noruegas, y a Magnus, como a otros muchos hombres, le costaba poner a su madre en su sitio con dureza. También eso, que debería ser mejor señor de su casa, era una buena razón para encontrar pronto una nueva esposa. Desde el punto de vista de Magnus, sería bueno unirse con el linaje de Pål de Husaby, ya que sus dominios limitaban con los suyos. Una dote adecuada que una de las hijas de Pål podría aportar al hogar sería en ese caso los robledos que crecían hacia la montaña de Kinnekulle. Cierto era que las hijas solteras aún eran poco más que niñas, pero la juventud era una característica que se dejaba atrás rápidamente.

Eskil era tanto su alegría y su pena secreta. Eskil era como él mismo, y en mucho como su madre Sigrid, ya que parecía haber heredado su inteligencia. Eskil prefería hacer viajes de comercio, conocer a comerciantes extranjeros y aprender de sus costumbres y precios y cómo mejor se cambiaban dos barriles de carne contra trigo o pieles o el hierro basto contra la plata. En eso Eskil era hijo de su padre.

Pero todavía, siendo casi un hombre adulto, era incapaz de tirar una lanza o manejar una espada tal y como un hombre de linaje con blasón debía saber a su edad. Sin embargo, en cuanto a eso, era verdad que Magnus mismo se parecía en algo a su hijo mayor.

Solamente una vez, en calidad de señor de Arnäs, Magnus había sido obligado a salir a la guerra. Fue cuando el danés Henriksen se autoproclamó rey de los svear después de cometer la infamia de cortarle la cabeza a Erik Jevardsson arriba en Aros Oriental. Fuese, como afirmaban algunos, justo después de la misa en la iglesia de la Santa Trinidad que Erik Jevardsson había muerto valientemente ante una fuerza superior y un manantial había brotado donde había caído su cabeza.

O fuese, como decían los enemigos de Erik Jevardsson y como decía el rey Karl Sverkersson, que Erik Jevardsson había muerto innecesariamente porque había estado demasiado lleno de cerveza como para defenderse como un hombre.

No importaba mucho cómo había sido asesinado el rey Erik, guerra habría de cualquier manera. Era fácil comprender que los svear se ofendieran porque un danés había llegado y les había asesinado al rey. Rápidamente habían enviado un mensaje hasta Helsingland y a los bosques más oscuros de Svea y pronto un gran ejército estaba marchando hacia Aros Oriental. Pero la cuestión era qué postura tomarían en Götaland Oriental y en Götaland Occidental, si dejarían que los svear saldaran las cuentas a solas con el asesino real danés, o si participarían en la guerra.

Para el rey Karl Sverkersson y sus hombres en Linköping no era una decisión difícil. Debían elegir entre salir a la guerra con la fuerza más grande posible contra el asesino real danés y así ganar la corona de los svear para él, o dejarlos ganar solos y luego elegir un nuevo rey, que podría ser cualquiera entre los jefes o los procuradores de los svear. Para el rey Karl Sverkersson la elección era fácil.

Cuando los Folkung se reunieron en consejo de linaje en Bjälbo en Götaland Oriental, en seguida comprendieron que no había mucho entre lo que elegir. El mismo hermano de Magnus, Birger, al que ahora llamaban Brosa porque siempre sonreía, convenció pronto a los asistentes. Una guerra era inevitable para todos los de Götaland Oriental, había explicado Birger Brosa, y era la guerra contra el asesino real danés. Pero otras guerras que podrían venir después no eran necesarias. Para los godo-occidentales lo único correcto era apoyar al rey Karl en este asunto, pero eso probablemente llevaría a que fuese proclamado rey también en toda Svealand después de la victoria. Ya que ganarían seguro, el ejército que se juntaba en Svealand era suficientemente grande como para ganar a solas. Los días en la vida terrenal del danés Magnus Henriksen estaban contados. Ahora se trataba de ver más allá de su muerte.

Para los Folkung era decisivo no ser divididos y colocados en bandos opuestos en una guerra. Y si el rey Karl ganaba ahora la corona real en Svealand, pronto exigiría que lo reconociesen también en Götaland Occidental. Y ese reconocimiento lo buscaría con la espada en la mano si fuese necesario y entonces los Folkung tendrían que enfrentarse entre ellos, los orientales contra los occidentales.

Mejor sería, entonces, unir todos los problemas en una sola guerra, que tanto godo-occidentales como godo-orientales se agrupasen alrededor del rey Karl en su guerra. Eso sí, la situación llevaría a la unión de los tres países. Pero la alternativa era que lo mismo pasara un poco más tarde de cualquier modo, aunque al alto precio de mucha sangre derramada y, en el peor de los casos, hermanos enfrentándose a hermanos.

Nadie en el consejo pudo oponerse a Birger Brosa en esto. Y a partir de aquel momento la cosa continuó así; generalmente se seguía la voluntad de Birger Brosa.

Magnus había participado en la guerra con su guardia de la manera que él mismo encontró mejor. Él y sus hombres no entraron en la lucha hasta que ésta ya estuvo ganada y cuando de lo que se trataba era de ejecutar a los últimos daneses y apresar a quienes podían ofrecer el rescate. Había vuelto a Arnäs como un vencedor que no había perdido ni un solo hombre en la lucha pero que era cincuenta marcos de plata más rico, y por esa razón fue estimado por las mujeres pero no respetado por los hombres.

Había dejado a Eskil en Arnäs al irse a la campaña, a pesar de la insistencia del niño. Eskil todavía no era hombre al llegar el momento de vengar a Erik Jevardsson y salvar la paz en Götaland Oriental. Además, Eskil era el hijo mayor y heredero y no podría ser sustituido como cualquier guardia caído.

Magnus había intentado olvidar a su segundo hijo, que Dios le había quitado en vida. Pero sabía que Arn era el niño que Sigrid más había amado, por lo que no podía olvidarlo tanto como le convenía para la paz de su alma. Al igual que no podía olvidar a Sigrid durante los cinco largos años con los que se había castigado a sí mismo después de que el Señor se la hubo llevado. En secreto se decía a sí mismo que probablemente Sigrid había sido la persona a la que más había valorado, más que a todos los hombres, incluso más que a un hombre como su hermano Birger Brosa.

Pero esas cosas sólo las podía pensar para sí mismo. Si hubiese dicho algo semejante en voz alta, sería un hombre menospreciado o un hombre considerado loco. Ni siquiera a Eskil podría confesarle esa manera de pensar sobre una mujer que, al fin y al cabo, era la madre de Eskil.

Mientras los hielos todavía soportaban los trineos, llamaron a un nuevo consejo de linaje en Bjälbo y Magnus se fue con una pequeña guardia y con Eskil, que por primera vez participaría en los consejos de los hombres y por tanto había sido advertido de no meterse, no beber demasiado, no decir nada sino escuchar y aprender.

En las altas torres de Bjälbo había varias salas que podían albergar los consejos. Probablemente era uno de los lugares en toda Götaland Oriental donde más se ocupaban con esos asuntos. Se notaba ya en la manera en que los siervos domésticos recibían a los viajeros, cómo los instalaban y los informaban de cómo y cuándo se harían las reuniones. En Bjälbo eso era trabajo habitual. En Bjälbo se hablaba tanto del poder, como en Arnäs se hablaba de la plata.

Birger Brosa recibió a su hermano y a su sobrino con gran cordialidad y desde el primer momento les dedicó más hospitalidad que a otros parientes. Magnus no podía determinar si se trataba de amor fraternal o de los planes de Birger Brosa ante las cuestiones que iban a tratar, discutiendo o mejor poniéndose de acuerdo. Pero le gustaba ser tratado como un hombre digno, a pesar de que en su grupo ahora había varios hombres que eran grandes luchadores con cicatrices de muchas batallas, cosas que en esos tiempos se valoraban más que la plata, ya que el obispo más gordo podría ser propietario de una gran cantidad de plata sin por eso ser un gran hombre.

Los primeros días los dedicaban a las alegrías del festín y hablaban libremente sobre lo que podía haber de chismorreo en cuanto a parientes que no habían podido ir, como por ejemplo los parientes noruegos que en este momento se encontraban en guerra como de costumbre. Así se podía esperar a los que llegaban un poco más tarde a causa de un impenetrable camino nevado o unos oscuros hielos que no eran de fiar. De esa manera nadie llegaría tarde a unas conversaciones ya concluidas en decisiones, mientras uno en la lejanía luchaba renegando y gruñendo sobre un trineo roto o volcado.

Sin embargo, cuando todos estaban reunidos, la reunión se celebraba en la sala más grande de la torre. Lo que podía sorprender a muchos, y también a Magnus y a Eskil, era el hecho de que se reuniesen directamente después de la oración del mediodía en la sala eclesiástica situada debajo de la torre, y eso sin comer. Acababan de girar los asados y tardarían muchas horas en estar listos.

Birger Brosa, quien había introducido esta rara modernidad, decía que las costumbres de los ancestros de comer, beber y celebrar consejo a la vez tenían sus ventajas. A veces era bueno que la cerveza soltase la lengua y nadie se sintiese tímido al hablar de cosas que implicaban a todo el mundo. Pero a veces la lengua se podía soltar tanto por la cerveza que no se decidía nada sensato, y que en cualquier caso no se lograba recordar lo decidido al día siguiente, o que los parientes se separaban, enemistados.

En una sala fría donde había que estar sentado envuelto en el manto, y a donde habían llevado unos pocos braseros, empezó la reunión.

La gran cuestión era la fidelidad del linaje hacia Karl Sverkersson. Nadie lo consideraba un rey poderoso, nadie opinaba que podría defender bien el reino si los daneses o saqueadores del otro lado del Báltico atacaban el país; aún menos si llegaban los noruegos, aunque ellos estaban ocupados como siempre matándose los unos a los otros. Pero ¿realmente era el momento oportuno para el propio linaje de empezar a luchar por las coronas reales?

Birger Brosa dijo estar seguro de que esa hora llegaría, pero que aún no era el momento. El linaje era más fuerte en Götaland Oriental que en Götaland Occidental, pero Götaland Oriental también era el país donde el rey Karl era más fuerte y tenía más parientes, especialmente en Linköping y los alrededores. Para salir victoriosos hacía falta sacar a todos y cada uno de los godo-orientales de sus casas para entrar en la batalla sobre una u otra corona real que a la mayoría no les importaba. No sería factible.

Por esa razón era más sensato mantener la calma, apoyar al rey Karl y no hacer ver que ese apoyo podría cesar tan rápido como un rayo caído del cielo si las circunstancias eran las apropiadas.

Lo que harían, en cambio, sería seguir reforzando el linaje de la manera que siempre se había hecho, con casamientos sabios. Y ahora había una buena ocasión, ya que el mismo Birger Brosa no podía escapar del deber, por muy agradable que fuese vivir como joven señor sin responsabilidades que el Señor tarde o temprano imponía a todos los hombres.

A través de su hermano Magnus, continuó Birger Brosa, y ahora todos escuchaban con atención y nada de griterío, eructos de cerveza ni ronquidos interrumpían los pensamientos, el linaje tenía relaciones con el rey noruego Magnus Sigurdsen. El rey Magnus, sin embargo, había sido vencido por Harald Gille y el poder real iría, por lo que ahora parecía, a los hijos de Harald; eso es lo que opinaba todo el mundo que entendía algo de los quehaceres de los noruegos. Aunque nunca se podía estar seguro precisamente en cuanto a los noruegos, ya que todo podía cambiar de un solo golpe de espada y convertir a un familiar real en un familiar proscrito.

No obstante, Birger Brosa se ofrecía ahora a ir a cortejar a Noruega para unirse a alguna de las hijas de Harald Gille, Solveig o Brigida, la que le fuese mejor. Eso reforzaría los lazos del linaje con Noruega a pesar de que los noruegos continuasen matándose los unos a los otros, puesto que así estarían enlazados tanto con el linaje de Harald Gille como, a través del hermano Magnus, con el linaje de Magnus Sigurdsen.

Durante un rato se estudió el problema desde varias perspectivas.

Naturalmente, otra posibilidad sería enlazarse con el linaje de Karl Sverkersson. Pero podría ser tanto una jugada acertada como un error, porque tal vez luego acabases ahí siendo pariente cercano el día que tocase coronar a un hijo de Karl, si es que llegaba a tener alguno. No, reforzar los lazos con Noruega sería un movimiento más prudente, pero a la larga más inteligente. Con eso, el asunto estaba decidido y no se hablaría más sobre esa boda.

Luego vino la cuestión de cómo debía cortejar Magnus. El luto de Sigrid ya había concluido y él era un buen partido con muchas tierras y grandes riquezas, lo cual lo facilitaría todo. Pero la cuestión era qué sería lo más sensato.

Primero Magnus explicó lo que opinaba del asunto. Tomó la palabra con voz un poco insegura y sin saber exactamente cómo elegir sus palabras. Si se casaba con el linaje de Pål en Husaby, otro linaje fuerte de Götaland Oriental se añadiría al de Bjälbo. Otro tanto a favor era que sus dominios y los de Pål colindaban y un casamiento significaría, por tanto, que gran parte de las orillas del lago Vänern quedaría bajo el mismo derecho legal. Eso significaría dominar el comercio sobre toda Götaland Oriental, ya que el lago Vänern era la ruta más importante durante la mayor parte del año tanto a Lödöse como a Dinamarca y Noruega. Había dos hijas en Husaby, las dos hermosas, aunque algo jóvenes.

Al sentarse, Magnus oía cómo los parientes murmuraban y susurraban que había hablado bien, aunque no totalmente convincente. Sospechaba, por consiguiente, que alguien quizá tuviese otro plan para él y en ese caso no era difícil adivinar quién sería el orador elocuente.

En efecto, Birger Brosa pidió la palabra y primero habló con afecto de su hermano mayor, sus méritos y su sabiduría en los negocios y su voluntad de casarse bien para reforzar el linaje y satisfacer a sus parientes.

Pero pronto cambió de tono y describió de manera directa y ruda que deberían haber lazos más valientes y más importantes que atar para los parientes. El linaje de Erik de ninguna manera había dejado de aspirar a la corona, de eso se había informado bien. En Noruega estaba la viuda colérica de Erik Jevardsson, pensando en vengarse y educando a sus hijos para competir por la corona real. El linaje de Erik era fuerte al sur de Skara y también tenía sus ramificaciones por Svealand. Era más sabio no tener ese linaje por enemigo, sino estar del mismo bando.

En una de las fincas a las afueras de Eriksberg, el dueño y señor era Joar, hermano de Erik Jevardsson, que tenía una hija, la mayor, no demasiado hermosa, por la que seguramente celebraría encantado la cerveza de compromiso incluso con un hombre menos rico que Magnus.

Magnus suspiró al oír a su hermano presentar el tema. Ya sabía lo que pasaría. Se utilizaría su propia sangre para enlazar el linaje con un importante enemigo o futuro aliado. Difícilmente podría añadir nada, mas que parecía sensato y que así se haría.

Eskil, a quien le costaba un poco comprender la lógica de elegir parientes entre los que mataban más que entre los que tenían la mejor clase de riquezas, miró a su padre con tristeza. Eskil también comprendió cómo sería. Pronto tendría una nueva madre de la que no sabía nada excepto que, por lo visto, no era muy hermosa.

Arn nunca había visto al hermano Guilbert tan feliz como aquel día cuando llegaron los nuevos caballos. Eran un semental, dos yeguas y un potro macho medio crecido y los llevaron en seguida a un cercado propio para que no se juntasen con los caballos nórdicos. Parecían estar en buena forma, el viaje había sido suave durante una buena temporada, con mucho pasto y agua en el camino. Habían acompañado al padre Henri en uno de sus continuos viajes a la capital general de Cîteaux, y ya que el padre Henri y los hermanos que lo acompañaron casi siempre habían ido a pie, como siempre habían hecho, y ya que los dos carros pesados habían sido tirados por los asnos, los caballos estaban, al parecer, totalmente relajados.

Los regresos del padre Henri de la capital general siempre eran un gran acontecimiento en el monasterio, pero no sólo porque todos los hermanos obedecían fielmente y casi siempre seguían la regla del amor, sino también por todo lo demás, por las noticias, por las cartas, por los nuevos libros, por conocer lo que pasaba en la vida mundana al igual que en la eclesiástica, por todas las semillas, pepitas e injertos que el hermano Lucien recibía con la alegría de un niño, investigando e instruyendo a sus aprendices; finalmente también por los quesos y barriles de vino, que por lo menos los hermanos borgoñones echaban mucho de menos, al igual que los cocineros provenzales encontraban difícil la vida del monasterio, sin poder renovar ciertas especies que el hermano Lucien aún no había logrado hacer sobrevivir en el duro clima danés.

A muchos de los hermanos les costaba observar la disciplina y la dignidad que un regreso de esta magnitud exigía, puesto que primero había que despachar la misa del regreso. Y era un poco más larga de lo normal, ya que el coro ensayaba nuevas canciones, o viejas canciones presentadas en voces parcialmente nuevas ante la acción de gracias por el retorno. Ante todo, Arn, que todavía mantenía su precioso soprano, tenía un duro trabajo en estas misas.

Pero más tarde los hermanos podían salir de la iglesia, charlando alegremente como niños pequeños, expectantes ante las ceremonias conducidas por el padre Henri, que empezaban al deshacer el gran equipaje. El padre Henri leía y tachaba de la lista y repartía las dádivas de Dios y algunos de los hermanos desaparecían susurrando y riendo de alegría con un volumen largamente deseado entre las manos. Otros loaban al Señor de una manera más digna. Y lo mismo pasaba con los que recibían nuevas cosas para el jardín o la cocina.

Pero pronto el hermano Guilbert desapareció con Arn bajo uno de sus pesados y anchos brazos para enseñarle lo más bonito de todo, lo que ninguno de los demás hermanos comprendía: los nuevos caballos.

Al llegar al cercado de los nuevos caballos, Arn realmente intentó comprender qué era lo que hacía el normalmente tan equilibrado hermano Guilbert tan acalorado. Era cierto que estos caballos, a los ojos de Arn, se distinguían bastante de los caballos normales. Eran más delgados y vivaces, se movían todo el tiempo como si les impacientara estar encerrados, iban y venían con movimientos suaves y felinos, y con las colas levantadas en alto. Sus caras parecían un poco más anchas, más triangulares que en los caballos nórdicos y sus ojos eran muy grandes e inteligentes.

Tenían un color diferente, aunque una de las yeguas era rojiza como muchos otros caballos, pero tenía una gran mancha gris hacia la pierna izquierda mientras que su potro medio adulto era casi blanco, aunque con tonos grisáceos. El caballo y la otra yegua eran grisáceos.

Arn era incapaz de hallar más diferencias que aquéllas, a pesar de haber trabajado mucho en el segundo taller en importancia de entre los del hermano Guilbert, la herrería de cascos. Arn sabía herrar un caballo sin que el hermano Guilbert o alguno de los aprendices tuviera que rehacer el trabajo.

El hermano Guilbert estaba callado, apoyado en los postes de la cerca con lágrimas en los ojos al contemplar los caballos, como si se encontrara muy lejos en sus pensamientos. Arn, que no entendía nada, se mantuvo a la expectativa.

Para su sorpresa, de pronto el hermano Guilbert empezó a hablarle al caballo en un idioma que Arn nunca había oído y del que no entendía ni una palabra. Pero parecía como si el caballo en seguida le prestara atención; se paró y dirigió las orejas hacia adelante en dirección al hermano Guilbert y luego, tras un momento de duda, se acercó tranquilamente. Entonces, el hermano Guilbert frotó la cara contra el hocico del caballo de una manera muy impropia y le habló de nuevo en la suave lengua extranjera.

–Ven, hijo mío, vamos a montar tú y yo, tú cogerás el caballo joven –dijo el hermano Guilbert y se metió por debajo de los postes de la cerca, arrastrando a Arn consigo.

–Pero el caballo joven... no se puede, no está domado, ¿verdad? –objetó Arn con una clara duda en la voz.

–Ven aquí que te enseñaré, ¡no hace falta que lo esté! –dijo el hermano Guilbert, llamando al pequeño caballo que en seguida se acercó trotando.

Lo que después sucedió le pareció un milagro a Arn. El hermano Guilbert acarició al joven caballo por el hocico y las mejillas y el cuello y le volvió a hablar en la lengua extranjera que los caballos parecían entender mejor que el francés o el latín. Después de un rato levantó a Arn como si fuera un guante con uno de sus brazos, de manera que quedó sentado encima del caballo y automáticamente se agarró a la crin para no caer cuando fuese a empezar el jaleo; había aprendido algo de domar, pero nunca desde el principio.

Seguidamente, el hermano Guilbert se subió al caballo con un único movimiento, parecía que volaba, y el caballo echó a galopar salvajemente, dando vueltas por el cercado. Allí estaba el hermano Guilbert, montando a pelo, sólo cogido ligeramente con una mano a la crin del caballo, agachándose osadamente en las curvas más escarpadas y gritando una aclamación tras otra al caballo en la lengua extranjera.

Al joven caballo de Arn pronto le contagió la alegría y empezó a correr también, aunque con movimientos más saltones, más infantiles. Pero pronto los dos montaban dando vueltas cada vez más rápido y Arn, dichoso, empezó a imitar la lengua extranjera del hermano Guilbert y se sintió como embriagado por la velocidad y de sentir el viento ondear en su cabeza rapada y entre los rizos demasiado largos por las orejas.

Un poco avergonzado, Arn se reconoció a sí mismo que en ese momento estaba viviendo una felicidad pura y verdadera y que no debía dejar de comentárselo al padre Henri en su próxima confesión; era como si la vida y la fuerza del caballo le recorriesen el cuerpo entero, aunque el caballo era muy joven y estaba aún lejos de ser un caballo adulto. Y si no estaba domado, que probablemente no lo estaba, puesto que era muy joven, y si por tanto nunca antes había llevado a una persona sobre su lomo, esto debía de ser un verdadero milagro.

–¿Sabes, mi joven *chevalier*? –dijo el hermano Guilbert mucho más tarde, cuando los ruiseñores ya habían empezado sus trinos nocturnos y casi era la hora de las vísperas y estaban sentados en el cercado disfrutando de contemplar los caballos nuevos–, es cierto que el caballo es el mejor amigo del hombre. Pero estos nuevos caballos no son como los demás, como has podido comprobar; son los más nobles, más rápidos y sufridos que existen. Alabado sea Dios por este regalo, puesto que son caballos de Tierra Santa de Outremer.

El hermano Guilbert tenía la cara roja de excitación y aún respiraba pesadamente tras su salvaje exhibición de las fuerzas del caballo.

Arn empezó a comprender lo que distinguía estos caballos de los otros, no solamente su apariencia y su manera de ser y de moverse, sino también para lo que servían. Pero aun así preguntó y recibió la respuesta que esperaba.

Estos caballos eran caballos de batalla. Lo que era importante para la espada también lo era para los caballos: agilidad, agilidad y más agilidad.

Puesto que los hombres aquí arriba en el bárbaro Norte aún no habían adoptado el arte de luchar a caballo –continuó explicando el hermano Guilbert–, estos nórdicos exigían caballos fuertes y lentos, que pudiesen llevar una carga pesada hasta el campo de batalla. Sin embargo, allí el hombre nórdico desmontaba, ataba su caballo y salía a pie a la lucha. Si los cristianos hubiesen intentado enfrentarse a los condenados sarracenos de ese modo, Jerusalén nunca habría sido liberada.

Pero en el resto del mundo se luchaba a caballo, era solamente en el bárbaro Norte donde no lo habían comprendido. Por eso el hermano Guilbert tenía un claro y simple propósito con estos nuevos caballos, cuya sangre ahora podría esparcir por Dinamarca, y era introducir la técnica que acompañaba al nuevo caballo y con eso hacer entrar mucha plata al monasterio. Más o menos como se podía hacer forjando mejores espadas para los nórdicos. Una cosa debía de ser igual de lógica y lucrativa que la otra.

Todavía poseído por el viento en su pelo y la velocidad encima del caballo, Arn pidió ansiosamente y sin la cortesía adecuada que le enseñase el arte de luchar a caballo, como los cristianos hacían ahí fuera en el gran mundo de la cultura.

El hermano Guilbert se reía en su interior, palpando jocosamente a Arn por la tonsura y explicándole que eso era justamente lo que había hecho. Todo lo que Arn había aprendido sobre caballos desde el día que lo pusieron a trabajar había sido con ese objetivo.

En primer lugar se trataba de equilibrio y más equilibrio. Al igual que Arn había tenido que practicar con sus espadas de madera, a veces con una en cada mano, subido en un palo por encima del cual se columpiaban sacos de cuero llenos de arena que todo el rato amenazaban con golpearlo y hacerlo caer al suelo, de la misma manera había practicado montando a caballo desde el principio, montándolos siempre a pelo, sin silla. Todo esto era para el equilibrio, para poder mantenerse encima del caballo en todo momento, por muchos movimientos que hiciera.

Ahora iba primero a domar el caballo joven, al principio sin silla, conocerlo, hablar con él, acariciarlo y cuidarlo siempre. Su nombre sería un nombre secreto, bueno, no ante Dios, sino sólo entre ellos dos. Se llamaría *Chamsiin*, que era el nombre de un viento del desierto, un viento que podía soplar durante cincuenta días seguidos y era incansable. Las dos yeguas se llamarían *Aisha* y *Khadija*, y el caballo, *Nasir*. El hermano Guilbert no le dio explicación a los otros nombres, sólo dijo que eran nombres en el idioma secreto de los caballos y que no le incumbía a nadie más del monasterio, sino sólo a ellos dos, que eran *chevaliers*.

Tendría una silla en cuanto *Chamsiin* hubiese crecido, pero hasta entonces lo que valía eran los principios básicos: confianza, amor y equilibrio.

Doblaban para véspero y debían ir de prisa al *lavatorium*. Mientras se alejaban corriendo de los caballos, Arn preguntó si era posible que aprendiese la lengua secreta de los caballos él también. Si se hablaba tres idiomas, se podría aprender un cuarto, ¿verdad? El hermano Guilbert sonreía para sus adentros y sólo contestó algo ininteligible sobre que ya llegaría el día. Pero no dijo nada más.

Arn siempre había sido obediente. Había amado a los hermanos igual que amaba los libros. Había amado el trabajo duro igual que el ligero, trabajando en la construcción arriba en la torre de la iglesia del monasterio con la misma alegría que había pescado en el fiordo. Había amado el trabajo con la espada y el arco tanto como el trabajo de andar por los caminos de la fe en las Sagradas Escrituras, verso tras verso y con ayuda de *Glossa Ordinaria*. Posiblemente había amado algo menos a Aristóteles y un poco más a Ovidio, ya que secretamente imitaba de vez en cuando los versos inadecuados que tuvo tiempo de leer antes de que se llevasen y encerrasen los libros bajo llave. Luego se confesaba y aceptaba su castigo por aquel pecado, pero valía la pena. ¿Qué eran unos *Pater Noster* más comparados con ruborizarse y sentir el fuego correr por el cuerpo pensando en Ovidio?

El padre Henri podía tolerar bien eso de la ligera falta de interés de Arn por la filosofía y un interés algo más caluroso por unas escrituras inadecuadas para niños. En cuanto a Ovidio, había entre sus amistades más de un hombre temeroso de Dios que tanto de joven como de adulto había acentuado esos estudios algo más de lo que era conveniente.

No tenía importancia, él mismo pertenecía a esa categoría, al menos si recordaba sus tiempos como novicio. Esto eran las variaciones de la vida normal, nada más, y Dios en su sabiduría había creado la vida para que existiesen variaciones continuas. Si el niño no encontraba demasiado interés en la filosofía, incluso de vez en cuando tenía pequeñas objeciones impertinentes, especialmente contra las exposiciones lógicas, no era más extraño que, si realmente se trataba de pecado, sería un pecado compartido con el hermano Lucien, por ejemplo. Pues el hermano Lucien, tan devoto al arte de fertilizar el mundo, en el nombre de Dios, con lo que podía crecer para la mesa del hombre o para curar los males del hombre o sólo fuera hermoso a los ojos del hombre, tampoco tenía mucho interés en estudiar la filosofía. Pero al padre Henri nunca se le ocurriría pensar en el hermano Lucien como un hermano menos digno por ello, un hermano a quien amar menos que a los otros hermanos.

De semejante modo se podría, si se tomase la lógica como lo habría hecho la filosofía, recordar que el niño también era de los devotos en la enseñanza del hermano Lucien. Había mucho trabajo detallado y escrupuloso tras la exposición que el monasterio hacía de la belleza que Dios podía crear con la ayuda de los fieles hermanos; primero salían las campanillas blancas, como forzando su paso a través de la capa aún dura y hostil del invierno; luego, con el calor, los narcisos blancos y los comunes y los tulipanes; todo esto que era nuevo en el bárbaro Norte y cautivaba a los visitantes, que les sorprendía si llegaban en el tiempo adecuado, de las flores blancas de los árboles frutales; todo esto, desconocido para los bárbaros, como las manzanas, las peras y las cerezas. La venta había sido formidable los últimos años y, dicho sea de paso, era Arn quien ayudaba al hermano Lucien a buscar productos y a traducir a la lengua nórdica.

Arn había estado en equilibrio con todo lo que aprendía y no había nada por lo que preocuparse en ese asunto. Eso si no se opinaba, como hacían algunos de los hermanos más rígidos, que la espada y la lanza no tenían nada que ver con el oficio de Dios en la tierra. Pero los hermanos que opinaban así no habrían profundizado en los escritos del padre de todos, san Bernardo, el creador de los templarios, más que el papa u otro hombre de la Iglesia.

No obstante, ahora había un problema con el niño. Desde que llegaron los nuevos caballos se había vuelto un poco loco. No parecía del todo injusto decir que ahora tenía un vicio o instinto, un interés que hacía sombra a todos los demás intereses. Entonces la cuestión era, desde una perspectiva superior y estratégica, si Dios realmente quería esto o si Dios quería ver a su elegido inmediatamente amonestado. Desde una perspectiva más táctica se trataba, por consiguiente, de cómo debería obrar un padre inteligente en cuanto a esta amonestación.

El padre Henri había llamado al hermano Guilbert en más de una ocasión para referirse a este problema. Pero parecía como si el bueno de Guilbert quisiese concederle poca importancia con frases del tipo: «los niños son niños y qué habrías pensado y hecho tú mismo a su edad», «hay que entender el atractivo de la novedad», y «además, está incluido en la misma formación que todo lo demás que le enseño».

Tal vez era cierto. Pero aun así, el enamoramiento del niño era tan fuerte que indudablemente arriesgaba ofuscar, por lo menos temporalmente, incluso su interés por los libros. Siendo su padre confesional, el padre Henri sabía mucho más acerca de eso de lo que podía saber el hermano Guilbert. Puesto que Arn, como cualquier otro, no podía mentir al confesarse ante su prior.

Arn veía el problema precisamente por eso, porque debía confesarse y admitir su disposición pecaminosa para luego hacer penitencia. Pero no tenía idea de que aquello fuese algo que preocupara verdaderamente al padre Henri, algo que lo había entristecido y avergonzado. Porque ahora sólo se trataba de pequeños castigos de oraciones adicionales y quizá un día a pan y agua, más o menos como cuando había leído los poemas mundanamente sensuales de Ovidio, o peor, cuando había escrito poemas propios imitando a Ovidio.

Pero cuando *Chamsiin* crecía y ya no era un potro sino un caballo de verdad, y el amor entre Arn y el joven caballo aumentaba y además el verano estaba en flor, de manera que las noches con los ruiseñores eran claras y cálidas en Jutlandia, Arn se levantaba tras sólo unas pocas horas de sueño desde la misa de medianoche y salía de puntillas al establo, cogía la silla y las riendas, susurraba unas palabras en la oscuridad de la noche y en seguida aparecía *Chamsiin*, acercándose y recibiendo en su suave hocico los besos fogosos y las caricias del niño.

Después, Arn montaba y salían cautelosamente hasta la cerca, que *Chamsiin* saltaba silencioso, suave y felino; luego se movían lentamente un rato más antes de aumentar la velocidad hasta el punto de que con seguridad eran la pareja ecuestre más veloz que jamás había cruzado tierra danesa. Porque *Chamsiin* procedía de una familia en que la velocidad por las grandes llanuras era otra cosa distinta de la flema nórdica en distancias cortas.

Corrían como los jinetes del Apocalipsis por el paisaje suavemente ondulado y los hayales ralos, alguna noche hasta el mar, arriesgando tener que volver a la misma velocidad para llegar a tiempo para la misa matutina.

Pronto corrían rumores por la región sobre un jinete fantasma, un mal presagio, un espíritu que montaba como ningún humano podía hacerlo ni siquiera en sueños, un enano con malvados dientes afilados y una espada brillando de fuego.

Sin embargo, la espada era de madera con un núcleo de hierro en medio, para el peso. Pero en sus fantasías, Arn montaba con una espada que bien podía haber sido de fuego y la blandía por aquí y por allá en la mano izquierda, y en medio del salto cambiaba las riendas por la espada y la cogía con la mano derecha. Aunque la espada no era lo más importante. Era sólo como si acallara la conciencia realizando un poco de trabajo a la vez que montaba por placer en lugar de dormir el sueño del inocente y, además, por Dios encomendado.

Era la velocidad lo que lo atraía. *Chamsiin*, a pesar de su juventud, tenía mucha fuerza en sus pasos, lo cual hacía que no se pareciera a ningún otro caballo que Arn hubiese montado. Era como si *Chamsiin* fuese llevado por una fuerza sobrenatural, se imaginaba Arn, como si esta velocidad fuera algo que sólo Dios pudiese haber creado, y por eso se sentía como si volase más cerca de Dios yendo encima de *Chamsiin* que en otros momentos.

Naturalmente, era un pensamiento pecaminoso. Arn lo comprendía, rezaba las oraciones y renunciaba a lo que hiciese falta para buscar el perdón.

Pero ¡qué velocidad!, pensaba. Para su vergüenza, también durante sus oraciones más penitentes.

V

Al acercarse la Navidad, en el año de gracia de 1144, los cristianos del reino de Jerusalén habían sido castigados con la derrota más grande desde la conquista de Tierra Santa. En la cristiana Europa, muchos vieron la caída de la ciudad de Edessa como una catástrofe. Pero nadie podía imaginar que lo ocurrido fuese el principio del fin de la ocupación cristiana, ya que pensar semejante horror, ni siquiera por un instante, sería lo mismo que blasfemar.

Por aquel entonces, medio siglo después de la conquista que costó más de cien mil vidas cristianas, el reino de Jerusalén consistía en una zona costera continua que se alargaba desde Gaza, en la Palestina del Sur, pasando por Jerusalén y Haifa por la costa del Líbano y hasta Antioquía. Pero por encima de Antioquía, donde Oriente Medio se introduce como una viga pesada por encima de Siria, había un gran enclave cristiano alrededor de la ciudad de Edessa que, junto con Antioquía en la costa, dominaba todos los caminos entre Bagdad, Jerusalén, Damasco y el cristiano reino romano del este en Constantinopla. Edessa, después de Jerusalén, había sido la fortaleza más importante de los cristianos.

Pero ahora la ciudad fue conquistada, saqueada y enviada al olvido de la historia por un general, cuyo nombre apenas se conocía arriba en Europa. Su nombre era Unadeddin Zinki. Tras derribar los muros, la conquista acabó en una sangrienta batalla donde fueron asesinados cinco mil francos y seis mil armenios y otros cristianos de la zona. En su lugar, Zinki dejó que trescientos judíos se instalasen en la ciudad para quizá hacerla revivir de nuevo. Evidentemente, los judíos eran más propicios a los musulmanes que a los cristianos, ya que los cristianos tenían la curiosa costumbre de exterminar siempre a los judíos que estaban a su alcance.

Zinki era un general poderoso, ambicioso y muy cruel. Es cierto que su gran victoria levantó júbilo por todo el mundo musulmán, pero también se le temía y se prefería que sus victorias fuesen en algún lugar lejano a la propia tierra.

Tal vez su crueldad fuese precisamente su debilidad. Tal vez el enorme ejército que pronto sería enviado a una segunda cruzada para vengar Edessa y salvar Tierra Santa pudiese haber vencido precisamente a Zinki, a pesar de su gran experiencia en las guerras contra los jinetes francos.

Pero ahora no guardó ningún secreto de que tenía la intención de tomar Damasco, la ciudad más importante después de Jerusalén, para ajustar el cerco aún más en torno a los cristianos.

La población musulmana, sin embargo, no sentía ningún entusiasmo al pensar en tener este gobernante imprevisible y cruel en el interior de los altos muros de la ciudad. Y cuando Zinki iba camino de Damasco, fue obligado a detenerse y ocupar la ciudad de Baalbek. Fue tal su irritación por la tardanza, que cuando Baalbek finalmente capituló, tras las habituales promesas de salvoconducto, hizo decapitar a todos los defensores excepto al comandante, a quien hizo despellejar vivo.

Posiblemente, él mismo pensara que un comportamiento de tal calaña asustaría a los habitantes de Damasco y los haría más humildes en su resistencia. Pero el efecto fue completamente el contrario. Damasco cerró un acuerdo con el rey cristiano de Jerusalén, puesto que ambas ciudades, dejando de lado la religión, tenían lo mismo que temer de un conquistador como Zinki. Sin la crueldad de Zinki, la alianza entre Damasco y Jerusalén hubiese sido imposible. Sin la alianza entre Damasco y Jerusalén, los cristianos podrían haber vencido en su segunda gran cruzada. Por tanto, de todos modos, su crueldad servía más a los intereses de Alá que a los de Dios.

Cuando sus tropas comprendieron que la guerra había terminado por esta vez, que nunca serían capaces de conquistar y saquear la mismísima Damasco, se dirigieron hacia casa cargados de botines y satisfechos por el momento. Su ejército encogía. Era lo habitual en esta parte del mundo, un problema igual de grande para los ejércitos cristianos que para los musulmanes. La causa de Alá, la causa de Dios, santidad arriba, santidad abajo, pero quien había conseguido un buen botín de guerra, y además conservaba la vida, empezaba a sentir nostalgia del hogar.

Cuando Zinki en medio de esta irritación descubrió a su eunuco bebiendo vino a escondidas de su jarra personal, se contentó con gritarle unas cuantas amenazas sobre el castigo por tal atrevimiento, aunque primero se acostó a dormir. Pero el eunuco, que con buenas razones imaginaba los terribles castigos que su señor podría inventar tras dar su cabezada, todos bien horrorosos, prefirió asestarle un golpe con su daga.

También esto podría haber parecido provechoso para los cristianos, puesto que ahora las conquistas de Zinki serían repartidas entre sus hijos y eso tomaría su tiempo y posiblemente llevaría a pequeñas guerras civiles, lo que sería una situación inmejorable para la segunda cruzada vengativa.

Pero Alá quiso otra cosa. Pues el hijo de Zinki que tomó el anillo, señal de canciller, de la mano de su padre muerto, fue Mahmud, a quien pronto llamarían Nur ed-Din, la Luz de la Religión.

Nur ed-Din había heredado las buenas características de su padre, como general siempre vencería a los cristianos. Pero su temperamento era distinto y a diferencia de la mayoría que habían luchado en la invasión europea, tomaba la fe verdadera muy en serio e hizo llamar a todos los hombres eruditos, todos los contadores de historias de los cafés y a todos con derecho a hablar en las mezquitas y a todos los que escribían versos o sabían distribuir escritos, y los convenció o les pagó para que expandiesen la leyenda de Nur ed-Din, el que nunca luchaba en beneficio propio, quien siempre obedecía los mandamientos del Corán, quien prohibía beber vino incluso a su propia guardia, quien nunca ejecutaba a los vencidos si habían capitulado, quien nunca sobrepuso sus propios intereses a los del islam. Pronto había creado un movimiento religioso. Pero se guardaba de intentar conquistar Damasco antes de tiempo y en cambio convirtió Alepo en su capital.

Con Nur ed-Din y aún más con quien llegaría después de él, Salah ed-Din, la presencia cristiana en Tierra Santa estaba condenada a la desaparición. La caída de Jerusalén sólo era cuestión de tiempo. Pero esto sólo lo puede contar quien escribe con el conocimiento del pasado y ya sabe lo que sucedió.

Cuando la noticia de la caída de Edessa se extendió por Europa, despertó tanta tristeza como horror. Era como si el mundo cristiano no pudiese imaginar cosa semejante, puesto que la conquista del Santo Sepulcro de Dios había sido una buena causa y puesto que una buena causa no podía sufrir una derrota.

Si la cristiandad no devolvía el golpe rápida y duramente, a los infieles se les podría ocurrir marchar hasta la mismísima Jerusalén, ésta era la conclusión meramente militar que aun así era de fácil comprensión incluso para los hombres de fe.

El papa Eugenio III empezó a trabajar de inmediato para lanzar una segunda cruzada en aras de asegurar el acceso de los cristianos al Santo Sepulcro y a todos los centros de peregrinación. Primero se dirigió al rey franco Luis VII, que tenía unos problemas matrimoniales tan graves que cualquier excusa para salir a combate era un asunto que había que tener en cuenta. Tanto mejor, pues, con una campaña que, además de todo lo que una guerra normalmente podía aportar, también significaría el perdón de todos los pecados de la vida y con eso un atajo al paraíso.

Pero al principio el rey Luis no tuvo éxito alguno al intentar convencer a sus vasallos acerca de una campaña tan grande y duradera. Ellos no tenían en absoluto sus mismos problemas matrimoniales y, como condes y barones, estaban satisfechos con su vida en la patria.

Luis explicó, desanimado, sus problemas ante el papa, que hizo lo único correcto en esta situación tan preocupante. Mandó llamar a Bernardo de Clairvaux bajo las sagradas banderas.

En estos tiempos, Bernardo de Clairvaux era el hombre más importante del mundo espiritual y probablemente el mejor orador del mundo mundano. Al conocerse la noticia de que Bernardo iba a hablar en la catedral de Vézelay en marzo de 1146, llegaron tales cantidades de gente que era obvio que en la catedral no habría espacio suficiente. En su lugar se construyó una plataforma de madera a las afueras de la ciudad y Bernardo no habló mucho rato antes de que los diez mil o muchos más congregados empezaron a aclamar las cruces.

Habían preparado una gran cantidad de cruces de tela, que Bernardo empezó a distribuir ahora, primero al rey y a sus vasallos, ya que ni siquiera los condes y los barones contrarios pudieron resistir la ola de entusiasmo y convicción que ahora se hacía camino, y luego a todos los demás. Al final, Bernardo tuvo que rasgar sus propias vestiduras para dar a los nuevos reclutas una cruz de tela que lucir en señal de que ahora, por un lado, se habían conjurado a la Guerra Santa, y por otro, estarían preparados a recibir, tras un pequeño esfuerzo, el eterno perdón de todos sus pecados.

Bernardo escribió al papa, no sin cierto orgullo, sobre su contribución:

Tú me ordenaste. Yo obedecí. Y la fuerza que dio la orden hizo que mi obediencia diese fruto. Abrí la boca. Hablé y pronto se había multiplicado hasta innumerable la cantidad de cruzados. Pueblos y ciudades yacen ahora abandonados. Hay apenas un hombre por cada siete mujeres, por doquier se ven viudas cuyos maridos todavía están con vida.

Y la iluminación cristiana en Europa se extendía ahora con la misma fuerza que la iluminación de Nur ed-Din en torno a Alepo, aunque un pueblo no podía saber nada de la semejanza con el otro. Bernardo de Clairvaux tuvo que salir a un largo viaje y día tras día repetir lo que había dicho, primero a Borgoña, luego a Lorena y Flandes.

Pero puesto que la iluminación se había extendido hasta Alemania, aparecieron los problemas de siempre, los mismos que en la primera cruzada. El arzobispo de Colonia tuvo que llamar a Bernardo con prisa, ya que un monje cisterciense llamado Pedro *el Venerable* había viajado por Alemania con un mensaje que era el de Bernardo cuando se trataba de Tierra Santa, pero uno totalmente diferente cuando de los judíos en Europa se trataba.

A raíz de sus sermones estallaron pogromos en Colonia, Maguncia, Worms, Spies y Estrasburgo. Los judíos fueron asesinados; en algunos lugares, hasta la última vida.

Bernardo tuvo que imponer una penitencia a Pedro *el Venerable* de mantener silencio durante un año, arrepentirse, volver inmediatamente a su monasterio de Cluny y, en adelante, no meterse más en asuntos que no fuesen de su comprensión.

Después de esto, Bernardo tuvo que repetir su gira francesa en Alemania donde, pese a verse obligado a trabajar con traductores, tuvo la misma respuesta para la Guerra Santa. Pero ahora, además, debía esforzarse duramente para parar la persecución a los judíos, repitiendo, por tanto, una y otra vez que «quien sea que ataque a un judío para quitarle la vida, es como si hubiese golpeado al propio Jesucristo».

Con eso, las masas exaltadas pudieron concentrarse de nuevo en lo que importaba y la segunda cruzada era un hecho. El rey alemán Conrado cerró una alianza con el rey Luis VII y pronto un ejército innumerable se abría camino saqueando por Europa, dirigiéndose a la Guerra Santa. En Hungría y en los Balcanes, sin embargo, era como si Dios hubiese enviado una plaga, como si fuesen todas las plagas de Egipto de golpe. Avanzaban innumerables como los saltamontes y los sapos.

A la llegada a la cristiana Constantinopla, los ejércitos francés y alemán habían creado tanta enemistad entre ellos, mayoritariamente causada por las disputas sobre quién tenía derecho a saquear a quién primero y quién sería el segundo en saquear, que decidieron tomar diferentes caminos hasta Jerusalén a partir de Constantinopla. Conrado iría por el interior de Oriente Medio y Luis seguiría la costa, y así ambos se encontrarían en Antioquía.

También un ejército de cruzados ingleses había salido para unirse a la enorme expedición. Pero los ingleses quedaron atrapados en Portugal, donde sitiaron Lisboa, que aunque fuese de difícil comparación con Jerusalén, sin embargo era musulmana.

Tras un sitio de cuatro meses, prometieron el salvoconducto a los defensores, la guarnición se rindió y luego los cristianos tuvieron una dura faena de crucificar, despellejar y trocear, decapitar y quemar, violar y saquear en el nombre de Dios y por la eterna salvación de sus almas. Después de eso, los ingleses hartos de Guerra Santa se fueron a casa, a excepción de aquellos que se quedaron construyendo pequeñas colonias.

El rey Conrado de Alemania, que había elegido el camino por el interior de Oriente Medio, más peligroso, creyendo que habría más que saquear allí que en el camino costero, recibió una dura lección sobre lo que podía suceder cuando un ejército de guerra europeo fuertemente equipado se enfrentaba a la ligera caballería oriental superior. Fue atacado por las fuerzas turcas en Dorylaeum y perdió nueve décimas partes de su ejército.

Al encontrarse los dos ejércitos en Antioquía, el francés, bastante menos mermado que el alemán, fueron recibidos con honores por el canciller local, el conde Raimundo. También se unió el rey Balduino de Jerusalén, y llegó el momento de una fiesta, en primer lugar, y luego de una meticulosa planificación.

Los guerrilleros recién llegados al ejército de Dios seguramente no sabían quién era Zinki ni mucho menos que estuviese muerto y que ahora se enfrentarían a un enemigo mucho peor: su hijo Nur ed-Din.

Naturalmente, los francos cristianos del lugar sabían mucho mejor de qué se trataba. Una opción era ir ahora directamente hacia Edessa para reconquistar la ciudad. Primero porque fue la caída de Edessa lo que puso en marcha toda la cruzada. Segundo porque una victoria de ese calibre tendría una gran importancia sicológica para ambas partes.

Otra opción era ir a Alepo, directamente hacia el enemigo principal Nur ed-Din haciéndose cargo de la lucha que tarde o temprano tendría lugar, por lo que mejor ahora cuando se era más fuerte.

Por el contrario, el rey Luis y el rey Conrado, que no sabían mucho acerca de la situación en esta parte del mundo en la que ahora se encontraban, se pusieron de acuerdo en atacar Damasco. Coincidían bastante en que si se pudiese conquistar la segunda ciudad más importante después de Jerusalén, se habría comenzado la cruzada con una gran victoria, cosa que sería conocida por el mundo entero. Además, aunque eso tal vez no lo dijeron tan alto, o tal vez sí lo hicieron, Damasco sería un fantástico botín para saquear. Fuera como fuese, pronto habrían recuperado todos sus gastos.

Los francos del lugar intentaron en vano explicar el error de atacar Damasco, pero fueron acallados por los dos reyes que, por una parte, estaban de acuerdo, y por otra parte, dominaban los dos ejércitos más grandes.

Así pues, todo el ejército cristiano se dirigió hacia Damasco. Una completa locura en más de un sentido.

Damasco no sólo era la ciudad musulmana más importante de la región, sino que también era la única ciudad musulmana aliada de Jerusalén. Si ahora se rompía el pacto, sería señal de que la palabra cristiana no era de fiar, lo cual preocupaba especialmente a los templarios quienes, como era bien sabido, constituían la columna vertebral de toda la caballería occidental.

Lo peor de todo era que se seguía el juego de Nur ed-Din, el hombre que en esta parte del mundo predicaba la unidad contra los infieles y la pureza de espíritu como remedio contra todas las derrotas anteriores. No podrían haber encontrado una manera mejor de unir a los musulmanes que atacando Damasco.

Cuando el ejército cristiano empezó a moverse hacia Damasco, al principio los habitantes de la ciudad no se lo creían, puesto que sonaba a locura. Pero en seguida las palomas mensajeras iban y venían en todas las direcciones y todos los hermanos de Nur ed-Din y otros aliados llegaron con grandes ejércitos desde el Norte, el sur y el este.

Después de sólo cuatro días de sitio de Damasco, los cristianos estuvieron rodeados por un ejército mucho más grande y además habían elegido acampar en el lugar menos apropiado, al sur de la ciudad, donde no había ninguna protección y donde los damasquinos habían tenido tiempo de sobra para llenar todos los pozos. El jefe de los templarios consideró que esta preparación táctica era tan evidentemente inútil que la única explicación posible era el soborno, que el rey Luis o el rey Conrado hubiesen cobrado para perder.

Las posiciones cristianas pronto resultaron insostenibles, ni siquiera era cuestión de levantar la maquinaria de sitio, sencillamente se trataba de salir por piernas.

Cuando el ejército cristiano levantó el campamento empezando la retirada hacia el sur, fueron atacados por la ligera caballería árabe que, siempre fuera de alcance, derramaba con flechas a los fugitivos. Las pérdidas fueron enormes y el hedor de los cadáveres permaneció denso durante meses sobre gran parte de Tierra Santa.

Así acabó la segunda cruzada. Cuatro días de lucha y una tremenda pérdida causada más por estupidez que por otra cosa.

El rey Conrado de Alemania, como siempre fuertemente en desacuerdo con el rey Luis, tomó el camino a casa por tierra cuidadosamente a lo largo de la más segura costa mediterránea de Oriente Medio.

El rey Luis ya no tenía un ejército tan grande y por ello eligió el camino por el mar desde Antioquía hacia Sicilia. Curiosamente, su flota fue saqueada en el trayecto por la flota bizantina. Tanto el rey Luis como el rey Conrado perdieron para siempre todo tipo de interés por nuevas cruzadas.

El rey Luis, en efecto, tuvo unos tremendos problemas con su esposa al llegar a casa. La segunda cruzada era un fracaso atroz. Nur ed-Din pronto podría ocupar Damasco sin levantar una sola espada ni disparar una sola flecha.

Ahora, según la lógica, el reino cristiano estaría condenado a la destrucción. No se podría esperar nada más desde Europa. Por ahora, ninguno de los grandes países de Europa enviaría una nueva expedición después del fracaso que se acababa de presenciar, por mucho y muy bien que hablasen Bernardo de Clairvaux y otros acerca de la salvación y el perdón de todos los pecados para quienes fuesen a la Guerra Santa. Aun así, pasaría tiempo antes de que Jerusalén fuese liberada por los fieles. Y no le sería dada a Nur ed-Din la gracia de limpiar la ciudad santa de los bárbaros y sanguinarios ocupantes europeos.

Eso era debido a una orden monástica. Los templarios tenían el mismo origen religioso que la orden cisterciense, era el mismo Bernardo de Clairvaux quien había escrito las reglas monásticas para los templarios. Al principio había sido pensada como una especie de fuerza policial religiosa que protegería a los peregrinos cristianos en los caminos entre Jerusalén y el río Jordán, ante todo. Pues molestamente los bandoleros árabes habían encontrado tanto fácil como lucrativo robar a esta continua corriente de peregrinos camino de bañarse en el Jordán. Pero la idea de monjes combatientes, que al principio podía parecer paradójica, tuvo una rápida difusión lejos de Tierra Santa y muchos de los mejores caballeros de Europa se sintieron llamados. Sin embargo, fueron pocos los elegidos. Solamente los mejores y más serios religiosos tuvieron la oportunidad de ser admitidos como hermanos de la orden. Con los templarios se creó la mejor fuerza caballeresca que jamás hubiese montado con lanza y espada en Tierra Santa. Más bien, en cualquier país.

Los árabes, en general, no sentían demasiado respeto por los guerreros occidentales. A menudo llevaban armaduras demasiado pesadas, eran pésimos jinetes y soportaban mal tanto el calor como la abstinencia. Pero había un tipo de caballeros europeos ante los que se cedía a menos que uno se hallase en la superioridad de diez contra uno. Tal vez incluso entonces, ya que la lucha sería muy costosa. Los templarios no se rendían jamás. Y a diferencia de los demás caballeros, un tanto más débiles en la fe, no temían la muerte. Tenían la firme convicción de que su guerra era sagrada, y de que en el mismo momento de morir en la guerra, entrarían en el paraíso. A esto cabía añadir que su vida ascética y las severas reglas monacales no sólo prohibían todo saqueo y regodeo en la dulzura de la victoria, lo cual reducía regular y rápidamente la calidad de un ejército victorioso. Sus reglas también ordenaban que todo el tiempo que no se dedicaba a la guerra o a la oración sería dedicado a entrenamiento y mejora de la formación militar, tanto de los nuevos reclutas como de los veteranos.

Los caballeros de la capa blanca con la cruz roja y los escudos blancos con la misma cruz roja eran ahora la única esperanza del reino de Jerusalén.

El día en que la voz de Arn estuvo tan deteriorada que ya no podía cantar y que todo el mundo lo notaba, él estaba convencido de que Dios lo había castigado de una forma tan dura como incomprensible. Obviamente había cometido un gran pecado merecedor de este duro castigo. ¿Pero cómo se podía cometer un gran pecado sin que uno mismo comprendiese en qué consistía? Había obedecido, había amado a todos los hermanos, no había mentido, se había esforzado en decir la verdad durante las confesiones con el padre Henri, aun si hubiese tenido que hablar de aquello que se refiriese a mancillarse o pensamientos sucios. Sin rechistar ni hacer la más mínima trampa había cumplido las penitencias impuestas en cuanto a la mancillación por un padre Henri ciertamente cada vez más irritado. Sin embargo, había recibido el perdón de sus pecados. ¿Cómo podía entonces castigarlo Dios tan duramente?

Pidió disculpas al Señor por la osadía de plantearse siquiera la cuestión, ya que se podría interpretar como una insinuación de que el castigo de Dios fuese injusto; sin embargo, añadió que le gustaría saber en qué consistía su pecado con el fin de mejorar. Pero Dios no le contestó.

El maestro de música de Vitae Schola, el hermano Ludwig de Bêtecourt, tomó el asunto con sorprendente ligereza y consoló a Arn explicando que esto formaba parte de la naturaleza de Dios, que todos los niños tarde o temprano perdían su soprano y empezaban a graznar como cuervos durante un tiempo. No era más raro que los niños creciesen y se hiciesen hombres, que Arn se hubiese hecho más alto y más fuerte. Pero Arn no se consoló del todo cuando el hermano Ludwig no pudo acabar de garantizar que la voz de Arn serviría de nuevo para el canto tras la metamorfosis, aunque en un tono más bajo.

El canto había sido su trabajo más importante en Vitae Schola, ya que gracias a sus cantos en las misas sentía que hacía algo bueno, que realmente su trabajo también significaba algo. Cierto era que había servido para algo bueno cuando construyeron la torre de la iglesia, entonces había sido como con el canto, él hacía algo que los demás no podían. En todo lo demás era un niño pequeño que debía aprender de los demás. O, si no, se trataba de otro tipo de trabajo que a él le parecía una alegría bien para el alma bien para el cuerpo, tal como los libros o los caballos o los ejercicios del hermano Guilbert, pero trabajos más de provecho para él mismo que para los hermanos. Y puesto que amaba a los hermanos tal y como dictaban las reglas, quería poder devolverles los favores para ser digno de su amor. El canto había sido su herramienta más importante, por lo menos a su juicio.

No poder ya cantar, pese a que el canto se encontraba dentro de su cabeza y que acertaba cada tono antes de que su boca lo soltase incorrectamente, era como perder el equilibrio de pronto y ya no poder andar ni correr ni montar. El hermano Ludwig le había dicho que su presencia en las misas ya no era necesaria y lo tomó como un duro castigo por su fracaso.

El padre Henri sentía cierta impaciencia ante el hecho de que lo obvio fuese de tan difícil comprensión para el niño. Por lo visto no le bastaba, como había pensado al principio, con explicar que el cambio de voz era algo sufrido por todos y le sorprendía que ni siquiera el hecho sencillo y a su parecer fácilmente observable entrara en la razón de Arn; los hombres sonaban diferentes de los niños. Lo preocupante era que posiblemente las inútiles preocupaciones de Arn en realidad expresaban otra cosa: una gran soledad. Si hubiese crecido con otros niños, dentro o fuera de los muros, tal vez se vería a sí mismo con más claridad, tal y como era, un niño y quizá también un futuro hermano, pero todavía no.

La razón por la que se había dejado de recibir oblatos en la orden cisterciense era más teológica que práctica y económica. Los niños que creciesen dentro de los muros monásticos serían, ésa era la idea, desposeídos de su libertad individual e intelectual y no servirían de otra cosa que de hermanos como hombres mayores.

El padre Henri recordaba muy bien haber discutido este problema con su colega el padre Stéphan justo cuando la madre de Arn llegaba a Varnhem para, como ella decía, «regalar su hijo a Dios» para escuchar Su petición y posiblemente para hacer penitencia por sus propios pecados. Ya habían previsto el problema y lo habían hablado. Habían llegado a la conclusión de que Arn sería educado suavemente para que en el futuro pudiese recibir la posible vocación de Dios con una mente libre e inquebrantable.

Lo ocurrido ahora, el hecho de que Arn no pudiese aceptar la idea de que la muda de voz se produce en algún momento entre el nacimiento y la muerte, y con la misma naturalidad, era una señal de advertencia. Por una parte, el niño era, en comparación con el bajo mundo de las afueras de los muros, más educado que ningún hombre adulto, por lo menos aquí arriba en el bárbaro Norte; es decir, evidentemente aquí arriba. Probablemente manejase, además, las armas mejor que nadie allí fuera.

Por otra parte era totalmente inocente por lo que se refería al bajo mundo. Ni tan siquiera podría sentarse a la mesa de sus compatriotas sin sentir asco, no podría permanecer allí fuera un solo día sin encontrarse con gente mentirosa, ya que la mayoría de los pecados capitales, probablemente interpretados por Arn como una especie de ejemplos moralistas teóricos con fines de escarmiento, eran practicados por todos y cada uno de los de allí fuera.

Seguramente, Arn ni siquiera comprendía lo que era la *soberbia*, a no ser que buscase ejemplos en las Sagradas Escrituras. La *gula* ni se la podría imaginar, tampoco lo que era la *avaricia*, y la *ira* sólo la conocería como la ira de Dios, lo que le complicaría bastante el concepto de pecado. La *envidia* era, por lo que consideraba el padre Henri, algo totalmente extraño para Arn, quien solamente sentía admiración por los hermanos que sabían más que él y un agradecimiento enorme por poder aprender. Y la *apatía*, ¿cuán lejano no sería ese concepto para un niño que siempre saltaba de ilusión por continuar con el próximo trabajo o rato de estudio?

Posiblemente restara la *lujuria*, aunque Arn parecía tener un concepto algo exagerado sobre los pecados que cometen los niños pequeños en cuanto a automancillación, tanto como inmunidad contra los reproches por ello. El padre Henri recordaba con cierta ironía cómo Arn en sus ratos de arrepentimiento había asociado la muda de voz, es decir «el castigo de Dios», con aquellos tremendos pecados. Éstos, en su caso, eran un tanto repetitivos, y de qué manera había rogado poder mantener su voz a cambio de mucha penitencia y a la vez que se le quitasen los picores que le dificultaban tanto desistir del pecado.

El padre Henri, como siempre algo entretenido tras su severa máscara, había hablado algo más rápido que su pensamiento y, de pronto, y para su propio asombro, se había burlado del problema asegurando que existía un sencillo método para asegurar la voz soprano y a la vez quitar esos picores, pero que aquel remedio no era recomendable.

Arn no había comprendido a qué aludía, así que allí estaba el padre Henri, molesto por su propia falta de reflexión, intentando explicar que de hecho y por muchas razones no se castraba a los niños en los monasterios, a pesar de que cantasen maravillosamente. Y que por tanto y finalmente, eso de la muda de voz no era un pecado sino la propia naturaleza establecida por Dios.

Sin embargo, el padre Henri estaba convencido de que Dios realmente tenía una determinada intención con el joven Arn. Y que hasta que Dios no hiciese evidente su intención, era la obligación del padre Henri preparar a Arn para la vocación futura. Había intentado hacerlo lo mejor que había podido, sinceramente podía decirlo sin ufanarse, pero quizá ahora resultase ser insuficiente de todos modos. Tarde o temprano Arn tendría que aprender cómo era en realidad el mundo menos precioso de Dios, aquel de allí afuera extramuros. De otro modo seguiría siendo inocente como un niño también cuando se hubiese convertido en hombre y un hombre así sería, en más de una ocasión, un hombre insensato. Y ésa no podía ser la voluntad de Dios.

Cuando las tormentas otoñales caían sobre la costa oeste de Jutlandia, era tiempo de cosecha. Cosechar barcos naufragados, por cierto, era algo que los hombres de los pueblos pescadores a lo largo de la costa arenosa contaban como su derecho ancestral, pero ahora el rey Valdemar había prohibido recoger mercancía a todo el mundo, excepto a los monjes de Vitskøl. El rey se había dado cuenta de que con esta decisión mataba varios pájaros de un flechazo. Cosechar barcos naufragados no era una ocupación sin riesgo, porque aquel que pensaba haber encontrado una buena ganga fácilmente podía encontrarse con otro, que llegaba un poco más tarde, y que opinaba que bien podrían compartir el hallazgo. O podía llevar a que ganaderos y pescadores se matasen entre ellos y echaran a perder la riqueza ofrecida por los dioses del mar.

Pero ahora que los monjes habían recibido esta cosecha de naufragios como privilegio propio bajo sello real, irían mejor las cosas, y quienes tenían como oficio cosechar pescado se dedicarían solamente a ello en beneficio de todos. Pues los monjes tenían más conocimiento que todos los demás como para saber qué se cosechaba y hacer que todo se aprovechase. Así, los regalos del mar se usarían de mejor manera. Era mucho más sabio que los monjes salvasen la mercancía y la restaurasen y luego la vendiesen a hombres menos sabios, que no que algunos hombres ignorantes echasen a perder mucho de lo bueno. Podía resultar una innovación real sabia.

Pero no todas las personas a lo largo de la costa encontraron justo y correcto abandonar sin más las costumbres aplicadas desde tiempos ancestrales.

Hubo quienes dijeron que los monjes pasaban como una de las plagas de langosta de Egipto por todos los barcos naufragados que encontraban y no dejaban en el lugar ni la cosa más pequeña perceptible por el ojo. Había parte de verdad en tal afirmación, pero también envidia. Pues la mayoría de las veces los monjes de Vitskøl no tenían por qué apresurarse en su trabajo, más que la prisa que les pudiesen imprimir las fuerzas climáticas. Podían trabajar tranquila y metódicamente a la luz del día, pero también podían, a diferencia de los demás de las costas, sacar provecho de todo lo que encontraban y no solamente buscar en una mercancía naufragada aquello que les pareciese más caro y más fácil de transportar. Los monjes llevaban todo lo que encontraban a su Vitae Schola, la madera quebrada para leña, las tablazones y mástiles como material de construcción para sus propios barcos, la lana para sus hilanderías, las semillas para sus campos, o el centeno y el trigo para su venta, las pieles y los cueros para los talleres, el hierro en barras para las herrerías, todo el aparejo para los andamios de la construcción, las joyas y los tesoros para Roma... Para todo encontraban una utilidad. Pero también hacían algo que la vieja población cosechera de barcos naufragados de la costa nunca hubiese hecho: a todos los muertos que encontraban les daban un entierro cristiano.

Un viaje semejante de cosecha desde Vitskøl podía tardar unos diez días. Se transportaba casi todo en pesados carros de bueyes y la gran carga hacía la vuelta el doble de lenta.

El hermano Guilbert siempre participaba en estas caravanas, no sólo por su enorme fuerza, que podía ser de utilidad, sino también porque junto con Arn podían cabalgar largos trechos a lo largo de las playas en un tiempo mínimo. Cuando las caravanas de Vitae Schola llegaban a las arenosas playas de la costa, se acampaba y luego Arn y el hermano Guilbert cabalgaban cada uno en una dirección para enterarse de hacia dónde se debía proseguir. Naturalmente, el hermano Guy le Breton siempre estaba presente, ya que nadie de Vitae Schola sabía tanto como él sobre el mar, sus peligros, sus frutos y su clima. Aparte de esto, los hermanos hacían turnos, siguiendo un programa elaborado por el padre Henri. Casi todos los hermanos estaban ansiosos por participar en estas caravanas hacia el mar, ya que era un trabajo totalmente diferente y el mar era hermoso de contemplar; además, excitante ver lo que Dios, con una mano, había quitado a unos marineros para, con la otra mano, dar a sus más fieles del huerto.

Arn agradecía por partida doble que lo dejasen participar. Podía cabalgar a lo largo de las infinitas playas arenosas tan rápido como quisiese encima de *Chamsiin*, preferiblemente justo por donde rompían las olas, donde la arena estaba mojada, pero dura y lisa, y donde *Chamsiin* tenía un buen firme y una clara vista como para volar en una línea tan recta que al ligero jinete le daba la sensación de no estar montando de forma normal, sino como avanzando en sueños, ya que los pasos del galope del caballo eran tan alargados que los movimientos de la silla hacia arriba y hacia abajo casi desaparecían. Así que Arn podía hacer lo que más le gustaba, pero a la vez era un importante trabajo el que realizaba para sus hermanos y en ese sentido era como el canto, en aquel tiempo en que pudo hacerlo.

Una vez, durante el segundo año de Arn como jinete informador en la cosecha de barcos naufragados, ocurrió algo tremendo. De camino a casa por el bosque de pinos ralo, a un cuarto de legua desde el mar, la caravana fue atacada por unos bandoleros borrachos. Tal vez no fuesen bandoleros, sino más bien raqueros desilusionados que se habían emborrachado en alguno de los pueblos cercanos, bebiendo demasiada cerveza, excitándose por el hecho de que unos gordos monjes robasen lo que por justicia pertenecía a la gente del mar. Pero iban armados con algunas lanzas y espadas y uno de ellos, el que estaba montado encima de un pequeño y gordo caballo nórdico, blandía amenazadoramente una antigua hacha.

Los pesados carros de roble con sus ruedas reforzadas con acero se pararon con un chillido. Los monjes no mostraron ninguna intención de huir, sino que agacharon sus cabezas en oración. El hombre del hacha maniobró torpemente su caballo hacia el hermano Guilbert, quien había cabalgado a la cabeza de la caravana con Arn un poco detrás. Arn en seguida hizo como el hermano Guilbert, se quitó la capucha de la capa y bajó la cabeza en oración, aunque estaba inseguro de por qué orar. Pero el hombre del hacha en seguida gritó al hermano Guilbert que todos se apartasen de los carros porque aquí llegaban los auténticos propietarios de las cosechas del mar. El hermano Guilbert no contestó, puesto que todavía rezaba, cosa que tanto desconcertó como enfureció al hombre del hacha y lo llevó a decir, en un idioma muy vulgar, que aquí no los salvarían las oraciones porque ahora tendrían que descargar inmediatamente la mercancía de los carros.

Entonces, el hermano Guilbert contestó que no había rezado por algo tan simple como la mercancía, sino por las almas errantes de los hombres que estaban a punto de hacerse infelices por el resto de su tiempo terrenal. El hombre del hacha primero se sorprendió, pero luego se enfureció aún más, por lo que echó hacia adelante su caballo y asestó un golpe tremendo en dirección al hermano Guilbert.

Arn, que estaba montado encima de *Chamsiin* a sólo unos metros de distancia, sintió instintivamente lo que haría a continuación el hermano Guilbert y acertó, por lo menos en lo que al primer momento se refería. Cuando el raquero borracho alzó su hacha, la cogió con las dos manos y dirigió el golpe hacia abajo, un golpe que habría sido mortal en caso de acertar, el hermano Guilbert hizo un par de movimientos casi invisibles con las piernas que hicieron que *Nasir* se moviera rápidamente como una serpiente un paso hacia el lado y otro paso hacia atrás. Por tanto, el hombre del hacha golpeó al vacío y por su propio peso cayó de la silla, dio media vuelta en el aire y cayó de espaldas al suelo.

Si esto hubiese sido un ejercicio entre Arn y el hermano Guilbert y, por tanto, hubiese sido Arn quien se arrastrara por el suelo, al siguiente instante habría sentido el pie del hermano Guilbert encima de su mano de la espada, le habría quitado el arma y luego le habría reprendido.

Pero ahora el hermano Guilbert se quedó sentado con las manos enlazadas delante de él y con las riendas de *Nasir* cogidas suavemente entre sus dedos meñiques.

El bandolero, humillado, se incorporó renegando, volvió a coger su hacha y atacó en seguida a pie, lo que acabó de la misma manera. Corrió hacia el hermano Guilbert, asestó un golpe tremendo para luego encontrar que había golpeado al vacío de nuevo y otra vez cayó al suelo por su propio peso. Sus compinches no pudieron dejar de reírse, lo cual lo enfureció aún más.

Cuando cogió su hacha por tercera vez, el hermano Guilbert alzó la palma de su mano en un gesto tranquilizador hacia él y le explicó que nadie se opondría al robo si era solamente ése el propósito del atraco. Pero quería advertirle una última vez de no perpetrar semejante acto.

–Puedes elegir entre lo siguiente –explicó tranquilamente mientras dejaba que *Nasir* se moviese como para mostrar que otro ataque sería infructuoso–: O robáis lo que vinisteis a robar, no podemos ni queremos deteneros con la fuerza, pero pensad que entonces os habréis conjurado con el diablo y seréis unos criminales que sólo pueden esperar un duro castigo real, o bien os arrepentís y os vais a casa y entonces os perdonaremos y rezaremos por vosotros.

Pero el hombre del hacha no quería oír hablar de algo semejante. Repetía como un estúpido que los restos de los naufragios habían pertenecido a la gente de la costa desde tiempos ancestrales, y los hombres detrás de él sacudían, excitados, sus lanzas y alguna espada y horca, y de pronto uno de ellos envió una lanza directamente hacia el hermano Guilbert.

Era una lanza pesada, lenta, con una anticuada punta ancha y por eso Arn tuvo tiempo para pensar lo que sucedería. El hermano Guilbert se agachó ligeramente hacia un lado en su silla, cogió la lanza al vuelo y la dirigió luego hacia la muchedumbre como si por un instante fuese a atacar. Arn tuvo tiempo de ver cómo los ojos de los bandoleros destellaban de miedo. Pero entonces el hermano Guilbert giró rápidamente la lanza hacia su rodilla y la partió como si rompiese un trozo de madera de encender fuego y, desdeñosamente, tiró los trozos al suelo.

—Somos siervos del Señor, ¡no podemos luchar contra vosotros y lo sabéis! —rugió—. Pero si insistís en haceros infelices por el resto de vuestras miserables vidas terrenales robad, pues, lo que queráis. No podemos impediros esa locura.

Hubo un momento de deliberación. El hombre del hacha volvió con dificultad hacia sus compinches y allí estalló un exaltado intercambio de palabras. El hermano Guilbert reunió a sus hermanos y a Arn y les dijo que en caso de violencia cada uno debía salvarse a sí mismo saliendo a toda prisa del lugar. Otra cosa no se podía hacer. A Arn le advirtió con dureza que debía mantenerse a una distancia prudente de todos los ladrones y, si empezaban a pelear, no quedarse, sino cabalgar hacia casa y explicar lo sucedido.

El problema de los bandoleros era que de hecho podían robar lo que quisiesen de la pesada carga. Pero no podrían matar a todos los testigos, como antes se mataba a los marineros infelices que habían sobrevivido a un naufragio y se creían a salvo en una playa para luego descubrir que habían sido salvados por unos raqueros. Pero aquí no alcanzarían a los dos monjes que iban a caballo. Finalmente decidieron servirse esperando que, al no morir nadie, no les fuese a caer encima la venganza real sólo porque los fuertemente cargados carros de los monjes obesos pesasen un poquito menos.

Y así se hizo. Los bandoleros cogieron todo lo que pudieron llevar y lo que les parecía valioso, mientras los monjes se quedaban a un lado rezando por las almas de los réprobos. Cuando hubieron acabado de saquear los carros y se alejaron con mucho ruido y estruendo, los monjes volvieron a colocar la carga y continuaron su viaje a casa de Vitae Schola.

Al llegar a casa, el padre Henri escribió una queja al rey Valdemar, cuyo privilegio había sido violado. Poco más tarde enviaron a unos soldados para aprehender a los culpables, cosa fácil. La mayor parte de la mercancía fue devuelta a Vitae Schola por los soldados. Los bandoleros fueron todos ahorcados.

Lo sucedido impresionó fuertemente a Arn y le dio mucho en qué pensar. Sentía pena por los bandoleros que habían sido víctimas del pecado mortal de la avaricia, lo que los llevó tan súbitamente a la miseria y ahora estarían padeciendo sufrimientos eternos. Podía comprender que se sintiesen ofendidos, era verdad que el raque había sido su derecho ancestral como costaneros y que por eso debía de ser difícil aceptar que unos monjes extranjeros les quitasen aquellos ingresos. Además, habían estado borrachos. Aunque Arn no sabía mucho de borracheras –un par de hermanos a veces bebían demasiado vino y demostraban entonces que por donde entra el vino sale la razón, cosa que pagaban con una penitencia mensual a pan y agua–, le parecía entender que el que estaba borracho no era del todo consciente de su responsabilidad.

Arn no lograba comprender, sin embargo, por qué el hermano Guilbert había actuado tal y como lo hizo. Los hombres que atacaron eran pescadores que nada sabían de las armas que llevaban en las manos, o por lo menos eso pensaba Arn. El hermano Guilbert podría haberles quitado las armas y luego dejarlos escapar. Entonces no les habrían robado, y los soldados reales no habrían tenido que buscarlos y colgarlos. El verdadero amor al prójimo, ¿no debería tener como finalidad intentar atenuar la estupidez del prójimo si fuese posible?

Arn había evitado discutir la cuestión con el hermano Guilbert quien, de todas formas, al haber hecho lo que hizo, estaría convencido de que actuó correctamente.

Pero sí sacó el tema con el padre Henri al confesar que todavía rezaba por las almas de los bandoleros ahorcados.

El padre Henri no tenía nada en contra de que rezase por las almas de los infames, sencillamente lo vio como la gran identificación de Arn con el ejemplo de vida que Cristo había dado a los hombres en la tierra. Eso era algo bueno.

En cambio era más preocupante que Arn no comprendiese del todo por qué el hermano Guilbert no podía haber empleado la fuerza. El hermano de una orden que matase a otra persona estaría perdido. No matarás era un mandamiento del todo inviolable.

Arn objetó que de todas formas las Sagradas Escrituras estaban llenas de mandamientos absurdos. Por ejemplo, el hecho de que el hermano Guy le Breton hasta el momento no hubiese logrado que los daneses comiesen moluscos. En cuanto el hermano Guy llegó a Vitae Schola, el cultivo de moluscos había prosperado rápidamente en el fiordo. Pero por ahora el resultado era que los mismos hermanos tenían que festejar con moluscos, preparados de mil y una maneras raras, porque los daneses de alrededor del fiordo Limfjorden estaban obsesionados con «no comáis los que no tienen aletas y escamas. Debéis considerarlos impuros», según el V libro de Moisés, 14,8 o lo que fuere.

El V libro de Moisés, 14, 10, lo corrigió el padre Henri. 14, 8 era la prohibición de comer cerdo o liebre. Cosa que en realidad ilustraba el mismo problema, o por lo menos el reverso del problema, ya que los daneses desde luego no tenían nada en contra de comer cerdo o liebre. De todos modos, y eso debía de saberlo Arn a estas alturas, había una gran diferencia entre ciertas pequeñas prohibiciones de ese tipo y las prohibiciones serias. Si se buscaba entre las pequeñas prohibiciones de las Sagradas Escrituras, se podían encontrar desde cosas ridículas (no se puede cortar el pelo corto de una manera especial cuando estás de luto por un fallecido) hasta cosas absurdas y severas en cierto modo poco cristianas (quien contradice a su madre o a su padre debe ser lapidado a muerte).

Pero lo importante era, una vez más, cómo aprender a interpretar las Sagradas Escrituras y una pauta en este sentido era el mismo Señor Jesucristo. Él había mostrado, con su ejemplo, cómo interpretar el texto. En resumen, matar era de lo más prohibido.

Pero Arn no se daba por vencido. Ahora sostenía, con la lógica de la argumentación en la que el padre Henri lo había forjado personalmente durante la mayor parte de su vida, que una carta podía matar al igual que una espada. Escribiendo al rey Valdemar, el padre Henri había hecho matar a los miserables y fallidos bandoleros, pues las consecuencias estaban dictadas desde el mismo momento en que el rey recibió la carta de Vitae Schola.

De la misma manera, se podía matar por omisión, por no usar la fuerza. Si el hermano Guilbert hubiese golpeado a dos o tres de los bandoleros fallidos, sólo habría cometido un pecado comparativamente *menor*, ¿verdad?

Arn se sorprendió por el hecho de que el padre Henri no lo interrumpiese ni le reprochase, pero en cambio moviese la mano formando un suave círculo en señal de que Arn continuase con su lógica.

O sea que, si el hermano Guilbert hubiese cometido un pecado *menor*, por el que sin problema habría pagado su penitencia durante un mes o así, dando una paliza a un par de los bandoleros y con ello atemorizando a los demás para que se fuesen corriendo, el resultado podría haber sido bueno. Los bandoleros no serían bandoleros, sino solamente unos borrachines que harían tonterías. Habrían desistido de robar, no habrían sido ahorcados, sus hijos no serían huérfanos y sus mujeres no serían viudas. Si ahora se sopesaban los pros y los contras de esta ecuación, seguramente se comprendería el hecho de que el hermano Guilbert habría tenido un buen propósito usando la fuerza sin ira. Y entonces no habría pecado, ¿verdad? Éste era un tema muy repetido por el mismísimo san Bernardo.

Arn calló. No podía continuar con su lógica por la sorpresa de ver al padre Henri pensativo, con el ceño fruncido de la manera en que solía hacerlo cuando no quería ser molestado, intentando resolver un problema duro de roer.

Arn esperó larga y pacientemente, puesto que el padre Henri no lo había despachado aún. Finalmente, el padre Henri miró a Arn y le sonrió, infundiéndole ánimos, le acarició suavemente la mano y asentía con la cabeza mientras se preparaba para una explicación con su habitual carraspeo largo. Arn esperaba atentamente.

–Jovencito, me sorprendes cuando sacas esta agudeza de ingenio en un terreno que quizá no haya sido uno de tus fuertes –empezó a decir el padre Henri–. Has tocado dos problemas, aunque vayan ligados. Tu afirmación de cómo un pecado menor por parte del hermano Guilbert podría haber impedido algo peor que un pecadito es formalmente correcta. Aun así, es falsa. Si el hermano Guilbert, en el momento de elegir entre usar la fuerza, el peor de los pecados que podría cometer, o actuar de la manera en que lo hizo, hubiese conocido las consecuencias, entonces, y sólo entonces, tu razonamiento sería válido. Sin querer ser malo contigo, debo señalar que lo formal de tu manera de plantear la lógica, aunque el mismo Aristóteles habría aceptado tu formulación, presupone que el hermano Guilbert no es el que es, una persona mortal y pecaminosa, sino que es Dios y puede ver la verdad y todo lo venidero. Pero es un ejemplo gratificante, ya que nos muestra con claridad lo torpes que nos podemos volver aun cuando queremos actuar bien con la conciencia. Un ejemplo muy gratificante, de hecho.

–No tan gratificante para los pobres diablos que fueron conducidos al pecado, ahorcados, y ahora padecen los sufrimientos eternos en el infierno –murmuró Arn, molesto, y en seguida recibió una fuerte reprimenda de rezar diez *Pater Noster* por su impertinencia.

Mientras Arn rezaba obedientemente sus oraciones, un respiro que el padre Henri ahora empleó agradecidamente para seguir pensando y no del todo sin mala conciencia, encontró para su espanto que ya no estaba seguro de sus réplicas.

¿No sería una exageración decir que el hermano Guilbert tendría que ser Dios para prever que una fuerza medida, sin ira, podía hacer más bien en ese contexto de lo que podía el carácter apacible habitualmente obligado?

¿No podía ser, sin embargo, que el hermano Guilbert, que había llevado una vida en que defendiendo las pertenencias de la Iglesia y con Dios a su lado podía haberle cortado la cabeza a todos y cada uno de quienes lo atacasen, se hubiese impuesto una penitencia tan severa por sus pecados en la Guerra Santa, que ahora debía abstenerse de la violencia en cualquier situación? ¿No sería sencillamente que el hermano Guilbert estaba aislado, o se había aislado a sí mismo, de todo pensamiento al respecto y solamente obedecía ciegamente su impuesta penitencia?

En ese caso, el hermano Guilbert sería puro y sin pecado por su manera de actuar. Pero en ese caso, el pequeño Arn, por vez primera, habría mostrado una gran lucidez teológica y, lo que era mejor, una auténtica facultad de identificación con la fe.

Sin embargo, por ahora sería más sencillo centrarse en el problema más grande sacado a relucir por Arn. A lo otro podrían volver dentro de una semana, cuando el padre Henri hubiese tenido tiempo para pensarlo mejor y estudiar el problema.

–Discutamos ahora tu otro problema –dijo el padre Henri, decidido y amable, a Arn, cuando éste acabó de recitar mecánicamente sus diez *Pater Noster*–. San Bernardo bien afirma que lo que se hace con buena voluntad, ya sabes lo que quiero decir, no entremos en las definiciones, o sea que lo que se hace con *buena* voluntad no puede llevar a algo malo. ¿En qué contexto tendría la mayor importancia práctica esta certeza?

–En cuanto a las cruzadas, naturalmente –contestó Arn obedientemente.

–¡Correcto! Sin embargo, la finalidad de las cruzadas es matar a una gran cantidad de sarracenos, ¿no es así? Así el mandamiento de no matarás, ¿no es válido? Y entonces, ¿por qué?

–Que no es válido es obvio, pues ocurre todo el tiempo con el beneplácito del Santo Padre de Roma –contestó Arn con cuidado.

–Sí, pero es una justificación circular, hijo mío. Te he preguntado *¿por qué?*

–Porque debemos pensar que lo bueno es muy bueno, que lo bueno en guardar el Santo Sepulcro para los creyentes es tanto mejor que matar a sarracenos –indicó Arn, indeciso.

–Sí, estás pensando correctamente –confirmó el padre Henri con aspecto pensativo–. Pero ni siquiera cuando el Señor Jesús echó del templo a los mercaderes estuvo a punto de matarlos, ¿verdad?

–Bueno, pero eso podría deberse a que Él a través de la ira de su Padre, que naturalmente es una ira totalmente diferente de nuestra ira humana, usase exactamente la fuerza necesaria. Realmente echó a los mercaderes del templo. No le hizo falta matarlos, es como si el hermano Guilbert hubiese...

–¡Bueno, bueno! Volvamos a la pregunta –lo interrumpió el padre Henri rudamente, sonriendo sin embargo en su interior y tras su severo semblante ante el hecho de que Arn, de repente y como por casualidad, lograse encontrar un argumento casi aplastante para reforzar su anterior postura de que el hermano Guilbert debería haber usado una fuerza limitada, actuando sencillamente como el mismo Señor Jesús en el templo.

»El Señor Jesús, ¿se apartaba alguna vez de los soldados, los repudiaba alguna vez por el hecho de ser soldados? –preguntó el padre Henri ostentativamente con un tono de voz apagado.

–No, que yo sepa... –contestó Arn, pensativo–. Como aquello de la moneda, dar al emperador lo que al emperador pertenece y a tu Dios lo... algo así. Y también tenemos casi lo mismo en el Evangelio de Lucas, 3, 14 creo... «También algunos soldados le preguntaron: "Y nosotros, ¿qué debemos hacer?" Les contestó: "No quitéis nada a nadie con amenazas o falsas acusaciones y conformaos con vuestra paga."» Siempre y cuando los soldados se comporten como hombres honrados cuando no son soldados... entonces no hay nada malo en ser soldado, ¿verdad?

–¡Correcto! Y ¿qué hacen los soldados?

–Matan a las personas. Como los soldados que vinieron después de tu carta al rey, padre. Pero los soldados y los reyes allí afuera en el mundo bajo, ¿qué tienen que ver con nosotros?

–Tu pregunta es muy interesante, hijo mío. Puesto que sencillamente preguntas lo siguiente: ¿existe una situación donde tú o yo podríamos matar? Te veo dudar y antes de contestar innecesariamente algo estúpido de lo que tal vez podrías arrepentirte, yo contestaré por ti. El caso es que existe una excepción. El Señor Jesús, en su inefable bondad, naturalmente no quiso decir que podemos matar a otros niños de Dios, ni siquiera a los soldados romanos, ni daneses tampoco. Pero hay un pueblo que no está incluido en la prohibición del Señor y creo que puedes adivinar cuál, ¿verdad?

–¡Los sarracenos! –contestó rápidamente Arn.

–¡Correcto de nuevo!, puesto que los sarracenos son la raza más infame que el diablo ha puesto en nuestra tierra. ¡No son personas, son diablos disfrazados de personas! No dudan en atravesar con sus lanzas a los niños cristianos recién nacidos y asarlos sobre el fuego para comérselos después, son conocidos por su vida lujuriosa, beben sin medida y practican la sodomía y copulan con animales. Son la escoria de la tierra y cada sarraceno muerto es una cosa agradable a los ojos de Nuestro Señor y el que lo hace, el que mate a los sarracenos, comete un acto sagrado y para él, ¡el paraíso está asegurado!

El padre Henri se había ido excitando, extendiéndose sobre los horrores de los sarracenos, y Arn abría cada vez más los ojos durante su exposición. Lo que oía sobrepasaba su comprensión, no podía imaginar cómo estos monstruos infames comían los pequeños bebés cristianos desde las puntas de sus lanzas, no podía comprender cómo esos diablos ni siquiera podían tener una apariencia humana.

Pero sí podía fácilmente comprender que matar ese mal fuese un acto agradable a los ojos de Dios; hasta para los hermanos en el interior de los muros. También llegó a la conclusión de que había una diferencia enorme entre la gentuza danesa que tan tristemente se había perdido por el camino del bandolero y entre los sarracenos. En uno de los casos regía sin excepción el «No matarás». En el otro, en cambio, era al revés.

Aunque una conclusión tan simple y clara tenía poca importancia práctica aquí arriba en el Norte.

Arn cambió durante los años en los que no pudo trabajar con el canto, y también cambió su trabajo. El tiempo que antes había pasado con el hermano Ludwig y los hermanos cantores, varias horas al día, lo pasaba ahora junto al hermano Guy en la playa. Pronto el hermano Guy le había enseñado los métodos de su tierra de atar redes, capturar pescado y maniobrar pequeñas barcas; para su seguridad, el hermano Guy también había procurado que enseñasen a Arn a bucear y a nadar.

Con el hermano Guilbert, ya era tanto trabajador como alumno. En las herrerías le daban trabajos cada vez más pesados y sus brazos crecían casi con la misma rapidez con la que crecía a lo alto. Dominaba suficientemente la mayoría de las tareas cotidianas de la forja como para hacer una artesanía buena y comerciable, únicamente en la forja de espadas sabía menos que el hermano Guilbert.

Las dos yeguas, *Khadija* y *Aisha*, ya habían parido tres potros cada una y *Chamsiin* se había convertido en un caballo tan fuerte como *Nasir*. Era trabajo de Arn cuidar de los caballos de Outremer, domar los nuevos caballos jóvenes y vigilar que *Nasir* y *Chamsiin* se mantuvieran bien aislados cada uno en un cercado cerrado para no aparearse con las yeguas nórdicas. Sólo podían aparearse siguiendo un orden minuciosamente calculado por el hermano Guilbert tras mucho estudio.

Las grandes esperanzas del hermano Guilbert sobre la gran cantidad de plata que los caballos de Outremer podían producir se iban cumpliendo muy lentamente. Los daneses influyentes que iban de visita, esencialmente para comprar nuevas espadas para ellos mismos y hierbas para sus mujeres, contemplaban los caballos con recelo. Decían que estos animales eran demasiado delgaduchos y que no aparentaban tener mucha fuerza. Al principio, al hermano Guilbert le costaba tomar esas objeciones en serio e incluso sospechaba que se estaban burlando de él. Cuando se dio cuenta de que los bárbaros hablaban en serio, haciendo a veces entrar sus propias bestias para mostrar orgullosos caballos de verdad, se entristeció enormemente.

Finalmente surgió, por casualidad, un truco que funcionaba bastante bien pero que le causaba mala conciencia y remordimientos. Cuando uno de esos daneses hizo entrar a su caballo rechoncho y travieso y dijo que su caballo, además de todas las ventajas en comparación con los «delgados», tenía una rapidez que superaba todo lo extranjero, el hermano Guilbert tuvo una idea luminosa. Le propuso al honorable jinete danés que hiciese una carrera hasta la playa y vuelta al monasterio diciendo que un pequeño niño del monasterio montaría uno de los nuevos caballos. Y si el honorable señor danés llegaba el primero, no tendría que pagar nada por su espada recién comprada. En esta situación, un hombre mundano habría tenido la tentación de hacer una contraoferta a la apuesta, que el jinete danés, en caso de perder, se comprometiese a comprar una u otra cosa, como por ejemplo cierto caballo. Pero el juego en base al valor del dinero habría sido un pecado demasiado grave. Sin embargo, la apuesta realizada no era un juego, pues el resultado estaba anticipado. De hecho, hacer ver que no era así también era pecado, sin embargo considerablemente más pequeño que el juego con dinero, por lo que el hermano Guilbert ahora contraía cierta penitencia para la semana siguiente.

Le hicieron saber a un muy sorprendido Arn que tendría que montar al mismísimo *Chamsiin* y competir con un hombre gordo y viejo encima de un caballo que tenía el mismo aspecto que el hombre. A Arn le costaba creerlo, pero naturalmente tenía que obedecer. Cuando los dos jinetes subieron a los caballos, a las afueras de los muros del monasterio, Arn le preguntó al hermano Guilbert, en latín por puro nervio aunque ellos siempre se hablaban en francés, si la intención era que montase a toda velocidad o si fuese lentamente para que el caballo salchicha lo pudiese seguir. Curiosamente recibió la severa orden del hermano Guilbert de ir lo más rápidamente posible. Obedeció, como siempre.

Estaba de vuelta en el monasterio justo cuando el jinete danés llegaba a la mitad de la distancia decidida y daba la vuelta en la playa.

Así fue como algunos hombres influyentes de Ringsted, cuya diversión era competir con caballos y apostar dinero, encontraron ahora que los pobres caballos delgaduchos de Vitskøl por lo menos tenían una buena utilidad. El rumor se extendió hasta Roskilde y los caballos de Vitae Schola pronto empezaron a producir mucho dinero. Pero aquello no era exactamente como lo había imaginado el hermano Guilbert.

Los ejercicios que éste realizaba con Arn a caballo ahora ya no trataban de equilibrio y velocidad, sino de cosas más refinadas. Todos los días pasaban una hora en uno de los cercados de los caballos y montaban en círculos, haciendo recorridos especiales, hacia atrás, levantándose y dando la vuelta en el aire, se movían a los lados o al lado y hacia adelante o atrás a la vez, enseñaban a los caballos las señales que significaban golpear con los cascos delanteros y a la vez dar un salto hacia adelante, o un salto hacia atrás con ambas patas seguido por un salto hacia un lado. Era un arte que a Arn le gustaba mucho cuando todo salía como era debido, aunque a veces lo encontraba algo repetitivo. Por lo menos, los ejercicios obligatorios. Los ejercicios libres eran más excitantes, practicando con espadas de madera o lanzas el uno contra el otro.

Los ejercicios de a pie eran más duros, y se trataba de golpear y parar con la espada; Arn ya usaba desde hacía tiempo espadas de acero de verdad. Y ya que el hermano Guilbert muy raras veces alababa a Arn, pero en cambio lo criticaba mucho, y puesto que Arn nunca había visto a nadie más que al hermano Guilbert manejar una espada, estaba humildemente convencido de que era un espadachín miserable. Pero no se daba por vencido, sino que trabajaba enérgicamente también en estas viñas del Señor. El desánimo habría sido un pecado grave.

Otra cosa era el trabajo con el hermano Guy, abajo en la playa. Cierto era que el hermano Guy había tenido que dejar por imposible enseñar a los daneses de alrededor del fiordo Limfjorden a comer moluscos. Los cultivos de moluscos se habían reducido a una ínfima parte de su aspiración inicial y ahora sólo cubrían la necesidad exigida por los cocineros provenzales de la Vitae Schola.

El cometido del hermano Guy no era aportar ingresos a la Vitae Schola, sino extender las bendiciones de la civilización, y eso predicando con el ejemplo. El propósito de su trabajo era más o menos el de los hermanos que trabajaban con la agricultura; no vender en primer lugar, sino enseñar. En este sentido, había fracasado estrepitosamente al intentar enseñar algo sobre la bendición de los moluscos.

Pero le iba mejor respecto a la pesca y la construcción de barcos. Al ver las fisgas de los habitantes del fiordo, que tenían puntas rectas, acudió al hermano Guilbert y encargó unas fisgas con puntas con lengüetas y luego las fue regalando. Cuando descubrió que los habitantes sólo pescaban con utensilios fijos dentro del fiordo, empezó a fabricar redes móviles y redes de fondo. La diferencia entre sus redes y las de la población de Limfjorden era principalmente la flexibilidad que obtenía con sus mallas, más grandes y de un material más fino.

En poco más de un año, Arn había aprendido el arte de anudar las redes, que según el hermano Guy parecía que hubiesen sido fabricadas por uno de los niños de casa. Al chico el trabajo no le resultaba difícil, aunque sí monótono.

Pronto funcionaba todo como lo había previsto el hermano Guy. Los habitantes de alrededor de Limfjorden empezaron a llegar desde los pueblos cercanos a Vitae Schola para estudiar, curiosos, aunque al principio un poco desconfiados, cómo se usaban las redes móviles, y el hermano Guy se ofrecía, con Arn como intérprete, a compartir sus conocimientos con ánimo cristiano.

Sin embargo, eso conllevaba que el hermano Guy, de vez en cuando, dejara a Arn solo en los cobertizos de las barcas en la playa mientras él mismo se llevaba a los pescadores daneses en las barcas para enseñarles, por ejemplo, cómo se extendían las redes desde una barca móvil. Pero las que venían para aprender a atar las nuevas redes eran todas mujeres, jóvenes y viejas, ya que alrededor de Limfjorden tejer las redes era una ocupación femenina.

Y así fue como de pronto Arn, para quien lo más parecido y única experiencia con mujeres era una aparición en sus oraciones vespertinas al rezar por el alma de su madre, se encontró casi diariamente rodeado de mujeres. Y todas, jóvenes y viejas, se burlaban a lo grande del joven larguirucho de brazos fuertes que se ruborizaba y tartamudeaba mirando al suelo, enseñando su calva afeitada en lugar de sus ojos azules.

En teoría, Arn sabía cómo se debía comportar un profesor, pues él mismo había tenido muchos. Pero lo que él sabía del arte de enseñar no correspondía con lo que experimentaba ahora, ya que sus alumnos no se comportaban con la obediencia y la dignidad que deberían. Bromeaban y se reían, y las más mayores incluso le acariciaban a veces por encima de la cabeza.

Pero lo aguantaba, pues tenía una tarea que debía cuidar con responsabilidad. Después de un tiempo se atrevía a levantar un poco la mirada. Y luego alzó inevitablemente la vista a sus pechos bajo las finas ropas de verano y a sus alegres sonrisas pícaras y sus ojos curiosos.

Ella se llamaba Birgite y tenía un pelo fuerte y cobrizo, recogido en una sola trenza por la espalda, tenía la misma edad que él y a menudo quería que le enseñase de nuevo cosas que él sabía que ella ya conocía. Y cuando se sentaba junto a ella podía sentir el calor de sus muslos, y cuando ella hacía ver que era torpe, la cogía de las manos para volver a enseñarle cómo se hacían los nudos.

Él no entendía que ahora era un pecador y por eso el padre Henri tardó en descubrir lo que estaba sucediendo. Pero entonces ya era demasiado tarde.

Ella era lo más hermoso que Arn había visto jamás, posiblemente a excepción de *Chamsiin*. Y empezó a soñar con ella por las noches, tanto que se despertaba mancillado sin haberlo hecho. Empezaba a soñar con ella durante el día cuando debía ocuparse en otras cosas. Cuando el hermano Guilbert una vez le dio una bofetada por no haberle prestado atención en un ejercicio, apenas comprendió lo que pasaba.

Cuando Birgite dulcemente le pidió traer un poco de aquellas hierbas del monasterio que tenían un olor de ensueño, él suponía que se trataba de la melisa o de la lavanda. Una pregunta furtiva al hermano Lucien decidió rápidamente la cuestión; a todas las mujeres les encantaba la lavanda, murmuró el hermano Lucien despistadamente sin imaginarse el fuego que acababa de encender.

Al principio, Arn sólo sacaba unas ramas a escondidas de vez en cuando. Pero cuando le dio un beso en la frente rápidamente y sin que nadie los viera, perdió la razón por completo y la próxima vez se llevó una brazada entera que Birgite, gorjeando de alegría, en seguida se llevó a su casa. La vio correr velozmente con los pies desnudos, salpicando la arena.

En esa posición, lánguido y con la mirada perdida, encontró el hermano Guy a su joven discípulo. Y con eso se acabó bruscamente el amorío.

Porque al mismo tiempo, y para dilema suyo, el hermano Lucien había descubierto grandes y misteriosos agujeros entre sus plantas de lavanda.

Arn fue castigado con dos semanas a pan y agua y aislamiento para la reflexión y oración la primera semana. Como no tenía una celda propia sino que compartía su descanso nocturno con varios aprendices, tuvo que hacer su penitencia en una celda libre dentro del departamento cerrado del claustro. Lo único que llevaba consigo eran las Sagradas Escrituras, el ejemplar más viejo y más gastado, pero nada más.

Podía comprender uno de los dos pecados que había cometido, pero no el otro, por mucho que lo intentase sinceramente, por mucho que pidiese el perdón de la Virgen Santa.

Había robado lavanda, eso era un pecado concreto y comprensible. La lavanda era una mercancía deseada fuera del monasterio, algo que el hermano Lucien vendía con gran éxito. Arn sencillamente había confundido lo que era *gratia*, como el método de enseñar a tejer redes, con lo que era para sacar ingresos, como la forja de espadas del hermano Guilbert o las plantas del hermano Lucien, aunque no todas las plantas. En realidad, algunas plantas también eran *gratia*, como la manzanilla.

El padre Henri también lo había tomado en consideración. Aunque un robo era un robo, y en ese caso un crimen enorme contra las reglas del monasterio; sin embargo, era algo que había ocurrido por imprudencia juvenil cuando menos. El padre Henri se había informado minuciosamente de la opinión del hermano Guy sobre lo ocurrido, lo que acabó con un reproche también para el hermano Guy, ya que tomaba los errores de Arn con mucha ligereza, empezando una explicación atolondrada diciendo que si el padre Henri hubiese visto a la chica, no le parecería tan misterioso. Eso no debería haberlo dicho el hermano Guy, cosa que descubrió rápida y palpablemente.

El pecado número dos y más grave fue que hubiese sentido deseo. Si ya hubiese sido un hermano dentro de la orden, lo habrían castigado con medio año a pan y agua y a trabajar solamente con los restos de la cocina y las letrinas.

Igual de fácil que le resultaba ahora a Arn, desde su aislamiento, comprender el pecado de haber robado la lavanda –un pecado del que se podía arrepentir sinceramente sin problema–, igual de imposible le resultaba comprender cómo podía ser peor anhelar y soñar con Birgite que robar. Es que era imposible no hacerlo. Ni su cilicio lo quitaba, ni el frío nocturno en la celda, tampoco la dura litera de madera sin pieles de cordero ni mantas. Cuando estaba despierto la veía ante sus ojos. Si por fin se dormía, soñaba con su cara pecosa y sus ojos pardos o con sus pies desnudos que corrían rápidamente como los de un cabrito por la arena; además, su cuerpo se comportaba de una manera vergonzosa en cuanto se dormía. Por las mañanas, cuando los hermanos entraban un cubo con agua helada a su celda, lo primero que tenía que hacer era meter aquello tan vergonzoso allí para enfriar aquel pecado demasiado evidente.

Y cuando debía concentrarse y dedicarse a las Sagradas Escrituras era como si el mismo diablo lo llevara justo a aquellos pasajes que no debía leer. Conocía tan bien las Sagradas Escrituras que intentaba abrirlas con los ojos cerrados. Y aun así le salían cosas como:

El amor es inquebrantable como la muerte;
la pasión, inflexible como el sepulcro.
¡El fuego ardiente del amor
es una llama divina!
El agua de todos los mares
no podría apagar el amor;
tampoco los ríos podrían extinguirlo.

Si alguien ofreciera todas sus riquezas
a cambio del amor,
burlas tan sólo recibiría.

(El Cantar de los Cantares, 8, 6-8)

Por mucho que Arn intentase usar sus conocimientos sobre cómo leer e interpretar las palabras de Dios, no podía entender el amor como pecado. Esta fuerza, de la que el mismo Dios Padre hablaba como una bendición para el hombre, que era tan fuerte que un océano no podía ahogarla, ni que ningún hombre, por rico que fuese, podría comprarla con monedas de plata, esta fuerza que era tan imposible de doblegar como la muerte, ¿cómo podía ser pecado?

Cuando Arn en su segunda semana a pan y agua pudo empezar a hablar, el padre Henri se encargó severamente de él para, tras ponerse de acuerdo en aquello del robo de la lavanda, intentar hacer entender a aquel ardiente joven qué era el amor. ¿No lo había descrito el mismo san Bernardo más claro que el agua?

El hombre empieza por amarse a sí mismo por sí mismo. El siguiente paso en la evolución es que el hombre aprenda a amar a Dios, aunque todavía por sí mismo y no por Dios.

Luego el hombre aprende a amar a Dios de verdad y ya no por sí mismo, sino por Él. Finalmente, el hombre aprende a amar al hombre pero únicamente por Dios.

Lo que sucedía en ese proceso de evolución era que *cupiditas*, o el deseo, lo que está en el fondo de toda apetencia humana, ha quedado controlado y se transforma en *caritas*, de tal manera que todos los deseos bajos son eliminados y el amor se vuelve puro. Todo esto era elemental, ¿verdad?

Arn aceptó a regañadientes que sí, que era elemental, él como otros muchos de Vitae Schola conocían bien todos los textos de Bernardo de Clairvaux. Pero tal como lo entendía Arn, debían de existir dos tipos de amor. Era verdad que amaba al padre Henri, al hermano Guilbert, al hermano Lucien, al hermano Guy, al hermano Ludwig y a todos los demás. Sin duda, podía mirar con sus ojos azules directamente a los ojos pardos del padre Henri y asegurarlo, y sabía que el padre Henri podía ver hasta el fondo de su alma.

Pero ésa no podía ser toda la verdad... y de pronto citaba, sin poder detenerse, largos párrafos de El Cantar de los Cantares.

¿Qué quería decir Dios, pues, con esto? ¿Y de qué hablaba Ovidio en los textos que Arn había leído de pequeño y por error? ¿No se asemejaba Ovidio sospechosamente a la Palabra de Dios en ciertos aspectos?

Tras su irrefrenable erupción, Arn bajó la cabeza, avergonzado. Nunca había entrado en una polémica tan impertinente contra el padre Henri y se esperaba, y además no lo encontraría injusto, un castigo de dos semanas más a pan y agua, pues se había mostrado impenitente.

Pero la reacción del padre Henri fue completamente diferente, más bien como si se hubiese alegrado de lo que había oído, aunque naturalmente no podía compartir la opinión de Arn.

–Tu voluntad es firme, tu mente todavía libre, a veces indomable como aquellos caballos que enseñas a montar, porque te he visto, ¿sabes? –dijo el padre Henri pensativamente–. Eso es bueno, porque más que otra cosa he temido quebrar tu libre voluntad y que no entiendas a Dios el día que te llame. Eso es una cosa. Ahora hablemos de por qué estás equivocado.

El padre Henri lo explicaba todo con mucha tranquilidad. Era cierto que Dios había infundido una libido al hombre que no era vergonzoso, pues de eso hablaba por ejemplo El Cantar de los Cantares. Naturalmente, la finalidad divina de esto era que el hombre tenía como misión poblar la tierra y se cumplía mejor siendo esta actividad especial exigida para la labor algo agradable. Y en un lazo bendecido por Dios, el matrimonio, con el propósito de concebir hijos, este deseo era agradable ante los ojos de Dios y en absoluto pecaminoso.

En seguida Arn llegó a la conclusión completamente absurda de que un hombre y una mujer debían esperar a encontrar alguien a quien amar y luego obtener la bendición de su libido bajo el matrimonio. Al padre Henri le divirtió enormemente esta idea estrambótica.

Pero Arn no se rendía, animado a ello por el temple inesperadamente dócil del padre Henri. Porque, seguía argumentando Arn, si el amor en sí, es decir, el tipo de amor del que hablaba El Cantar de los Cantares, no era nada malvado sino todo lo contrario, bajo ciertas premisas establecidas, algo agradable a los ojos de Dios, ¿por qué estaba todo eso prohibido a quienes eran los más fieles en las viñas del Señor? Mejor dicho, ¿cómo podía ser el amor un pecado severo que mereciera pan y agua y cilicio, si a la vez era una bendición para el hombre?

–Bueno –decía el padre Henri, disfrutando visiblemente de la cuestión–. Para empezar, por supuesto hay que diferenciar entre el mundo superior y el inferior. Platón, ¿sabes? Nosotros pertenecemos al mundo superior, es el punto de partida teórico establecido, pero supongo que querrás más sustancia que eso, porque tú ya conoces a tu Platón. Piensa en los verdes campos alrededor de Vitae Schola, piensa en todas las hierbas y frutas del hermano Lucien y los conocimientos que divulga a nuestro prójimo, piensa en el arte de forjar del hermano Guilbert y su cría de caballos o en el manejo de la pesca del hermano Guy. Date cuenta de que no hablo con metáforas, sino que me mantengo en el plano práctico. Cuando piensas en todo eso, ¿qué significa?

–Hacemos un bien a nuestro prójimo. Al igual que el Señor siempre es nuestro pastor, nosotros podemos, o por lo menos a veces, podemos ser los pastores de los hombres. Les damos una vida mejor a través de nuestros conocimientos y nuestro trabajo, ¿es eso lo que quieres decir, padre?

–Sí, hijo mío, eso es precisamente lo que quiero decir. Somos los conocedores de Dios fuera en lo desconocido; por cierto, ¿quién dijo eso?

–El venerable san Bernardo, naturalmente.

–Sí, claro. Probamos lo desconocido, domamos la naturaleza, doblegamos el acero de una manera nueva y encontramos remedio contra el mal, hacemos que el pan alcance mejor. Eso es lo que hacemos en la práctica y a eso añadimos los conocimientos que divulgamos, de la misma manera que cuando sembramos el trigo, acerca de las palabras del Señor y cómo deben interpretarse. ¿Hasta ahí me sigues?

–Claro, pero... cómo puede... –empezó a decir Arn, demasiado obsesionado con las ganas de contrariar, tuvo que contenerse y empezar de nuevo–. Perdona, padre, ¿y si vuelvo a formular la pregunta de forma concreta? Perdóname si soy impertinente, entiendo todo lo que has dicho sobre nuestra obra. ¿Pero por qué entonces los hermanos nunca pueden gozar de las alegrías del amor? Si el amor es bueno, ¿por qué precisamente nosotros tenemos que renunciar a él?

–Se puede explicar a dos niveles –dijo el padre Henri, todavía con desenfado y visiblemente divertido por las cavilaciones de su discípulo–. Nuestra elevada vocación, nuestro trabajo como los siervos de Dios más perseverantes de la tierra tiene un precio. Y el precio es que debemos dedicar toda nuestra alma y nuestro cuerpo a servir a Dios. Si no, no podríamos conseguir algo duradero. ¡Imagínate que los hermanos tuviesen mujeres e hijos por todas partes! ¿Cómo sería? Por lo menos la mitad de nuestro tiempo lo ocuparíamos en otras cosas diferentes de las que hacemos ahora. Y empezaríamos a preocuparnos por pertenencias, nuestros hijos deberían heredar, ¡imagínate sólo una cosa como ésa! Nuestro voto de pobreza tiene en mucho la misma función que nuestro voto de castidad. No tenemos nada y después de nosotros la Iglesia es dueña de todo lo que hemos usado y creado.

Arn callaba, cavilando. Veía la lógica de lo que explicaba el padre Henri, también estaba agradecido porque el padre Henri hubiese elegido explicarse con ejemplos mundanos inferiores en lugar de sumergirse en las teorías de Platón y de san Bernardo sobre las almas del hombre en diferentes dimensiones. Pero aun así no estaba satisfecho, notaba como si faltase algo en la lógica, aunque uno se podría preguntar por qué la automancillación era una cosa tan terrible. ¿Tal vez como una gula del alma? ¿O algo que alejaba los pensamientos de Dios? En efecto, era imposible pensar en Dios a la vez que se hacía aquello, admitió sonrojándose.

Cuando el padre Henri vio que Arn había entendido y aceptado, por lo menos en parte, las sencillas explicaciones que le había dado, decidió, visiblemente aliviado, que la semana de penitencia que le quedaba la haría en las cocinas de los hermanos provenzales. Eso continuando a pan y agua, lo cual sería una prueba bastante dura precisamente en las cocinas, pero reconfortante para la voluntad del alma.

Las cocinas eran el lugar de trabajo más intenso en toda la Vitae Schola. Los hermanos que trabajaban en los campos iban a casa para la misa vespertina, los hermanos que trabajaban en las forjas, en las carpinterías, las canteras, las hilanderías, las herrerías, las tejeras, las vaquerizas, la cría de corderos o de abejas o en los huertos, todos tenían sus descansos nocturnos del trabajo y todos tenían tiempo para leer sin retrasar por ello sus tareas diarias.

Pero en las cocinas sólo había dos horas silenciosas en todo el día, después de la misa de medianoche, cuando los fuegos quedaban en cenizas y todo estaba en silencio y brillantemente limpio. Pero mucho antes del alba empezaba el trabajo de nuevo, primero con la gran preparación del pan del día. Y luego se iban llenando las cocinas con más hermanos y aprendices. Las horas antes de la gran comida eran las más intensas y entonces trabajaban diez hermanos y aprendices a la vez y con mucha prisa. Todos los días había que alimentar entre cincuenta y sesenta bocas, dependiendo de cuántos hermanos estuviesen viajando en el momento o cuántos invitados tuviesen. En las cocinas reinaba el hermano Rugiero de Nîmes con poder absoluto, y bajo su mando, sus propios hermanos Catalan y Luis, que todavía no eran miembros de la orden, posiblemente porque nunca tenían tiempo suficiente para sus estudios.

La mañana en que Arn se presentó para su servicio había cordero para comer. Así que Arn empezó por bajar a los pastores y buscar a dos animales jóvenes y llevarlos al matadero, que estaba al lado de las cocinas. No eran precisamente estos dos animales los que iban a ser cocinados. Pero ya que los dos animales que habían sido sacrificados diez días antes habían colgado y madurado lo suficiente para ser servidos, había que restituirlos en las cámaras frías, cerca de la gran cocina, con dos animales recién sacrificados, los que a su vez serían servidos al cabo de diez días. Sólo los bárbaros comían carne sin colgar.

A Arn no le gustaba llevar a los dos corderos inocentes hacia las cocinas. Había colocado una cinta de cuero alrededor de sus cuellos y tiraba de ellos con mano suave, mientras los llamaba cuando se paraban a comer un poco de hierba que les apetecía especialmente. Se le ocurría pensar en todas las parábolas de la relación entre el buen pastor y su rebaño; en este momento no se sentía precisamente como un buen pastor.

Al llegar al matadero con los dos animales, un hermano aprendiz se encargó de ellos en seguida y sin más ni más los colgó por una pata trasera en unos grandes ganchos y les cortó el cuello. Mientras se les iba la vida y los ojos de los animales se volvían blancos de terror, el hermano aprendiz cogía una escoba de junco y abría una trampa en el suelo, que llevaba a un canal de agua por donde la sangre del suelo de teja se iba con el agua a un desagüe subterráneo. Cuando hubo acabado, otro hermano aprendiz entró y con sendos cuchillos convirtieron rápidamente los animales en algo más parecido a carne y comida.

A Arn lo mandaron inmediatamente con las pieles todavía calientes a la curtiduría, y con las tripas a la tripería, y luego a las grandes hacinas de hielo para cavar y sacar nuevos bloques de hielo y llevarlos en un carro a las cámaras frías, donde los nuevos cuerpos ya colgaban enumerados al final de la línea de terneros, cerdos, patos y gansos. Los bloques de hielo debían ser colocados al lado de un canal en medio de la habitación para que el agua derretida pudiese caer y salir por el sistema de desagüe. Estaba tan oscuro y frío allí dentro que tiritaba mientras salpicaba las paredes porosas de agua fría con algo que parecía un hisopo. La habitación tenía el techo alto y arriba de todo había pequeñas ventanillas que dejaban entrar la luz y salir todos los vapores impuros de los cuerpos de los animales.

Cuando entró en la cocina grande ya habían cortado los cuerpos de los corderos colgados y los habían colocado en adobo con aceite de oliva, ajo, menta y diferentes hierbas fuertes de los pueblos de origen de los provenzales, y se estaban calentando los grandes hornos. Los asados y los lomos se cocerían al horno después del adobo en hierbas, pero mientras tanto cortaban las espaldillas y las piernas y el resto del animal en trozos más pequeños y los colocaban en grandes cazuelas de hierro. Para cenar habría sopa de cordero con hortalizas y col y luego unas cerezas con miel y avellanas tostadas. Con los asados de cordero se serviría pan blanco, aceite de oliva y queso fresco de cabra.

En Vitae Schola no se podía beber vino todos los días, pero eso no tenía nada que ver con las reglas del monasterio, sino con las dificultades de transportar el vino en cantidades suficientes desde Borgoña hasta el Norte. Por eso el hermano Rugiero decidía a su propio albedrío cuándo se bebía vino y cuándo se bebía agua con las comidas. Para la carne de cordero asada opinaba que convenía más el vino y mandaron a Arn a las bodegas a buscar medio tonelete, advirtiéndole que era muy importante que cogiese el vino que se encontraba en la parte más apartada de la bodega, donde estaba el vino más añejo, siempre se bebía en este orden, y le instruyeron minuciosamente cómo estaría marcado el tonelete. Aun así, Arn volvió con el tonelete equivocado en el carro, y le reprocharon diciendo que aquel vino podría servir de vino de comunión pero no para una comida cristiana, una broma ruda que le chocó. Y tuvo que volver a ir.

Cuando sirvieron la comida y todos comieron, Arn volvió a entrar en la cocina y cogió un cucharón del agua pura potable que entraba directamente a las cocinas y no se podía confundir con el chorro del desagüe que salía del *lavatorium*. Bebió de su agua fría y disfrutó de ella como de una dádiva de Dios. Luego rezó una oración especialmente larga antes de comer del pan blanco.

No sentía hambre ni envidia hacia sus hermanos. Sólo estaban comiendo una comida normal, más o menos lo que siempre se comía en Vitae Schola. Cuando hubo acabado, empezó a limpiar, vigilando las ollas que contenían la próxima gran comida.

Después de la misa de medianoche había que limpiar minuciosamente las cocinas con agua y quitar todos los desperdicios: bien echarlos en la corriente del desagüe para transportarlos al arroyo y luego al fiordo, o bien llevarlos al gran montón de abono que había detrás de las cocinas entre todas las artigas. El hermano Lucien era muy exigente con respecto al cuidado del abono, ya que significaba mucho para su trabajo hacer la tierra más fértil.

Cuando hubo acabado le quedaban dos horas para dormir antes de empezar a hacer el pan. Pero había trabajado tan intensamente dentro de las cocinas calientes que no se podía quedar quieto, todavía tenía el fuego en el cuerpo.

Era una noche templada de verano en que se podía sentir el primer olor a otoño en el aire. La noche era estrellada y quieta con una media luna.

Primero estuvo sentado en la escalera de piedra de la gran cocina, mirando las estrellas, sin pensar en nada. Sus pensamientos iban y venían entre el trabajo intenso del día, todos los olores fuertes en las cocinas y la conversación matinal con el padre Henri. Estaba seguro de que todavía quedaba algo acerca del amor que no entendía.

Luego bajó a ver a *Chamsiin* y lo llamó hacia él. El caballo vigoroso resolló poderosamente en señal de reconocimiento y en seguida acudió trotando con los suaves movimientos de sus largas piernas y la cola erguida. *Chamsiin* todavía era un caballo joven, pero completamente crecido, y su color había cambiado del blanco ligeramente infantil a un resplandor gris y blanco. A la luz de la luna parecía estar pintado de plata.

Sin saber por qué, Arn rodeó el vigoroso cuello del caballo con sus brazos, lo abrazó y lo acarició y empezó a llorar. Su pecho se sacudía de sentimientos que no podía comprender.

–Te quiero, *Chamsiin*, a ti te quiero de verdad –susurró mientras sus lágrimas corrían por su cara como un arroyo. En su interior sintió que había tenido un pensamiento pecaminoso y prohibido que no podía explicar.

Por primera vez en su vida decidió que había ciertas cosas que no podía confesar.

VI

Monasterio Beatoe Mariae de Varnhemio había sido finalmente el nombre elegido para el monasterio de Varnhem. El padre Henri, que volvía a estar en su viejo *scriptorium*, se estremecía de alegría al caligrafiar el nombre con gran esmero. Con todo merecimiento, se le dedicaría a la Santa Virgen, ya que Ella, por mediación de una visión a la señora Sigrid en plena inauguración de la catedral de Skara, tenía más parte en el nacimiento de este monasterio. Por fin las cosas se harían mejor por aquí.

El padre Henri realmente tenía muchas cosas de las que alegrarse, lo cual estaba intentando expresar ahora en su larga carta. Los cistercienses habían vencido en un partido tan complicado como peligroso contra el mismo emperador de Alemania, Federico Barbarroja. El mismo padre Henri había tenido algo que ver, al igual que sus dos buenos amigos el arzobispo Eskil de Lund y el padre Stéphan de Alvastra. ¿Quién podría haber imaginado que las cosas saldrían así aquella vez, hace veinte años, cuando él mismo y Stéphan hicieron a pie el largo y lúgubre camino hasta el Norte?

El emperador Federico Barbarroja había apartado al papa Alejandro III y nombrado un propio papa contrario y más dúctil. Luego, el mundo cristiano tuvo que elegir bando, estar con el verdadero papa Alejandro o con el usurpador de Roma. El desenlace de esta lucha no estaba en absoluto claro.

Muchos reyes temían al emperador alemán y querían llevarse bien con él. Desgraciadamente, entre ellos se hallaba el rey Valdemar de Dinamarca y, en consecuencia, varios de sus más asustadizos obispos. Pero el arzobispo Eskil de Lund, el amigo de los cistercienses, había tomado partido en contra de su rey y a favor del verdadero papa Alejandro III. En consecuencia, se había visto obligado al exilio.

De lo que realmente trataba la lucha era, como siempre, de si los reyes y los emperadores debían tener poder sobre la Iglesia o si la Iglesia debía ser libre del poder mundano.

El contraataque de los cistercienses había sido Svealand y Götaland. Habían logrado convencer al rey Karl Sverkersson, quien no sabía lo suficiente sobre el emperador Federico Barbarroja como para temerlo, a instituir un nuevo arzobispado sobre Svealand y las dos Götaland. Tal como estaba la situación en este momento, no importaba mucho en qué ciudad se colocaba la sede del arzobispado, siempre y cuando se hiciese. El rey Sverker había renunciado sabiamente a su propia ciudad de Linköping a favor de la ciudad de los svear de Aros Occidental. Pues muy bien, opinaron los cistercienses, lo más importante era actuar en caliente.

Así fue como el padre Henri estuvo presente en la catedral de Sens cuando Eskil, en presencia del mismo papa, ungió arzobispo a Stéphan sobre la nueva diócesis de Svealand y las dos Götaland. Puesto que la diócesis noruega también era fiel al verdadero papa, la lucha pesaba ahora en contra de Federico Barbarroja y desfavoreciendo al papa contrario. Eskil había vuelto recientemente de forma triunfal a Dinamarca, y Stéphan ya estaba instalado en Aros Oriental. Habían ganado la lucha.

Un hermano cisterciense en la tercera silla arzobispal del Norte no era poca cosa. Cierto era que Varnhem ya había sido perdonado por el rey Erik Jevardsson, pero ahora su sucesor Karl Sverkersson había prometido nuevos territorios y nuevos privilegios para el monasterio, incluso había donado parte de su propia tierra para instituir un convento cisterciense de monjas en Vreta, en Götaland Oriental.

Que ahora ni tan siquiera se plantease la posibilidad de que un monasterio entrase en el mismo tipo de conflicto como el que una vez tuvo lugar en Varnhem era en parte resultado de lo que acababa de suceder en Svealand.

Una mujer consagrada a Dios, llamada Doter, había donado su gran propiedad, la finca de Viby a las afueras de Sigtuna, a los cistercienses, de la misma manera que la madre de Arn un día donó Varnhem. Y como había ocurrido en Varnhem, ahora llegaron los familiares pidiendo que se anulase la donación. Esta vez se trataba de un hijo llamado Gere.

Pero Gere no podía esperar mucho apoyo del nuevo arzobispo Stéphan. Por el contrario, Stéphan logró convencer al rey Karl Sverkersson de aprobar la donación y redactar un escrito sobre ello con sello real. De todos modos, el hijo Gere no se quedó con las manos vacías, heredó todo lo demás de su madre. Pero, naturalmente, lo importante era el principio de que las donaciones hechas a los cistercienses ya no serían cuestionadas.

Con ello, finalmente el monasterio de Varnhem estaba seguro y ya era hora de renovar fuerzas y restablecer lo que una vez hubo, pues Varnhem había llevado una existencia lánguida con sólo doce hermanos, cuyo principal cometido había sido reparar y mantener, y evitar con su presencia que el monasterio se devastase completamente.

Durante los años transcurridos, la Vitae Schola de allí debajo de Dinamarca había pasado a Varnhem. Pero por ello también era comprensible que, ahora que el padre Henri se ocupaba de llevar los trabajos de restauración, se buscasen las primeras nuevas fuerzas precisamente en Vitae Schola. Sobre eso era lo que ahora estaba escribiendo instrucciones detalladas, una vez acabada su alabanza de cómo los más fieles de la viña del Señor habían vencido justamente sobre el Barbarroja del poder mundano.

Entre los que ahora fueron llamados a Varnhem se encontraban el hermano Guilbert y Arn. Durante los más de diez años que había trabajado en Vitae Schola, el hermano Guilbert había logrado que todos los trabajos de la herrería funcionasen bien con varios hermanos legos a los que había enseñado. En Varnhem la situación era la contraria, aquí las herrerías estaban abandonadas. Por eso era lógico que el hermano Guilbert fuese llamado de vuelta a Varnhem.

En cuanto al joven hermano lego Arn, la cuestión era más complicada. Los conocimientos prácticos los había recibido del hermano Guilbert, así que si éste era llamado a Varnhem, parecería más lógico que Arn se quedase en Vitae Schola.

Pero el padre Henri tenía un plan para Arn que aún no quería revelar, y menos en una carta que sería guardada en el archivo cisterciense.

Por eso ocultó en parte sus propósitos, instruyendo que una pequeña selección de los caballos de Vitae Schola deberían ser llevados a Varnhem para ver si las ideas del hermano Guilbert entraban mejor en los bárbaros godo-occidentales que en los bárbaros daneses. Escribió que no quería entrometerse en los detalles al respecto, sino que le dejaba todas las decisiones prácticas al mismo hermano Guilbert. Cuando hubo acabado el pasaje difícil de su carta, difícil porque no podía escribir claramente cuál era su intención a la vez que debía escribir evitando a toda costa la mentira, pasó a la cuestión del cultivo de jardines. El mejor hermano lego del hermano Lucien iría a Varnhem para, poco después de la llegada, ser ordenado un verdadero hermano de la orden. El hermano Lucien debía responsabilizarse de que las especias correctas y en la cantidad correcta, al igual que los injertos, las semillas y otras cosas, llegasen como era debido en el transporte desde Dinamarca.

Cuando el padre Henri hubo acabado su larga carta, se entretuvo un buen rato en rellenar y mejorar las letras que no eran lo suficientemente bonitas, trabajando concentrado sin pensar en nada más durante un largo rato. Pero cuando estaba listo y apartaba ya las herramientas de escribir, suspiró aliviado y con júbilo. Miró a su alrededor en su amado y viejo *scriptorium*. Por alguna razón siempre había tenido la sensación de que precisamente esa habitación era como su hogar espiritual, el lugar desde donde desarrollaría su trabajo más importante. Por ahora, los huecos de la estantería bostezaban horrorosamente en muchos sitios, pero era sólo cuestión de tiempo. Aquí, en esta habitación, acabaría la obra de su vida y, a su debido tiempo, sería enterrado debajo del suelo de piedra caliza dentro de la iglesia donde la fundadora humana de Varnhem, la señora Sigrid, ya reposaba.

Se apoyó hacia atrás en la silla de cuero gastado, observó las grietas del revoque del techo, y dejó, por un rato, que sus pensamientos volaran en torno a los diferentes quehaceres prácticos y su orden de realización, antes de recordar con toda claridad el momento del triunfo en la catedral de Sens.

La catedral había sido un milagro de belleza, algo que habría maravillado a cualquier experto de la construcción como el hermano Guilbert, quizá incluso más que al mismo padre Henri. Se había empezado a construir con un estilo completamente nuevo, donde las bóvedas eran puntiagudas y señalaban hacia arriba de manera que todas las construcciones de iglesias con ese estilo parecerían que verdaderamente se refiriesen a Dios en lugar de doblegarse como un límite humano lejos del cielo. La forma de la piedra coincidía, según el padre Henri, con la misma fe. Lo más importante era encontrar una armonía entre la forma y el contenido, especialmente en un espacio sagrado. La decoración sobrecargada era una perdición que apartaba los pensamientos del mundo superior. Pero una forma que se afanase por acercarse al mismo Dios, aunque fuese una forma pura y solamente de piedra, describía una relación divina y completamente diferente. ¿Tal vez deberían hacerse con planos y constructores nuevos desde casa? No, por lo que se refería a Varnhem y a su estado actual debían pensar en otras mejoras prácticas y más urgentes. Habría sido pecado dedicarse, en primer lugar, a la belleza de la forma.

Para Arn no existía nada que fuera su hogar. Varnhem no era su hogar, tampoco Vitae Schola, al lado del fiordo Lim, o ningún otro sitio. Su hogar era donde estaban los hermanos y, lo más importante, donde se encontraban el hermano Guilbert y el padre Henri.

Lo más difícil al abandonar Vitae Schola había sido dejar a *Chamsiin*; el hermano Guilbert había decidido que *Chamsiin* tenía que quedarse en Vitae Schola para la cría y se lo había argumentado a Arn dibujando complicados esquemas en la arena, mostrando cuáles eran los caballos nacidos de *Chamsiin* y cuáles los nacidos de *Nasir*, y la razón por la que *Nasir* y un joven caballo nacido de *Chamsiin* y *Aisha* debían acompañar la carretada hasta Varnhem, mientras *Chamsiin* se quedaba en Vitae Schola. Arn no pudo cuestionar el asunto.

El joven caballo era de un color gris rojizo. Después de la misa de despedida, el hermano Guilbert le había explicado a Arn que el joven se llamaría *Chimal*, lo que en el idioma secreto de los caballos significaba «El Norte». Pero cuando el hermano Guilbert vio la pena en los ojos de Arn, se lo llevó aparte y le explicó que no era un pecado, nada de lo que avergonzarse, echar de menos a su caballo. Quienes decían que un caballo sólo era una cosa, una pertenencia sin alma, y por tanto nada a lo que amar, sabían muy poco. Sólo tenían razón formalmente, pero el mundo estaba lleno de hombres, también buenos hombres de Dios, que tenían razón en una y otra cuestión pero, sin embargo, eran incapaces de comprender. El hermano Guilbert juró que había muchos hombres de Dios que consideraban que, ante Dios, era completamente correcto amar a caballos como *Chamsiin*.

Por otra parte, sin embargo, había que saber que los caballos, al igual que el prójimo, los hermanos y familiares, siempre se te morían. Por la sencilla razón de que los caballos no vivían tanto tiempo como las personas era muy probable que, por lo menos, tal y como el hermano Guilbert veía el futuro de Arn, llegaría a lamentar la muerte de más de un caballo. Era como con los familiares ancianos, pero eso no era un pensamiento pecaminoso. La pena formaba parte de la vida tal y como lo había dispuesto Dios.

Arn se confortó un poco, pero sólo porque no era pecado sentir pena por tener que dejar a *Chamsiin* detrás en el camino.

Aunque ahora se le trataba como a un hombre y no como a un niño, lloró un poco cuando la carretada dejó Vitae Schola. Nadie lo vio, excepto el hermano Guilbert. Y nadie excepto el hermano Guilbert podría haber entendido el porqué. Porque, al igual que Arn, ninguno de los demás hermanos ni hermanos legos tenía otro hogar diferente de aquel lugar en que, en el buen mundo del Señor, se hallasen el resto de los hermanos. Y ¿qué sabían los demás sobre caballos de Outremer?

Un poco antes de la misa de San Bartolomé, el tiempo de siega más intenso y cuando también se sacrificaban los machos cabríos en Götaland Occidental, Arn vio aparecer a lo lejos la torre de la iglesia de Varnhem, primero difusa como una rama nudosa o seca o bien como la punta de un árbol tocado por un relámpago en medio del robledo frondoso, y luego con toda claridad.

No recordaba la torre de la iglesia de su infancia, no era eso lo que lo emocionaba. Pero sabía que allí dentro yacía enterrada su madre, con la que todas las noches hablaba en sus oraciones. Era como si se encontrara viva allí dentro, aunque sólo existieran sus restos; desde los escondites de la memoria rescataba una imagen difusa de cuando había estado solo, de niño, entre unos hombres extraños, que todavía no eran sus queridos hermanos, en la misa de difuntos. Lleno de solemnidad entró montado en su caballo por el portal del monasterio, a penas consciente de si lo recordaba, cosa que probablemente hacía, ni del deterioro que había sufrido. Cuando hubo saludado al padre Henri, que salió a recibir a los recién llegados justo dentro del portal, se excusó y entró con apremio en la iglesia, arrodillándose y santiguándose en la entrada antes de seguir por el pasillo central hacia el altar.

Allí había unos hermanos legos trabajando de rodillas con un escoplo y un martillo en la lápida que cubría la tumba de su madre y que antes sólo había tenido una pequeña señal, casi invisible; ahora que los cistercienses habían ganado su gran victoria sobre el poder mundano y el monasterio Beatae Mariae de Varnhemio era un lugar seguro, tanto para los hermanos como para los huesos de los muertos, el padre Henri había decidido que la tumba sería señalada. La idea había sido, sin embargo, que el trabajo estuviese acabado antes de la llegada de la carretada de Vitae Schola. Pero el clima había sido excepcionalmente favorable para los viajeros.

Cuando Arn hubo saludado a los hermanos legos, primero en latín, lengua que no dominaban demasiado bien, luego en franco, cosa que no entendieron en absoluto, y finalmente en nórdico, que era su idioma –aunque más cantarín de lo que él recordaba–, se arrodilló y rezó dando las gracias por haber llegado.

Al leer luego la inscripción en la lápida, la acabada y la que solamente estaba dibujada, sintió como si su madre estuviese viva, no sólo su alma, sino ella misma en carne y hueso, como si estuviese debajo de la piedra calcárea sonriéndole. Allí, bajo la piedra, descansaba Sigrid, «nuestra más venerada donante, en la paz eterna, nacida en el año de gracia de 1127, fallecida en 1155, en santa memoria», leyó. Después del texto había un esbozo de un león y algo más que no podía situar en el contexto. Solamente veía sus manos delante de sus ojos, sentía su olor y le parecía oír su voz.

Pero en la misa de bienvenida, cuando todos estaban reunidos, mencionaron el nombre de su madre, una y otra vez, en las acciones de gracias y eso lo llenó de sentimientos que no acababa de entender y por los que en seguida se decidió ir a confesar. Temía estar sufriendo un ataque de soberbia.

Las semanas anteriores a la reinstauración del padre Henri como prior de Varnhem y cuando el mismísimo arzobispo Stéphan vendría de visita de inspección, el hermano Guilbert y Arn trabajaron frenéticamente junto a unos hermanos legos locales para acabar de arreglar el agua. El gran pantano del molino se había encenagado y debían desenfangarlo, el canal que llevaría el agua a las ruedas motrices grandes y pequeñas estaba en parte en ruinas, así que la corriente se había debilitado a una décima parte de su fuerza real, las ruedas del molino y el sistema de engranaje necesitaban muchas reparaciones. La corriente del agua era a la vez el motor del monasterio y su alma purificadora, igual de importante para el *lavatorium* y las cocinas que como fuente de energía para fuelles, molinos y yunques. A causa de la gran importancia del trabajo, el pequeño equipo que se hacía cargo estaba liberado de todas las misas y ratos de lectura del día. Arn caía redondo en la cama después de la vespertina y dormía profundamente hasta la misa matutina, y así se sucedieron los días laborales, uno tras otro, dando la sensación de que el tiempo dejaba de existir y se convertía en un único y largo turno de trabajo.

Pero el día en que el arzobispo y su séquito entraron cabalgando por los portales del monasterio de Varnhem, el agua fresca murmuraba de nuevo por el *lavatorium* y las cocinas y las habitaciones para los huéspedes estaban recién encaladas y limpias y en una de las forjas ya se oía el ruido del martillo golpeando el yunque.

Después de la misa de instauración, el arzobispo les hizo un sermón a los hermanos sobre la victoria del bien sobre el mal y cómo la orden cisterciense era tan fuerte que ya no existía ninguna amenaza externa en este rincón del mundo más que la amenaza eterna, la que siempre está dentro de cada persona, el pecado propio; la altivez, la pereza o la apatía podrían hacer caer el justo castigo de Dios. Por ello nadie debía descansar, ni relajarse repleto y contento, sino seguir trabajando en la huerta del Señor con la misma tenaz perseverancia que anteriormente.

Después de la comida de acción de gracias, el arzobispo Stéphan y el padre Henri se retiraron a aquel lugar del claustro donde antes solían sentarse siempre, cerca del jardín ahora visiblemente abandonado. Tuvieron una conversación larga sobre algo que al parecer no quisieron que los demás hermanos oyesen y hablaron en voz tan baja que los hermanos que estaban trabajando en el jardín sólo pudieron oír unas palabras cuando uno de los dos venerables se encendía, de pronto y con la intensidad de una mecha, para luego volver al discreto tono de antes.

Después de algo más de una hora parecían haberse conciliado e hicieron llamar a Arn, que ya estaba ocupado trabajando duramente en una de las forjas donde la mecánica que deberían llevar los fuelles estaba completamente fuera de funcionamiento.

Arn se fue al *lavatorium* y lavó todo su cuerpo considerando si no debería rasurarse la cabeza, cosa que había descuidado durante las últimas semanas que había estado liberado de todos los deberes excepto del trabajo con las tuberías de agua. Al pasar la mano por la coronilla sentía un cepillo de media pulgada. Ésa no era manera de presentarse ante un arzobispo. Pero por otro lado no debía tardar, puesto que lo habían llamado.

Arn salió al claustro algo avergonzado, se arrodilló ante el arzobispo, besándole la mano y disculpándose por su apariencia desaliñada. El padre Henri explicó rápidamente que Arn había pertenecido a quienes habían tenido tareas laborales especiales durante las últimas semanas, pero el arzobispo quitó importancia al diminuto problema agitando la mano e invitando a Arn a que se sentase, lo cual era una gracia sorprendente.

Arn se sentó en un banco de piedra frente a los dos venerables. No se sentía tranquilo con la situación, ya que no podía comprender la razón que tenían para querer hablar especialmente con él, un joven hermano lego. Nunca podría haber adivinado lo que ahora le sucedería, puesto que probablemente pensaba que su vida llevaba un rumbo fijo, igual de seguro como el movimiento de las estrellas en el firmamento.

–¿Tal vez te acuerdes de mí, jovencito? –preguntó el arzobispo, amable, aunque sorprendentemente en francés en lugar de latín.

–No, *monseigneur*, sinceramente no le puedo decir que sí –respondió Arn, mirando al suelo con rubor.

–La primera vez que nos vimos intentaste golpearme, me llamaste viejo gruñón o algo parecido y declaraste que no querías perder el tiempo leyendo libros aburridos. Aunque, ¿tal vez hayas olvidado también aquello? –continuó el arzobispo con severidad fingida, que era tan obviamente fingida que todas las personas del mundo excepto Arn lo habrían descubierto.

–*Monseigneur*, le ruego humildemente que me disculpe, mi única excusa es que era un niño y no sabía nada –contestó Arn ruborizándose de vergüenza, viendo ante sus ojos cómo había intentado levantarle la mano a un arzobispo. Pero entonces, tanto el arzobispo como el padre Henri se echaron a reír.

–Calma, jovencito, sólo intentaba gastarte una broma, en realidad no estoy aquí para exigir venganza por esa ofensa sufrida. Por lo que he oído, puedo estar agradecido de que no fuese hoy que intentases pegarme. ¡No, no te disculpes otra vez! En cambio, ahora escúchame. Mi querido y viejo amigo Henri y yo hemos estado discutiendo acerca de ti, lo que de hecho ya hicimos cuando viniste aquí de niño. Ya debes de saber que fue un milagro lo que te trajo a nosotros, hijo mío...

–He leído la historia –contestó Arn en voz baja–. Pero no recuerdo nada de aquello, sólo recuerdo lo que he leído.

–Bueno, y si san Bernardo y el Señor te levantaron del reino de los muertos y te trajeron a nosotros, ¿qué conclusiones podemos sacar de ello? ¿Has reflexionado sobre la cuestión? –preguntó el arzobispo con un tono de voz nuevo y más concreto, como si la conversación empezase ahora de verdad.

–Cuando era niño y caí de un alto muro, el Señor me mostró su gracia y quizá a mi madre y a mi padre por sus oraciones tan sinceras. Ésa es la verdad, eso es lo que podemos dar por cierto –contestó Arn, todavía sin atreverse a alzar la vista.

–Claro, claro, pero eso no es decir mucho –dijo el arzobispo con un ligero tono de impaciencia, apenas perceptible–. Así llegamos en seguida a la pregunta de ¿por qué?

–Sí –dijo Arn–. Llegamos a la pregunta de ¿por qué? Pero ésa nunca he podido contestarla. En cuanto a la gracia del Señor, ésta se encuentra muchas veces por encima de la comprensión de los hombres. No soy sólo yo quien no entiende todo sobre la gracia del Señor, ¿verdad?

–¡Ajá! Ahora empiezo a reconocer al pequeño pícaro que intentó pegarme y que me llamó viejo gruñón. ¡Muy bien, jovencito! Haces bien contestándome; no, no ironizo, me gusta que me contestes. De manera que no te hemos convertido en una simple verdura recogida del huerto, mantienes tu propia voluntad y tu conciencia a salvo y a los dos nos parece excelente. Henri me ha explicado esta característica en especial. A propósito, hace tiempo que no hablo francés, ¿no te importará que cambiemos a latín?

–No, monseñor.

–Bien. En realidad sólo quería pagarte con la misma moneda, porque cuando nos vimos por primera vez te mofaste de mí por no hablar el nórdico demasiado bien. Bueno, esa broma resultó, tu francés es excelente. ¿Cómo lo has conseguido? La mayor parte de la lectura es en latín, ¿verdad?

–Lo hemos arreglado de modo que he hablado latín en relación con lo espiritual y la lectura, francés en relación con la mitad del trabajo y luego nórdico con los hermanos legos que no dominaban el francés –contestó Arn y alzó por primera vez la vista, mirando al arzobispo a los ojos. Ya se le había pasado casi todo el apuro.

–Un arreglo estupendo. Está muy bien que hayas mantenido tu lengua nórdica, tanto mejor si esto acaba como yo imagino –murmuró el arzobispo pensativamente–. Pero deja que te pregunte algo en concreto y realmente quiero una respuesta muy sincera. ¿El Señor Dios te ha hablado? ¿Ha revelado sus intenciones para ti?

–No, monseñor, Dios nunca me ha hablado directamente a mí, no sé nada de Sus intenciones para conmigo –contestó Arn, de nuevo puesto en inferioridad y apuro. Era como si sintiese vergüenza por no haber recibido órdenes directas y personales de Dios, quien de todas formas le había devuelto la vida con un milagro. Era como si por haber pecado no mereciese el plan originario de Dios, fuese cual fuese.

Los dos ancianos reflexionaban pensativamente y en silencio sobre la respuesta de Arn. No dijeron nada en absoluto durante un largo rato, pero finalmente intercambiaron unas miradas significativas, asintieron con la cabeza, y el padre Henri carraspeó largamente como solía hacer cuando se preparaba para una explicación algo compleja.

–Mi amado hijo, ahora debes escucharme y no asustarte –empezó a decir el padre Henri con visible emoción–. Stéphan, mi buen amigo, y yo hemos tomado una decisión que creemos es la única correcta. Sabemos tan poco como tú sobre las intenciones de Dios para contigo, lo único que sabemos es que debe de ser algo especial. Pero ya que ninguno de nosotros lo sabemos, puede ser debido a que su llamada aún sea lejana. Nuestra tarea, y tu tarea, sólo puede ser prepararte lo mejor posible para la llamada, ¿verdad?

–Sí, por supuesto, padre –contestó Arn en voz baja. De repente se le había secado la garganta.

–Tu educación es bastante buena y el trabajo de tus manos es para gran alegría de todos aquí dentro de los muros –siguió el padre Henri–. Pero no sabes nada del mundo de ahí afuera. Por eso debes visitarlo, debes volver a la casa de tu padre en Arnäs, que está a un día a caballo de aquí. Bueno, es decir, un día de caballo nórdico... ¿me entiendes?, con un caballo de Outremer sería medio día, supongo. De todos modos, es una orden que ahora te damos. Debes volver a lo que una vez fue tu hogar.

–Na... naturalmente obedeceré vuestra orden –contestó Arn, aunque se le hizo un nudo en la garganta. Se sintió como si le hubieran dado un golpe tremendo, como si lo hubiesen excomulgado, expulsado de la sagrada unión.

—Veo que no te alegras al oír nuestra decisión —constató el arzobispo.

—No, monseñor. He intentado portarme bien aquí en casa, no pretendo presumir en absoluto al decirlo, pero honestamente puedo alegar que lo he hecho lo mejor que he podido —contestó Arn, compungido.

—Eres un cisterciense, mi joven amigo —dijo el arzobispo Stéphan—. Piensa en ello, serás siempre uno de los nuestros porque lo hecho no se puede deshacer. Tal vez la intención es que seas uno de los de intramuros para siempre, pero eso es lo que no sabemos. Tal vez vuelvas preparado para hacer los votos, después de considerar que el mundo allí afuera no es adecuado para ti. Pero debes aprender acerca de lo que nada conoces y no puedes aprender sobre el mundo de ahí afuera estando aquí adentro, por mucho que estudies. Queremos lo mejor para ti, debes saber que tanto Henri como yo te queremos de verdad y rezaremos por ti cuando estés afuera. Pero debes aprender algo sobre el otro mundo, eso es todo.

—¿Cuándo podré volver? ¿Cuánto tiempo debo quedarme allí? —preguntó Arn, con la nueva esperanza de que no estaba excomulgado para siempre, sino que la prueba duraría un tiempo determinado.

—Cuando Dios lo quiera, volverás a nosotros. Si Dios no lo quiere, te dará otro cometido allí afuera. Tendrás que preguntarle a Él en tus oraciones; eso no está en nuestras manos, puesto que es una cosa entre tú y Dios —constató el arzobispo, haciendo ver que tenía intención de levantarse como si hubiese acabado la conversación. Pero se acordó de algo y sonrió un poco—: Una cosa más, jovencito. Cuando estés allí afuera debes saber que no solamente tus hermanos aquí adentro rezarán por ti. También tienes como amigo al arzobispo, siempre puedes venir a mí con tus preocupaciones, ¡recuérdalo!

Con estas palabras, el arzobispo Stéphan se levantó y le estrechó la mano a Arn, quien se arrodilló y le besó la mano con la cabeza bajada en señal de obediencia.

Cuando Arn salió cabalgando de Varnhem se sentía muy apesadumbrado al principio. A pesar de todas las explicaciones y advertencias del padre Henri no podía desprenderse de la sensación de que le había caído un castigo encima, como si no se mereciese la relación con los hermanos.

Pero empezó a cantar en busca de consuelo y pronto se sintió mejor. Cuando descubrió que lo estaba ayudando, cambió su estado de ánimo, por lo que cantó aún más y pronto fue más por alegría que para consolarse. Actualmente cantaba como todos los demás hermanos, mejor que algunos y un poco peor que otros, ni más ni menos. Pero ahora, de repente, el canto le alegraba más que en muchos años, como en aquel tiempo cuando cantaba como soprano en el coro de los hermanos.

Cuando su humor ya cambiaba de oscuro a claro igual de rápido y caprichoso que el tiempo en primavera, también empezó a sentirse invadido por cierta excitación y esperanza. Era cierto que no sabía nada sobre el mundo allí afuera, apenas recordaba el aspecto de Arnäs, el lugar que una vez había sido su hogar. Recordaba una torre de piedra muy alta, un patio detrás de unos muros donde había jugado a los aros con otros niños y donde su padre le había enseñado cómo tirar con arco y flecha. Pero le costaba evocar una imagen clara de cómo habían vivido realmente. Le parecía como si todos viviesen juntos de alguna manera, que era oscuro y había un fuego grande, pero no se fiaba de su memoria en este asunto, ya que todo le era muy extraño. Ahora ya lo vería con sus propios ojos. El día siguiente ya estaría en casa. Con un caballo mejor habría llegado a la noche, pero ahora estaba montando un perezoso y viejo caballo nórdico, uno de los que, según el hermano Guilbert, no servían para la cría ni casi para otra cosa tampoco. Pero puesto que el hermano lego Erlend se encontraba en Arnäs para enseñar a los nuevos niños a leer tal y como una vez había enseñado a Arn y a Eskil, a Erlend le podía ir bien un caballo manso para volver a Varnhem. Porque el padre Henri suponía que, tras la llegada de Arn, el hermano lego Erlend ya no sería de gran utilidad en Arnäs, ni para la lectura ni para cualquier otra cosa.

Una persona debe aprender a conformarse con su destino tal como Dios lo ha dispuesto. Tampoco sirve de nada quejarse y desear ser otra persona o estar en otro sitio; en lugar de eso hay que intentar hacer lo mejor de la situación, sólo así se puede cumplir con los planes de Dios de la mejor manera. El último de los hermanos en repetirle estas frases a Arn antes de su partida había sido el hermano Rugiero, a quien también lo habían hecho ir desde Vitae Schola a Varnhem, puesto que el padre Henri había encontrado miserable la comida allí arriba, nórdicamente miserable.

El hermano Rugiero había derramado a escondidas una lágrima al despedirse y luego le había obsequiado con tanta cantidad de comida para el camino como para durar una semana o más. Cuando Arn protestó, el hermano Rugiero rápidamente cerró su morral diciendo algo de que nunca sobraba llevar algo para la bienvenida cuando uno se iba a casa. El hermano Rugiero, al igual que los otros hermanos, no podía imaginarse que Arn no había llegado a ellos porque sus padres fuesen pobres y no tuviesen comida para alimentar todas las bocas. Aquélla había sido siempre la causa más común para dejar a un niño en un monasterio.

Tras unas horas, Arn divisó Skara en la lejanía, las torres dobles de la catedral se levantaban de forma impresionante sobre bajas casas apiñadas de madera. Pronto notó el olor a ciudad, ya que iba a contraviento. Era humo, podredumbre, desperdicios y estiércol, y todo junto desprendía un olor tan fuerte que habría hallado la última media hora de camino aun siendo negra noche.

Al acercarse a la ciudad, unos grandes trabajos de construcción despertaron la curiosidad de Arn y dio un pequeño rodeo para contemplar los trabajos más de cerca. Estaban construyendo un castillo.

Detuvo su caballo y se sorprendía cada vez más por lo que veía. Había mucha gente en movimiento, la mayoría ocupados en arrastrar bloques de piedra por encima de troncos que se movían, pero el trabajo parecía ir muy lentamente. En ningún sitio veía bloques y poleas u otros dispositivos para elevar, todo parecía funcionar con la fuerza de los músculos humanos, mucha gente miserablemente vestida que trabajaba muy duramente y bajo la vigilancia de hombres armados que no mantenían una actitud demasiado cordial hacia los trabajadores. Y nadie de los que sudaban y tiraban parecía contento con su trabajo.

Los muros no eran especialmente altos y consistían mayoritariamente en bancos de tierra por los que fácilmente se podría subir a caballo hasta la cima y allí era casi probable que un buen caballo pudiese franquearlos de un solo salto; *Chamsiin* lo haría sin problema.

Arn no sabía mucho de tácticas de guerra y de defensa, aparte de lo que había leído, es decir, estrategias y tácticas romanas. Pero le parecía como si este futuro castillo fuera difícil de defender si los atacantes construían sus propias torres de madera cubiertas y las acercaban rodando hacia los muros. Pero tal vez los métodos romanos ya fuesen completamente anticuados.

Algunos de los hombres que vigilaban el trabajo descubrieron a Arn, que no les quitaba el ojo de encima a los trabajadores, y fueron hacia él, profiriendo palabras necias, cuyo significado no acababa de comprender pero que interpretó como que no debía quedarse y que no era bienvenido. En seguida se disculpó y dirigió su fiel caballo de nuevo hacia la ciudad.

La ciudad de Skara también estaba rodeada por una especie de muralla compuesta por madera, montones de ramas y tierra amontonada. Delante del lugar por el que se entraba había varias tiendas, gente cantando en idiomas extranjeros y tocando algún instrumento. Al acercarse descubrió a un montón de hombres sentados en una de las tiendas bebiendo cerveza, cosa que debían de haber estado haciendo un buen rato, ya que más de uno se había caído y estaba durmiendo. Para su sorpresa vio a una mujer con las ropas desarregladas tambaleándose hacia una tienda pequeña y a un hombre sentado que hacía sus necesidades sin avergonzarse en absoluto.

Arn no entendía nada de lo que veía del comportamiento de sus compatriotas y probablemente se le notase con toda claridad, ya que tres niños lo descubrieron, lo señalaron con el dedo y se rieron de él sin que tuviese la menor idea del porqué. Sin embargo, tuvo que pasar por delante de ellos para poder entrar por la abertura de la muralla, y entre ellos susurraron algo antes de plantarse delante de el, cortándole el paso.

–Aquí hay que pagar aduana a los pobres para poder entrar, niño de los monjes –dijo el mayor y más atrevido de los tres.

–No tengo mucho que dar –contestó Arn con auténtica tristeza–. Sólo tengo un poco de pan y...

–Pan ya está bien, porque no tenemos nada. ¿Cuánto tienes, niño de los monjes?

–Tengo cuatro panes hechos esta mañana –dijo Arn verazmente.

–¡Bien, los queremos! ¡Danos ya el pan! –gritaron los tres, y a los ojos de Arn parecieron de pronto felices.

Reanimado por poder alegrar al prójimo tan fácilmente, Arn abrió su mochila y sacó los panes que en seguida cogieron los niños, y se fueron corriendo y riendo salvajemente sin dar las gracias. Arn los miró alejarse, consternado. Tenía la sensación de que le habían tomado el pelo, pero no entendía por qué alguien querría hacer tal cosa, y le invadió la mala conciencia por pensar mal de su prójimo.

Cuando fue a pasar por el portal, dos hombres somnolientos con armas en las manos le impidieron la entrada. Primero querían saber su nombre y para qué asunto acudía allí. Arn contestó que era un hermano lego de Varnhem y que había venido a visitar la catedral, pero que pronto continuaría su camino. Y riendo lo dejaron pasar, murmurando algo de que se guardase de cometer algún que otro acto, cuyo significado tampoco logró entender. Y al notársele claramente, los dos hombres rieron aún más.

Entró por el portal y dudó qué camino tomar. La dirección hacia la catedral era obvia, gracias a las dos torres altas que se veían desde cualquier lugar. Pero entre todas las bajas y apretadas casas parecía haber estiércol por todas partes, y primero Arn pensó que debía de existir otro camino a través de los desperdicios. Pero entonces vio a un hombre a caballo que llegaba precisamente por la callejuela que parecía llevar a la catedral. Las pezuñas del caballo se hundían a cada paso en el lodo, estiércol y podredumbre. Con mucho atino y con el hedor cosquilleándole la nariz, Arn tomó el mismo camino pero en dirección contraria. Todavía era de madrugada o la hora que se consideraba mañana en la ciudad, por todas partes se oían cantar los gallos y en varias ocasiones durante su paso por la callejuela estuvo a punto de ser golpeado por las suciedades de orinales y ollas que echaban desde las casas. Las personas vivían junto con sus bestias y sus aves, comprendió pronto por lo que veía y oía. La sensación de asombro fue más grande que la de asco.

Pero cuando por fin salió del callejón y se encontró ante la misma catedral, las edificaciones habían dejado lugar a una gran plaza con largas hileras de tiendas donde se realizaba algún tipo de comercio. El suelo también estaba más limpio aquí.

Descabalgó cuidadosamente, vigilando dónde ponía los pies, y ató el caballo a un tronco delante de la catedral, al lado de otros dos caballos. Dudó un rato entre satisfacer su curiosidad y ver primero lo que se vendía en las tiendas, o dedicarse a la casa de Dios. En cuanto se formuló la pregunta a sí mismo, sintió vergüenza por dudar siquiera ante tal cosa y rápidamente entró por la puerta de la iglesia, se arrodilló y se santiguó.

Estaba prácticamente vacía, y allí dentro estaba tan oscuro que tuvo que quedarse quieto un rato para que los ojos se acostumbrasen a la penumbra. Frente al altar ardían una veintena de velas pequeñas; vio a una mujer que acababa de encender una, y se arrodillaba luego en oración.

En alguna parte allí delante en la oscuridad, un coro empezó a cantar unos cánticos. Pero no sonaba bien, podía distinguir perfectamente dos voces que desafinaban claramente y se sorprendió; era como mofarse del Señor cantando de esa manera en Su casa.

Salió a uno de los ábsides y se sentó en un pequeño banco de piedra para reflexionar e intentar comprender lo que veía y oía, antes de rezar. No se sentía a gusto en esta casa de Dios. Al lado del altar colgaban grandes tapices de colores estridentes junto a dos imágenes de santos y una Virgen María pintada en azul, rojo y verde. Desde una ventana arriba en el lateral de la torre, frente a él, resplandecía la luz, fragmentándose en todos los colores del arco iris. A Arn le daba una impresión de presuntuosidad y antinatural, como si la ostentación fuese falsedad. La imagen de Jesucristo en una de las paredes de la torre estaba cubierta de oro y plata, como si el Señor fuese un canciller terrenal. Se arrodilló pidiendo primero perdón por sus pecados y luego rogó a Dios que perdonase a las personas que habían convertido Su casa en una acumulación mundana de retratos y de mal gusto.

Pero desde la piedra calcárea del pequeño banco de piedra sintió, al volver a sentarse, un extraño calor, como si la piedra le hablase. Tuvo la sensación de haber estado sentado allí antes, aunque sabía que eso era imposible. Luego vio ante sí a su madre, como si viniese hacia él y le sonriese. Pero la visión desapareció en cuanto el coro, allí delante, volvió a desafinar un nuevo cántico, haciéndole daño en los oídos.

El coro solamente cantaba a dos voces, pero aun así no sonaba bien, ya que la voz cantante de la segunda voz hacía equivocarse constantemente a los demás. Creyendo que hacía una buena acción, Arn se acercó al coro entonando la segunda voz y cantándola correctamente; el texto ya lo conocía desde niño.

El capellán de la catedral, Inge, director del coro, primero pensó que había sido Dios, quien, harto de tanto ruido, los había corregido a todos. Pero de pronto descubrió que era un pequeño hermano lego de Varnhem que se había colocado allí al lado y sencillamente había asumido, sin avergonzarse, el mando de la segunda voz. Al acabar el salmo en el que Arn se había entrometido, el capellán de la catedral fue sin más a buscar a Arn y lo colocó en medio del coro, acaparándolo así durante el resto de la misa.

Después, muchos de los cantores, llenos de ilusión, quisieron hacerle preguntas a Arn, pero el capellán rápidamente se lo llevó a la sacristía, en la que entraba luz por dos pequeñas ventanas, y pudieron verse el uno al otro mientras hablaban. Arn fue invitado a sentarse y recibió una jarra con agua que, según decía el capellán bromeando, era una muy pequeña compensación por un canto tan hermoso.

Arn, que no entendía que era una broma, inmediatamente objetó que no había pedido ninguna recompensa por cantar en la casa de Dios. Al preguntarle por su nombre contestó que se llamaba Arn de Varnhem, nada más.

El capellán de la catedral se entusiasmó, ya que pensó que había hecho todo un descubrimiento. Al parecer aquí había un joven que, por un motivo u otro, no podría ser ordenado verdadero monje por los cistercienses, que por una razón u otra había sido expulsado y por tanto estaría disponible como un muy deseado refuerzo en el coro. Porque se dijese lo que se dijese acerca de esos monjes extranjeros, una cosa era segura, que sabían cantar de una manera que incluso debía de embelesar a los ángeles de Dios, eso era innegable.

Puesto que nunca nadie le había hablado a Arn con propósitos ocultos, no comprendía nada de las preguntas que le formulaba el capellán.

¿Así que había dejado Varnhem para volver a casa? Y sus padres, ¿qué hacían? Oh, la madre había muerto, en paz descanse su alma y sagrada sea su memoria, pero y el padre, ¿qué hacía? ¿Trabajaba como todos los demás con el sudor de su frente? Por tanto, con la tierra, ¿así que era arrendador o siervo liberado?

Arn respondía sin mentir todo lo que podía, excepto a la pregunta jocosa de si su padre era rico, cosa que negaba, ya que entendía la palabra «rico» como algo deshonroso y no quería pensar mal de su propio padre. Y el significado de la palabra arrendador no lo conocía, aunque dudaba que su padre fuese una cosa de ésas.

Sin embargo, el capellán de la catedral lo tuvo todo muy claro en seguida. Aquí tenía el hijo de un hombre pobre que trabajaba duramente en los campos, tal vez un siervo liberado con demasiadas bocas que alimentar, y había intentado sacarse a uno de encima enviándolo al monasterio. Ahora el joven volvía a casa, además en la edad más voraz, y no serviría de mucho más que para bendecir la mesa. Aquí tenía una ocasión de hacer el bien para todos, se trataba solamente de aprovechar la ocasión. *¡Carpe diem!*

Tal vez incluso el jovencito hubiese albergado esa esperanza, aunque fuese demasiado tímido para expresarlo en voz alta.

–Creo, mi joven hermano lego, que tú y yo podríamos ayudarnos mutuamente en beneficio de todos –dijo el capellán, satisfecho de sus conclusiones.

–Si te puedo ayudar en algo, padre, no dudaré en hacerlo, pero por todos los santos, ¿qué sería? Sólo soy un pobre hermano lego –contestó Arn sin mentir, ya que creía sinceramente en lo que decía.

–Sí, sí, hay mucha gente pobre en el mundo, pero Dios a veces da grandes dádivas incluso a los pobres, y tú, Arn, ése es tu nombre, ¿verdad? Tú sí has recibido un gran regalo de Dios.

–Sí, es verdad –dijo Arn bajando la mirada, avergonzado, puesto que pensaba en el gran regalo cuando Dios una vez le devolvió la vida, aunque no podía entender cómo podía saber el capellán algo acerca de eso.

–Entonces tengo la alegría de decirte, Arn, que ahora te puedes quitar un gran peso de encima, tú y tu padre, y a la vez hacer una acción agradable a los ojos del Señor. ¿Estás preparado para oír mi propuesta? –dijo el capellán, inclinándose triunfalmente sobre Arn, sonriendo con dientes negruzcos y mal aliento.

–Sí, padre –dijo Arn obedientemente, retrocediendo asustado–. Aunque no puedo entender lo que pretendes, padre.

–Te podemos ofrecer comida y alojamiento, ropa nueva también, para que te quedes aquí y formes parte del coro de la catedral. Sabrás que es un gran honor para un jovencito pobre. Pero también tienes un raro don del Señor, como tú ya sabes.

Arn estaba tan sorprendido que no pudo contestar en seguida. Hasta ahora no había comprendido que lo que el párroco llamaba su «gran don» era su canto extremadamente ordinario y no el hecho de que Dios lo hubiese devuelto del reino de los muertos. No sabía qué contestar.

–Sí, comprendo que enmudezcas –constató el capellán, contento–. No se matan tantos pájaros de un solo tiro todos los días. Tu padre no tendrá que alimentar una boca más, podremos alegrar a las almas vivas y muertas con misas más hermosas y tú mismo tendrás ropa, comida y alojamiento; es mucha bendición en un solo día, ¿no te parece?

–No... quiero decir, sí, lo parece –contestó Arn, confuso. Ni por nada del mundo quería ser preso del párroco maloliente, con o sin catedral, pero tampoco sabía cómo salir de la situación. No sabía cómo se hacía para decirle no a alguien a quien se debía obedecer.

El capellán, que seguía malinterpretando todo lo que veía y oía, consideró el asunto arreglado, se golpeó las rodillas y se levantó decididamente para empezar a hacer las cosas concretas que seguían a la colocación del joven cantor.

–¡Ven conmigo! –dijo animadamente–. Vamos a los aposentos de los niños cantores para que conozcas a los demás; tendrás un lugar para dormir casi para ti solo.

–¡No podrá... no... podrá ser! –tartamudeó Arn desesperadamente–. Quiero decir... naturalmente estoy muy agradecido por tu amabilidad, padre... pero no podrá ser...

El capellán miró inquisitivamente y con asombro al joven con la tonsura recientemente crecida y las manos de esclavo, huesudas por demasiado trabajo. En el nombre del santísimo, ¿qué podría inducir a este joven pobre y torpe a rechazar una oferta tan generosa? Incluso parecía acongojado por decir que no.

–Tengo mi caballo aquí afuera, respondo de él y debo llevarlo a otro hermano lego –intentó explicar Arn.

–¿Afirmas que tienes caballo? –murmuró el capellán, confuso–. ¡No puede ser, quiero verlo con mis propios ojos!

Arn se dejó llevar obedientemente a través de toda la catedral mientras el capellán iba a su lado, calculando el valor de un caballo y llegando a la conclusión de que sobrepasaba en mucho lo que él acababa de ofrecer en forma de comida y alojamiento.

Allí afuera, en la luz, estaba en efecto el caballo prestado de Arn con la cabeza colgando y aspecto muy cansado. Al capellán, sin embargo, le parecía un caballo magnífico, y Arn descubrió con horror que la mochila con todas las salchichas de cordero y jamones ahumados del hermano Rugiero había desaparecido, y se preguntaba quién lo habría guardado. Pero el capellán hablaba a voces sobre su espléndido caballo y Arn protestó diciendo que el caballo no tenía nada de especial pero que no lograba comprender lo que había sucedido con las salchichas y los jamones. Entonces, el capellán se enfadó y explicó que naturalmente no se podía ser tan estúpido como para dejar tales cosas a los ladrones.

A Arn le espantó pensar que le habían robado, que de esa manera había tenido contacto directo con un gran pecado y preguntó inocentemente si no se podría ir a los ladrones para que le devolviesen la mercancía, prometiéndoles el perdón. Eso enfureció aún más al capellán, y finalmente estalló y llamó bobo a Arn. El joven supuso que el significado de aquella palabra debía de ser algo despectivo.

Cuando iba a disculparse por ser bobo, no obstante sin mala intención, el capellán se alejó sin más, murmurando algo sobre caballos y bobos. Arn en seguida rezó una breve oración de perdón por las almas infelices que habían sido tentadas a robar. Añadió en su oración que comprendía que él mismo tenía la culpa de lo sucedido por haber dejado sus provisiones de manera que había tentado a los débiles de espíritu y además hambrientos.

De camino hacia el Norte de Skara se celebraba una boda en casa de Gunnar de Redeberga, arrendador del deán Torkel de Skara. El deán, que también asistía a la fiesta nupcial, estaba satisfecho con lo que había organizado para su arrendador, pues Gunnar ni era hermoso ni podía ofrecer mucho a su novia como regalo la mañana después de la boda. Pero el deán había llegado a sentir piedad por su arrendador, y por sus propios ingresos, y por eso arregló que Gunnar tuviese una esposa.

Un granjero bastante rico, llamado Tyrgils de Torbjörntorp, había recibido la ayuda del deán en una situación difícil y entonces, en su momento de debilidad, prometió devolverle el favor, favor que ahora sería casar a Gunvor, su hija menor, con Gunnar de Redeberga. Era un buen negocio en muchos aspectos, ya que Tyrgils no había tenido que pagar tanta dote como si la hubiese casado mejor, pero por lo menos la tendría casada. A cambio, Gunnar de Redeberga tenía las mismas humildes exigencias en cuanto al regalo de la mañana que entregaría y así, a pesar de estar falto de dinero y tierras y de tener una cara fea, se casaría con una joven y visiblemente hermosa doncella.

El deán consideraba que había actuado por el bien de todos, en especial para su fiel y sumiso arrendador, quien jamás habría conseguido, por iniciativa propia, una doncella fértil con quien casarse. Puesto que Gunnar cuidaba muy bien sus obligaciones como arrendador y compensaba al deán con creces, también era sensato por parte del deán procurar por sus intereses y que llegasen niños a la casa y a la finca para que pudiese seguir arrendándola la misma familia, sin necesidad de tener que echar a Gunnar cuando fuese un viejo sin hijos que pudiesen pagar por su sustento y la renta.

Por consiguiente, todo el mundo estaba contento con el arreglo. Sin embargo, Gunvor había estado llorando amargamente durante una semana antes de que la obligasen a decir sí ante el deán y pronunciar las mentiras que pronto serían cumplidas para consumar el matrimonio.

No era hasta el momento de la unión en la noche de bodas que el matrimonio era considerado verdadero y aprobado por todas y cada una de las partes, también por la Iglesia. Las mujeres mayores habían hablado con Gunvor y le habían explicado las penas y las obligaciones de una joven cuando llegaba el momento, y finalmente Gunvor se había tapado los oídos para no tener que oír más sobre aquello tan horroroso.

Había pedido insistentemente a su padre que la librase de ese hombre tan abominable y la dejara casarse con otro Gunnar, que era el tercer hijo de la finca vecinal de Långavreten. Ella y el joven lo habían hablado y a ambos les gustaría que así fuese.

Pero su padre se había enfadado y había explicado que no podía costear un arreglo de ese tipo, ya que Långavreten era una finca tan grande como la suya y le costaría una dote demasiado grande si los vecinos juntaban sus linajes para la cerveza nupcial. Y sin una buena dote él no parecería un hombre de honor. No había ninguna solución para ese problema y sus peticiones no habían influido en lo más mínimo. Su padre sólo intentó consolarla una vez, asegurándole que los caprichos de las doncellas iban y venían y ante todo pasaban. En cuanto tuviese unos cuantos hijos a quienes sonar la nariz ya lo olvidaría todo.

Así que allí estaba ahora, sentada y ataviada con su ropa nupcial mientras los hombres estaban cada vez más ebrios y sintiendo como si se le clavasen agujas cada vez que oía bromas y risas acerca del momento de ir a la cama, momento que todos querían presenciar. Al ver cómo los hombres golpeaban la espalda al baboso y, a causa de la bebida, tambaleante futuro esposo, haciendo viles señales que significaban polla grande como la de un caballo, le entraban escalofríos y sudores, y rezaba a la Santa Virgen para que se la llevase inmediatamente, que la dejase caer muerta sin que fuese suicidio ni pecado y de esa manera la salvara del horror. Pero en su corazón sabía muy bien que la Madre de Dios nunca accedería a una súplica tan pecaminosa, que ya no había esperanza y que pronto sería irremediablemente mancillada por el viejo baboso y que nada podría hacer, excepto obedecer y abrirse de piernas tal como las mujeres mayores le habían enseñado.

Pero al ver el sol de la tarde ponerse allí fuera, camino de la noche implacable, la Madre de Dios habló, de pronto, clara y fuertemente en su interior. Con un grito salvaje se subió sobre la mesa, la cruzó con un salto largo y ágil y desapareció por la puerta. Una vez fuera levantó su falda y echó a correr como si le fuese la vida en ello.

Adentro, en la fiesta nupcial, los hombres borrachos tardaron un rato en comprender lo que había ocurrido, pues la mayoría, por diferentes motivos, no había visto salir corriendo a la novia. Pero se recobraron, y tambaleando en piernas inseguras iniciaron la caza de la novia fugitiva mientras alguien gritaba, nunca se supo quién, ¡han raptado a la novia, rapto de novia, rapto de novia!

Entonces, la muchedumbre borracha volvió a entrar dando tumbos, en busca de las espadas y las lanzas, y ensillaron torpemente los caballos mientras las mujeres, todavía preocupadas, pudieron ver a la novia huir hacia el camino a Skara.

Por él venía Arn cabalgando tranquilamente con el estómago quejándose de hambre. No se daba ninguna prisa, ya que había comprendido que la noche sería oscura, sin estrellas ni luna, por lo que tendría que buscar un sitio para pernoctar y, por consiguiente, no albergaba ninguna esperanza de llegar a Arnäs hasta el mediodía del día siguiente.

De repente, una joven mujer con la ropa desordenada fue corriendo hacia él con una mirada enloquecida y los brazos abiertos. Atónito, detuvo su caballo y la contempló, incapaz de comprender lo que veía ni de decir nada parecido a un saludo amable.

–¡Salvadme, salvadme de los demonios! –gritaba la niña, cayendo al momento al suelo ante las patas de su caballo.

Arn se bajó, confundido y asustado, de su caballo. Bien podía ver que su prójimo necesitaba ayuda, pero ¿de qué manera podría salvarla?

Se agachó al lado del pequeño cuerpo de la mujer y con cuidado estiró su mano para acariciarle el hermoso cabello moreno, pero no se atrevió. Entonces ella lo miró a los ojos y su cara se llenó de felicidad, y empezó a hablar confusamente sobre sus dulces ojos, de Nuestra Señora que le había enviado un ángel salvador y otras cosas que le hicieron sospechar que no estaba en su sano juicio.

En aquella posición encontraron los ebrios y enfurecidos convidados a la novia fugitiva y a su secuestrador. Los primeros hombres que descabalgaron agarraron inmediatamente a la novia, que empezó a gritar como una alma en pena, por lo que la ataron de manos y pies y le taparon la boca con un pañuelo. Dos hombres sujetaron a Arn, arqueando sus brazos detrás de la espalda y forzándolo a agachar la cabeza. No ofreció resistencia.

Al poco rato llegó el novio en persona, Gunnar de Redeberga, y al momento le dieron una espada, ya que según la ley tenía derecho a matar al secuestrador de la novia en el acto. Arn, al ver levantar la espada, pidió humildemente poder rezar sus oraciones primero, y los jadeantes reunidos opinaron que era una petición cristiana que honradamente no se le podía denegar.

Arn no sentía ningún temor al arrodillarse, únicamente sorpresa. ¿Ésa era la razón por la que Dios le había salvado la vida, para ser decapitado inocentemente por una muchedumbre borracha que obviamente pensaba que él había tenido intención de dañar a la mujer? Era demasiado estúpido para ser verdad y por eso no rezó por su propia vida, sino porque volviese la razón a aquellos prójimos infelices que estaban a punto de cometer un grave pecado por pura confusión.

Debía de tener un aspecto deplorable allí, rezando de rodillas, por lo que todos pensaban era su vida a punto de acabar, medio hombre con vello en las mejillas, vestido con un gastado hábito marrón y con evidentes rastros de la manera de los monjes de rasurar la cabeza. Alguien empezó a rezar por Arn, creyendo que ayudaba al infeliz en sus oraciones. Otro dijo que no se demostraría mucha hombría matando sin más a un indefenso niño monacal, al menos deberían darle una espada para defenderse y morir como un hombre. Se oyó un murmullo de aprobación y de pronto Arn vio caer en la hierba ante sí una corta y torpe espada nórdica.

Entonces dio las gracias a Dios durante largo rato antes de asir la espada, ya que comprendió que le había permitido vivir.

El deán Torkel de Skara ya estaba tan cerca que pudo ver todo lo que sucedió a partir de ese momento, y lo que vio, o bien pensó que vio, sería de gran importancia.

Porque cuando Gunnar de Redeberga se abalanzó con la espada alzada para acabar rápidamente con el miserable que le había estropeado su propia fiesta nupcial, se encontró dando golpes al vacío sin comprender lo sucedido, ya que no consideraba estar especialmente borracho.

Volvió a golpear de nuevo sin acertar, una y otra vez.

Arn veía que el hombre ante él estaba indefenso e imaginó que podía deberse a la bebida. Pero mucho mejor, pensó, ya que así no arriesgaba hacerle daño a su prójimo.

Sin embargo, para Gunnar de Redeberga lo que ocurría era como una pesadilla. Sus vecinos empezaron a reírse de él y por mucho que golpease, el maldito demonio, porque tenía que ser un demonio, se encontraba en otro sitio, sin huir, pero no obstante siempre en otro lugar.

Arn se movía tranquilamente en círculos contrarios con la espada en la mano izquierda, ya que el hermano Guilbert siempre había señalado que eso sería lo más difícil de contrarrestar. No tenía que parar mucho con su espada, le bastaba con moverse todo el rato y calculaba que el anciano pronto se cansaría y se daría por vencido y por tanto nadie saldría lesionado, puesto que Dios había intervenido para salvarlos a todos.

Pero Gunnar de Redeberga, humillado y bastante asustado, le pidió al viejo luchador Joar que le asistiese en su labor legal, y puesto que al anfitrión de la boda lo habían ofendido más que suficiente y dado que Joar con su experiencia con las espadas había visto cómo el joven engañaba con trucos simples, Joar se lanzó decididamente a la lucha con intención de acabarla rápidamente. Las desesperadas protestas del deán no sirvieron de nada.

De pronto Arn se encontró en peligro, se asustó, cambió la espada a la otra mano, dio media vuelta, y se defendió con dos golpes rápidos, por primera vez en serio.

Gunnar de Redeberga cayó inmediatamente al suelo con el cuello cortado y Joar se hundió con un gemido después de un pinchazo en medio del estómago.

Todos estaban como petrificados. Los convidados de la boda habían visto, con sus propios ojos, algo que no podía ocurrir, por tanto, algo que era un milagro.

Arn, en cambio, se quedó tieso del temor, puesto que comprendía muy bien, por todos los animales que había visto sacrificar, que el hombre que primero lo había atacado estaba pataleando, escapándosele las últimas gotas de sangre de su vida, y que el otro, que sabía manejar la espada, estaba mortalmente herido. Destrozado por sus malvados actos, dejó caer su espada al suelo, agachó la cabeza en oración, preparándose para que cualquiera de los presentes le cortase la cabeza en señal de justicia.

Pero el deán alzó los brazos al cielo iniciando un salmo, cosa que por el momento hacía impropio todo nuevo ataque a Arn. Luego el deán habló severa y convincentemente del milagro que acababan de presenciar. Cómo un hombre obviamente inocente había recibido, a causa de su inocencia, la mayor protección y cómo él mismo había visto claramente al arcángel Gabriel detrás del pequeño indefenso, dirigiéndole el brazo en su defensa. Pronto varios de los reunidos afirmaron haber sido testigos de lo mismo, un verdadero milagro del Señor, cómo un pequeño e inerme niño monacal se había resistido ante dos guerreros adultos.

Soltaron a la novia, ahora finalmente liberada, y ella también cayó de rodillas en oración, agradeciendo que Dios le hubiese enviado a alguien para salvarla en el último momento. Se entonaron unos cánticos, pero a Arn le era imposible participar en el canto.

Después el deán preguntó a Arn de dónde procedía y decidió que él mismo llevaría al pobre niño monacal de vuelta a Varnhem. Ordenó que llevasen a Gunnar de Redeberga a su casa para estar de cuerpo presente y al malherido Joar en camilla a la suya.

Luego miró a su alrededor con severidad y preguntó quién había gritado tres veces «rapto de novia». Pero todos miraron al suelo y nadie contestó. Entonces preguntó si había una sola persona que realmente pensase que este pequeño niño monacal de Varnhem era un secuestrador de novias, pero nadie lo sostuvo.

Era una pareja extraña la que llegó cabalgando a Varnhem esa suave mañana de otoño cuando los arces, los robles y las hayas de los alrededores del monasterio empezaban a teñirse de amarillo y rojo.

El deán Torkel estaba de un humor espléndido, ya que Dios le había concedido contemplar uno de Sus milagros en la tierra. Era una gracia especial.

Arn, que desde su fechoría había ayunado y se había negado a dormir en otro sitio que no fuese la catedral y rezando, tenía la cara descolorida, apesadumbrado por su gran pecado. Arn ya sabía que las palabras confusas del deán acerca de un milagro no eran ciertas. Dios le había mostrado misericordia dándole una espada con la que se podría haber defendido sin lastimar a nadie. Pero él había abusado de esa gracia y en cambio había cometido el peor de los pecados. Sabía que ya estaba condenado y le sorprendía que el Señor no lo hubiese abatido inmediatamente al cometer aquel acto imperdonable.

Al dejarlos entrar por la puerta del monasterio bajo los dos fresnos que eran lo único visiblemente restante de lo que la madre de Arn una vez donó, el muchacho se disculpó en seguida y entró en la iglesia del monasterio para pedir fuerza y para poder confesarse pronto con honradez.

El deán Torkel solicitó orgullosamente audiencia con el padre Henri, puesto que tenía grandes noticias que contar.

Fue una conversación extraña la que tuvo lugar entre los dos hombres y no solamente porque les costaba entenderse –el deán Torkel hablaba tan mal el latín como el padre Henri hablaba el nórdico–, sino porque además el deán Torkel estaba tan excitado que era incapaz de explicar nada de forma razonable hasta que el padre Henri le pidió que se serenase, bebiese un vaso de vino y empezara de nuevo desde el principio.

Cuando el padre Henri fue entendiendo lentamente el calibre de la catástrofe sucedida, le fue imposible comprender la desbordante alegría del deán.

Que Arn no era un secuestrador de novias era obvio; de entrada era muy difícil hacer que el ignorante colega nórdico explicase de un modo comprensible cómo se podía haber llegado a acusarlo de algo semejante.

Que luego, cuando alguien tuvo la mala fortuna de echarle una espada a Arn, todo acabase con un muerto y un moribundo ya era algo completamente obvio. Pero en ese caso, y con perdón por el pensamiento blasfemo, era como si Dios Padre mismo hubiese bromeado maliciosamente con los convidados. O mejor, tal vez los había castigado por su cruel falta de reflexión cuando una mujer asustada se escapaba y ellos en seguida tomaban como raptor de novias al primer hombre que encontraban por el camino. Lo último era ciertamente un comportamiento bárbaro detestable, especialmente cuando consideraban tener el derecho de, sin más, matar al primer hombre que encontrasen. Pero por otro lado, las leyes en esta parte del mundo eran así, por lo que las pobres almas confusas habrían obrado de buena fe.

Pero lo más difícil de soportar eran las pedantes fantasías del ignorante colega al decir que había tenido el privilegio de contemplar un milagro y ver al arcángel Gabriel detrás de Arn, ayudándolo en cada movimiento de la espada.

El padre Henri refunfuñó para sí mismo que si el arcángel Gabriel realmente hubiese visto lo que estaba a punto a suceder, no habría socorrido a Arn, sino a los estúpidos borrachos. Pero de eso no dijo nada en voz alta.

Más complicada resultó esta fantasía sobre el milagro cuando el deán Torkel solicitó la ayuda del monasterio para escribir correctamente esta narración milagrosa, mientras él todavía conservaba las visiones frescas en la memoria y además recordaba los nombres de todos los testigos.

Al principio, el padre Henri había respondido evasivamente a la solicitud y en cambio pidió que le explicase lo que decían las leyes allí afuera acerca del comportamiento del hermano lego Arn, y durante un buen rato distrajo al deán Torkel del tema de la ayuda para escribir.

Las leyes decían que se podía acabar con los secuestradores de novias cogidos en el acto. Sin embargo, si se mataba a un inocente, eso era considerado homicidio.

Por un lado, la ley era tal que si doce hombres atestiguaban que Arn era inocente y que un milagro había acaecido, Arn sería liberado en el juzgado, en caso de que se llegara tan lejos. Por otro lado, si el asesinado o, en el peor de los casos, los linajes de los dos asesinados quisiesen llevar el asunto a juicio, surgiría la cuestión de si Arn, que al parecer era su nombre, tenía hombres de honor y que no fuesen extranjeros que pudiesen responder por él. ¿Tendría Arn algunos hombres de honor? ¿Acaso pertenecía a algún linaje?

–Sí –suspiró, aliviado, el padre Henri–. El joven pertenece a un linaje, su nombre es Arn Magnusson de Arnäs. Su padre es, por tanto, Magnus Folkesson y el hermano de su padre es Birger Brosa de Bjälbo; Eskil, procurador de la corte, es su pariente, etcétera, etcétera. Por consiguiente, el niño pertenece al linaje de los Folkung, aunque dudo que ni él mismo comprenda lo que eso significa. Naturalmente no habría ningún problema para encontrar hombres de honor que respondiesen por él.

—¡No, claro que no! ¡Alabado sea Dios! —exclamó el deán Torkel—. Informaré rápidamente a los familiares de que no tienen nada que esperar en ningún juzgado. ¡Tanto mejor, entonces no se opondrán a confirmar que la historia del milagro es cierta!

A pesar de que los dos hombres de Dios parecían haber encontrado una solución muy sencilla a un problema legal, estaban de un humor muy distinto. El deán estaba feliz, como si flotase un poco por encima del suelo, ya que su narración milagrosa, de la que podría hablar mucho en la catedral, estaba a salvo, y para más inri sería escrita en pergamino con gran esmero por los que mejor sabían hacerlo.

El padre Henri, consciente de que no había tenido lugar ningún milagro, se alegró de que la dura y ciega ley godo-occidental no arremetiese contra Arn. Pero lamentaba la culpa de Arn y lamentaba su propia culpa, pues comprendió que él mismo y el hermano Guilbert tenían gran parte de responsabilidad en lo sucedido.

—¿Me pueden facilitar ahora mismo la ayuda para escribir lo que exige este importante asunto? —preguntó el deán, lleno de excitación.

—Sí, por supuesto, hermano —contestó el padre Henri, sorprendentemente comedido—. En seguida lo haremos.

El padre Henri mandó llamar a uno de los escribanos y explicó en francés —porque estaba seguro de que aquel ignorante no lo entendía— que lo único que tenía que hacer era poner a mal tiempo buena cara y escribir sin objetar, por muy loco que le llegase a parecer.

Cuando el deán, con paso pavoneante y juvenil, fue acompañado al *scriptorium* alabando al Señor en voz alta, el padre Henri se levantó apesadumbrado y salió en busca del infeliz de Arn. Sabía muy bien dónde encontrarlo.

VII

El deán Torkel era un hombre práctico y muy escrupuloso con el dinero, especialmente con el suyo propio. Ahora su arrendador Gunnar de Redeberga había fallecido muy inoportunamente, cuando más fuerte se sentía, y sin dejar tras de sí nuevos futuros arrendadores, ya que su boda había sido interrumpida de la forma más lamentable.

Cuando el deán Torkel se hubo repuesto de lo extraordinario de aquel acontecimiento, que él mismo contemplase con sus propios ojos un milagro del Señor, empezó a reflexionar sobre las consecuencias más terrenales de lo acaecido. Necesitaba un nuevo y enérgico arrendador para Redeberga, eso era lo más urgente.

Puesto que él era el confesor de Gunvor, la que iba a ser la esposa y que por poco lo fue, no pudo evitar tener determinados pensamientos al oír sus confesiones. Era verdad que había deseado la muerte tanto para sí misma como para su futuro esposo, por lo que tan sólo le impuso una semana de penitencia suave, pero también había confesado que sus deseos pecaminosos tenían su origen en los fuertes sentimientos que albergaba por otro joven, también llamado Gunnar.

Ese tal Gunnar de Långavreten, se había informado rápidamente el deán Torkel, era el tercer hijo de su padre y normalmente no se podría casar, ya que eso llevaría a la partición de Långavreten en tres herencias demasiado pequeñas. No obstante, Gunnar era un hombre espabilado, más dispuesto a labrar la tierra que no a marcharse para ser el guardia de otro.

Pronto el deán Torkel hizo llamar al joven Gunnar, escuchó su confesión y con ello calculó rápidamente cómo arreglarlo todo. El joven anhelaba tanto a Gunvor como ella a él.

Por consiguiente, todo se solucionaría de la mejor manera posible si los dos jóvenes fuesen los nuevos arrendadores de Torkel en Redeberga. Posiblemente, Tyrgils de Torbjörntorp, el padre de Gunvor, hubiese preferido que su hija fuese más que la esposa de un tercer hijo. Pero tal como ahora estaba la situación, no resultaría fácil de casar por hermosa que fuese, puesto que pronto se habría extendido la historia sobre su malograda fiesta nupcial por toda Götaland Occidental. El mismo deán había contribuido a ello, y no poco, pues su anhelo de que su narración milagrosa fuese nombrada en muchos sermones era enorme. Así que para el campesino Tyrgils, dueño de sí mismo, resultaba más seguro casar a su Gunvor en cuanto surgiese la más mínima oportunidad.

Y para el padre del joven Gunnar, Lars Kopper de Långavreten, no estaba nada mal casar a su tercer hijo y encima de una manera a gusto del propio chico. Ambos padres ahorrarían mucha dote y regalo de la mañana de esta manera. Y además, probablemente los dos jóvenes no dejarían a sus padres en paz al comprender la oportunidad que les había llovido cual maná del cielo.

El deán Torkel había sembrado la primera semilla manteniendo una conversación entrañable con Gunvor para sanar su alma, luego había hecho lo mismo con Gunnar y después había sido cosa fácil mandar llamar a ambos padres y concluir el negocio. La cerveza de compromiso podía prepararse de inmediato.

Para la misa de San Miguel, al entrar la tregua de cosecha y cuando ya nadie tenía que atender los cercados de los campos, se bebió la cerveza de compromiso en Redeberga con la presencia del mismísimo deán para confirmar la promesa entre Gunvor y Gunnar. Cuando les habló a una hora en que los convidados todavía estaban suficientemente sobrios como para prestar atención a las palabras de un hombre de Dios, les advirtió que debían venerar el milagro del Señor, que ahora finalmente, y en contra de toda lógica terrenal, a pesar de todo los había unido.

Para Gunvor era el día más feliz de su vida. ¿Qué importaba que ahora fuese a vivir en una condición un poco inferior que aquella en la que había nacido? Aquí estaba ahora, sentada en la silla trenzada de compromiso con su verdadero Gunnar, a quien había dado por perdido para siempre. Había ascendido como una alondra desde la desesperación más profunda a una felicidad celestial. Se ofrecería con mucho gusto a este Gunnar, con el que ya estaba unida; más bien le pesaba que tuviesen que esperar con todo aquello hasta la cerveza nupcial en la primavera. Sin embargo, era una carga fácil de llevar, ya que si todo hubiese ocurrido tal como había temido en sus momentos más oscuros, a estas horas estaría debajo de aquel viejo asqueroso cada dos por tres. Al menos era así como las mujeres ancianas le habían descrito la desgracia.

Ahora les permitían a ella y a Gunnar estar juntos y cuanto quisiesen, siempre y cuando hubiese otras personas cerca. Y cuando ya llevaban varias horas de fiesta de compromiso salieron al patio un rato juntos para ver la puesta del sol. Se cogieron de las manos y sintieron tanto temor como felicidad ante el hecho de vivir juntos, envejecer y morir en esta casa, ciertamente un poco más pequeña que aquellas en las que habían pasado su niñez, pero sin embargo, juntos para siempre.

El asunto ligeramente complicado que Gunvor quería sacar ahora a relucir no halló ninguna objeción por parte de su novio, con lo cual se sintió aliviada inmediatamente.

Porque era muy cierto que estaría en eterna gratitud con la Virgen Santa por salvarla de las fauces de la desgracia en el último momento. Ciertamente no dejaría nunca de mencionarlo en sus oraciones.

Pero aunque el hombre solamente sea una herramienta de Dios y aunque nada puede ocurrir en contra de la voluntad de Dios, y toda gratitud en realidad únicamente recae en Él, no podía dejar de pensar en el joven que realmente había sido esa herramienta de Dios. Tenía un aspecto tan miserable en su gastado hábito marrón cuando los borrachos lo cogieron por la cabeza, inclinándola para cortarle el cuello. Pero luego, a pesar de todo, él la había salvado, los había salvado a los dos.

Por esa razón, ella quería donar los dos alazanes que habían recibido como regalo de compromiso al monasterio de Varnhem, además de viajar hasta allí y manifestar su agradecimiento al pequeño niño monacal que había defendido su felicidad arriesgando su propia vida.

Gunnar pensó que era una idea excelente, y la alabó por ella, y en seguida se ofreció a acompañarla a Varnhem para ocuparse de ese asunto.

Su decisión llegaría como un maravilloso alivio para el alma de este joven que, no obstante, y de ninguna manera era tan pequeño y miserable como Gunvor lo recordaba.

El hermano Guilbert llevaba seis días trabajando en la forja de espadas y se encontraba como enfebrecido o enfurecido o como con una divina inspiración. Prácticamente se había despreocupado por completo de la mayoría de sus otras obligaciones y el padre Henri no se lo había recriminado, así que, durante estos días, los golpes del martillo de la forja resonaban sin cesar en Varnhem, incluso durante algún que otro momento de oración.

Pero hacía tiempo que el hermano Guilbert no había forjado una espada según los métodos nuevos, puesto que había sido absurdo venderlas a los bárbaros nórdicos; jamás soñarían siquiera con pagar el precio real por un trabajo como éste. Además, no tenían ninguna necesidad particular de espadas damascenas cuando apenas sabían manejar sus propias espadas.

Cuando fabricaba espadas nórdicas, partía de tres tipos de hierro que unía doblando el material varias veces y volviendo a aplanarlo. Con esta mezcla se podía conseguir cierta flexibilidad y, además, afilar la hoja tan brillante y trazada como les gustaba a los hombres nórdicos, cuanto mejor trazada, tanto mejor les parecía. Preferiblemente, el trazado debía aparecer en forma de serpiente al respirar contra la hoja fría. Pero aun así lograba una mayor solidez que lo que normalmente se encontraba en este apartado rincón del mundo.

Pero la espada en la que ahora trabajaba en santa desesperación desde el principio tenía un solo núcleo de acero templado. El arte de convertir hierro en acero no era conocido entre los nórdicos. El hermano Guilbert había usado su mejor hierro para este propósito y lo había forjado durante tres días empaquetado en carbón, cuero y ladrillo para conseguir la transformación. Después colocaba el bendito núcleo de acero en capas de hierro más suave. El filo sería tan afilado como para rasurar la cabeza de un monje. Con cada golpe de martillo contra el yunque y con cada oración completaba lento pero seguro una obra de arte de las que sólo se encontrarían en Damasco o en Outremer, donde otros como él habían aprendido el arte sarraceno; el hermano Guilbert disidía en mucho cuando se trataba de los sarracenos, pero evitaba sabiamente esa discusión. No importaba cuánto amase al padre Henri como el más sabio y dulce de los priores que un pecador como él pudiese tener como superior, sabía con toda seguridad que hablar de los sarracenos no era en absoluto un tema apropiado de conversación.

Había avanzado mucho en su trabajo el sexto día cuando un novicio asustado fue a molestarlo, y obviamente se asustó aún más al ver el aspecto salvaje del hermano Guilbert, con la mirada fija y el pelo enredado. Sin embargo, el novicio iba de parte del padre Henri, quien lo reclamaba para una reunión urgente, estuviese forjando o no.

El hermano Guilbert interrumpió su trabajo de inmediato y se dirigió al *lavatorium* para hacerse merecido de su prior.

El padre Henri lo estaba esperando dentro del *scriptorium*, su segundo lugar favorito. En realidad, el otoño no había avanzado demasiado todavía, pero las noches empezaban a refrescar y el padre Henri nunca había aprendido a soportar el frío nórdico. Por eso prefería el *scriptorium* a los bancos de piedra del claustro al lado del huerto.

–Buenas tardes, mi querido Vulcano –saludó el padre Henri jocosamente cuando el recién lavado y todavía sudado hermano Guilbert se agachó para entrar por una puerta hecha para hombres mucho más pequeños que él.

–En ese caso, buenas tardes, mi querido padre Júpiter –contestó el hermano Guilbert en el mismo tono, sentándose sin esperar la invitación delante del escritorio donde el padre Henri estaba trazando.

Hubo un pequeño silencio durante el cual el padre Henri terminó algún trazado, secó lentamente la pluma y la apartó. Luego carraspeó de la manera que el hermano Guilbert –al igual que otros muchos de Varnhem o Vitae Schola– reconocía como la señal de que ahora vendría una explicación más o menos larga.

–Dentro de un rato escucharé la confesión de nuestro hijo Arn –empezó a decir el padre Henri con un profundo suspiro–. Y le daré la absolución. Inmediatamente. No se lo esperará y no le va a gustar, puesto que está muy arrepentido y profundamente afectado por la idea de su pecado y, bueno, te lo puedes imaginar. Pero debes saber, mi verdadero y estimado hermano, que realmente he examinado todo esto muy detenidamente, y he llegado a una conclusión que no es solamente agradable para ti y para mí. Pues lo ocurrido no es culpa de Arn, sino más bien tuya y mía. Por supuesto tenemos un conflicto entre, por un lado, la ley mundana, que por muy bárbara que nos pueda parecer en esta parte del mundo, no obstante, es la ley mundana; y por el otro, la ley de Dios. La ley mundana no perjudica a Arn; tampoco la ley divina. Para ti y para mí es más delicado, y a estas alturas ya sabes a qué me refiero. Y por favor, ten la bondad de no decir «¡te lo dije!».

–Con toda humildad, padre, te lo dije –contestó el hermano Guilbert rápidamente–. Deberíamos haberle dicho quién era. Si hubiese sabido quién era al encontrarse con esos campesinos borrachos...

–Nadie hubiese salido lastimado, ¡lo sé! –interrumpió el padre Henri con más congoja que irritación en la voz–. De todas maneras, lo hecho hecho está y ahora tenemos que pensar en lo que sigue. Por mi parte tendré que empezar con el trabajo de hacer comprender a Arn que está perdonado ante la ley de Dios, y creo que no será fácil. ¡Que Dios me asista, de verdad quiero a ese niño! Cuando se nos fue cabalgando camino a la casa de su padre era algo tan poco corriente como un ser humano libre de pecado...

–Un Perceval –murmuró el hermano Guilbert, pensativo–. Realmente un joven Perceval.

–¿Un qué? Ah, eso, pues bien, de acuerdo –murmuró el padre Henri, algo distraído en sus cavilaciones. Calló un rato antes de continuar–: Ahora, hermano Guilbert, como prior tuyo te ordeno lo siguiente. Cuando

Arn vaya a ti saliendo de mí, le dirás quién es en lo referente a todo aquello que yo no haya podido explicarle. ¿Sabes lo que quiero decir?

–Lo sé y obedeceré tus órdenes a rajatabla, padre –contestó el hermano Guilbert con mucha seriedad.

El padre Henri asintió pensativamente en silencio, luego se levantó y se alejó con un ademán de despedida. El hermano Guilbert se quedó un buen rato, ya que estaba rezando intensamente para tener la fuerza de elegir bien sus palabras al ejecutar las órdenes que acababa de recibir.

Arn había pasado diez días en una de las celdas para invitados en Varnhem. Pero había apartado todo lo que solamente era para los huéspedes, el colchón bien relleno de paja, los edredones rojos de algodón y las pieles de cordero, y él mismo se había impuesto silencio y pan y agua.

El padre Henri lo encontró pálido y con ojeras y una mirada helada por la pena. Era imposible saber cómo hablaría y cómo se comportaría el joven, si conservaba el juicio y si comprendería lo que pronto iba a sucederle. El padre Henri decidió actuar de entrada solamente como uno de su vocación y no mostrar ni consuelo ni severidad.

–Estoy preparado para oír tu confesión, hijo mío –dijo el padre Henri, sentándose en el duro camastro de madera e indicando a Arn que se sentara a su lado.

–Padre, perdóname porque he pecado –empezó Arn, pero tuvo que interrumpirse con un discreto carraspeo ya que su voz resultaba insegura tras diez días de silencio–. He cometido el peor de los pecados y no tengo nada con qué excusarme. Maté a dos hombres aunque solamente podría haberlos lesionado un poco. Maté a dos hombres sabiendo que para mi alma hubiese sido mejor que yo muriese y encontrarme con el Señor Jesús libre de este pecado. Por eso estoy dispuesto a someterme a la penitencia y al castigo que me impongáis, padre. Y nada me parecerá demasiado duro.

–¿Eso es todo? ¿Nada más, ya que estamos en ello? –preguntó el padre Henri con tono ligero, pero a la vez arrepintiéndose de que sonase como si estuviese burlándose de las terribles angustias del joven.

–No... eso es todo... es decir, he tenido pensamientos malos y equivocados intentando disculparme, pero eso está comprendido por lo que ya he confesado –contestó Arn, visiblemente confuso.

El padre Henri sintió un gran alivio de que Arn estuviera tan lúcido como para controlar el habla al contestar una pregunta tan desconcertante. Pero ahora vendría lo inaudito, esa gracia de Dios que muchas veces sobrepasaba el juicio del hombre. El padre Henri respiró profundamente, consultando a Dios una última vez antes de pronunciar las dos palabras clave. Esperó un momento hasta sentir en su interior que Dios le daba el apoyo necesario.

–*Te absolvo*, te perdono en el nombre del Padre, del Hijo y del Espíritu Santo, hijo mío –dijo, santiguando primero a Arn y luego a sí mismo.

Arn lo miró como embrujado, incapaz de comprender lo que había oído. El padre Henri esperó hasta que el significado de las palabras hubiese calado muy hondo en Arn. Luego carraspeó largamente, esta vez totalmente consciente de que eso era señal de que ahora emprendería su explicación.

–La gracia del Señor es realmente grande, pero ahora estás del todo libre de pecado, hijo mío. Como tu confesor y como el humilde servidor de Dios y con Su apoyo, te he perdonado. Alegrémonos pronto por lo grande que ha ocurrido, pero no lo tomemos demasiado a la ligera. Debes saber que todo el tiempo que en tu soledad has empleado para pedir consejo a Dios, también lo he hecho yo. Y si Dios tal vez te ha dicho otra cosa diferente de lo que me ha dicho a mí, puede que haya una intención también en eso, pues hemos tratado un asunto muy difícil, el más difícil que he tenido como confesor. La angustia que has sufrido durante estos días ha sido parte de tu suplicio.

–Pero... pero ¿no puede... no puede ser posible... homicidio...? –tartamudeó Arn.

–No me interrumpas y lo sabrás –continuó el padre Henri con decisión aunque tranquilizado, puesto que le parecía que Arn estaba más receptivo de lo que había temido–. El buen mundo de Dios es doble en este caso y tendremos que intentar ver el conjunto. Hay un mundo allí afuera, extramuros, con sus leyes a veces peculiares. Según estas leyes estás libre de culpa, hasta aquí es muy sencillo. Pero nosotros tenemos nuestro propio mundo superior, el intramuros, y éste nos exige mucho más. Primero, mi culpa y la del hermano Guilbert son más grandes que la tuya en cuanto a esos homicidios. Te lo explicaré con más detalle dentro de un rato. Segundo, tendremos que estudiar tu acto desde la perspectiva superior de Dios, por aventurado que nos parezca a nosotros, pobres pecadores, y tendremos que tratar de comprender la intención de Dios. No es para este acto que Él ha cuidado especialmente de ti, de eso puedes estar seguro. Tu gran misión en la vida, sea cual fuere, todavía queda delante de ti. Pero Dios utilizó el instrumento más práctico que tenía a mano para castigar a unos hombres que habían pecado severamente. Porque así fue: habían obligado a una joven mujer, Gunvor, a la que conociste por primera vez allí en el camino, a casarse con un hombre por el que sentía repugnancia y la obligaron por su propia lujuria y codicia. Cuando ella en su desesperación intentó huir de su cruel sufrimiento, ellos se llenaron de ira y quisieron matar a quien se pusiese en su camino y entonces profirieron mentiras en voz alta de que el primero que encontrasen sería el secuestrador de la novia y a quien, según las leyes, tendrían el placer de matar. Dios, al ver esto, se enfureció y te puso a ti en el camino de los pecadores para castigarlos tan duramente como sólo Él puede hacerlo. Ese deán, el tal Torkel, no se equivocaba del todo cuando decía que había visto a un ángel conducir tu mano, aunque eso del milagro, etcétera, etcétera, naturalmente sean delirios. Eras la herramienta de Dios y ejecutaste Su castigo, cosa que tal vez no hubieses hecho si yo y el hermano Guilbert no te hubiésemos engañado. Por eso estás perdonado y libre de pecado, hijo mío. Tu ayuno acaba hoy, pero come con prudencia esta noche, no es bueno tragar mucho después de tanto tiempo sin comer. Bien. Eso es todo.

Arn no contestó durante un rato largo y el padre Henri lo dejó con sus pensamientos, pues lo dicho necesitaría tiempo para arraigar en la conciencia de Arn antes de hablar más del asunto o de otras cosas.

Arn no tenía ningún problema con ver la lógica formal en lo que había dicho el padre Henri. Pero la condición de esa lógica era que cada piedra descansase en una absoluta verdad y humildad ante Dios. En caso contrario, serían palabrerías. En seguida se avergonzó por lo que había sido su primer pensamiento al oír las dos palabras absolventes, que el padre Henri había modificado su fe por el amor corrupto a su hijo, que había construido una bondad especial en este caso que no sería válida en otros casos. Era feo pensar tan mal del padre Henri y Arn comprendió, por tanto, que tras su absolución sólo había logrado mantenerse libre de pecado por unos instantes. Pero ahora no era momento de confesarse de nuevo.

–Así que hemos llegado a la cuestión del pecado y parte de culpa en lo sucedido, en mi caso y en el del hermano Guilbert –suspiró el padre Henri–. Allí afuera en el otro mundo se distingue a las personas entre ellas y se las valora diferente, como si todas no tuviesen la misma alma. Por consiguiente, no es como entre nosotros, donde no vales más ni tampoco menos que tu hermano. Allí afuera no se valora a un hombre por su alma, no ven en primer lugar a su prójimo, ven a un siervo o a un rey, un caudillo o un siervo liberado, ven a un hombre o a una mujer que tiene o no tiene antepasados distinguidos, más o menos como tú y el hermano Guilbert valoráis a los caballos. Así es allí afuera en el otro mundo, por desgracia.

–Pero si todas las personas tenemos antepasados, todos venimos de alguna parte desde Adán y Eva y nacemos todos igual de desnudos –objetó Arn con una nota de asombro en la voz.

–Sí, es cierto que todos tenemos antepasados. Pero algunos tienen, según ese sistema de valores, antepasados superiores a otros y algunos tienen antepasados ricos y propiedades que se heredan de generación en generación.

–O sea que, ¿si naces rico, continúas siendo rico, y si tienes antepasados superiores, no hace falta que hagas nada por ti mismo, de todas maneras serás superior? Y entonces no importa si eres bueno o malo, sabio o estúpido, ¿sigues siendo superior? –reflexionó Arn con un gracioso semblante sagaz al dar sus primeros pasos vacilantes por el conocimiento del otro mundo.

–Es exactamente así y por eso algunos allí afuera tienen siervos todavía hoy en día, eres consciente de eso, ¿verdad? –dijo el padre Henri.

–Sí... –dijo Arn, titubeante–. Mi padre tenía siervos. Es algo en lo que no he pensado en mucho tiempo; como si fuese algo que no le gustase a mi memoria, en mis oraciones vespertinas he pensado más en mi madre y no tanto en mi padre y nunca en que tuviese siervos. Pero así era. Ahora recuerdo cómo una vez decapitó a un siervo, he olvidado el porqué pero nunca olvidaré lo que vi.

–Sí, ¿lo ves? Y temo que tu padre todavía tenga siervos hoy en día. El caso es que pertenece a un linaje superior y eso significa, reflexiona bien sobre ello, eso significa que tú también perteneces a él. En la lápida de tu madre hay, como habrás visto aunque nunca lo hayamos comentado, dos insignias. Una es una cabeza de dragón y una espada; es la insignia de tu madre. La otra es un león rampante; es la insignia de tu padre. Es la insignia del linaje de los Folkung y, por consiguiente, tú eres Folkung y seguramente no comprenderás lo que eso significa.

–Noo –dijo Arn lentamente con la cara de ni siquiera poder imaginar ser otro distinto de quien era.

–En concreto significa lo siguiente –dijo el padre Henri abruptamente–. Tienes derecho a cabalgar con una espada, tienes derecho a llevar un escudo con la insignia de los Folkung y si aquellos sinvergüenzas te hubiesen visto así, jamás se les habría ocurrido atacarte. Y si no hubieses tenido espada ni hubieses llevado escudo con la insignia de los Folkung, con sólo pronunciar tu nombre, que es Arn Magnusson de Arnäs, sus ganas de luchar se habrían difuminado al instante. Eso es lo que nunca te he revelado, nunca te he explicado quién eres a los ojos de los del otro mundo y eso ha sido un error por mi parte. Si algo me puede disculpar es, por un lado, el hecho de que nosotros no tenemos esa visión del prójimo aquí dentro como la tienen los de allí afuera. Y no quería llevarte a la tentación de creerte jamás superior a los demás. Creo que lo puedes comprender y tal vez incluso perdonar.

–¿Pero eso no me convertiría en alguien diferente de quien soy? –objetó Arn, pensativo–. Soy tal como Dios me ha creado, igual que todos los demás, como tú o los siervos allí afuera, no tengo ninguna culpa ni mérito en eso. Y por cierto, ¿por qué iban a detenerse las almas infelices que querían matarme ante un nombre? A sus ojos seguía siendo un simple niño monacal que no sabía manejar una espada. Así que, ¿por qué asustarse ante ese nombre?

–Porque si llegan a tocarte un pelo, ninguno de ellos habría vivido para ver la puesta del sol. Ninguno de ellos. Tendrían tras ellos todo el linaje de los Folkung, tu linaje. Y ni un solo campesino en este desventurado país se atrevería siquiera a soñar con hacer tal estupidez. Así es el mundo allí afuera, tendrás que empezar a hacerte a la idea.

–Pero no quiero acostumbrarme a la idea de un orden tan irracional y malvado, padre. Tampoco quiero vivir en un mundo así.

–Tendrás que hacerlo –dijo el padre Henri escuetamente–. Puesto que así está decidido. Pronto saldrás de nuevo al otro mundo, ésa es mi orden.

–Obedeceré tu orden, pero...

–¡Nada de peros! –interrumpió el padre Henri–. Ya no se te permite rasurarte la cabeza. A partir de este momento interrumpirás tu ayuno, aunque no olvides aquello de comer con cuidado al principio. Inmediatamente después de la cena irás a ver al hermano Guilbert y él te explicará la otra cara de la verdad sobre ti, la otra cara que tampoco conoces.

El padre Henri se levantó con dificultad del duro camastro. De pronto se sentía viejo y tieso y por primera vez pensó que su vida ya había llegado al otoño, que el tiempo del reloj de arena corría y que tal vez nunca sabría cuál era la misión que Dios preparaba para su amado hijo.

–Pero perdóname, padre, una última pregunta antes de que te vayas –dijo Arn con cara de pensar febrilmente.

–Claro, hijo mío, las últimas preguntas que quieras, ya que las preguntas no cesarán jamás.

–¿En qué consistía tu pecado y el del hermano Guilbert? Aún no lo entiendo.

–Muy sencillo, hijo mío. Si hubieses sabido quién eras, no habrías tenido que matar. Si te hubiésemos dicho quién eras, habrías sabido. Te ocultamos la verdad pensando que te protegíamos con una mentira y Dios nos ha probado duramente que nada bueno puede salir de algo malo. Es así de sencillo. Pero tampoco nada malo puede salir de algo bueno, y tú no tenías malas intenciones. Bien, ¡nos veremos para la vespertina!

El padre Henri dejó solo a Arn para las horas que requería la acción de gracias, algo que el padre Henri no tuvo que mencionar siquiera. Porque en cuanto éste cerró la puerta tras de sí, Arn cayó de rodillas dando las gracias a Dios, a la Santa Virgen y a san Bernardo, en ese orden, porque ellos, a través de su gracia inefable, habían salvado su alma. Durante sus oraciones sentía como si Dios le contestase, ya que la vida le retornaba al cuerpo cual una corriente cálida de esperanza y finalmente como algo tan trivial como el simple hambre.

Gunvor estaba como embriagada por su propia bondad, le hacía sentirse feliz. Porque realmente era un gran sacrificio el que ella y Gunnar estaban a punto de realizar; los dos preciosos alazanes eran casi la mitad de lo que ella y su prometido poseían, y donar tanto no era cosa fácil. Pero era correcto hacerlo y estaba orgullosa y contenta de que ni ella ni Gunnar sintieran la menor duda al acercarse al monasterio de Varnhem. Tal y como lo veía Gunvor, la Santa Virgen había contestado a sus fervorosas súplicas y no llevándosela en el abrazo liberador de la muerte sino enviando un pequeño niño monacal, que con dos golpes de espada cambió su vida y la de Gunnar para siempre. Ahora vivirían juntos hasta que la muerte los separase y ni un solo día en ese largo viaje dejarían de expresar el agradecimiento por la decisión de Nuestra Señora de salvarlos y darles a ambos lo que más estimaban en la vida.

Pero aunque de esa manera el niño monacal había sido una herramienta insignificante como una pala de estiércol en comparación con Nuestra Señora, era la única persona a quien Gunvor y Gunnar podrían dirigirse con los agradecimientos, y él pertenecía al único monasterio en el que podían depositar su sacrificio. Su padre siempre le había infundido la importancia de los sacrificios, aunque también hacía sacrificios a otra cosa que a los santos de Dios.

Cuando, detrás de su Gunnar y con su madre Birgite y Kristina, la hermana de Gunnar, entró cabalgando en el *receptorium* de Varnhem, en donde se recibía a los ajenos, sintió una gran veneración ante los muros, ante el precioso suelo empedrado en el que los cascos de los caballos resonaban con un eco cual música, ante todas las flores que chisporroteaban de color en el pequeño patio con el agua murmurante.

Se sintió llena de solemnidad, pues para un extraño, al entrar, el lugar parecía impregnado de la presencia de Dios.

Descabalgaron y ataron los caballos y el hermano que los había recibido se les acercó amablemente y les preguntó cuál era su encargo. Cuando Gunnar lo hubo explicado, los invitó a sentarse en los bancos de piedra al lado del agua murmurante y mandó traer cerveza y pan, y bendiciéndolo, lo repartió mientras les daba la bienvenida y luego fue a buscar al prior.

Tuvieron que esperar un buen rato pero no hablaron mucho durante la espera, ya que los cuatro estaban inmersos en la calma del lugar. Sería una dura caminata de vuelta detrás de los caballos de la madre Birgite y la hermana Kristina, pensaba Gunvor. Pero todavía estaba firme en su convicción, ya que ¿qué significaban dos alazanes, por preciosos que fuesen, en comparación con el regalo del amor recibido de Dios por mediación de los habitantes del monasterio?

Finalmente se abrió en la parte posterior del *receptorium* una pequeña puerta de roble con herrajes y el venerable prior se les acercó. El pelo plateado formaba una corona alrededor de la cabeza rasurada, pero sus amables ojos pardos estaban llenos de vida, lo cual lo hacía aparentar más joven de lo que probablemente era. Los bendijo a todos, se sentó tranquilamente y guardando las formas compartió un pan con ellos, el cual también bendijo, y luego abordó el tema sin rodeos, queriendo saber por qué unas personas que no eran ricas –cómo podía saberlo era un misterio, pues todos se habían vestido con sus mejores ropas– querían dar un regalo tan valioso a los fieles del huerto de Dios. A veces les costaba entender su idioma, puesto que utilizaba muchas palabras de la lengua eclesiástica.

Gunnar, que debía hablar como representante de ellos, se avergonzó y en seguida Gunvor tomó la responsabilidad de explicarle al padre Henri, sin que a Gunnar le importase lo más mínimo, cómo había puesto la última esperanza de vida en Nuestra Señora y cómo la salvación le había llegado de la mano de un pequeño niño monacal, y cómo eso la había llevado a que ella y el hombre al que más quería en el mundo pudiesen vivir juntos para siempre durante toda su vida terrenal.

Primero el prior escuchó muy atentamente, intercalando alguna que otra pregunta, cuya importancia Gunvor no comprendía, y pronto el venerable anciano irradiaba una felicidad desde sus adentros. De vez en cuando asentía con la cabeza como si confirmase los pensamientos que había llevado en su interior, casi como si hubiese sabido que llegarían, y luego rezó una oración en el idioma extranjero.

Después mandó a buscar a un enorme monje quien, lleno de hollín y sudor, examinó los caballos, alternando gruñidos aprobatorios con descontentos; luego le explicó algo al prior en un idioma totalmente incomprensible.

–El Señor sea alabado por vuestra buena donación –dijo el padre Henri, y todos escuchaban ahora con atención, pues el enorme monje se había acercado a la yegua, la había asido por el cabestro y le hablaba ahora amablemente, mientras daba la impresión de que no le interesaba en absoluto el espléndido semental.

»Vuestro sacrificio es grande, vuestra voluntad de querer regalarnos lo más valioso que poseéis nos infunde mucho respeto –continuó el padre Henri–. Pero solamente podemos aceptar la yegua, ya que el caballo no puede sernos de ninguna utilidad. Pero no lo toméis como un desprecio, el regalo pensado ya está entregado y tal vez la Madre de Dios se compadeció de vosotros y pensó que ya habéis sacrificado demasiado. Os pido, por tanto, que conservéis el caballo.

Mientras dudaban qué debían contestar, el padre Henri hizo una señal al hermano Guilbert que, inclinándose como un señor ante ellos, salió con la yegua por la puerta de madera, cerrándola tras de sí. Gunnar se alegró mucho, ya que lo que más le había costado era precisamente separarse del caballo. Pero como la yegua siempre había sido un poco difícil de tratar, le sorprendió que el monje desconocido pudiese tomarla por el cabestro y llevársela sin más por una puerta estrecha sin que se resistiese lo más mínimo. Se le ocurrió que a la yegua le podía haber entrado el mismo sentimiento de solemnidad que a ellos mismos al entrar en una de las casas del Señor. Daba por sentado que los monjes no podían saber mucho acerca de caballos.

Al ver el padre Henri que sus huéspedes generosos y agradecidos aceptaron su respuesta medio negativa, se acomodó, contento, y les preguntó si podía corresponderles con un favor recíproco, ¿algunas plegarias, tal vez?

Entonces Gunvor, ruborizándose, pidió permiso para darle las gracias al niño monacal en persona, y disculpándose en seguida por su atrevimiento, añadió que su novio se sumaba a ella en esta petición.

Quizá había esperado ver nublarse la frente del viejo monje por encontrar impropia su petición, pero para su alivio se le alegró la cara en seguida y opinó que podía ser una idea estupenda. Se levantó rápidamente como si fuese un hombre joven y dio la vuelta con la intención de marcharse corriendo, pero se acordó de algo y se detuvo en seco.

—Pero tendréis que verlo a solas —dijo con una sonrisa tan amplia que mostraba un gran hueco entre los dientes de la mandíbula inferior—. El joven se sentirá innecesariamente incomodado si su prior está presente, no está acostumbrado a recibir agradecimientos. Pero no os preocupéis, él es uno de los vuestros y entiende todo lo que decís.

El padre Henri bendijo a sus huéspedes al despedirse y desapareció por la puerta de roble, canturreando y con paso ligero como un hombre muy joven.

Estuvieron un rato discutiendo cómo debían interpretar eso, pero no hallaron ninguna respuesta. En cualquier caso no parecía ser incorrecto que un joven niño monacal estuviese a solas con unos huéspedes, ni siquiera huéspedes femeninos, pero sí habría sido incorrecto que Gunvor y Gunnar viajasen a Varnhem a solas.

Cuando Arn se les acercó, recién lavado y tímido, Gunvor cayó de rodillas y lo cogió de las manos, cosa que podía hacer ya que su prometido y su madre Birgite y su hermana Kristina estaban a su lado, y soltó una retahíla de palabras en agradecimiento a Arn.

Pero mientras hablaba se dio cuenta de que las manos que tenía entre las suyas no pertenecían a un niño pequeño. Las manos eran fuertes y duras como la piedra, era como si hubiese cogido las manos de su padre o las de un herrero. Pero al ver la mirada clara de Arn era como si su cara infantil y dulce en absoluto pudiese tener nada que ver con tales manos, y se le ocurrió que Nuestra Señora tal vez no le había enviado un monjecito cualquiera, ya que aquellas manos no eran las de un niño débil.

Arn se ruborizó y no supo cómo manejar la situación. Por un lado debía respetar los agradecimientos sinceros de la joven mujer; por el otro pensaba que estaba dirigiendo sus gracias equivocadamente. Tan rápido como se atrevió se liberó con cuidado de sus manos y la instó a levantarse, bendijo sus agradecimientos y le recordó que este agradecimiento debería ser dirigido hacia más arriba. Gunvor asintió en seguida y aseguró que lo seguiría haciendo mientras viviese.

Cuando Arn hubo dado la mano a los presentes y todos hubieron sentido y comprendido lo mismo que Gunvor al tomar sus callosos puños, se sentaron un rato y se hizo un silencio embarazoso.

Entonces Gunnar sintió que debía decir algo antes de que fuese demasiado tarde, ya que si no decía nada ahora, se arrepentiría durante el resto de su vida. El valor y el honor de un hombre también se caracterizaban por expresar lo que realmente pensaba.

Y Gunnar empezó a explicar, al principio un poco entrecortado y titubeante, que él y Gunvor se habían amado secretamente desde hacía muchos años, que habían rogado continuamente a Dios por un milagro que los pudiese unir, a pesar de que nada auguraba tal posibilidad y a pesar de que los padres de ambos sólo rechazaban sus sueños cual aberraciones infantiles. Pero él había sentido que no podía vivir sin su Gunvor. Y ella había sentido lo mismo. Y el día que se la llevaron para la cerveza nupcial ya no había querido vivir más. Y ella tampoco había querido vivir. Y aunque Nuestra Señora finalmente tuvo misericordia por ellos, fue Arn quien estuvo a Su servicio y ejecutó Su voluntad.

Ante estas palabras, este sincero intento de un hombre sencillo de expresar en su rudo lenguaje el significado de la gracia, Arn sintió tanta veneración como gratitud. Era como si ya se hubiese reconciliado con la convicción de que la absolución del padre Henri era real, que había sido los andamios y el núcleo de una casa, aunque no una casa acabada. Pero con este regalo de amor que habían recibido esos sencillos campesinos y por el que ahora le agradecían tan sinceramente, era como si la casa de pronto estuviese acabada con todos los muros y todos los entramados y las ventanas en su sitio.

–Gunnar, amigo mío –dijo con júbilo en su interior–, lo que me habéis dicho me acompañará siempre, puedes estar seguro de ello. Pero lo único que os puedo dar a los dos en señal de gratitud son unas palabras de las Sagradas Escrituras, y no pienses mal antes de haberlas escuchado. Porque fue vuestro amor el que todo lo venció y la Madre de Dios vio vuestro amor y por eso tuvo misericordia. Escuchad ahora las siguientes palabras del mismo Señor y dejad que esas palabras vivan en vuestro hogar y en vuestros corazones para siempre:

Llévame grabada en tu corazón,
¡llévame grabada en tu brazo!
El amor es inquebrantable como la muerte;
la pasión, inflexible como el sepulcro.
¡El fuego ardiente del amor
es una llama divina!
El agua de todos los mares
no podría apagar el amor;
tampoco los ríos podrían extinguirlo.
Si alguien ofreciera todas sus riquezas
a cambio del amor,
burlas tan sólo recibiría.

Había leído el texto en su propio idioma para que lo entendiesen; tuvo que repetirlo varias veces para que lo memorizasen y les dijo dónde encontrar estas palabras de Dios en las Sagradas Escrituras: El Cantar de los Cantares, 8, 6-8.

Cuando se despidieron volvieron a darse las manos y Gunvor le preguntó por su nombre. Arn intentó decir su nombre por primera vez, el nombre que pertenecía al otro mundo: Arn Magnusson de Arnäs. Pero no fue capaz, lo sentía como una presunción. Les dijo solamente que se llamaba Arn.

Gunnar, al salir cabalgando con su novia sentada delante de él en la silla del caballo y rodeando su cintura con los brazos, pues ya que se habían quedado con el potente caballo no había razón para caminar, sintió que su pecho respiraba violentamente y nunca antes había sentido el aire fresco del otoño tan agradable y tan libre. Cabalgaba con su futura esposa en sus brazos, sentía el calor de su cuerpo y los latidos de su corazón contra su antebrazo. Juntos repitieron una y otra vez las propias palabras de Dios sobre su amor vencedor.

Oscureció temprano aquel día y el tiempo pasó a tormenta. Era imposible conversar al aire libre y los habían avisado de que estarían a solas en el *parlatorium* al lado de la sala principal. Cuando Arn se dirigía por el claustro hacia la reunión con el hábito revoloteando en el viento, rezó porque Gunvor y Gunnar tuviesen buena protección de camino a casa bajo la primera tormenta de otoño, alguna protección más que el amor con que calentarse. Aunque también pensó que probablemente su amor era tan fuerte que los protegería contra todos los vientos, tanto los vientos de la vida como los de la tormenta que estaba de camino.

El hermano Guilbert ya lo estaba esperando en el *parlatorium*, bien lavado y con el pelo todavía mojado cuando entró Arn. Las tres velas de cera flamearon un poco al abrir y cerrar la puerta con prisa. Primero rezaron juntos un *Pater Noster*, y luego una oración silenciosa cada uno por lo que ahora sería explicado.

Cuando el hermano Guilbert finalmente alzó la vista después de la oración, su mirada rebosaba de amor por su discípulo, pero también de una extraña pena cuya sombra Arn solamente había divisado alguna que otra vez.

–Como hermano en nuestra orden soy Guilbert de Beaune y lo sabes –empezó a decir el hermano Guilbert lentamente–. Pero también era mi nombre en otra orden que es un cercano familiar a la nuestra, se podría decir nuestra orden hermana armada, que también tiene el mismo padre espiritual que nosotros, ya sabes quién.

–El venerable san Bernardo de Clairvaux –constató Arn, juntando las manos encima de la pesada mesa de roble, y bajó la cabeza en señal de que solamente quería escuchar y no decir nada.

–Cierto, él y nadie más –continuó el hermano Guilbert, respirando profundamente–, él y nadie más creó también el Sagrado Ejército de Dios, la Orden de los Templarios, en la que yo luché por la causa de Dios durante doce largos años. Por tanto, fui soldado en Outremer durante doce años y me he enfrentado a más de mil hombres en combate, hombres buenos y hombres malos, valientes y cobardes, hábiles y no tan hábiles, y nunca nadie me venció. Como bien comprenderás, el asunto también tiene un lado teológico, y no solamente el lado que tiene que ver con la capacidad de las manos y los pies. Pero de momento me saltaré ese lado. El hecho es que nunca encontré a nadie superior a mí con la espada o la lanza, sin embargo, a caballo sí, y esto lo digo no para ufanarme, ya sabes que ninguno de nosotros aquí dentro lo hace. Lo digo porque es verdad y para que de una manera muy precisa comprendas quién te ha enseñado el arte de usar la espada, la lanza, el escudo, el arco y tal vez lo más importante, el caballo. Antes de seguir debo hacerte una pregunta por pura curiosidad. ¿Realmente nunca se te ha ocurrido esto?

–Eh... no... –dijo Arn, titubeante y a la vez aturdido por la idea de que durante todos esos años y hasta donde alcanzaba a recordar había cruzado la espada con un hombre superior divinamente bendecido–. No, por lo menos no al principio, solamente éramos tú y yo. Pero posteriormente, al pensar en los hombres que intentaron matarme y en la manera tan infantil y torpe con que manejaban sus espadas, empecé a preguntarme algunas cosas. La diferencia entre ellos y tú, querido hermano Guilbert, era enorme.

–Sí, parémonos aquí y hablemos un poco sobre eso, no es peligroso; al revés, creo que es bueno para ti –continuó el hermano Guilbert como si hubiese cambiado de tema y ya hubiese dicho todo lo que tenía pensado–. Si lo he entendido bien, se te acercó un hombre en diagonal desde atrás y apuntó el golpe hacia tu cabeza, ¿es así?

–Sí, creo que sí –dijo Arn, moviéndose nerviosamente. No le gustaba el giro que había tomado la conversación.

–Naturalmente te agachaste y cambiaste a la vez la espada de mano. El hombre de delante de ti bajó entonces la guardia porque tenía la mirada no en tu espada sino en tu cabeza, la cual esperaba ver rodar por el suelo. Tú viste el punto débil y golpeaste. Pero tuviste tiempo de pensar que debías girarte rápidamente y hacia el lado para no tener al otro encima de ti de nuevo. Así lo hiciste. El otro había tenido tiempo de levantar la espada pero ahora debía mover los pies, viste el punto débil en la cintura entre el codo y su rodilla doblada y golpeaste de nuevo. Así ocurrió, más rápido de lo que tú ni nadie pudisteis pensar, ¿verdad?

El hermano Guilbert había hablado con los ojos cerrados e intensamente concentrado, como si lo hubiese visto ocurrir todo de nuevo en su interior.

–Pues sí, exactamente así –contestó Arn, avergonzado–. Pero yo...

–¡Nada de eso! –interrumpió el hermano Guilbert, levantando la mano en señal de rechazo–. No te disculpes más por eso, ya tienes la absolución. Volvamos a lo que me ha ordenado el padre Henri que te aclare. No hubiese importado si esos canallas hubiesen sido tres o cuatro, los podrías haber matado a todos. Sinceramente, no creo que tengas tu par en cuanto a la espada ahí afuera, por lo menos no en este país. Pero ahora imagínate que tú y yo realmente luchásemos a vida o muerte. ¿Qué crees que pasaría entonces?

–Antes de que pudiera parpadear un par de veces me habrías dado... tal vez antes de parpadear tres veces –contestó Arn, confundido. No podía imaginarse siquiera una cosa tan absurda.

–¡En absoluto! –refunfuñó el hermano Guilbert–. Naturalmente no quiero decir practicar, cosa que siempre hemos hecho, yo mandando y tú obedeciendo. Pero si tuvieses que pensar por ti mismo y estuvieses obligado a ello, ¿cómo lucharías contra mí?

–No puedo tener pensamientos tan pecaminosos, nunca podría levantar una arma con intenciones malignas contra alguien a quien amo –contestó Arn, avergonzado, como si de todas maneras acabase de tener ese pensamiento.

–Te ordeno que lo pienses, estamos ocupándonos de teorías y eso no significa nada. Bien, ¿teóricamente cómo me atacarías?

–Creo que no me acercaría a ti de frente –empezó Arn, indeciso, pensando un rato antes de proseguir obedientemente con la cuestión–. Si me acercase a ti de frente, tu fuerza y tu alcance rápidamente serían decisivos a tu favor. Debería esquivarte un buen rato, circular a tu alrededor, esperar y esperar hasta...

–¿Sí? –dijo el hermano Guilbert con una sonrisa–. ¿Hasta que qué?

–Hasta que... tuviese una posibilidad, hasta que te hubieses movido tanto que tu fuerza y tu peso ya no estuviesen a tu favor. Pero nunca haría...

–¡Ahora has pensado por ti mismo! –interrumpió el hermano Guilbert–. Y ahora algo más importante. La idea del padre Henri de no informarte sobre quién eras es fácil de comprender con simple lógica, ¿verdad? Debemos vigilar a toda costa que el niño no se vuelva presuntuoso, debemos salvarlo de toda soberbia, especialmente tratándose de cosas que en nuestro entorno, pero no en donde estuve antes de llegar aquí, se consideran viles. He entrenado a muchos hermanos durante mi vida en Outremer; no hacíamos otra cosa cuando no estábamos en guerra. Pero aun así he visto pocos hombres que tuviesen los dones de Dios que tienes tú en cuanto al manejo de las armas, y tú tienes dos secretos que te hacen muy fuerte y creo que conoces uno de ellos.

–Puedo cambiar de la mano derecha a la izquierda –contestó Arn en voz baja mirando a la mesa delante de él. Era como si se avergonzase sin saber por qué.

–Exactamente –constató el hermano Guilbert–. Y ahora te diré cuál es tu segundo secreto. No eres un hombre especialmente alto como yo. Por eso, más de la mitad de los hombres con los que te podrías encontrar con una espada allí afuera parecerían más grandes y altos que tú. Pero lo único que has practicado en tu vida es precisamente luchar contra alguien más grande, es lo que sabes hacer mejor. Por eso no temas a un hombre que parezca grande, más bien teme a aquel que sea de tu misma altura o más pequeño. Pero otra cosa muy importante. El temor a la soberbia que tanto preocupó al padre Henri realmente existe, aunque tal vez no de la manera que él lo imaginó. He visto morir a muchos hombres precisamente por ser soberbios, porque en medio de una lucha contra un adversario inferior, o tal vez uno que parecía más pequeño, llegaron a admirarse demasiado a sí mismos. Por Dios que he visto morir hombres con una sonrisa de soberbia aún en los labios. Recuerda esto y recuérdalo bien. Porque aunque todos tus compatriotas allí afuera fuesen inferiores a ti en un ejercicio, cosa que creo, cualquiera de ellos te podría herir o matar en el momento en que te afectase la soberbia. Es como si el castigo de Dios cae más rápido sobre aquel que peca con armas en la mano. Porque lo mismo pasa con la ira o la avaricia. Por eso te digo, y no lo olvides nunca, que el arte que has aprendido dentro de estos sagrados muros es un arte bendito. Por consiguiente, si alzas tu espada en pecado estarás muy cerca del castigo de Dios. Por tercera vez, no lo olvides nunca. Amén.

Cuando el hermano Guilbert hubo acabado su explicación se quedaron callados un rato. Arn con la mirada ausente fija en una de las tres llamas flameantes, mientras el hermano Guilbert lo contemplaba a escondidas. Era como si estuviesen esperándose el uno al otro y ninguno se atreviese a decir nada primero, por miedo a que el otro tal vez quisiese hablar de otra cosa.

–¿Quizá te preguntes cuál fue el pecado que me llevó a dejar los templarios para venir a los cistercienses? –preguntó finalmente el hermano Guilbert.

–Sí, por supuesto –contestó Arn–. Sin embargo, no te puedo imaginar como un grave pecador, querido hermano Guilbert. Sencillamente, no encaja.

–Será más bien porque no te puedes imaginar el mundo de ahí afuera, porque ese mundo está lleno de pecados y tentaciones, es un tremedal, es una tierra con muchas trampas cavadas. Mi pecado fue la simonía, el peor pecado en el conjunto de reglas de los templarios. ¿Sabes siquiera lo que es?

–No –contestó Arn, sincero y a la vez asombrado. Había oído hablar de miles de pecados, grandes y pequeños, pero nunca de la simonía.

–Es cobrar por hacer los trabajos del Señor –contestó el hermano Guilbert con un suspiro–. Dentro de nuestra orden administrábamos mucho dinero por aquí y por allá, y a veces era difícil distinguir lo que era pecado y lo que no lo era. Pero no me voy a disculpar, he confesado mi pecado y aún hoy estoy haciendo penitencia por ello. Por tanto, no me fue permitido morir bienaventurado por la causa de Dios con la espada en la mano. Así es. Pero si no hubiese sido porque mi pecado me trajo a este servicio pacífico, nunca me habrías conocido y entonces hubieses sido un hombre totalmente diferente del que eres hoy. También hay que pensar detenidamente en ello, ya que Dios tiene un propósito con todo lo que sucede.

–Prometo no defraudarte, ni decepcionarte, mi amado hermano –dijo Arn rápidamente con emoción.

–Ejem –dijo el hermano Guilbert, inclinándose hacia adelante y mirando con regocijo la cara infantil de Arn y sus ojos desmesuradamente abiertos–. Deberías esperar un poco con tus promesas, porque antes de lo que te imaginas tendrás que hacer algunas. Ahora, sin embargo, nuestra conversación ha terminado y te ordeno pasar la noche entre la misa de medianoche y la misa matutina en nuestra iglesia. Busca a Dios en tu corazón durante esta noche de tormenta, la orden viene del padre Henri. Así que date prisa y duerme un poco, y nos vemos en la misa de medianoche, tal vez.

–Como me mandes, obedeceré –murmuró Arn, levantándose e inclinándose ante su maestro, y luego salió hacia su celda, donde se mentalizó para despertarse para la misa de medianoche y no dormirse. Después se durmió inmediatamente.

El hermano Guilbert se quedó un rato pensativo a la luz de las velas flameantes. Luego las apagó y se dirigió con pasos largos hacia la herrería, en la que dos hermanos novicios habían mantenido el fuego vivo durante su conversación con Arn. No había acabado del todo, ahora iba a usar lo último que le quedaba de los aceites secretos que había conseguido en Outremer y tenía que arreglar algunos detalles de los ornamentos.

Tras la misa de medianoche, Arn se quedó solo en la iglesia de Varnhem y pasó las primeras horas arrodillado ante la tumba de su madre, frente al altar. Para estos ratos largos de oración estaba permitido utilizar unos cojines suaves que se podían ir a buscar a la sacristía.

Estaba aturdido por el hecho de no reconocerse a sí mismo. Era como si fuese dos personas a la vez, y uno, el que conocía y sabía que era, era el hermano novicio Arn de Vitae Schola, más que de Varnhem. Y el otro era Arn Magnusson de Arnäs, que era más como una inscripción que él mismo. En esta noche tormentosa oró porque Dios lo guiase para encontrar lo bueno en estos dos y pidió a san Bernardo que lo llevase por el camino correcto de la vida y que no tropezase con todo el pecado del que parecía estar lleno el mundo ahí afuera, y finalmente oró para evitar ante todo el pecado de la soberbia.

Evitar ante todo la soberbia no era tanto por su propia convicción, como por su conocimiento de que este pecado era el que el padre Henri y el hermano Guilbert habían temido tanto como para ocultarle secretos.

Sus oraciones hicieron cesar el viento y parar el tiempo. O mejor dicho, al hundirse con todos sus sentidos en las oraciones dejaba de existir el tiempo. Por eso amaneció rápidamente y con el amanecer amainó la tormenta.

Ante su sorpresa, entró todo el coro y se colocó detrás del altar, y algunos de los cantores del coro le guiñaron un ojo amablemente y como en secreto. Entonces supuso que habría una misa de despedida del tipo que había cuando algún hermano bastante más importante que él se iba de viaje.

Pero luego oyó por el chirrido de las poleas y las cuerdas que estaban bajando la gran pila bautismal al lado del pórtico de la iglesia, y cuando se giró para mirar por el rabillo del ojo vio cómo preparaban agua para la pila bautismal. Ya no entendía nada en absoluto de lo que estaba pasando.

De repente el coro entonó el más majestuoso de todos los cánticos de alabanzas al Señor, el himno sobre el reino eterno y el poder eterno. Inmediatamente se dio cuenta de que los cantores tomaron su trabajo con la máxima seriedad, y realmente lo hicieron lo mejor que pudieron y fue en algunos pasajes, en los que los acompañaba murmurando y con los ojos cerrados, que sintió como si tuviese frío y luego calor y su pecho se llenó con una luz sagrada y fue alzado por la fuerza oculta del cántico hacia el Señor.

Pero cuando durante un pasaje lento alzó la mirada, descubrió que algunos de los cantores estiraban un poco el cuello mirando hacia la pila bautismal, naturalmente sin perder el tono lo más mínimo, y al girarse vio un espectáculo que era lo más extraño y sorprendente que había visto jamás. Allí abajo estaba el padre Henri bendiciendo una espada sostenida por el hermano Guilbert. Salpicaron la espada con agua bendita como si la bautizasen. ¡Era tremendo, una espada en la casa de Dios!

Cuando hubieron cantado todos los versos del majestuoso himno *Te Deum*, se acercaron al altar el padre Henri y el hermano Guilbert; el hermano Guilbert llevaba la espada entre sus brazos estirados como si fuese una hostia u otro objeto sagrado. Colocaron la espada con cuidado en medio del altar y el padre Henri entonó el *Pater Noster* y todos lo acompañaron, murmurando la oración. Luego el padre Henri se giró hacia Arn y le indicó que se pusiese muy cerca de la tumba de su madre, y cuando hubo obedecido, el coro empezó a entonar un himno nuevo en francés, el cual Arn jamás había oído antes y el cual los cantores no dominaban tan bien como los demás. Arn estaba tan emocionado por todo lo incomprensible que no llegó a entender las palabras del canto. En cambio, sus ojos desmesuradamente abiertos engullían todo lo que ocurría ante él.

Luego cogieron la espada del altar y la colocaron exactamente encima de la tumba de su madre, delante de él, con la empuñadura dirigida hacia el altar y la punta hacia Arn. Era una espada increíblemente bella con una hoja que brillaba de un duro acero blanco, de un tipo que Arn jamás había visto. La empuñadura de la espada estaba formada de manera que las doradas varas de parar formaban una cruz y por encima del travesaño de la cruz había grabada una inscripción que no podía ser malinterpretada: IN HOC SIGNO VINCES, «por este signo vencerás», es decir, *únicamente* por este signo se puede vencer, comprendió Arn inmediatamente.

La empuñadura de la espada estaba formada exactamente para las manos de Arn; la midió y vio que se acoplaría a su mano como una parte de él mismo. El dorado brillaba como recién hecho; en la fuerte luz del sol, el brillo del oro daría una sensación de más seguridad en las paradas, pues el dorado no tenía nada que ver con riqueza o con presunción.

Entonces el padre Henri y el hermano Guilbert se arrodillaron ante Arn al otro lado de la tumba de su madre y la iglesia quedó en absoluto silencio, como si todo el mundo contuviese la respiración. El padre Henri le susurró al hermano Guilbert que mejor continuara él, ya que era quien mejor lo conocía. El hermano Guilbert sonrió rápida y pálidamente ante la atenuación, también emocionado por este remarcable momento. Luego se giró hacia Arn y lo miró a los ojos.

–Arn, nuestro amado hermano –empezó a decir en francés y no en latín y en una voz alta que retumbaba bajo las bóvedas de la iglesia–, presta ahora el siguiente juramento que te dictaré:

Yo, Arn Magnusson, juro por Jesucristo,
por el Santo Sepulcro y el Templo
que la espada que ahora recibo
nunca será alzada en ira
o para mi propio beneficio.
Esta espada servirá la buena causa de Dios,
la verdad, el honor de mis hermanos y el mío propio.
Con esta fe y por este signo venceré.
Pero si cedo en mi fe,
Dios con razón me abatirá.
Amén.

Arn tuvo que repetir el juramento primero dos veces en francés y luego una tercera vez en latín mientras asía la espada por la hoja con las dos manos. Después el padre Henri cogió la espada, la besó y la levantó mientras rezaba una oración en silencio con los ojos cerrados. Luego se dirigió a Arn con estas palabras:

–No olvides nunca tu juramento a Dios, hijo mío. Esta espada que ahora será tuya mientras vivas es una espada bendita que solamente tú o un templario del Señor puede llevar. Esta espada y otras como ella son las únicas que serán admitidas en la casa de Dios, recuerda también eso. Y lleva tu espada sin faltar al amor a Dios y sin faltar al honor que esta espada conlleva.

Con manos algo temblorosas, el padre Henri le entregó la espada a Arn, que pareció dudar antes de aceptarla finalmente. Era como si tuviese miedo de que la espada le quemara.

Pero cuando por fin la tuvo en sus manos, el coro entonó otro nuevo himno de alabanza que no conocía, lleno de alegría y también en francés.

Arn se marchó ese mismo día. Pero esta partida de Varnhem fue mejor preparada que su primer viaje, que había terminado rápidamente en desgracia. El caballo que ahora montaba era el semental *Chimal*, que ya había hecho su labor para la cría durante un año y no tendría que volver hasta que le tocase de nuevo. Habían vestido a Arn con ropas de telas grises y rojas, como un hombre del mundo inferior; ni siquiera él mismo podía recordar la época cuando de niño había llevado otra ropa diferente de la de un hermano novicio. Y le habían cortado el cabello de manera que ahora le estaba corto pero igualado alrededor de la cabeza y no quedaba rastro de la tonsura.

El hermano Rugiero le había proporcionado un pesado morral que nadie le quitaría tan pronto saliese afuera de los muros; esta vez, no. En el morral también llevaba una buena colección de plantas, que debía mantener húmedas en unos sacos de cuero, y semillas y huesos de frutas.

A su cinto colgaba la poderosa espada en un sencillo portaespadas de cuero, la espada que, sin embargo, era ligera en su mano como si se convirtiese en una parte viva de su cuerpo cuando la blandía y que estaba tan perfectamente equilibrada que él, sin dificultad, podría estar derecho y limpiarse con ella las uñas de los pies sin siquiera asirla con las dos manos.

El hermano Guilbert, no sin unas palabras de orgullo mal disfrazado, le había contado todo acerca de las espadas de este tipo y lo que las distinguía de las espadas normales. Bueno, tal vez todo no, añadió modestamente. Pero el resto pronto lo averiguaría por su cuenta.

Arn se había despedido largamente y con mucha emoción de todos y estaba colmado por su amor hacia él, algo que realmente no había comprendido hasta la última misa cuando había visto y oído la gran seriedad en los cantores en la despedida más hermosa que le pudieron dar.

Finalmente, fuera en el *receptorium* estuvieron solamente él mismo y el padre Henri y el hermano Guilbert. El padre Henri le indicó en silencio que montase y Arn subió ágilmente a la silla del impaciente y bailarín *Chimal*.

–Piensa una última cosa ahora que vas en busca del otro mundo, mejor preparado que la vez anterior –dijo el padre Henri, pero se calló por lo visto embargado por sus sentimientos–. Llevas una poderosa espada a tu lado y lo sabes. Pero recuerda también las palabras de san

Bernardo: «Repara, guerrero de Dios, ¿cuáles son tus armas? ¿No son primeramente tu escudo de la fe, tu yelmo de la salvación y tu cota de malla de mansedumbre?»

–Sí, padre, juro que no lo olvidaré nunca –contestó Arn, mirando al padre Henri a los ojos sin pestañear.

–*Au revoir, mon petit chevalier Perceval* –dijo entonces el hermano Guilbert, dándole un fuerte azote al impaciente caballo, que salió galopando inmediatamente con los cascos estrepitantes por el estrecho pasaje empedrado hacia el mundo exterior.

–Eso ha sido un poco imprudente, ¿no? ¿Y si hubiese caído del caballo? –murmuró el padre Henri, desolado.

–Arn no se cae de los caballos, ahora mismo no será ése su peor problema –contestó el hermano Guilbert, sacudiendo la cabeza mientras sonreía por las innecesarias preocupaciones de su prior.

–Además, me disgustan aquellas sandeces sobre Perceval y el Santo Grial y semejantes cantares vulgares –bufó el padre Henri, dando la vuelta rápidamente y encaminándose hacia el portal de roble. Pero como muchas veces hacía, se le ocurrió una cosa más que decir y se volvió a medio camino–: Perceval aquí y Perceval allá, todo eso pronto estará olvidado como las demás historias ruines, ¡son tonterías!

–No más tontería que el hecho de que tú mismo parezcas conocer bastante bien estas vulgaridades, padre –rió el hermano Guilbert descaradamente y con regocijo de una forma que no solía emplear con su prior.

Seguramente, los dos estaban conmocionados por la despedida, aunque ninguno de ellos lo quisiera mostrar. Pero el hermano Guilbert, a diferencia del padre Henri, estaba seguro de que volvería a ver a Arn de nuevo. Porque, a diferencia de su prior, también estaba completamente seguro de cuál sería la misión que finalmente Dios tenía preparada para el joven Arn.

VIII

El señor Magnus estaba sentado en la casa principal al atardecer, bebiendo demasiada cerveza y de mal humor. Tenía mala conciencia por no poder amar a su segundo hijo Arn, que había sido el más amado por su esposa Sigrid en vida.

A Magnus le costaba admitirse a sí mismo, aunque ahora se obligase a ello con ayuda de la borrachera, que tenía dos hijos adultos que no bendecían su casa con el honor propio de su linaje. Nada pesaba el hecho de llevar sangre real en las venas si la gente los señalaba con el dedo y se burlaba de ambos.

En cuanto a Eskil, ya hacía tiempo que Magnus se había conciliado con la idea, pues aquellas cosas que más les cuestan de entender a la gente son también las cosas del futuro, así como el comercio y las nuevas maneras de cultivar la tierra y multiplicar la plata en los baúles. Eskil era muy sabio en todo eso, y dejaría una herencia tal vez el doble de grande de la que algún día él mismo heredaría. Los que se mofaban de Eskil por interesarse poco por las virtudes masculinas eran los ignorantes, no comprendían en absoluto la intención de Dios para con el esfuerzo de los hombres en la vida terrenal. Eskil sería, en todo lo realmente importante, un sabio y rico señor de Arnäs, de ello no había ninguna duda.

Que el hijo mayor realmente no fuera un hombre de armas era un hecho soportable sin demasiada injuria, al igual que lo era que Eskil, en pro de Arnäs, viviría más tiempo al no usar espada y escudo.

Pero que el segundo hijo tampoco tuviese virtudes masculinas era peor e incrementaba la injuria. Magnus había oído cómo unos guardias cuchicheaban acerca de Arn como *la monja* de Varnhem y prefirió pasar el mal trago y hacer caso omiso en lugar de tomar cartas en el asunto. Era triste que los guardias aparentemente tuviesen razón, pues no era fácil ver ni comprender lo que los monjes habían hecho con el pequeño niño que Magnus recordaba vagamente como un pícaro alegre y que ya de pequeño había aprendido a usar el arco y la flecha. Desde que Arn llegó, escuchaban unas bendiciones de mesa muy bonitas, pero con ello no había mejorado mucho el honor de la casa.

El chico había llegado cabalgando un bonito día de otoño encima de un caballo delgado que hacía reír, y lo que es peor, llevaba una espada a su lado que parecía hecha para mujeres, si uno pudiese imaginarse tal espada. Era demasiado larga y ligera, mal forjada, y con un brillo demasiado claro. Magnus se había apresurado a guardar la espada en la cámara de armas de la torre para que no se riesen del inocente niño.

Un padre debía amar a sus hijos legítimos, ése era el orden inevitablemente instituido por Dios. Pero la cuestión era ¿cuánta desilusión y deshonra podía soportar ese amor para que finalmente ya no se pudiese hablar de amor?

Naturalmente habría sido otra cuestión si hubiese existido la posibilidad de hacer un hombre del chico, pero parecía haber pasado tanto tiempo con los monjes que se había convertido en uno de ellos. De alguna manera, y no exclusivamente como alegría, era como si hubiese llegado un cura a la casa, como si en la cena ya no se pudiese hablar libremente de lo que a uno se le ocurriese, sino que se debían vigilar las palabras para que no fuesen demasiado impías.

Tampoco bebía mucho. Esto ya se había notado en la primera comida de bienvenida, que era y debía ser de fiesta y alegría. Magnus, al igual que en la narración de las Sagradas Escrituras a la vuelta del hijo perdido, había sacrificado el ternero cebado, o mejor dicho, el lechón cebado, puesto que era más exquisito. Todos se habían vestido para la fiesta y Arn se puso ropa que le había quedado pequeña a Eskil, ya que Eskil no se había desmejorado y salía a su bisabuelo Folke *el Gordo*.

Pero aquella noche no hubo nadie que no viese que Arn era muy poco hombre, pues sólo bebió dos jarras de cerveza y comió del exquisito cerdo con unos dedos quisquillosos como si fuese una mujer. Y aunque se había esforzado en quedar bien, parecía un poco retrasado en todo lo que se decía, le costaba entender las bromas y contestar a quienes intentaban ayudarlo a participar en la reunión. Por lo visto, no había heredado nada de la agilidad de pensamiento y de la afilada lengua de su madre.

Puesto que la borrachera desataba el pensamiento y la lengua de la misma manera, a Magnus le asaltaba ahora en sus vacilaciones la horrorosa idea de que Arn se había convertido en una mujer allí entre los monjes, pues historias de esa calaña se habían oído en referencia a algunos pecados impronunciables de ciertos monjes, explicadas por incrédulos o impíos.

Magnus intentaba, con su por el momento enturbiada agudeza, evaluar si el hecho de que Arn se encontrase más a gusto entre las mujeres inducía a suponer que había caído en esa abominación específica de los monjes o si esa afición de entenderse mejor con las mujeres que con los hombres en realidad daba a entender todo lo contrario.

La abominación, pensó primero. Pues los hombres dados a eso eran como mujeres y por esa razón se encontraban más a gusto con ellas.

Lo contrario, se corrigió. Porque si un hombre hubiese caído en una perversión similar, de fornicar con vaquillas, ¿no iría entonces a escondidas en busca de vaquillas precisamente? Había muchos niños siervos en Arnäs, pero tal y como todo el mundo vigilaba al delicado hijo perdido, el mínimo intento de tocar a uno de los niños siervos habría levantado un aluvión de chismorreos y una cosa así no habría escapado a los oídos de los amos.

No, probablemente no fuese un hombre femenino. Eso sería la peor vergüenza que podría acarrear sobre su hogar paterno y sobre su linaje. En ese caso, habría que matarlo rápidamente para reponer el honor de la casa.

Magnus exigió a gritos que sus asustados siervos trajesen más cerveza, y éstos obedecieron sin una palabra y rápidos como el viento.

Al considerar sus últimos pensamientos, cuando después de media jarra recordaba por dónde iba, Magnus se emocionó tanto que rompió a llorar. Realmente había pensado muy mal de Arn, su legítimo hijo y quien había sido el ojo derecho de su amada esposa Sigrid.

¿Qué quería decir el Señor con todo eso? Primero tuvieron que regalar a Arn a Dios de muy niño; así se lo habían indicado con mucha claridad todas las señales, por lo que no había duda de ello. Bien, si Arn hubiese continuado como hombre de Dios durante el resto de su vida, era de suponer que todo estaría perfecto, pues de hecho Magnus no era de los que negaban todo lo bueno que los monjes habían llevado a Götaland Occidental. Al revés, admitía ante quien lo escuchase que muchas de las cosas que estaban mejor en Arnäs que en otras fincas provenían de los conocimientos de los monjes.

¿Pero por qué habían devuelto al chico, como medio hombre y medio monje, a lo que una vez fue su hogar, en lugar de hacer la buena obra de Dios entre los monjes? No les faltaba razón a quienes decían que los caminos del Señor muchas veces son inescrutables.

Quizá lo peor fuese que el chico insistía en trabajar como un siervo. A los pocos días de su llegada a Arnäs ya estaba cavando y construyendo y clavando en todas partes, y nada importó que Magnus le explicase con delicadeza a su hijo que no necesitaba trabajar tan duro, puesto que podía emplear a los siervos desocupados, de los que había muchos en esta época del año. Entonces fue peor aún, pues Arn corría de un trabajo a otro. El resultado de esto no era fácil de prever, pero sería poco prudente negarlo antes de saber algo más de ello.

Aunque en una cosa sí se había ganado el reconocimiento de todos los hombres, incluso el de los guardias más sarcásticos. Arn había cambiado las herraduras de todos los caballos de la finca y les había forjado un nuevo tipo de herradura con una uña que salía del canto de la herradura y que evitaba que ésta se soltase. Con seguridad habían mejorado las herraduras de los caballos. Magnus había preguntado tanto a los guardias como a los siervos de las herrerías y todos estaban completamente de acuerdo.

Eso era bueno, puesto que todo lo que significaba mejorar lo anterior era cosa buena, y ésa era una opinión compartida tanto por Magnus como por Eskil. Pero lo vergonzoso era que un hijo legítimo estuviese trabajando entre la suciedad y el humo como si fuese un siervo, y encima no tuviera la más mínima vergüenza de hacerlo. Al revés, para la bendición de la mesa, que ahora decía en la lengua correcta, solía dar las gracias a Dios por el bendito trabajo del día.

Eskil había dudado menos que su padre diciendo que en primer lugar nunca se debían despreciar los conocimientos. Y segundo, que los conocimientos de las manos, cosa que el hermano Arn sin duda había desarrollado con los monjes, era algo que se podría enseñar. Si Arn enseñaba a los siervos, con el tiempo ellos mismos podrían hacerse cargo del trabajo. Pero primero era necesario que se les enseñase y el único que podía enseñarlos era Arn. Además, estaba mal despreciar aquello que hacía prosperar la finca. Los pasos hacia adelante eran de provecho para todo el mundo.

Tal vez y a pesar de todo, se consolaba Magnus, Arn traería tantas novedades de los monjes que harían más fuerte y más rica a Arnäs. Pero por lo que más quisiesen, habría que procurar que los siervos aprendiesen rápidamente de Arn para que él mismo no tuviese que ir deshonrando su linaje, sudando como un siervo.

Algo mejor, pensaba Magnus ahora que la cerveza lo había puesto más sentimental, era el hecho de que Arn se llevase tan bien con su madrastra Erika Joarsdotter. Magnus no estaba muy enterado de lo que hacían Arn y su mujer allí afuera en las cocinas, pues él mismo nunca ponía un pie allí, pero Erika parecía contenta y alegre por lo que ocurría. Además, era positivo para Erika que alguno de los amos la tratase bien. A Eskil siempre le había costado soportar a su madrastra y, de hecho, el mismo Magnus la había preñado algunas veces, porque así tenía que ser, pero no había parido a un hijo hasta el tercer intento. A ese hijo no lo llevarían a un monasterio, sino que sería educado desde pequeño por los guardias, así lo había decidido Magnus.

Erika tenía un defecto físico del que todo el mundo se daba cuenta. Era hermosa, pero en cuanto abría la boca se notaba que hablaba de forma gangosa y que el sonido de su habla salía más de la nariz que de la boca. Las personas de menos cortesía podían romper a reír, por lo que Erika nunca hablaba en presencia de hombres desconocidos e igual de tímida estaba en las fiestas cuando tenía que procurar que las mujeres estuviesen a gusto. A Magnus le costaba soportar a su esposa, y muchas veces pensaba en Sigrid, la persona a la que había querido más que a nadie. Eso, sin embargo, sólo lo podía admitir ante sí mismo o ante Dios.

No obstante, no podía olvidar que Erika era sobrina de un rey, que su sangre era real y que las dos hijas y el hijo que había parido también llevaban sangre real, y encima, desde ambas partes.

Un ángel había llegado a Arnäs. Todo lo que tocaba en seguida se convertía en algo mejor o algo más hermoso y era el único hombre que Erika Joarsdotter había conocido que la escuchaba y respetaba lo que ella decía. Nunca había opinado que su habla fuese confusa, sino que se excusaba con que él aún no acababa de comprender bien el idioma de su niñez, pues casi siempre había hablado en danés a lo largo de su vida. Y nunca decía, como lo hacía su hermano mayor Eskil, que Erika Joarsdotter era una extraña que había ocupado el puesto de la madre de los chicos.

Muy temprano, justo después del amanecer, mientras todos los hombres dormían tras la fiesta de bienvenida en su honor, él mismo había salido sobrio y recién lavado a las cocinas, donde Erika acababa de empezar el gran trabajo del día junto con sus siervos domésticos. Con cortesía y palabras suaves le había pedido que le enseñase los dominios de los que ella, como ama, respondía, y habían dado una vuelta por los almacenes de víveres y las cocinas. Por todas las preguntas que le hacía Erika, pronto comprendió que él sabía más de cómo colgar, ahumar y guardar la carne y cómo hervir el pescado que el resto de los hombres comunes, y que no se sentía en absoluto avergonzado por ello.

Luego no tardaron mucho en ver cómo todo cambiaba, aunque él cuidaba mucho de que ella estuviese presente y tomara parte en las decisiones, por lo que la llevaba del brazo dando vueltas, explicándole lo que se podía arreglar en seguida y lo que tardarían más tiempo en arreglar.

Arnäs era como un pueblo rodeado por aguas a ambos lados. Por la parte más exterior, hacia el lago Vänern, estaban el fuerte y los muros de defensa, donde los dos brazos de agua se encogían y formaban una fosa. Pero los desechos que salían de las curtidurías y las letrinas, de los mataderos y las cervecerías caían en las dos corrientes de agua y, según Arn, esa suciedad era la causante de los ojos rojizos y las bocas babosas y las feas erupciones en los cuerpos de muchos de los niños siervos. Muchos de ellos morían, aunque hubiesen sobrevivido el peor tiempo después de nacer.

El gran cambio sería que a partir de ahora únicamente se echarían los desechos al canal que rodeaba Arnäs por el lado este, mientras que el canal oeste se mantendría libre de despojos. Arn le había mostrado dibujando en la arena, llevándola consigo, señalando y describiendo, que de esta manera llegaría una corriente de agua limpia a las cocinas y luego desembocaría en el agua sucia. Con una corriente de agua continua atravesando las cocinas se ahorraría mucho tiempo en el trabajo y las cocinas podrían mantenerse limpias, de forma que toda la comida fuese más apropiada. Además, harían mejoras en las cocinas, de manera que cubrirían los suelos de tierra pisada con mortero y lo harían con un pequeño desnivel para que el agua cayese dentro de las futuras alcantarillas.

Pero los cambios de este tipo aún tardarían algún tiempo. Más rápidamente habían construido la huerta entre las cocinas. Arn había empezado por sacar los desperdicios de la cocina, esparcidos por los espacios entre las casas de los siervos, y llevarlos en grandes cargas hasta el huerto, donde los esparcían para que se convirtiesen en tierra o quemarlos en el caso de materias que no se pudrían rápidamente, como los restos de las espinas de pescado y de los huesos. Se había cuidado mucho de que fuese la propia Erika quien vigilase que todos obedeciesen y ayudasen, para que pareciese que era ella, como ama, quien tomaba todas las decisiones.

Lo más difícil de cambiar era lo que se refería a los excrementos humanos, porque según Arn eran tan buenos como estiércol como los de los animales, si se empleaban de ese modo, pero que si caían en la comida o en el agua eran mucho peor que los de los animales. En lugar de que todos los siervos hiciesen sus necesidades en cualquier lugar que encontrasen adecuado, ahora se obligaría a todos a usar unos hoyos de letrinas especiales con un palo, y a aquel que encontrasen cagando en otro lugar recibiría una fuerte reprimenda.

Los siervos se quejaban por estos cambios, pero Erika Joarsdotter se convertía entonces en una ama muy severa, puesto que pronto confiaba más en Arn que en nadie.

Dado que ella había pasado cinco años como novicia en un convento antes de ser recogida por su padre para casarla, en realidad conocía muchas de las cosas que Arn le describía. Posiblemente habría pensado que existía otro orden divino dentro de los muros del convento, que este orden mejor era algo que pertenecía al mundo superior, que todo lo de allí dentro tendría que ser más limpio que en el exterior, como si la limpieza tuviese un significado espiritual. Por eso no había pensado nunca, hasta que llegó Arn y le abrió los ojos, que se pudiese establecer el mismo orden tanto en la vida cotidiana como en la vida en el convento. Se ruborizaba un poco al pensar en su error de saludar a Arn por primera vez con unas frases en latín, muy bien pensadas de antemano, como si el latín de alguna manera pudiese ocultar su malformación y hacer que lo feo sonase más hermoso. Arn, sin embargo, había contestado con frases largas y joviales, de las que sólo entendía la mitad y tenía que pretender que podía seguir la conversación. Pero en cuanto Arn detectó su desconcierto, volvió al idioma común pero diciendo en voz alta, para que los demás se diesen cuenta, que puesto que solamente ellos entendían el latín en Arnäs, sería de mala educación hacia los demás marginarlos de la conversación.

Ahora que lo conocía mejor y llevaban tiempo conversando un buen rato todos los días, le recordó su equivocación y los dos se rieron a gusto. Él explicó que en ese caso había sido más cómico cuando por primera vez conoció al párroco de Forshem. Para él había sido cosa natural hablar en el idioma de la Iglesia al encontrar un hombre de Dios y había saludado con cortesía, dijo su nombre y que se alegraba de volver a la iglesia de su niñez, y algunas cosas más. Pero como en el patio de la iglesia había gente alrededor de ellos, el párroco había contestado como si de verdad hablase en latín aunque no lo hacía. Arn lo imitó diciendo algo que sonaba más o menos como «*Pax vobiscum jumelidumdum, pater noster et Ave Maria crusilurum hocuspócusum, gallinum et gansum per aspera ad astra*».

Lo imitó con tanta gracia que se echaron a reír alegremente. Y él siguió describiéndose a sí mismo con la cara larga al oír el latín inventado del párroco y que no podía contestar y cómo el párroco rápidamente guardaba su presencia diciendo indulgentemente a los que estaban presentes que, sí, sí, el latín no era tan sencillo para los jóvenes y luego se disculpó y con un guiño descarado a Arn se alejó apresuradamente a otros quehaceres al otro lado de la explanada de la iglesia.

Ahora se reían tanto que casi lloraban, abrazándose, y ella le acarició maternalmente la mejilla. Pero entonces él se asustó y se liberó de ella de inmediato, pidiéndole disculpas avergonzadamente.

Así pues, los días de Erika Joarsdotter se habían vuelto alegres con la llegada de Arn, y su propia responsabilidad como ama de casa había sido una carga más ligera, puesto que ahora se levantaba contenta muy temprano de una manera que nunca habría ni imaginado. Y poco a poco, cuando los hombres en la casa principal descubrieron que algunas cosas que llegaban a la mesa eran nuevas y mejores que antes, empezaron a elogiarla como nunca habían hecho antes. Principalmente por lo del jamón ahumado.

Arn había traído algunas salchichas y trozos de cerdo ahumados cuando llegó de Varnhem y aunque casi todo había desaparecido durante la cerveza de bienvenida sin que nadie recordase demasiado esta comida monacal, después ella le había preguntado cómo se preparaban aquellas cosas. Y en seguida estaba preparando una ahumadora de madera untada de brea. Cuando hubo terminado probaron de ahumar unos trozos de carne de cerdo, luego le enseñó cómo se hacía y después ella y sus siervos domésticos podían ahumar la carne de cerdo de manera que parecía recién llegada de un monasterio.

Pero para entonces, Arn ya estaba trabajando en algo nuevo, ya que les había explicado que la madera untada de brea era suficiente para una cosa tan simple como una ahumadora, pero que se necesitaban ladrillos para muchas otras cosas que pertenecían al mundo de las cocinas y así desapareció de su vista durante algún tiempo mientras construía una tejería. A las orillas del agua por encima de la curtiduría del lado este había barro que le servía para el propósito y Arn tardó unas semanas en enseñar a sus siervos reclutados para que comprendiesen cómo formar el barro en los moldes de madera para que cada trozo fuese del mismo tamaño y cómo luego se tenía que cocer el barro tal y como se cocía el pan, aunque con más calor y con fuelles y durante más tiempo. Pronto se alzaba un alto almacén de víveres de ladrillos al lado de las cocinas y Arn llevó a Erika a muchos paseos por la obra y arriba en los andamios para explicar cómo sería cuando tuviesen el hielo del lago Vänern para enfriar la cámara de ladrillos también durante los días más calurosos del verano. Primero había reído al oírlo, ya que todo el mundo sabía que no había hielo durante el verano. Entonces, por primera vez, había parecido un poco ofendido y se quedó cabizbajo y en silencio, como si se armara de valor para no decir nada en un arrebato de ira. Pero luego le había explicado dulcemente y con paciencia cómo se hacía, y que en absoluto era un milagro conservar el hielo de manera que se pudiese usar también durante el verano.

En sus oraciones vespertinas, Erika Joarsdotter daba continuamente gracias a Dios por haberle enviado a este hijo pródigo que, aunque no fuese hijo suyo, la trataba como a una madre y le daba luz y significado a su vida en Arnäs, cosa que no había tenido antes. Pero a Dios no se atrevía a decirle lo que pensaba a diario, que Arn realmente había llegado como un ángel a Arnäs.

A Eskil le asaltaban las dudas, no estaba del todo seguro de qué pensar sobre su hermano menor, que de pronto un día había entrado en el patio del castillo cabalgando sobre un caballo espantoso como si regresase milagrosamente de entre los muertos, al igual que lo habían enviado allí en una especie de milagro inventado.

El primer sentimiento había sido de fuerte amor fraternal, porque lo que Eskil recordaba más que nada en la vida era aquel día cuando duramente los separaron a él y a su hermano pequeño a las afueras del portal de la casa principal y cómo él había corrido detrás del carro que se llevó a Arn y cómo finalmente había caído en las rodadas, llorando mientras veía a Arn, como en una neblina entre las lágrimas y el polvo del camino, desaparecer para siempre, secuestrado por una orden incomprensible de Dios.

En un primer momento, al abrazar a Arn en el mismo lugar donde se habían separado, le pareció delgado, casi desnutrido, hasta que sintió la fuerza de un oso en los brazos de Arn alrededor de su cintura y éste lo abrazó con tal fuerza que casi lo dejó sin aliento. Había sido un momento de una alegría casi inconcebible.

Pero ya durante la cerveza de bienvenida de la primera noche, Eskil empezó a sentir preocupación por su hermano pequeño, que no parecía poder compartir la fiesta, que apartaba la comida casi con falta de cortesía y bebía la cerveza como si fuese una mujer, y también en otras cosas daba la impresión de ser un poco retrasado.

Pronto se percibía una especie de inquietud en el aire en la que el padre y el hijo mayor evitaban el contacto con Arn y éste, a su vez, percibiendo su desagrado, se buscaba la compañía de los siervos y de la ama en lugar de la compañía de los hombres. Los guardias habían sido los primeros en burlarse, haciendo muecas, poniendo los ojos en blanco y juntando las manos como en oración a espaldas de Arn. Eskil había tenido ganas de hablarles severamente, pero no podía, pues él mismo no estaba libre de esos mismos sentimientos que los guardias mostraban con su mofa.

Pronto su padre se volvió muy parco en palabras cuando se trataba de Arn, y lo único sensato que se dijeron él y Eskil era que dejarían pasar el tiempo, dejarían que Arn se ocupase de lo que le placiese en cuanto a los quehaceres de siervos y de mujeres y más tarde, con tacto, intentarían que se interesase por otras cosas.

Por un tiempo hubo como una neblina entre ellos, ni luz ni oscuridad, mientras cada uno cuidaba de lo suyo y ni Magnus ni Eskil se molestaban en averiguar lo que Arn hacía entre los siervos y las cocinas en la parte sur más alejada de Arnäs, adonde raras veces acudían ellos.

Pero era imposible no ver algunas cosas. Llegaban nuevos tipos de carne a las mesas y lo más delicioso para Eskil era un jamón ahumado que no era ni duro ni seco ni salado como los alimentos que se preparaban en invierno, sino tan deliciosamente jugoso que a uno se le hacía la boca agua con tan sólo pensar en él. La otra cosa que era imposible no ver era cómo había cambiado el ama Erika, cómo hablaba en voz alta y sin vergüenza, a pesar de su fea voz, y cómo se reía alegremente al contestar las preguntas sobre las nuevas comidas que servía para las cenas y la comida.

Eskil era una persona a favor de los cambios, al igual que lo había sido su madre Sigrid más que su padre, según había comprendido con el tiempo. Si los cambios eran buenos, creaban riquezas, y si no eran buenos, se volvían a cambiar. Así era y así sería siempre en Arnäs, por eso su finca era la mejor, y crecía y se enriquecía más que las de los demás, donde no cambiaba nada.

Por esa razón, Eskil ya no podía dejar de informarse. Pidió a Arn que le enseñase lo que había sucedido y Arn se puso tan contento, casi feliz, que quiso levantarse en medio de la comida para enseñárselo todo a su hermano mayor.

Lo que Eskil pudo ver al dar el paseo hizo que cambiase profundamente su modo de pensar. Arn no era en absoluto retrasado, bien sabía lo que se hacía y Eskil rápidamente tuvo que admitirse a sí mismo que había sido poco sabio al juzgarlo demasiado pronto.

Cuando llegaron a los barrios de los siervos, todo tenía un aspecto diferente porque habían sacado todos los desperdicios, al igual que se limpiaba entre las vacas en invierno. Podías caminar por allí sin preocuparte de dónde pisabas.

Al principio, Eskil había hecho una broma de la que rápidamente se arrepintió acerca de que realmente tenía un aspecto más bonito, pero que tal vez no era de mucho provecho dejar que los siervos viviesen como la gente.

Entonces Arn le explicó con un semblante serio que los siervos estaban más sanos si desaparecía la suciedad, que más de sus hijos sobrevivían, que los siervos sanos eran mejores que los siervos enfermos, al igual que los siervos vivos eran mejores que los siervos muertos; que, además, lo malo en los siervos enfermos podía contagiarse a la gente y que la limpieza por tanto era para el bien de todos. Luego explicó los planes que tenía para las dos corrientes de agua, donde una se mantendría limpia, y cómo los hoyos de las letrinas sustituirían el cagar por todas partes y cómo de esta manera se utilizaría la porquería como estiércol y así haría un bien en lugar de propagar el mal.

La seriedad con la que Arn podía hablar incluso sobre cosas tan bajas como la porquería de los siervos impresionó doblemente a Eskil. Por un lado parecía gracioso, como si fuese una broma, por otro lado parecía tan obvio y claramente convincente que la cabeza le daba vueltas. ¿Y si unas medidas tan sencillas, que incluso los propios siervos podían mantener, obrasen grandes mejoras? Entonces habrían ganado mucho con poco esfuerzo y sin que hubiese costado ni un solo marco de plata.

Cuando llegaron a las cocinas y Arn le enseñó cómo la suciedad y el estiércol ya se estaban convirtiendo en pequeños campos labrados donde cultivaría cebollas y puerros y otras cosas de las que Eskil no estaba seguro de lo que eran, y cuando entró en las cocinas y vio cómo enladrillaban el suelo con barro cocido se sorprendió primero por la necesidad de embellecer donde solamente los siervos y las mujeres tenían que trabajar. Pero entonces Arn sonrió por primera vez, como si se despejasen un poco sus oscuras nubes de seriedad y asomase el sol, y explicó que esto no tenía el propósito de embellecerles la vista a los siervos, sino que era cuestión de conseguir más limpieza y mejor comida en las mesas, algo que sin ninguna duda sería una ventaja para todo el mundo.

Cuando Eskil vio la nueva ahumadora y Arn le explicó cómo se trataban jamones y otras cosas en ella, y cuando vio la obra de ladrillos que sería un almacén de víveres de un tipo completamente nuevo con hielo y oscuridad que conservaría fuerza para el verano, se emocionó tanto que se le llenaron los ojos de lágrimas. Porque ahora ya no albergaba ninguna duda en su interior. Estaba completamente seguro de que Arn, aunque no fuese un hombre al que respetaran unos torpes guardias, sin embargo había alcanzado unos conocimientos benditos en el monasterio, y esos conocimientos realmente harían avanzar a Arnäs en nuevos y gigantescos pasos. De hecho era verdad que todo había estado paralizado durante muchos años; mejor que en otras casas pero, a fin de cuentas, paralizado.

Eskil abrazó a Arn y le pidió que lo perdonase en seguida por no haber comprendido que su propio hermano realmente era su hermano e igual de bueno que él mismo. Entonces Arn tuvo que consolarlo a él y luego a sí mismo, pues se emocionaron tanto que los siervos domésticos que estaban cerca los miraron, atónitos, con los ojos abiertos de par en par.

Cuando Eskil se dio cuenta de ello se enderezó y miró severamente a los siervos, que desaparecieron inmediatamente y luego le propuso a Arn que lo acompañase a la cámara de cuentas de la torre a beber una o dos jarras de cerveza.

Arn estuvo a punto de decir algo acerca de que había demasiado trabajo esperando y que hasta el final de la jornada no se podía gozar del fruto de lo realizado con el sudor de la frente. Pero cambió rápidamente de idea cuando comprendió que no podía superponer las reglas de su vida anterior a la convivencia con su propio hermano. De hecho era este reconocimiento el que había estado esperando y por el que había rezado tantas oraciones; había notado la fría distancia y el recelo de su padre y su hermano y había sentido mucha pena por ello. Pero también había albergado la esperanza de que pronto comprenderían lo que estaba haciendo y que lo que hacía era bueno. Por consiguiente, no sería en absoluto un pecado tomar ahora cerveza con su propio hermano, aunque fuese pleno día.

El señor Magnus había estado buscando una excusa para no llevar a Arn en su viaje a Noruega para negociar allí una herencia con la familia. De vez en cuando podía incluso ser difícil llevar a Eskil consigo a visitar a los parientes noruegos, puesto que a menudo las reuniones noruegas se convertían en todo tipo de juegos con armas cuando su fuerte cerveza hacía efecto. El que no era lo suficientemente rápido y listo y tampoco suficientemente viejo como para decir que no a los juegos de los jóvenes, arriesgaba hacerse mucho daño entre los noruegos.

A pesar del peligro quería llevarse a Eskil, pues las negociaciones serían difíciles y poco comunes y Eskil tenía, aun con mucha cerveza, la capacidad de contabilizar mentalmente las diferentes mercancías y calcular su valor correspondiente en plata. Habían hablado minuciosamente de esto, él y Eskil, y habían concluido que lo más inteligente sería vender la herencia noruega aunque levantase discordia entre muchos. Tanto en Noruega como en Götaland Occidental, el honor de un hombre consistía en conservar la herencia y no dejar que pasase a ningún otro linaje.

Pero las ventajas de ser propietario de una finca al lado del gran fiordo eran pequeñas, a menos que uno quisiese establecerse allí. En ese caso sería otra cosa, puesto que el fiordo estaba libre de hielo todo el año y desde allí se tenía una mejor situación comercial que en el interior, en el lago Vänern.

Lo que todos los demás habrían hecho sería poner un siervo liberado o un familiar noruego a cuidar de las fincas en cuestión, pero Magnus y Eskil estaban de acuerdo en que este sistema no convertía la propiedad en nada productivo, se sería propietario sin sacar nada de provecho, puesto que ningún familiar noruego pagaría un buen arrendamiento.

Si por tanto se vendía, se conseguiría plata para usarla en algo mejor. Porque tal como estaban las cosas ahora que Arn había regresado a casa, había que tener en cuenta en el futuro que tal vez también él tuviese que heredar algo, y entonces sería mejor comprar tierra nueva en una segura proximidad a Arnäs o tierra fronteriza al linaje de Erik al sur de Skara; o ¿por qué no del linaje de Pål al lado de Husaby? Cualquier posibilidad de este tipo sería más segura para Arn que enviarlo a los salvajes noruegos con sus espadas.

Sin embargo, la cuestión de cómo decirle a Arn que no debía hacer el viaje noruego sin herir sus sentimientos había tenido una solución sencilla. Era la temporada de otoño en que Svarte y su hijo siervo Kol se dedicaban a cazar ciervos y jabalíes. Ya habían conseguido buena caza para la casa. Arn y Erika habían tenido que trabajar mucho en la nueva ahumadora, puesto que Arn había insistido en que era mejor ahumar la carne salvaje que salarla y secarla. Pero justo antes del viaje a Noruega y de la incómoda conversación que se avecinaba entre Magnus y Arn sobre lo insensato de que un hijo débil se mostrase ante los noruegos, Arn mismo le hizo una pregunta. Quería acompañar a Svarte y a Kol en sus cacerías y aprender algo sobre la caza.

Magnus se alegró por partida doble de esta pregunta. Porque ahora no tendría que darle la incómoda explicación sobre los familiares noruegos y las espadas y las hachas de lanza después de la cerveza. Y además, por primera vez Arn se mostraba interesado en aprender algo que pertenecía a la vida distinguida. Un buen cazador tenía una buena reputación, incluso si se trataba de un siervo.

Pero Magnus no albergaba ninguna esperanza de que Arn, siendo medio monje con sus cosas buenas y malas, pudiese aprender algo sobre el difícil aunque varonil arte de la caza.

Svarte era de la misma opinión, pero debía obedecer. Cuando le dijeron que tendría que llevarse al otro medio hombre para hijo, en seguida comprendió lo que pasaría. Una vez, hacía dos otoños, lo obligaron a hacer lo mismo con el hijo mayor del amo, Eskil; fue una molestia insufrible y, aunque todavía no fuese gordo como un tonel de cerveza, hizo que la cacería acabase en nada. No era fácil llevar consigo al hijo de un amo, que debía decidir acerca de todo sin entender nada.

Pero Svarte se sentía aún más inseguro de Arn que de Eskil, que se parecía a su padre en casi todo. Los demás siervos hablaban mucho de Arn y lo habían descrito como un hombre hábil que conocía lo que los amos no sabían y que, además, tenía un carácter suave. Nunca le había levantado la mano a nadie, nunca había hecho azotar a nadie, ni siquiera había hablado nunca con palabras duras.

Svarte suponía que eso tenía que ver más con las raras creencias de los amos que con aquello de lo que chismorreaban los guardias. Pues la religión de los amos era, en muchos aspectos, incomprensible. Sus dioses, que eran tantos que nadie conseguía llevar la cuenta, siempre estaban dispuestos a castigar a las personas sin que hubiesen hecho nada especial y era como si se tratase más de castigo por cosas que habían pensado. ¡Como si los dioses pudiesen oír lo que pensabas! Y, aun oyéndolo, ¿realmente se molestarían en llevar la cuenta de todos los castigos por pensamientos equivocados?

Y en cuanto a este Arn, Svarte recordaba muy bien cómo de niño se había subido al torreón en busca de una corneja y luego se había caído, aunque tuvo la suerte de caer encima de un montón de nieve. Naturalmente, el niño dejó de respirar un rato antes de volver en sí, pero mientras tanto los amos habían rogado y suplicado a sus dioses prometiendo un montón de cosas posibles e imposibles, y todo acabó en que se deshicieron del niño como para castigarse a ellos mismos o tal vez fuese para castigar al niño. No era fácil decir el qué, pues una cosa resultaba tan incomprensible como la otra.

Pero ahora, por lo visto, el castigo estaba cumplido y Arn había regresado. No era un chico como los demás. Sin embargo, Svarte lo había visto en la herrería y tenía que admitir, aunque a regañadientes, ya que se consideraba el mejor herrero de Arnäs, que en el martillo y el yunque no tenía nada que enseñar a ese chico. A decir verdad, desgraciadamente era más bien al revés, y eso no era nada fácil de asimilar.

Además, al marcharse sucedieron varias cosas que confundieron a Svarte. Puesto que salían con un hijo del amo, podían subir a buscar armas a la torre y elegir libremente entre los soportes de armas. La manera en que Arn cogía los arcos y probaba de tensarlos, incluso los más fuertes, sin aparente esfuerzo, le hizo pensar a Svarte que seguramente ese chico había levantado más de un arco. También elegía las flechas con absoluta seguridad. Svarte tenía unas ideas un poco confusas sobre las ocupaciones a las que se dedicaba la gente del Cristo Inmaculado en sus monasterios, y esto de que practicaran el tiro al arco no encajaba en absoluto con las bromas maliciosas que él y otros siervos solían gastar sobre ellos.

Cuando hubieron cargado sus caballos de carga y hubieron sacado los caballos de montar, Kol le indicó a Arn que, dado que él era el hijo de Arnäs, podía elegir el caballo que quisiese y había muchos entre los que elegir mejores que aquel caballo monacal de tan pobre aspecto. Entonces Arn se echó a reír, aunque sin malicia, y le dijo que en cuanto hubiesen salido a un campo abierto le enseñaría que éste no era un caballo cualquiera.

Svarte no sabía más de caballos que otros, pero tampoco menos. Encasquillaba todos los caballos de Arnäs; hoy, con las nuevas herraduras, que realmente eran mejores que las que habían utilizado antes. Montaba como todos los demás que tenían que ver con caballos, hombres libres o siervos, campesinos o guardias, pero no sabía montar como Arn, eso tuvo que admitirlo en seguida. Pues en cuanto se hubieron alejado un poco de Arnäs, Arn hizo cosas con el caballo de las que nadie podía hacer con un caballo, en eso estaban de acuerdo Svarte y Kol. Y aquel caballo que estando quieto parecía poca cosa era, con Arn a las riendas, tan fuerte y tan rápido como el caballo de Odín.

No les era del todo fácil entenderse; a menudo tenían que volver a preguntar, y eso hizo que se sintieran un poco incómodos, por lo que no hablaron mucho durante las primeras horas.

En cuanto llegaron a los robledos en Kinnekulle encima de Husaby, Arn demostró ser tan pésimo cazador como su hermano. Lo que sin embargo, lo distinguía de Eskil era el hecho de que se daba cuenta de cuándo se equivocaba, pedía disculpas y luego hacía muchas preguntas sobre cómo se debía actuar para hacerlo de una manera correcta.

Como cuando se acercaron mucho a unos ciervos que estaban descansando en un claro del bosque. Soplaba un viento de cara suficientemente fuerte. El suelo estaba seco y por eso las hojas caídas del otoño crujían con el viento, distrayendo la atención de los ciervos, de tal manera que podrían llegar a ponerse a tiro a pesar de ser pleno día. Svarte y Kol habían detectado los ciervos un buen rato antes de que Arn los viese de pronto y, exaltado, les advirtiese que había más ciervos allí delante. Puesto que los ciervos seguramente oyeron tan bien como Svarte y Kol lo que Arn decía, y por consiguiente entendieron lo que estaba pasando, se levantaron de un salto y con pasos largos desaparecieron corriendo.

Al lado del fuego aquella noche, Arn les hizo muchas preguntas infantiles y Svarte y Kol las contestaron con paciencia, sin mostrar lo que opinaban de ellas. Sí, siempre hay que andar en contra del viento, si no, los ciervos y los jabalíes, y todos los demás animales también, descubren que te acercas. Sí, si reina el silencio y hay poco viento, oyen a un hombre a una distancia de tiro de flecha, si no, a medio tiro de flecha. No, no se debe matar a los que tienen cuernos, saben peor y especialmente en esta época del año, cuando están en celo. Sí, el celo es la época en que los machos cubren a las hembras y entonces la carne de los machos huele fuertemente a su orín. Ocurre lo mismo con los jabalíes, no se debe matar a los verracos, sino mejor a los medianos. Si llegas a matar a una puerca con muchos pequeños lechones, eso es bueno, ya que cuando se tumba a morir, todos los pequeños se juntan alrededor de ella, y si tienes suerte y el apoyo de los dioses, puedes matarlos a todos de uno en uno, y son los más gustosos.

Tal como estaban allí al lado del fuego contestando las ignorantes preguntas del hijo de su amo se oyó un tremendo grito abismal desde dentro del robledo cercano. Arn se levantó, aterrorizado, asiendo su arco y su aljaba, mirando inquisitivamente a Svarte y a Kol, que permanecían quietos y sonriendo al lado del fuego. Arn, al ver que los otros no sentían temor, volvió a sentarse, aunque confuso.

Svarte le explicó que los hombres ignorantes tenían muchos nombres para este grito, desde el grito de guerra del Espíritu de la Montaña hasta el rugido de venganza de los trolls hacia los hombres. Ciertamente existían también esos males, pero esto era un ciervo viejo que todavía llevaba algo de su celo en el cuerpo. Este sonido hacía enloquecer a muchos de miedo, ya que era el más imponente del bosque, pero para los cazadores era buena señal. Pues eso significaba que al cabo de unas horas, a la primera luz del alba, podían tener la esperanza de encontrar todas las ciervas y sus terneros que el viejo ciervo andaba buscando. Seguir a los viejos ciervos en celo y sus gritos en la noche era, especialmente al principio del otoño, la manera más segura de alcanzar las ciervas y sus terneros para llevarlos al asadero y a las cocinas y para salarlos y secarlos.

Un buen rato antes del alba entraron lentamente y con mucho cuidado en el bosque, afinando el oído para encontrar el escondrijo del viejo ciervo y sus mujeres. Sin embargo, era difícil caminar en silencio, ya que la noche había llegado con escarcha y las hojas heladas de los robles y de las hayas y las bellotas crujían y chasqueaban incluso cuando se movían Svarte y Kol. Las pisadas de Arn sonaban como las de una manada de guardias a los oídos de los demás, y pensaban en silencio, sin atreverse a decir nada, que asimismo debía de sonar como el Ragnarök, el fin del mundo, a los sensibles oídos de los ciervos.

Cuando Svarte ya no se atrevió a acercarse más, habían llegado a un claro en el robledo al lado de una pequeña charca. Iban con el suave viento en contra, ya que Svarte nunca iría de otra manera y tampoco Kol. Pero la charca estaba justo delante de ellos, al otro lado del claro en la dirección del viento y desde el agua se levantaba una niebla densa, así que oían los gritos de celo muy cerca pero apenas veían las ciervas y los terneros más que pasando de vez en cuando a través de la niebla. Estaban demasiado lejos pero no podían hacer nada. Si intentaban acercarse al claro, serían descubiertos. Sólo les restaba quedarse donde estaban y esperar.

Tras un rato Arn preguntó, en voz muy baja, como había aprendido, por qué no disparaban. Ellos contestaron susurrando que estaban demasiado lejos, que no se podía acertar hasta que tuvieses un ciervo a la mitad de esta distancia. Arn los miró con incredulidad, contestando en susurros que él sí podía disparar.

Svarte quiso negar con la cabeza esas estupideces pero pensó sabiamente que sería mejor que Arn aprendiese a costa de sus propios errores que a costa de su propio siervo y repitió algo de lo que había dicho la noche anterior al lado del fuego. Detrás del lomo, a través de los pulmones. Entonces ciervo quieto si el disparo es bueno. Porque debajo lomo está corazón. Entonces ciervo corre atemorizado y contagia el temor a los otros. Si ciervo está bien tocado en pulmón y queda quieto, se puede intentar matar otro.

Arn colocó una flecha en el arco, lo asió con el pulgar de la mano izquierda y se santiguó. Luego esperaron.

Después de una espera, que seguramente le parecía más larga a Arn que a los otros dos, había tres ciervos quietos delante de ellos escuchando en la niebla. No obstante, se veían perfectamente. Arn rozó ligeramente el hombro de Svarte para poder preguntar con los ojos en lugar de decir nada. Svarte susurró al oído de Arn que estaban bien colocados pero demasiado lejos. Arn le indicó con la cabeza que lo había entendido.

Pero de pronto tensó completamente el arco y apuntó al parecer a una brazada por encima del ternero que estaba mejor colocado y, sin titubear, dejó ir la flecha. Oyeron la flecha tocar pero vieron cómo el ternero se quedaba quieto como si no hubiese entendido que llevaba la muerte dentro. Arn volvió a disparar. Y otro disparo en seguida. Ahora se oían alejarse los ciervos.

Arn quiso salir corriendo en la niebla para ver lo que había ocurrido pero Kol lo asió de la manga, asustándose inmediatamente por su atrevimiento. Arn, sin embargo, no se enfadó lo más mínimo por eso y asintió con la cabeza en señal de comprensión. Tuvieron que esperar mucho hasta que el sol hubo ahuyentado la neblina, el baile de las ninfas.

Svarte y Kol se acostaron junto a un tronco después de quitarse los mantos que habían llevado atados a la espalda y cayeron en un profundo sueño. Arn se sentó pero no pudo dormir. Había disparado lo mejor que podía y estaba seguro de haber acertado con los dos primeros disparos, pero tenía una idea difusa de lo que había pasado con el tercer disparo, aunque experimentaba una sensación de que algo no estaba bien. Tal vez había disparado demasiado de prisa, tal vez había estado demasiado tenso. El corazón le latía tan fuerte que pensaba que lo oirían los ciervos.

Cuando el sol ya llevaba un rato quemando y aclarando la vista, Svarte se despertó y despertó también a su hijo. Después salieron al campo a ver lo que había.

El ciervo que Arn había matado primero yacía muerto donde había sido alcanzado y no se esperaba otra cosa, le explicó Svarte mientras revisaba la flecha, meditabundo. La flecha había atravesado los dos pulmones del ciervo y había salido por el otro lado. Por eso el animal estaba donde estaba. No había sentido ningún dolor y por eso no se había ido corriendo.

La cierva no estaba donde esperaban, pero Svarte y Kol en seguida encontraron rastros de sangre. Al revisar la sangre se hicieron señales de aprobación el uno al otro y luego a Arn. Kol dijo que a esta cierva también le había dado en los pulmones y estaría muerta en la cercanía; pronto la encontrarían. Marcó el lugar donde encontraron la sangre con una flecha y después él y su padre caminaron lentamente e inclinados hacia adelante por el lugar donde todos consideraban que había estado el tercer animal cuando Arn había disparado. Encontraron sangre en unos tallos de hierba y los frotaron entre los dedos, oliéndola, y de nuevo parecía que ya estuvieran informados de todo.

Svarte explicó que esta cierva estaba herida mortalmente pero no muerta y que yacía con fiebre a la distancia de un par de tiros de flecha y que ahora podían ir a buscar a los caballos porque no valía la pena ir a buscarla demasiado pronto. Debían dejarla morir en paz.

Cuando regresaron con los caballos vieron que todo lo que habían dicho Svarte y Kol era verdad. La segunda cierva, la que Arn había matado con el último disparo, también yacía muerta, aunque más lejos. Svarte mostró cómo la flecha de Arn había tocado un poco atrás, pero cuando Arn se disculpó, avergonzado, Svarte no pudo más que sonreír, aunque intentó no mostrarlo. Con semblante serio explicó que aunque un ciervo estuviese bien colocado en el mismo momento en que soltabas la flecha, bien podía tener tiempo de dar un paso hacia adelante mientras la flecha estaba de camino. Eso era lo que había sucedido.

Hacia la noche volvieron a cazar ciervos pero sin éxito. Svarte explicó que eso se debía a que el viento era flojo y de poca confianza y que los animales fácilmente notaban el olor de los hombres por cualquier dirección que tomasen.

Aun así, estaban de buen humor al caer la noche y los tres ciervos destripados ya colgaban uno al lado del otro en una fuerte rama de roble. Habían tenido buena caza al menos por un día.

Sentados al lado del fuego, Svarte y Kol hicieron una ofrenda de los corazones de los ciervos a sus dioses, posiblemente creyendo que el hijo de su amo no entendía lo que estaban haciendo al girarse de espaldas y murmurar sobre el fuego en su propio idioma. Cuando iban a cenar, sin embargo, Svarte y Kol quedaron un poco inseguros porque Kol había ido a recoger ramitas de avellano frescas y las armaba encima del fuego cuando hubo perdido un poco de intensidad, y en las ramas ensartaba trocitos de hígado y riñón junto con la cebolla que Svarte sacaba de uno de sus sacos de cuero. Para el asombro de los dos siervos, Arn en seguida se mostró solícito a comer de ello, pese a que todo el mundo sabía que esa comida sólo era para siervos. No obstante, Arn comió con el mismo apetito que los otros dos, queriendo repetir y apartando su carne salada. De este modo, siervos y amo se acercaron un poco más.

Cuando yacían contentos y satisfechos al lado del fuego, bien envueltos en sus mantos para la noche, Svarte se atrevió a preguntar si en el monasterio del Cristo Inmaculado realmente enseñaban a disparar con arco y flecha de esa manera. Arn, que para entonces había entendido que lo había hecho bien, se alegró por la pregunta, pensó en cuán pocos eran quienes les era brindada la oportunidad de aprender con el hermano Guilbert como profesor, y les explicó que probablemente no era muy común que los monjes disparasen con arco y flecha, pero que él en eso había tenido especial suerte porque había tenido un profesor muy hábil. Svarte y Kol se rieron a gusto de eso y Kol dijo que les gustaría conocer a aquel profesor. Pero cuando Arn contestó bromeando que lo podrían conocer tan sólo si se dejaban bautizar, los dos siervos pusieron cara seria y, callados, quedaron contemplando el fuego.

Como para disimular la broma de mal gusto, Arn dijo que, pensasen lo que pensasen del monasterio del Cristo Inmaculado, no obstante era un mundo donde no había siervos, sino un mundo donde cada hombre tenía el mismo valor que los demás. Pero a esto sólo contestaron con silencio. Aun así, no quiso dejar el tema y les pidió exhaustivamente, con las palabras más claras y sencillas que podía encontrar, que le explicasen por qué Svarte y Kol seguían siendo siervos tal como eran cuando él mismo era niño. A muchos otros se les había concedido la libertad, ¿por qué no a Svarte y a su familia?

Svarte, que ahora tuvo que contestar aunque a regañadientes, explicó torpemente que dependía del trabajo de cada uno si le daban la libertad o no. A los siervos que cultivaban la tierra se les daba la libertad con más facilidad que a los que construían y cazaban. Los que cultivaban la tierra eran usados para abrir nuevas tierras para Arnäs y se les otorgaba la libertad contra arrendamiento. Pero la caza de pieles durante los inviernos y la caza de carne durante los otoños iba directamente para la casa de Arnäs y, por tanto, los que se ocupaban en eso no podían ser liberados, ya que tenían que trabajar para la casa principal. Y lo mismo ocurría con los trabajos de albañilería y también con la herrería. Por si acaso había ido demasiado lejos y hablado con demasiada franqueza, Svarte añadió que no se quejaba, muchos de los leñeros se encontraban en la misma situación que él.

Arn reflexionó un rato mientras los otros esperaban en silencio y luego dijo que le parecía un sistema injusto puesto que, en caso de haberlo entendido correctamente, las pieles de armiño y marta producían tanto como la cebada, la remolacha y el trigo. Entonces Kol se rió desvergonzadamente, y al preguntarle por qué, Kol contestó con voz burlona que sería harto difícil encontrar justicia en la servidumbre, lo cual provocó que Svarte le diera una patada en la pierna por debajo de la manta de piel para hacerlo callar.

Pero Arn no se enfadó en absoluto por la desfachatez de Kol; al contrario, movía la cabeza reflexionando en callado asentimiento y luego rogó que lo disculpasen por haber pensado mal y que Kol tenía toda la razón. Él mismo nunca querría, y nunca podría tener, a un hombre por siervo.

Puesto que Svarte y Kol no tenían más que añadir a este asunto, la conversación fue acabando. Arn rezó la oración vespertina por los tres, se metió dentro de su manto y sus pieles de una forma que mostraba que no era la primera vez que dormía a la intemperie y se acomodó para dormir. Después pretendió no oír nada de lo que los otros dos estaban cuchicheando.

Pero a Kol y a Svarte les costaba dormirse. Estuvieron abrazados el uno al otro para entrar en calor como era su costumbre, pero estuvieron reflexionando mucho rato sobre este curioso hijo del amo y sus extraños dioses.

Se levantaron pronto a causa de la escarcha nocturna, un buen rato antes del amanecer, y comieron su ración matutina, la sopa que Kol había empezado a preparar la noche anterior y que había estado en el fuego toda la noche. Svarte y Kol se habían turnado para añadir más leña y más agua. Con la sopa, que estaba hecha con cebollas y vísceras del ciervo, comieron pan moreno y al poco rato el calor les volvía al cuerpo.

Hacía una mañana preciosa, y al bajar por las faldas de Kinnekulle cabalgando con la pesada carga, toda la tierra de Arnäs se extendía ante sus pies. Cabalgaban hacia el sol naciente, que coloreaba las aguas del lago Vänern, primero de plata y luego de oro, y Arn, lleno de felicidad, respiraba profundamente el aire fresco. En la lejanía veía cómo algo relucía desde la iglesia de Forshem y así podía buscar Arnäs con la mirada en la dirección correcta, no obstante aún sin verlo.

A lo largo de las faldas de la montaña abundaban los robledos y los hayedos, pero debajo de la montaña se extendían los campos arados que ahora yacían negros y plateados por la escarcha. Arn pensó que el mundo nunca podría ser más bello, que Dios debía de haber creado estas laderas de roble y estos campos en un momento de mucha bondad. Empezó a cantar de alegría, pero percibió por el rabillo del ojo que eso asustaba a Svarte y a Kol, y por eso calló rápidamente. Estuvo planteándose si preguntarles qué era lo que les disgustaba de sus cantos, si era la magia del Cristo Inmaculado lo que les asustaba u otra cosa. Pero cambió de parecer, pues había llegado a la conclusión de que había que proceder con mucha calma en las conversaciones con estos dos, que eran tan siervos en sus mentes que más que anhelar la libertad, la temían.

Mientras viajaban, el sol iba derritiendo la escarcha de la tierra quitando el duro sonido de los cascos de hierro de los caballos. El mar del Vänern había pasado ahora a azul, pero ya habían avanzado tanto por la ladera que pronto no verían más el agua hasta llegar a casa.

Llegaron a Arnäs sobre el mediodía y fueron recibidos con alegres saludos al volver después de tan corta caza con tres ciervos. El hecho de que fuese Arn quien había abatido los animales despertó gran alegría entre los siervos domésticos y alzaron sus herramientas o lo que tuviesen en sus manos y las hicieron repicar sobre sus cabezas y produjeron los sonidos trinantes con la lengua que conformaban el saludo de bienvenida y de alegría de los siervos. Arn no pudo más que llenarse de orgullo por ese hecho, pero inmediatamente rogó a san Bernardo que lo vigilase y previniese constantemente del tremendo orgullo.

Despellejaron y despedazaron rápidamente los ciervos e hicieron llevar las pieles a la curtiduría. Pero ahora ya no estaban de caza, en donde Arn era el novato, sino que se trataba de preparar la carne y entonces era Arn quien, casi sin avergonzarse, tomaba las decisiones sobre lo que se tenía que hacer. Pensó que al igual que Svarte y Kol le podían enseñar sobre pistas de sangre y pisadas crujientes en la escarcha, él podía enseñarles cómo ahumar o colgar la carne y por eso encontró natural tomar todas las decisiones.

Limpiaron los asados y las piernas y los enviaron a la ahumadora.

Arn hizo colgar los cuellos y las espaldas en unos ganchos recién forjados dentro de la nueva despensa de ladrillo. Lo que quedaba de corazones, hígados, riñones y vísceras lo mandó llevar a casa de Svarte y Kol. Luego dejó que Erika Joarsdotter se encargase de lo que había que ahumar y les dio explicaciones a ella y a sus siervos domésticos sobre cómo los diferentes trozos de carne tardarían en hacerse; un tiempo para piernas y asados y otro tiempo para la carne de los cervatillos y de las ciervas. Cuando estuvo todo hecho, preguntó cortésmente a Svarte y a Kol si sería buena idea volver en seguida a los terrenos de la caza, porque entonces se llegaría antes del anochecer y podrían comenzar el trabajo ya a la mañana siguiente. Los dos lo miraron con estupor, pero asintieron en seguida. Kol fue a buscar unas nuevas pieles de cordero y pan recién hecho y montaron de nuevo sus caballos.

Camino de vuelta a Kinnekulle, Arn intentó averiguar si había actuado con demasiada dureza, si los otros dos habían pensado pasar una noche en una cama caliente antes de salir de nuevo o si sentían la misma ilusión por continuar que él. Pero contestaron evasivamente a todo aquello y llegó a la conclusión de que no habían pensado volver a cazar tan pronto. Se imaginaba que su modosa manera de actuar se debía a que jamás habían hablado con uno como él antes con palabras totalmente sinceras. Sin embargo, comprendía que eso no se podría cambiar en un santiamén. Tendría que predicar con el ejemplo, sería lo único efectivo. No se podría salvar a estas dos almas dando órdenes severas.

Al llegar a las faldas de Kinnekulle, donde los robledos se espesaban, vieron una manada de jabalíes en la distancia. Svarte, que los vio primero, detuvo su caballo y señaló. Arn tuvo que mirar un buen rato hacia las sombras del robledo antes de descubrir los animales, bastante más cerca de lo que había imaginado verlos. Todos estaban quietos con los hocicos hacia los jinetes y parecían olisquear tensamente decididos a esperar a ver lo que hacía el enemigo antes de huir. El bosque situado por encima de ellos estaba poco poblado con gruesos troncos de robles y parecía ser adecuado para cabalgar.

Arn acercó a *Chimal* al recio caballo nórdico de Svarte y le preguntó si no podrían matar a esos animales. Svarte tuvo que esforzarse para explicar con cortesía que, si se acercaban más, los animales huirían. Al oírlo, Arn se impacientó algo y dijo que eso ya lo comprendía, pero unos cerditos no correrían más rápido que un caballo, ¿verdad?

Ante esta estúpida pregunta, Svarte se esforzó aún más en ser cortés, y Arn lo notó claramente en sus profundas respiraciones antes de hablar. No obstante, le explicó como si le estuviese hablando a un niño que en un terreno llano un caballo podría adelantar a un jabalí, especialmente el caballo de Arn. Pero en primer lugar, ahora no se trataba de un terreno llano. Y en segundo lugar, si alcanzase al animal, ¿qué haría luego allí arriba, sentado sobre el lomo del caballo?

Entonces Arn sonrió ampliamente, tomó sin contestar el arco de su espalda, lo tensó como si no fuese en absoluto uno de los arcos más duros de Arnäs, sacó un par de flechas de su aljaba y las metió debajo de su mano, soltó un poco de la carga del caballo y se la pasó a Svarte. Después preguntó cuál de los animales se debía matar primero si llegaba a alcanzarlos. Svarte contestó con la mirada baja, mordiéndose el labio para no reírse, que en ese caso debería ser un jabalí de tamaño mediano o de los pequeños.

Arn asintió con la cabeza y se fue trotando tranquilamente hacia los jabalíes como si pensase que se quedarían allí esperando la muerte. Svarte y Kol se miraron divertidos, el uno encogiendo tan sólo los hombros.

En el mismo momento en que los cerdos levantaron las colas al aire en señal de huida colectiva, el caballo de Arn salió disparado y pareció que de repente volase sobre el suelo. Svarte y Kol pudieron ver cómo disparó la primera flecha estando de pie en la silla, sin agarrarse con las manos, y cómo cayó el primer jabalí. Luego sólo se oía el sonido de los cascos del caballo subir por la falda de la montaña entre las crujientes hojas de roble y un jabalí chillar y luego otro más.

Svarte y Kol tardaron en comprenderlo todo. En seguida encontraron el primer jabalí, al que habían visto caer, lo abrieron y lo vaciaron. Pero luego fue un trabajo complicado hacerle explicar al joven señor Arn cómo había disparado y dónde se encontraba al hacerlo y hacia qué dirección había continuado el jabalí tocado. En su exaltación, no había tenido la sensatez de recordar ese tipo de cosas. Pero al caer la noche, los tres jabalíes colgaban de una rama tal como era debido.

Sin embargo, tuvieron que acampar un poco más abajo de la falda de Kinnekulle de lo que habían pensado. No obstante, valió la pena, ya que habían logrado matar, al parecer con facilidad, tres animales más. Jabalíes, sin embargo, que tenían que ser llevados a Arnäs más rápidamente que los ciervos, puesto que la carne de cerdo se corrompe antes que la carne de los ciervos.

Sentados al lado del fuego les fue difícil retomar una conversación. Al final Svarte, con la mirada baja, murmuró lo que pasaba. Nadie podía montar tan rápido y disparar a la vez, especialmente en un bosque. Eso sólo se conseguía con magia.

Arn primero se asustó, pues creía entender que la magia era un pecado tan grave para los paganos como para los cristianos. Inició una larga explicación asegurando que él jamás se prestaría a cosas de magia puesto que eran un pecado muy grave. Pero pronto comprendió que los siervos de su padre en absoluto consideraban la magia como un pecado, sino al revés, tenían curiosidad por saber cómo lograrlo, pues funcionaba muy bien durante la caza. Para ellos la magia no era mala, sino buena.

Al comprender esto, Arn se quedó muy pensativo y no sabía cómo contestar. Después de un rato se lanzó a dar explicaciones detalladas de cómo había practicado toda su vida con caballos aún mejores que *Chimal*, y con un buen conocedor de caballos. Y que ésta y solamente ésta era la razón por la que sabía mantenerse de pie en la silla y disparar a la vez.

Pronto se dio cuenta de que no lo creían. Kol, que se había vuelto un poco menos reservado que su padre en la convivencia con Arn, habló enigmáticamente durante un rato, como si supusiese que Arn no quería compartir su magia, pero que era comprensible, ya que él y su padre solamente eran siervos y Arn era de los amos de la casa.

Arn se quedó sin respuesta ante esto y rezó larga y silenciosamente para obtener la ayuda de san Bernardo en hacer comprender la verdad a Svarte y a Kol y que esta verdad fuese libre de toda oscura sospecha sobre obras malvadas.

Algot Pålsson de Husaby era el propietario de muchas fincas y bosques, pero según su parecer, sólo tenía dos riquezas. Se trataba de sus dos hijas Katarina y Cecilia, que acababan de dejar la niñez y florecían como dos hermosas flores. Las dos eran la luz de sus ojos, decía a menudo en voz alta. Pero dado que también mostraban señales evidentes de temperamentos poco recatados y picardía, especialmente Katarina, la mayor, también eran su mayor preocupación. Pero eso no lo decía en voz alta.

Cuando Katarina tenía doce años estuvo a punto de comprometerla con Magnus Folkesson de Arnäs y habría sido una gran felicidad, una luz en su vida en lugar de la oscuridad que por aquel tiempo le había caído encima al morir su esposa Dorotea Röriksdotter en parto y con ella la vida que hubiese sido el primer hijo de Algot.

Si pudiera haber casado a su hija mayor con el linaje de los Folkung, habría sido tan bueno como una boda real o, teniendo en cuenta que sus dominios estaban rodeados bien por el linaje de los Folkung, bien por el linaje de Erik, habría sido incluso mejor que con la realeza. Ciertamente, él era ahora el administrador del rey Karl Sverkersson en la mismísima Husaby, que era una finca real. Y Husaby también era más grande y estaba mejor situada en Kinnekulle que ninguna de sus propias fincas.

Pero ligarse tan fuertemente al rey Karl Sverkersson en Götaland Occidental no estaba libre de riesgos, pues igual de fuerte que el linaje de Sverker era en Götaland Oriental, igual de débil era en Götaland Occidental. Karl Sverkersson no osaba llamarse rey aquí, sino que se hacía llamar canciller de Götaland Occidental y con eso se contentaban de momento tanto el linaje de los Folkung como el de Erik. Pero incluso el más despreocupado que prefería ver el futuro con esperanza debía albergar sus dudas acerca de lo que pudiese llegar. El día en que el rey Karl fuese asesinado por uno de los otros, tal como solían acabar los días de los reyes, no sería fácil vivir en Husaby y ser hombre suyo.

Por eso todo se podría haber arreglado para mejor si Katarina pudiese haber sido ama de Arnäs. Entonces Algot no habría puesto todos los huevos en una misma cesta. Sea cual fuere el linaje vencedor del poder monárquico, sus linajes habrían estado emparentados, y con ello, sus vidas y pertenencias a salvo.

Ahora todo se había ido a pique porque al final Magnus Folkesson había optado por emparentar con el linaje de Erik. Algot no podía reprobar a Magnus por ello, sino solamente lamentar su propia mala suerte. Puesto que había hablado sobre este tema con Magnus, sabía que los dos pensaban del mismo modo y ambos otorgaban gran importancia al hecho de que sus territorios lindasen el uno con el otro.

Sin embargo, no estaba todo perdido respecto a este asunto, pues Magnus tenía un hijo de la misma edad que Katarina y Cecilia, y Eskil sería con el tiempo señor de Arnäs. Con un poco de buena voluntad, incluso se podría ver como la mejor opción, puesto que en el otro caso Katarina habría tenido que casarse con un hombre entrado en años cuando ella era tan sólo una niña.

No obstante, existía el problema de la picardía de las hijas. Ninguna se comportaba en la relación con los hombres con el pudor que un padre podía esperar, y puesto que este comportamiento reducía su valor y, en el peor de los casos, las haría imposibles de casar, Algot decidió separarlas. Cuando Katarina estaba en casa, Cecilia estaba como novicia en el convento de Gudhem. Y cuando Cecilia volvía a casa, le tocaba a Katarina viajar a Gudhem para recibir la disciplina del Señor y la educación debida y con ello muchos buenos conocimientos que vendrían muy bien a una señora de Arnäs. Lo último no era de desdeñar, aumentaba el valor de las hijas pese a que ellas mismas no expresasen la más mínima gratitud por ser distanciadas y educadas en un convento por separado. Pronto le tocaba a Katarina viajar a Gudhem, y no hablaba de ello con muy buenas palabras.

Las monjas exigían abundante plata para mantener a las hijas en Gudhem, y plata era lo único que aceptaban. Pero valía la pena, según Algot, porque lo que ahora adelantaba, le sería devuelto con creces si llegaba a casarlas bien. Y además, así tendría una excusa natural para hacer negocios con Magnus Folkesson, que al parecer tenía una cantidad ilimitada de plata en sus arcas. Vendiendo bosques de roble a Arnäs, Algot obtenía la plata necesaria y con ello muchas posibilidades, al cerrar las ventas, de hablar sobre las hijas y sus buenos hábitos a los que iba destinada la plata. De esa manera podía recordarle a menudo a

Magnus la promesa de matrimonio medio rota y que Katarina y Cecilia podrían ser un buen negocio para ambos.

Algot Pålsson sólo había oído algún vago rumor sobre el segundo hijo de Magnus Folkesson, a quien habían enviado al monasterio ya de niño, y que ahora había vuelto a Arnäs. Lo que se decía del chico no lo honraba mucho, puesto que era como medio monje.

Y Arn, que era su nombre, al principio confirmó los rumores al entrar cabalgando una tarde calinosa y fría de otoño, dos semanas antes de celebrarse el concilio del reino en Axevalla. Llevaba a dos siervos con él e iban fuertemente cargados con ciervo y cerdo que ofrecían como parte de su caza a Husaby. Magnus Folkesson y Algot tenían ese acuerdo, que cuando la gente de Arnäs cazaba en las tierras de Algot, que en ciertas épocas eran mejores para la caza que los terrenos abajo en Arnäs, pues los jabalíes buscaban los bosques de bellotas en otoño, una cuarta parte de la caza conseguida era enviada a Husaby en compensación.

Esta vez, su caza debía de haber sido muy afortunada, ya que todo lo que llevaban sería descargado en Husaby. Cuando acabaron tenían la intención de volver a casa cabalgando por la oscuridad, pues el mayor de los siervos decía saber encontrar el camino aun siendo de noche.

Algot en seguida puso objeciones. Una mala recompensa a quienes llegaban con carne tan delicada sería dejarlos seguir en la noche. Además, se dio cuenta rápidamente, podía ser que Dios, por pura providencia, decidiera hacer coincidir a Katarina con uno de los hijos de Arnäs, aun siendo el peor de ellos. Daba lo mismo, pensó Algot, ya que tal vez así prefiriese al hijo mayor.

Y de esa manera se preparó un pequeño banquete en Husaby a las puertas del invierno, poco antes de la festividad de Todos los Santos. Cuando hubieron desensillado y dejado los caballos en los establos, llevado la carne para ser despellejada y preparada por los asadores de Husaby, y los siervos de compañía de Arn enviados a la casa de los siervos, Katarina se acercó a su padre y le propuso con semblante inocente que no deberían dejar que el huésped durmiese dentro de la casa principal con los demás, pues en Arnäs tenían costumbres más refinadas. Ella podría arreglar, en cambio, que Arn tuviese una cama propia en una de las casitas que se estaban cerrando para el invierno. Algot sólo le contestó con un seco gruñido afirmativo sin entender ni querer entender las secretas intenciones que Katarina pudiese tener.

Arn sentía una gran vergüenza, pues nunca había sido el huésped de nadie y no estaba seguro de cómo debía comportarse. Sí sabía que en Arnäs se molestaban si no bebía y comía mucho y decidió con un profundo suspiro, mientras él mismo desensillaba y almohazaba a *Chimal*, que procuraría comer y beber como un cerdo para que su padre no tuviese que avergonzarse por él incluso fuera de Arnäs. Por suerte, no habían tenido tiempo de comer durante muchas horas, ya que el suelo mojado por la lluvia les había alargado y complicado una de sus búsquedas de piezas. Así pues, por hambre que no fuera.

Por consiguiente, intentaría comer y beber como un cerdo, aunque era una pesada carga tener que decidir algo tan poco cristiano. Salió para lavarse en la fuente del patio, donde vio que se encontraban los siervos, y en cuanto hubo comenzado comprendió que se comportaba de una manera que como huésped no debía, pues los siervos se apartaban asustados, riéndose sarcásticamente y señalándolo con el dedo a sus espaldas. Le daba igual que fuese una mala costumbre lavarse, pensó. Porque aunque tuviese que comer como un cerdo no estaba dispuesto a oler como tal.

Se echó a descansar un rato en la baja cabaña de madera que le habían asignado y se quedó contemplando el techo, donde claramente podía ver imágenes de ciervos y jabalíes a la luz de la vela. Estaba contento de haber logrado algo más que construcciones de teja, lo que haría que su padre lo mirase de una forma algo más benévola. Con esta idea reconfortante y los animales salvajes delante de él, se quedó dormido.

Cuando fue a despertarlo un siervo doméstico, ya era negra noche y debían de haber pasado muchas horas desde que se había dormido. Se levantó de golpe y asustado, pensando que daría la impresión de que se negaba a compartir el banquete, lo cual estaría muy mal visto. Pero el siervo doméstico lo tranquilizó diciendo que, al contrario, que ahora empezaba todo y que lo acompañase. La carne había tardado un buen rato en asarse.

Cuando entró en la sombría sala de Husaby se sintió como transportado a tiempos prehistóricos. La habitación alargada y oscura estaba apuntalada por dos hileras de columnas talladas. Arn se imaginaba que el techo de turba y tierra debía de pesar y necesitaba este apoyo. A lo largo del remate del techo había tres orificios para el humo con portezuelas encima, pero de todas maneras le caían gotas de lluvia en la cara al pasar a lo largo del alargado fuego de troncos situado en el centro de la sala. Las columnas cuadradas estaban decoradas por todos los costados hasta la altura de un hombre con trazados draconianos y animales fantásticos pintados en rojo y alrededor del sitial y los lugares de descanso al fondo, en el rincón entre la pared larga y la pared corta, estaban igualmente decorados. A Arn le pareció una morada atea, lúgubre y fría.

Al descubrir que Algot y su hija Katarina, al igual que los cuatro hombres para él desconocidos sentados alrededor del sitio de honor, se habían vestido con ropas de banquete, se sintió desalentado, puesto que él llevaba ropa de caza de lana gruesa y cuero de ciervo. Pero eso no lo podría remediar. Ahora todos lo miraban como si esperasen que hiciese algo. Saludó en la paz de Cristo y se inclinó ante todos, empezando por el amo y su hija Katarina. Vio que ella le sonreía irónicamente y supuso que debería haber hecho y dicho algo más.

Algot Pålsson, sin embargo, no encontró ninguna razón para avergonzar más a su huésped y en seguida bajó del sitial, tomó a Arn por la mano y lo invitó a sentarse a su derecha, en lo que era el asiento de honor, y luego hizo sacar el gran cuerno para beber –que, según se decía, había pertenecido a Husaby desde los tiempos de Olof Skötkonung– y lo entregó solemnemente a Arn para abrir así el banquete.

Arn no pudo más que estudiar el cuerno un rato antes de llevárselo a la boca. Primero no pensó en su peso, sino en todas las imágenes paganas con las que estaba decorado y donde la cruz cristiana parecía haber sido añadida mucho más tarde, como para tapar el pecado. Comprendió que probablemente se esperaba de él que tragase como un animal, tomó aire y luego hizo todo lo que pudo y bebió hasta atragantarse bajo las atentas miradas de los demás. Cuando bajó el cuerno, jadeando, aún quedaba más de una tercera parte, pero Algot se lo quitó y echó rápidamente el resto al suelo y giró el cuerno al revés. Entonces los demás golpearon con las palmas de las manos contra las mesas en señal de que el huésped había honrado su casa apurando hasta el fondo. Arn tenía el presentimiento de que esta cena no sería algo para recordar con alegría.

Ahora servían la carne asada y más cerveza en grandes jarras. La carne resultó ser un ciervo asado en espetón y un cerdo entrado en años preparado de la misma manera. Tal como había temido Arn, la carne del ciervo estaba dura y seca y sin especiar a excepción de sal, con la que, sin embargo, habían sido generosos. Por tanto, habían cocinado un animal que había estado vivo esa misma mañana, algo que el hermano Rugiero habría considerado un pecado tan grave como blasfemar. Arn se prometió a sí mismo que guardaría las formas y no se quejaría de nada y por tanto elogió la buena carne de inmediato; bebió bruscamente de su cerveza, haciendo ruidos de satisfacción, puesto que ésa era la costumbre entre la gente. Pero le costaba mucho inventarse algo que decir y Algot tuvo que ayudarlo, haciéndole preguntas sobre la cacería, pues todo hombre con posibilidad de vanagloriarse de su botín de caza sería elocuente como un bardo por mucho que normalmente fuese taciturno.

Pero Arn no sabía cómo se hacía cuando lo invitaban a fanfarronear y contestaba secamente y con pocas palabras, elogiando a sus siervos como hábiles cazadores, lo cual no fue bien interpretado por los anfitriones.

Al principio de la cena, por tanto, la conversación se arrastraba con tan poca voluntad como un caracol de bosque por un sendero seco. Cuando al final Algot preguntó si Arn mismo había matado alguno de los animales, una pregunta osada y maliciosa, puesto que el huésped siempre podría haber exagerado algo sin que por ello se pensase mal de él, Arn contestó con una voz débil y con la mirada baja que él había matado a seis de los ciervos y siete de los jabalíes, pero de inmediato añadió que sus siervos habían matado casi la misma cantidad. Se hizo un silencio alrededor de la mesa y Arn no comprendió que se debía a que nadie lo creyese y que todos opinasen que bien podría haber exagerado algo, pero no tanto que pareciese pura mentira.

Un joven, cuyo parentesco con Algot Arn no había acabado de comprender, le preguntó ahora con sarcasmo si tal vez Arn había fallado algunos disparos o bien había tenido tanta suerte que los había matado a todos con el primer disparo. Arn, que no se dio cuenta del peligro de la pregunta, contestó con la verdad, que sí, había matado a todos los animales con el primer disparo. Pero entonces el joven se burló abiertamente y solicitó alzar su copa en respeto ante tan gran arquero. Arn bebió con él muy serio pero sus mejillas ardían al ver burla y engaño en los ojos de los demás. Fácilmente pudo comprender que no había contestado sabiamente a las preguntas que le habían hecho. Pero dado que solamente había dicho la verdad, ¿cómo podría ser más sabio decir una mentira? Era una cuestión acerca de la que tendría que reflexionar, pues en este momento casi deseaba poder decir una sabia mentira para escapar de las burlas y mofas de los demás.

Algot Pålsson intentó socorrer a Arn empezando a comentar que había oído hablar de unas nuevas plantas de los monasterios, ¿tal vez Arn podía contarles algo? Pero el joven que se había burlado de Arn no quería dejarlo escapar, por lo que habló en voz alta y con miradas significativas hacia Katarina, diciendo que sería una pena que los fanfarrones se quedasen con las buenas mujeres, a las que no merecían, y comentarios igualmente lúgubres. Arn supuso, entonces, que aquel hombre albergaba sentimientos amorosos hacia Katarina, lo cual a él no le incumbía en absoluto.

Algot intentó de nuevo dirigir la conversación hacia el pacífico tema del monasterio y lejos del asunto del tiro al arco, que sólo acarrearía más disgustos a la mesa. Pero Tord Geirsson, que era el nombre del joven burlón, quería ganar a Arn a lo grande, pues quería mostrarse fuerte ante Katarina. Ahora propuso que trajesen un arco para disparar unos tiros de competición, puesto que la sala era alargada. Arn aceptó inmediatamente, pues había visto por el rabillo del ojo cómo Algot Pålsson respiraba profundamente para impedir esta competición.

Rápidamente enviaron a unos siervos domésticos en busca de arcos y aljabas y colocaron una bala de paja al otro lado de la sala, cerca de la puerta, a unos veinticinco pasos de distancia. Tord Geirsson tomó el arco y las flechas y dijo en voz alta que ésta no era demasiada distancia para matar a un jabalí y que tal vez el señor Arn, que era tan hábil, quisiese demostrar primero cómo se hacía y él mismo dispararía en segundo lugar.

Arn se sintió fríamente determinado y se levantó de inmediato. No le gustaba la situación en la que su veracidad le había puesto, pero quería acabar con aquello cuanto antes, y a su entender sólo había una manera. Con pasos largos se acercó a Tord Geirsson y casi groseramente le quitó el arco, lo tensó rápidamente y con mano experta, y escogió cuidadosamente tres flechas, asiendo dos con la mano del arco y colocando la tercera en la cuerda. La tensó al máximo para disparar con toda la fuerza del arco, de modo que la flecha descendiese lo mínimo durante el trayecto, y disparó. La flecha dio en medio pero una pulgada por debajo del centro de la bala de paja. Todos estiraron los cuellos intentando ver y empezando a susurrar entre sí. Arn ya conocía cómo disparaba el arco y cuidó meticulosamente los siguientes disparos, que tiró sin darse prisa y acertó algo mejor. Luego entregó el arco a Tord Geirsson sin mediar palabra y fue a sentarse.

Tord Geirsson estaba pálido y con los ojos como platos mirando hacia las tres flechas que estaban una al lado de la otra allá en la diana. Comprendió que había perdido, pero no supo manejar la situación en la que él mismo se había metido. Todas las opciones le parecían bochornosas y no eligió la más inteligente, puesto que tiró, furibundo, el arco y abandonó la sala sin decir palabra pero con las risas de los demás retumbando en los oídos.

Arn rezó por él en silencio, porque su ira se apaciguase y porque hubiese aprendido algo de su soberbia. Por su parte pidió a san Bernardo que lo previniese de la soberbia y que no lo llevase a valorar esta simple cosa en más de lo que era.

Cuando Algot Pålsson se recuperó de la sorpresa de la habilidad de Arn, se alegró mucho y pronto hizo que todos los de la mesa bebiesen a la salud del muchacho por ser tan hábil arquero como había demostrado; y sirvieron más cerveza y Arn empezó a sentirse más a gusto y pronto incluso encontró de su agrado la carne de ciervo dura y sin colgar. Y procuró beber tanta cerveza como bebía un hombre.

Katarina se había ocupado ella misma de servir la cerveza a Arn, lo que era de cortesía y algo que debía haber hecho desde el principio, pues estaba sentada en el lugar de la señora de la casa, y Arn, en el del huésped de honor. Primero lo había encontrado demasiado estúpido y poca cosa. Ahora lo consideraba más que importante.

No tardó en cambiar su sitio por el de su padre, y se sentó al lado de Arn, tan cerca que él sentía su cuerpo cuando le hablaba, cosa que hacía cada vez con más fervor y mostrando cada vez más lo impresionada que estaba por las cosas que Arn explicaba. De vez en cuando sus manos rozaban las de él como sin querer.

Eso animó aún más a Arn y bebió la cerveza cada vez que le servían y se alegró mucho de que Katarina, que al principio lo había mirado con los ojos fríos y burlones, brillase ahora y le sonriese con tanto calor que notaba cómo lo invadía y le subía también dentro de él.

Si Algot Pålsson hubiese sido un anfitrión más decente, habría reprendido el comportamiento de su hija, en particular por tener sus dudas acerca de la picardía de ella y de su hermana. Pero era de la opinión de que, no obstante, existía una notable diferencia cuando el comportamiento poco decoroso de las jovencitas se dirigía hacia un joven señor de Arnäs que cuando era hacia un familiar orgulloso pero pobre. Así que hizo caso omiso de las cosas que los buenos padres no pueden evitar tanto ver como descubrir y severamente reprender.

A Arn pronto le daba vueltas la cabeza a causa de la cerveza, y en el último momento se dio cuenta de que tenía que vomitar y rápidamente atravesó la sala para no ensuciar donde se estaba comiendo. Cuando el aire frío le golpeó la cara y se echó hacia adelante para vomitar algo que parecía medio ciervo duro y un buen barril de cerveza, se arrepintió amargamente, pero no podía ni pensar en rezar hasta acabar.

Después se limpió bien la boca y respiró profundamente el aire fresco, se dijo a sí mismo que siempre se equivocaba hiciese lo que hiciese, entró y sin comer más deseó a todos una buena noche, la paz de Cristo, dio las gracias por la abundante comida y a continuación atravesó la sala con piernas tiesas pero decididas y con pasos tambaleantes. Salió al patio y fue directamente a la fuente, que ahora estaba abandonada en la oscuridad y la niebla. Se lavó con agua fría, reprimiéndose severamente en voz alta pero farfullando, y torpemente se metió en su casita, encontró su cama en la oscuridad y cayó hacia adelante como un buey apaleado.

Al caer la noche en la casa principal y cuando sólo se oían ronquidos, Katarina salió sigilosamente de su cuarto. Algot Pålsson, que últimamente dormía mal después de las noches de borrachera, la oyó salir y comprendió muy bien hacia dónde se dirigía. Como buen padre debería haberle impedido la aventura y, además, castigarla bien.

Pero también como buen padre se consoló a sí mismo, podía desistir de hacerlo aunque sólo fuera por conseguir que una hija suya llegase finalmente a Arnäs.

IX

Para quien nada sabía, podía parecer que los Folkung fuesen a salir a la guerra desde Arnäs. Pero incluso para quienes lo sabían todo, eso parecía probable.

Un gran ejército se amontonaba en el patio del castillo y el sonido de las herraduras de hierro de los caballos y sus resoplidos, el fragor de las armas y las voces impacientes producían un eco entre los muros de piedra. El sol estaba saliendo y sería un día frío pero sin nieve y con los caminos en buen estado. Dos carros con carga pesada fueron sacados gimiendo sobre sus chirriantes ruedas de roble, reforzados con hierro por la puerta para dejar sitio a todos los jinetes. Se esperaba a los hombres principales del linaje, que estaban rezando en la habitación de la torre alta, y algunos hombres bromeaban sobre posibles oraciones largas si era el niño de los monjes quien oficiaba la oración. Como para mantener el calor o deshacerse un poco de la impaciencia, cuatro de los guardias de Arnäs comenzaron a golpearse con las espadas y los escudos mientras los siervos, asustados, tuvieron que aguantar a sus caballos nerviosos. Los familiares los aclamaban desde fuera con alegría y buenos consejos.

Ciertamente era Arn quien había oficiado las oraciones con su padre y con el hermano de su padre Birger Brosa y Eskil, pues realmente necesitaban la protección de Dios y de los santos ante este viaje que podría acabar bien pero que también podría acabar con que las devastaciones de la guerra avanzasen por toda Götaland Occidental.

Cuando Arn salió al patio del castillo y vio cómo los cuatro guardias de su padre se estaban peleando con las espadas quedó atónito al ver que estos hombres, que eran los mejores luchadores y protectores armados de su padre, no sabían manejar la espada. No podía haber imaginado siquiera una cosa semejante. Aun siendo hombres adultos y vestidos en cotas de malla largas hasta las rodillas, y camisa de armas con los colores de los Folkung, parecían niños pequeños que apenas sabían nada sobre las espadas y los escudos.

Magnus, al ver a su hijo mirando con cara de necio, comprendió que Arn se había asustado a causa de estos juegos salvajes, y puso su mano sobre el hombro de Arn, diciéndole que no había que sentir miedo ante esos hombres mientras estuviesen a su servicio. Pero de hecho eran grandes luchadores, y eso era bueno para Arnäs.

Arn, por primera vez en mucho tiempo, realmente pareció tener aspecto de retrasado y de no entender nada. Pero de pronto vio la luz y sonrió con inseguridad al consuelo de su padre y le aseguró que en absoluto se había asustado por las luchas y que ciertamente se sentía seguro de ver que llevasen los colores de los Folkung como él mismo. No quería herir los sentimientos de su padre expresando lo que pensaba acerca de la incapacidad de esos hombres para manejar las espadas. A estas alturas ya había aprendido que aquí en el mundo bajo era más sabio no decir siempre la verdad.

Más problemático fue cuando Magnus descubrió que Arn inocentemente llevaba sujeta al costado la espada que los monjes le habían dado, la espada que solamente lo ponía en ridículo, y rápidamente entró a buscar una hermosa espada noruega que le ofreció a Arn. Pero entonces Arn protestó al igual que había insistido sobre querer montar su flacucho caballo monacal en lugar de un viril caballo nórdico.

Magnus intentó explicar que los Folkung tenían que cabalgar con una gran fuerza para atemorizar al enemigo y volverlos pacíficos, que también Arn, que iba vestido con los mismos colores, debía aportar lo suyo y no dejarlos en ridículo. Y ridículo sería que un hijo tan cercano al hombre principal del linaje llevase una espada de mujer y un caballo que no servía para nada.

Arn se contuvo claramente un buen rato antes de contestar, aunque finalmente propuso con palabras suaves que podría montar uno de los negros caballos torpes, pero que antes iría sin espada que dejar la suya. Y ante eso Magnus cedió, no del todo contento pero satisfecho de haberse librado por lo menos de lo más molesto: ver a un hijo suyo sobre un caballo que provocaba risas.

Y con esto, el poderoso séquito pudo salir por fin de Arnäs hacia el concilio de todos los godos, el concilio que ahora se llamaba concilio del reino porque el mismo rey Karl Sverkersson participaría por primera vez en dos años, y en el que esta vez tendría que elegir entre guerra y paz.

Delante de todos cabalgaba solo el capitán de la guardia con la insignia de los Folkung alzada en una lanza. Lo seguían Birger Brosa y Magnus Folkesson, uno al lado del otro, vestidos de azul y plateado y envueltos en sus amplios mantos azules forrados de piel de armiño y con relucientes yelmos puntiagudos en las cabezas. A su izquierda, detrás de la silla de montar, llevaban sujetos los escudos en los que el león dorado de los Folkung se alzaba valientemente para luchar. Luego seguían Eskil y Arn, vestidos y armados de la misma manera que los hombres principales del linaje, y luego seguía una hilera doble con los guardias, todos con lanzas con los colores de los Folkung serpenteando desde la punta.

Igual número de Folkung se sumaría desde las partes sur y oeste del país, y a las afueras de Skara se juntarían con el linaje de Erik para mostrar claramente, al entrar cabalgando al concilio como la unidad más poderosa, que una guerra le supondría al rey Karl tener por enemigos tanto al linaje de los Folkung como al de Erik, puesto que estaban unidos no solamente en la consanguinidad, sino también en la común voluntad de no someterse. El concilio de todos los godos se celebraría a las afueras de la finca real en Axevalla.

Dos hombres jóvenes que ahora cabalgaban el uno al lado del otro durante un largo camino, si no hubiesen sido Eskil y Arn, habrían estado todo el trayecto hablando sobre la lucha del poder de la que ellos por una orden inevitable formaban parte. Pero Eskil prefería hablar de sus negocios en Noruega.

Y Arn seguía pensativo y hablando en voz baja desde su vuelta de Varnhem. La mañana después de la noche en Husaby había montado al galope hasta Varnhem para confesarse ante el padre Henri y cuando finalmente regresó, malhumorado, se puso a rehacer los yelmos que suponía les obligarían a llevar a él y a su hermano. Lo que había cambiado no se veía tanto por fuera, pero los yelmos de Eskil y el suyo estaban acolchados y cálidos por el lado interior para no congelarse las orejas con las bajas temperaturas.

Eskil pensó que dos hermanos no debían cabalgar en silencio. Suponía que era mejor que él mismo rompiese el hielo y hablase de lo que le preocupaba para luego acercarse más fácilmente a lo que obviamente preocupaba a Arn.

Así que Eskil le explicó que los negocios noruegos habían ido muy bien porque habían logrado una venta que dejaba a las fincas en cuestión dentro del mismo linaje, pero aun así, logrando llevarse suficiente cantidad de plata noruega a casa como beneficio para Arnäs. Pero lo mejor de todo seguramente era el hecho de haberlo vendido sin levantar disgustos ni discusiones.

La preocupación de Eskil era por otro asunto, el pescado seco al que llamaban *klippfisk* en Noruega. Arriba, en el Norte de Noruega, iban los bancos de peces en cantidades enormes. Al lado de algo llamado Lofoten se pescaba en cantidades tan grandes que era más de lo que se podía comer ni vender en toda Noruega, y por eso sobraba pescado seco, que era barato de comprar, fácil de transportar y que se mantenía sin estropearse hasta que lo mojabas con agua. La idea de Eskil era comprar todo este exceso de pescado noruego y luego venderlo en los países de Göta, pues había muchas temporadas de ayuno; la peor, la de los cuarenta días antes de Pascua, en que era pecado comer carne. El pescado que se recogía en los lagos y mares de los países de Göta no alcanzaba en absoluto, especialmente para las grandes familias que vivían lejos de las aguas de pesca, como en las ciudades de Skara y Linköping.

Para sorpresa de Eskil, Arn en seguida supo de qué hablaba, aunque su palabra no era *klippfisk* sino *kabalao*, de lo que había comido mucho y no solamente durante la cuaresma. Desde hacía tiempo lo conocían en el mundo monacal. Arn pensó que si lograban convencer a los habitantes de las ciudades de la utilidad del pescado seco, cosa que no creía que fuera fácil ya que no tenía muy buen concepto de los habitantes de ciudad, el más emprendedor ganaría mucha plata. Pues era del todo cierto que este pescado era excelente para almacenar, transportar y comer y que la necesidad de buena comida podía ser grande durante la cuaresma y los inviernos demasiado largos. Es decir, si no vivías en un monasterio.

Eskil se alegró mucho de eso y estaba seguro de haber descubierto algo que pronto les haría ganar mucha plata. Imaginaba manadas de habitantes de ciudad poco arreglados que engullían su pescado en grandes cantidades, y decidió enviar en seguida a unos comerciantes a sus familiares noruegos con un gran pedido. Con toda seguridad, el pescado seco era el futuro.

Cuando la poderosa procesión de los Folkung pasó cabalgando por la iglesia de Forshem, era imposible llegar a ver a los últimos jinetes mientras veías pasar al primero. Las campanas de la iglesia de Forshem tocaban como de peligro o como deseos de buena suerte y todos los campesinos se pusieron a contemplar el espectáculo. Pero permanecían callados y atemorizados, puesto que no era fácil saber si este ejército de guerra salía para llevar el país a la desgracia o para preservar la paz. A un sencillo campesino le inspiraba más temor que esperanza ver el séquito de los Folkung.

Después del descanso a medio camino y cuando faltaba poco para reunirse con los familiares y que el séquito se hiciese casi el doble de grande, Eskil empezó a preguntarle a Arn qué era lo que lo hacía tan poco hablador y con aspecto casi de tristeza, y cuál era la razón de su visita al monasterio de Varnhem y sus diez días de penitencia con camisa de cilicio, que Eskil había notado aunque Arn intentase esconderla, y que se alimentase solamente con pan y agua. Se apresuró a decir que no tenía intención de entrometerse en los sagrados secretos de la confesión, pero era su hermano y debía poder hablar con él también sobre las cosas difíciles y no sólo de pescado y plata.

Entonces Arn le explicó sin rodeos cómo se había deshonrado emborrachándose y vomitando y cómo luego por la noche, allí en Husaby, había hecho con una mujer aquello que pertenece al matrimonio y que estaba muy arrepentido por haber cometido esas estupideces.

Pero Eskil no se preocupó en absoluto al oír eso. Al revés, se rió tan alto que su padre se giró en la silla y les dirigió una mirada muy severa, ya que esta vez los Folkung no cabalgaban hacia el concilio para repartir alegrías.

En tono más bajo pero todavía jocoso, Eskil le explicó que no era tan difícil de adivinar y que ahora lo entendía todo. Además, eso de vomitar por comer demasiado y beber demasiada cerveza no era nada de lo que preocuparse, sólo mostraba que apreciabas lo que te ofrecían y era buena costumbre. Luego eso de Katarina, porque era ella, ¿verdad? Bueno, aunque todavía no se hubiese decidido nada, bien podría ser que él mismo o Arn tuviesen que casarse o con Katarina o con Cecilia. Pero dado que Algot Pålsson estaba en aprietos por faltarle plata y siempre tenía que pagar con plata y no entendía mucho de estos menesteres, podría ser que sus territorios finalmente acabasen dentro del recinto de Arnäs sin tener que beber por ello la cerveza nupcial. Pero probablemente esta espera habría creado impaciencia allí en Husaby y lo que Katarina en realidad había hecho simplemente era intentar apresurar los planes de Dios a este respecto. No obstante, ante este hecho deberían reírse más que fruncir el ceño en señal de preocupación.

Sin embargo, a Arn le costaba reírse de lo ocurrido ya que, lo mirase por donde lo mirase, no podía huir de su propia responsabilidad ante Dios por lo que había hecho por voluntad propia; aun si esa voluntad propia se había tambaleado un poco por demasiada cerveza. Al igual que Eskil, el padre Henri también se había tomado este pecado más a la ligera de lo que Arn se había esperado y, aunque tuvo que hacerle muchas preguntas, también había llegado a la misma conclusión que Eskil. Una mujer codiciosa y ávida había atraído a Arn tanto con cerveza como con los trucos que acostumbran a usar las mujeres cuando son listas como serpientes. Y Arn, que era inocente en más de un aspecto, no pudo defenderse contra esas trampas.

Por eso se había librado con sólo diez días de penitencia y ante Dios estaba libre de este pecado. Sin embargo, le costaba alegrarse por algo que debería haberle producido un gran alivio. Era como si por segunda vez hubiese pecado gravemente y aun así no hubiese recibido un severo castigo, y eso no le alegraba en absoluto como Eskil y el padre Henri obviamente habrían esperado. Albergaba la inquietante idea de que su pecado, aun habiendo sido perdonado, permanecía en algún lugar en su interior. Pues por lo que lograba recordar no se había hecho de rogar demasiado cuando Katarina le enseñó cómo todo debía hacerse.

El rey Karl Sverkersson estaba en la albardilla de Axevalla junto con sus hombres más próximos viendo llegar juntos a los linajes de los Folkung y de Erik, cabalgando hacia el lugar del concilio. Era como ver llegar a un gran mar azul, ya que los colores de los Folkung eran azul y plateado y los del linaje de Erik eran azul y dorado, y las puntas de las lanzas con los banderines azules aleteando eran como un bosque azul hasta donde alcanzaba la vista. Evidentemente, no habían llegado con algunas docenas de hombres jurados, sino con un ejército de guerra muy bien equipado y no era difícil comprender lo que pretendían con eso. Y lo peor era que entre los primeros no solamente cabalgaban Joar Jevardsson y su yerno Magnus Folkesson, lo cual era de esperar, sino también Birger Brosa de Bjälbo. Ese mensaje también era fácil de interpretar. Ahora el linaje de Bjälbo, la rama más fuerte de los Folkung, se había unido al enemigo.

Una única cosa buena era que el aspirante al trono, el joven Knut Eriksson, hijo del rey Erik Jevardsson, no se encontraba entre el ejército azul. En ese caso, la paz del concilio habría sido difícil de mantener. Pero la ausencia de Knut Eriksson también era una señal de la buena voluntad de mantener la paz.

Ahora el rey Karl sólo tenía que celebrar un pequeño consejo con sus hombres. Todos habían visto y comprendido lo mismo. Sus planes de proclamarse rey de Götaland Occidental en este concilio tendrían que posponerse, puesto que algo así sería imposible de llevar a cabo en contra de las intenciones que los Folkung y la estirpe de Erik mostraban llegando con un ejército tan grande.

Sin embargo, se trataba de no mostrarse débil, sino de elegir la segunda mejor alternativa, hacer que el concilio aceptase al primogénito del rey, el infante Sverker, que aún era niño en pañales, como canciller sobre Götaland Occidental.

Con ello aún se podría esperar una feliz solución en el conflicto entre Emund Ulvbane y Magnus Folkesson. Pues allí había una buena trampa armada y Magnus era, en algunos aspectos, el más débil de la cadena de los Folkung, y si se lograba romper ese eslabón habría mucho ganado.

Los Folkung y los del linaje de Erik establecieron su campamento un poco al oeste del lugar del concilio; un campamento que parecía de guerra ya a larga distancia, y realmente ésa era la intención.

Cuando hubieron levantado las tiendas y descargado los carros, llegaron del este los del linaje de Sverker y sus parientes junto con los hermanastros del rey, los infantes Kol y Boleslav, mostrando una fuerza casi igual de grande. Así que al oeste del lugar del concilio todo era de color azul, dorado y plateado. Al este del lugar del concilio, rojo, dorado y negro.

Al Norte y al sur se juntaron los linajes que no habían hecho alianza con ninguna de las partes y allí los colores eran más pálidos y más variados, puesto que muchos hombres de Götaland Occidental consideraban más adecuado llegar al concilio vestidos de terratenientes y no de los colores de sus escudos.

El concilio no empezaría hasta el mediodía, cuando el sol estuviese en lo más alto, y por tanto aún sobraba tiempo para consejos. A las afueras de la tienda más grande del campamento azul levantaron la insignia de los Folkung con el león dorado y la nueva insignia del linaje de Erik, que consistía en tres coronas doradas sobre un cielo azul. Esta insignia podía interpretarse como un insulto hacia el rey Karl Sverkersson, ya que con ella era como si el linaje de Erik aclamase a Eric Jevardsson como rey, ya que todo el mundo sabía que las tres coronas eran su insignia y la de nadie más. Y si alguien aclamaba al rey Eric Jevardsson ante el rey Karl Sverkersson, eso podía considerarse como un signo de enemistad. Tanto mayor la enemistad dado que todo el mundo ya sabía que Karl Sverkersson estaba detrás del asesinato de

Erik Jevardsson y que el pobre danés Magnus Henriksen sólo había sido la herramienta de Karl y que estaba condenado en el mismo momento que Erik Jevardsson cayó muerto al suelo. Porque en el momento en que Magnus Henriksen creía ser vencedor arriba en Aros Oriental con un rey muerto a sus pies, todo el apoyo cesó y todas las promesas se rompieron por parte de Karl Sverkersson allí abajo en Linköping. Éste, en lugar de eso, salía ahora a la lucha contra su propio y descarriado asesino real.

Así había conseguido Karl Sverkersson la corona real. Y se rumoreaba que el hombre que había enviado para ayudar a Magnus Henriksen a asesinar a Erik Jevardsson era Emund Ulvbane, y que Emund había sido quien separó la cabeza de Erik Jevardsson de su cuerpo.

Si eso era cierto, entonces Magnus tendría una contienda con un asesino de reyes y por eso habría que reflexionar meticulosamente cómo proceder en esta contienda, ya que como era fácil comprender, aquí se jugaban más que unas cuantas fincas en los límites entre la propiedad de Arnäs y la tierra que recientemente había regalado Boleslav, el hermanastro del rey, a Emund.

Pero pensándolo fríamente y sin precipitarse ni dejarse excitar por quienes seguramente pretendían alarmar, el juego se podría ganar sin especial dificultad. Porque el mismo procurador, Karle Eskilsson, que era nieto del procurador Karle de Edsvära, también estaba enlazado con el linaje de los Folkung. Y ahora llegaba al consejo en la tienda de los Folkung.

Allí dentro estaban también Joar Jevardsson, Birger Brosa, Magnus y sus dos hijos y los cuatro jefes de las guardias de los linajes de los Folkung y de Erik.

Había que hablar de dos cosas y el procurador Karle, que era el hombre de más importancia en la tienda, era quien presidía la reunión. Hablaba secamente y con celeridad para no perder tiempo. Si el rey Karl tuviese ahora la intención de proclamarse rey también en Götaland Occidental –cosa poco probable– y todos los Folkung y los hombres del linaje de Erik se lo negaban, el asunto estaría claro. Ningún procurador ni ningún obispo podían aceptar la dignidad real exigida bajo esa circunstancia. Pero si Karl, en cambio, optaba por buscar la aprobación por parte del concilio de su hijo Sverker como canciller sobre Götaland Occidental, lo cual se rumoreaba, ¿cómo actuarían entonces?

Birger Brosa anunció que eso podría ser una cosa muy buena. El rey Karl se libraría del bochorno y lo haría menos propenso a la guerra. Götaland Occidental se libraría de su poder real y si quería llamar canciller a un infante en pañales tal vez podía ser bueno para su propia soberbia, pero carecía de verdadera importancia. Un canciller así no podría ser la espada del rey hasta dentro de muchos años, por ahora solamente era una palabra. De esta manera se evitaría la guerra entre dos partes igualmente fuertes, la peor de todas las guerras.

Joar Jevardsson y Magnus Folkesson estuvieron inmediatamente de acuerdo en lo que decía Birger Brosa. También eran de la opinión de que una guerra entre partes de fuerza similar era algo que había que procurar evitar. Quienquiera que saliese vencedor en una guerra así tendría que pagar muy cara su victoria y luego estaría rodeado por muchas viudas e hijos huérfanos de padre en terrenos devastados y quemados.

El procurador halló unidad en esta cuestión y nadie lo contradijo.

Luego llegaron a la segunda cuestión, la contienda de propiedad entre Magnus y el hombre del joven Boleslav, Emund Ulvbane. Había algo engañoso en esa contienda. El asunto era demasiado insignificante como para discutir y más aún en un concilio del reino, así que la intención bien podría ser iniciar una lucha que, como un fuego, podía extenderse a una guerra. Detrás de Emund Ulvbane estaba el hermanastro del rey Karl, Boleslav. Pero Boleslav aún era un niño, y no intrigaba por cuenta propia. Detrás de Boleslav, sin embargo, estaba el rey Karl y por tanto era él quien buscaba la contienda.

El procurador Karle dijo entender que esa contienda se debía resolver con mano ligera si se quería mantener la paz. Pero puesto que ambas partes del conflicto podían presentar igual número de docenas de hombres jurados, hasta la infinidad si hiciese falta, no se podría resolver el conflicto según la ley. Así pues, ¿qué otro camino les quedaba? ¿Cuál era la opinión de Magnus en este asunto?

Magnus habló viril y escuetamente, explicando que eso era lo que había pensado, que con los hombres jurados la contienda estaría en el mismo punto de partida que al principio. Por eso pensaba proponer una reconciliación ofreciendo treinta marcos de plata por las fincas en cuestión. Tal vez eran diez marcos más de lo que realmente valían, pero el precio, según Magnus, no era demasiado alto si la contienda podía resolverse de esta manera. Comprar la paz del país por solamente diez marcos sería muy barato.

El procurador Karle asintió pensativamente ante la idea y dijo que se procedería de manera que primero se iría al juramento para que todos viesen que la contienda estaba atascada y no podría resolverse. Entonces Magnus sacaría sus treinta marcos de plata al concilio para pedir reconciliación tal como él mismo había dicho. Sería cosa fácil para el procurador y sus concejales pronunciar la reconciliación y nadie podría alegar nada en contra.

Con eso se acabó el consejo y todos se despidieron contentos para dirigirse a sus campamentos y encontrar parientes con quienes hablar.

Eskil y Arn se fueron juntos a mirar los caballos y las armas y a saludar a gente del propio linaje que Eskil conocía pero Arn no, y a gente del linaje de Erik que no conocían ninguno de los dos, mientras Eskil iba explicándole a Arn lo que era un concilio. Arn tendría que saber que cosas como las espadas no se podían llevar dentro del círculo blanco calcado que era el límite del lugar del concilio y cuando fuese a prestar juramento debería saberse las palabras y pronunciarlas en voz clara y alta sin dudar ni tartamudear, puesto que eso parecería poco viril y de poca confianza. Las palabras eran: «Tan de verdad me protejan los dioses como verdad pronuncio.»

Arn aprendió a repetir las palabras en seguida pero objetó que este juramento rompía el primero de los mandamientos del Señor y era blasfemo, pues ¿quiénes eran los dioses que iban a protegerlos? ¿Cómo podía prestarse un juramento a unos dioses paganos?

Pero Eskil solamente se rió de sus preocupaciones y explicó que aunque las palabras del juramento eran del tiempo de los antepasados, el significado era Dios y nadie más, y para convencer a Arn le señaló que las primerísimas palabras de la ley de los godos dejaban el asunto claro como el agua; esas palabras eran: «Cristo es el primero de nuestra ley. Luego nuestra fe cristiana y todos los cristianos: el rey, los campesinos y todos los hombres sedentarios, el obispo y todos los hombres eruditos.»

Arn se dejó contentar con eso y bromeó acerca de que Eskil entraría en la ley como un campesino mientras él mismo apenas pasaría como hombre erudito. De todas maneras, era obvio que hasta este punto tenían la ley de su parte.

Cuando llegó la hora, se acercó el obispo Bengt de Skara y bendijo la paz del concilio, y el procurador Karle pregonó en voz alta que ya estaban en concilio e infame fuese quien rompiese la paz del concilio. En ese momento creció un murmullo entre los miles de hombres que vieron al rey Karl abrirse paso lentamente hasta la colina más alta del concilio, donde se encontraba el procurador. Pronto se vería cómo la cuestión sobre guerra o paz llegaba a una solución.

Cuando el rey estuvo tan alto que todos los hombres podían verlo, también vieron que en sus brazos llevaba un niño en pañales, y muchos, que comprendieron el significado de ello, suspiraron aliviados. La paz estaba salvada, ya que Sverker no tenía la intención de exigir la corona real de Götaland Occidental espada en mano.

Luego todo sucedió tal y como Karle y Birger Brosa habían previsto. Karl Sverkersson alzó a su hijo por encima de su cabeza para que todo el mundo pudiese verlo y pidió que el concilio saludase a su nuevo canciller Sverker de Götaland Occidental. Desde el lado del linaje de Sverker y de los hombres reunidos en torno a los hermanastros del rey Kol y Boleslav, gritaron inmediatamente un sí y luego las miradas tensas se dirigieron hacia el lugar del concilio que relucía todo de color azul y donde se encontraban Joar Jevardsson, Magnus Folkesson y Birger Brosa en la primera fila.

Birger Brosa susurró con una sonrisa que esperasen unos momentos, y así lo hicieron todos, permaneciendo quietos al igual que todos los hombres detrás de ellos. El murmullo se iba extinguiendo en el lugar del concilio y pronto reinaba un silencio tal que solamente se oía el viento. Pero de repente los tres hombres que estaban a la cabeza levantaron las manos hacia el cielo como un solo hombre y luego se elevó un bosque de manos detrás de ellos y en poco tiempo un júbilo de alegría y de alivio retumbaba por encima de todo el lugar del concilio. El obispo Bengt pudo bendecir al nuevo canciller, que para entonces gritaba con una voz tan débil que más que la bendición del hombre más influyente de Götaland Occidental parecía un bautizo.

Lo que luego seguiría en las deliberaciones del concilio eran primero los asuntos que solamente se referían a unos pocos, tal como asuntos de homicidios y desagravios, luego iban a ahorcar a unos ladrones de iglesias para alegrar a todos los asistentes del concilio que habían emprendido un viaje tan largo, ahora que lo importante ya estaba resuelto. Por tanto no sería hasta la tarde que se llegaría a un acuerdo entre Magnus Folkesson y el asesino real Emund Ulvbane. Cuando llegó la hora, sin embargo, sopló una especie de viento frío de tensión por el concilio y los hombres vestidos de los colores de Sverker acudieron desde todas las direcciones. Era evidente que se esperaba algo grande, aunque el asunto de la contienda fuese tan pequeño.

Al principio todo aconteció como habían calculado, porque Magnus sacó su plata y explicó que estaba dispuesto a buscar una reconciliación y pidió que la parte contraria la aceptase, puesto que el precio era bueno y la paz entre los vecinos valía más que esa plata. Emund Ulvbane se negó tozudamente a aceptarla, pero el procurador Karle y sus hombres jurados sentenciaron el acuerdo sin tan siquiera apartarse para deliberar. Con ello empezaron a dispersarse los hombres murmurando, desilusionados, ya que todos vieron que el asunto ya estaba concluido y no llegaría más lejos.

Pero entonces Emund Ulvbane salió y, despectivamente, puso el pie encima de la plata que le habían sentenciado como suya y alzó la mano derecha en señal de que tenía algo que decir. En seguida hubo silencio y todos esperaban tensos, puesto que Emund Ulvbane tenía cara de furioso y desdeñoso.

–Debo aceptar lo que el concilio ha determinado como cualquier otro hombre –empezó a decir con voz de trueno, ya que era un hombre muy fuerte–. Pero me pesa que la plata esté por encima del honor y la razón. También me pesa tener que reconciliarme con un hombre sin honor como Magnus Folkesson, ya que tú, Magnus, no eres el igual de un hombre ni hombre en tu pecho, y tan mal digo de tus hijos, puesto que cachorros de perra son los dos, uno de ellos monja y el otro un barril de cerveza.

Con eso indicó a uno de sus hombres que fuese a buscar la plata mientras él se quedaba con los brazos en jarras, buscando los ojos del enemigo con la mirada desdeñosa. Pero el único de los del otro lado que le devolvía la mirada, al que había llamado cachorro de perra, fue un joven con la mirada inocente y necia que lo contemplaba sin suficiente conocimiento como para sentir temor, sino más bien con asombro y piedad.

Después hubo tumulto y gritos en el concilio y gran preocupación, y muchos se apartaron apresuradamente, puesto que la paz que antes parecía tan segura estaba ahora en grave peligro.

Se reunieron para deliberar en la tienda de los Folkung y el ambiente era tan triste ya que tanto Joar Jevardsson como Birger Brosa, que sabían algo de leyes, decían tener una vaga idea de lo que la ley dictaba sobre quien tan abiertamente usaba palabras necias en un concilio y cómo había que defenderse ante ello. Esta vez no podrían defenderse con plata.

Tuvieron que esperar a que el procurador Karle acudiese a leerles la ley; fue una espera lúgubre, durante la cual no se habló mucho. Eskil pidió un barril de cerveza y jarras para cada uno, pero bebieron en silencio como si fuese el comienzo de un entierro.

Cuando el procurador Karle entró en la tienda se veía a la legua que estaba apesadumbrado y preocupado. Saludó escuetamente y fue al grano sin rodeos.

—Amigos, vosotros queréis saber lo que dicta la ley sobre las palabras infames que han sido pronunciadas. Y os lo diré y luego vosotros mismos decidiréis la manera más sabia de proceder, puesto que en ello no tengo nada que decir. Pero acerca de las palabras infames que oímos salir de la boca de Emund, la ley es tan explícita que dudo mucho de que el propio Emund pueda conocerla, sino que detrás de ello ha habido muchos consejos y pensamientos. Porque oíd ahora la ley, os la leeré en el acto.

Sin embargo, se dio cuenta de que servían cerveza, se paró, tomó una jarra y bebió unos largos tragos mientras puso la cara de murmurar la ley de memoria. Luego apartó la jarra, se secó la boca con el revés de la mano y leyó el texto de la ley en voz alta y cantante:

Si alguien pronunciase palabras infames a otro: «No eres el igual de un hombre, ni en el pecho.» «Yo soy hombre como tú.» Los dos deberían encontrarse donde se juntan tres caminos. Si aquel que palabra dio llegase, y quien la recibió no llegase, entonces sea tal como ha sido llamado; no es hombre válido para juramentos, ni testimonios, ni para hombres ni mujeres. Si en cambio llegase quien palabra recibió, y quien la pronunciase no, entonces el ofendido pronunciare tres veces «infame» e hiciere una señal para él en el suelo. Entonces sea él tanto peor que aquello que pronunciare, aquello que no se atreviere a mantener. Entonces los dos se encontraren completamente armados. Si cae quien palabra recibiere, aquel pague media pena. Si cae quien palabra pronunciare, delito de palabras es peor, la lengua es la asesina de la cabeza. Aquél, proscrito sea.

Hubo un largo silencio en la tienda mientras todos meditaban sobre la ley. El procurador Karle, que se había sentado, volvió a asir la jarra de cerveza y pronto empezaron a dirigir las miradas hacia Birger Brosa quien, afligido, estaba sentado con la cabeza gacha. Lo percibió y comprendió que debía ser él quien dijese lo malo que todos en la tienda ya estaban pensando, ya que su hermano estaba con la cara pálida y como paralizado.

–Enfrentarse a Emund Ulvbane en un desafío es para muchos buenos hombres, también para mejores que los que ahora aquí nos encontramos, una muerte segura –empezó con un profundo suspiro–. También es así como el rey Karl y sus consejeros astutamente han cavilado y por eso le han concedido las tierras fronterizas de Arnäs, solamente por eso. Mi hermano Magnus tiene que elegir entre encontrarse con Emund con la espada o ser un hombre deshonrado, y es una elección que no desearía ni a mi peor enemigo. Pero así y solamente así están las cosas y no puedo dar ningún consejo bueno.

Magnus no dijo nada y tampoco tenía cara de querer decir algo. En su lugar, tomó la palabra Joar Jevardsson.

–Mal nos ha pagado el rey Karl nuestro intento de mantener la guerra alejada –empezó a decir con pesar–. Sin embargo, la guerra llegará tarde o temprano tal como ya lo ha mostrado el rey Karl Sverkersson y eso lo comprendemos todos los que estamos aquí presentes. La razón por la que el hijo de mi hermano, el que exige ser rey, Knut Eriksson, no haya venido a este concilio es por la dificultad de mantener la paz que eso habría creado. Pero Knut es quien con falsedad y asesinato por parte de Karl Sverkersson ha sido privado de su padre y de la corona real y pronto será hora, como todos sabemos, de exigir la vuelta del honor. Entonces os pregunto, amigos míos, ¿de qué sirve que Magnus sacrifique ahora su vida? Todos dentro y fuera de esta tienda comprendemos que esta conspiración por parte de Karl Sverkersson sólo es para asesinar al hombre principal de los Folkung en Götaland Occidental, antes ya de empezar la guerra siquiera. Con ello ganaría mucho y nosotros perderíamos tanto. A Magnus Folkesson le seguirían muchos hombres tras el escudo de los Folkung, pero perdonadme si hablo con total claridad como exige el asunto, es menos seguro que tantos seguirían a Eskil Magnusson. Si Magnus muere por nosotros, si Dios así lo exige, es mejor que muera en el campo de batalla en la guerra que ha de venir. Todos los del linaje de Erik y del de los Folkung juntos podemos levantar el campamento de una vez y marcharnos. Entonces mostraríamos todos en conjunto nuestra postura. Ésa es mi opinión.

–Has hablado sabiamente, mi querido amigo –dijo Birger Brosa, pero moviéndose a la vez en visible disgusto, señal para quienes lo conocían de que opinaba lo contrario de lo que decía–. Sin embargo, la ley es explícita. Si Magnus no acepta el desafío, es un infame, un hombre sin honor que ni siquiera sirve para testimoniar. Un hombre así no podría liderar a los Folkung, nunca ha ocurrido y no podrá ocurrir. Lo sabemos nosotros, pero también lo sabe Karl Sverkersson, al igual que sus inteligentes consejeros que nos han puesto en este aprieto. Magnus sólo puede elegir entre dos cosas, y esto es duro de decir para un hermano, pero debo decir la verdad. O se aleja en vida pero como un hombre deshonrado, o va al desafío, donde solamente un milagro de los santos puede salvarle la vida. Lo último será lo mejor. Porque ningún desafío está determinado de antemano. Pero quien cobardemente huye lo ha decidido todo para el resto de sus días. Así es.

El procurador Karle se levantó pesadamente y declaró que no tenía nada que añadir en este asunto, puesto que no había duda sobre el significado de la ley y que la difícil decisión que debían tomar los tres cabezas de los linajes no sería más fácil por ser más. Salió sacudiendo la cabeza con desconsuelo al salir por la abertura de la tienda.

Hubo un silencio tras su salida. Todos estaban esperando lo que Magnus tenía que decir, puesto que la suya era la resolución más grande, si no la única. No se trataba solamente de su vida, sino también del honor de los Folkung.

–He tomado mi decisión –dijo cuando ya no podía seguir callado en la insoportable espera de sus palabras–. Mañana al alba, en el lugar que nosotros aquí en el concilio llamamos el encuentro de los tres caminos, iré hacia Emund completamente armado tal como dicta la ley. Que Dios me proteja y que todos vosotros recéis por mí. No existe otro camino, ya que nadie de nuestro linaje elige el camino de la deshonra, y también es verdad que nadie seguiría a un hombre deshonrado.

Eskil y Arn habían estado sentados en el rincón más apartado de la tienda y ninguno de los hombres mayores les había hecho el menor caso. Ahora que su padre había hablado y a los ojos de todos se había sentenciado a sí mismo a la muerte, Eskil respiró profundamente y con aspecto de romper a llorar, pero reunió fuerzas inmediatamente. Durante el penoso silencio que siguió y en el que nadie contradijo a Magnus, lo que era lo mismo que asentir y con ello tomar la decisión de acabar con su vida, Arn reunió la valentía que le hacía falta para hablar.

–Perdonad que nosotros los hijos nos metamos en este asunto –empezó, indeciso–. Pero nos atañe tanto como a los demás... es lo que quiero decir. ¿No hemos sido difamados al igual que nuestro padre Magnus cuando Emund nos llamó cachorros de perra y lo que fuese?

–Sí, es cierto –contestó Birger Brosa lúgubremente–. Tú y Eskil habéis sido difamados como vuestro padre Magnus. Pero le incumbe a él defender el honor de los tres.

–Pero según la ley, ¿no tenemos el mismo derecho que nuestro padre a defender este honor? –preguntó Arn con la sencilla inocencia de un niño, ante la que algunos de los hombres mayores no pudieron más que sonreír pese a la gravedad del momento.

–No le honraría mucho a Magnus si en lugar de luchar envía a uno de sus hijos adolescentes a ser sacrificado –refunfuñó Birger Brosa, enojado, al mismo tiempo que se levantaba para salir a mear, dejando a los demás en un vacío sin palabras.

Después de dudar un momento, Arn salió tras Birger Brosa y tuvo que buscar un rato con la mirada antes de encontrarlo, ya que la oscuridad del invierno había caído rápidamente mientras estaban en la tienda. Se acercó decididamente al hermano de su padre, que acababa de subirse los pantalones, y le habló sin dudar y con gran convicción.

–Debo decirte algo verdadero e importante, mi querido tío. Debes creerme, ya que ahora en este momento de gravedad no hay tiempo para palabras no verdaderas. Pero no solamente soy yo quien mejor maneja la espada de los tres que hemos sido ofendidos, sino que además también creo que puedo abatir a ese Emund con facilidad, o a ti o a quien sea de nuestros hombres de guardia. Por eso debes arreglarlo para que sea yo quien vaya al desafío y no mi pobre padre.

Birger Brosa se sorprendió tanto por estas palabras que se quedó con las manos agarradas en los pantalones como si todavía estuviese a punto de mear. Lo poco que sabía de Arn era de lo que todos se burlaban en relación con el monasterio, y hasta Emund Ulvbane lo conocía, ya que había llamado monja a Arn. Y venía ese joven profundamente creyente, muy serio y le decía cosas que no podían ser verdad pero con un semblante que no llevaba el menor rasgo de mentira. Birger Brosa no sabía qué creer, sólo que el niño no parecía loco aunque sus palabras así lo indicaban. Su incertidumbre debía de traslucir, porque Arn hizo un movimiento impaciente con las manos antes de concebir una idea.

–Mi querido tío, eres un hombre mucho más grande que yo, aproximadamente como ese Emund –dijo Arn, exaltado y visiblemente obsesionado por la idea–. Toma mi mano y ponte de pie conmigo –continuó, estirando la mano hacia Birger Brosa, que la tomó por puro asombro y se sorprendió de la fuerza de la mano mientras Arn colocaba sus pies para que estuviesen uno contra el otro como para hacer un pulso normal–. ¡Eso! –dijo Arn, súbitamente alegre–. ¡Intenta volcarme con tu fuerza, que es más grande que la mía!

Birger Brosa hizo un vago intento con el único resultado de la risa de Arn. Entonces hizo más fuerza y al momento se encontraba en la suciedad y el barro del suelo. Se levantó, asombrado, y volvió a asir la fuerte mano de Arn, y de nuevo cayó al suelo, como si el niño pudiese jugar con él a su antojo. Después del tercer intento, Arn no quería seguir y levantó las palmas de las manos en señal de rechazo.

–Escúchame, querido tío –dijo–. Así puedo tratar a Emund o a quien sea y por eso tengo que explicarte por qué. Durante todos mis años en el monasterio, un hombre que una vez fue templario en Tierra Santa me enseñó todos los días, más que a ningún hombre que conoces, el juego de las armas. Juro por Nuestra Señora y san Bernardo, que son mis santos protectores, que yo soy quien mejor puede defenderme con una espada, y sabrás que un hombre como yo no quiere mentir a nadie, y menos aún en un momento tan grave como éste.

Birger Brosa sintió como si la convicción y la verdad de Arn le invadieran como una luz. De pronto estaba convencido de que lo que Arn había dicho en efecto era verdad, y al reflexionar más sobre lo que llegaría a significar, se le iluminó el semblante. Miró a Arn con felicidad y lo abrazó. Como hombre inteligente que era en cuanto a la lucha del poder, Birger Brosa comprendió que lo que en este momento pintaba más negro para los Folkung, pronto podría cambiar a blanco, prescindiendo de que Arn o Emund Ulvbane ganase el desafío al alba del próximo día. O ganaría Arn, o perdería con más honra de lo que Magnus pudiera haberlo hecho. Pero en ese caso, la victoria de Emund sería ruin.

Despertó, sin embargo, duda y descontento cuando Birger Brosa entró en la tienda y explicó a los familiares que ya estaban de luto que Arn sería quien emprendería la lucha con Emund Ulvbane, lo cual se podría justificar porque Arn había sido el más ofendido, dado que Emund no sólo lo había llamado cachorro de perra, sino que había dirigido el desdeño hacia la casa de Dios, donde Arn había sido educado.

Magnus se opuso, fuertemente angustiado. Porque a la vez que veía su propia vida salvada, la vida de la que ya se había empezado a despedir, también veía cómo perdería a un hijo y se quejaba diciendo que se vería muy mal que un hombre no se atreviese a tomar cartas en su propio asunto sino que enviase a un hijo no del todo crecido a ser sacrificado. No podía tomar en serio las suaves insinuaciones de Arn de que sería más inteligente enviar al que mejor manejaba la espada de los tres.

Joar Jevardsson dejó, confuso, a los Folkung a solas para la noche, y lo mismo hicieron los cuatro guardias incrédulos, quienes con la mirada fija en el suelo se despidieron deseando la bendición de Dios para el joven Arn, que todavía tenía pelusa en las mejillas.

Cuando los Folkung estuvieron a solas, Magnus propuso que orasen tanto como todos pudiesen durante la noche. Arn lo encontró una buena propuesta, pero sembró consternación entre todos al comenzar rezando por la vida de Emund Ulvbane, sus pecados y su soberbia.

Al alba de la mañana que todo el mundo de Götaland Occidental recordaría durante largo tiempo y de la que se explicarían muchas leyendas, se reunieron alrededor del lugar llamado el encuentro de los tres caminos casi tantos hombres como los que habían asistido al concilio. Ese lugar estaba a tres tiros de flecha del lugar del concilio y allí dejaba de existir la paz del concilio. Pocos se habían marchado la noche anterior, aunque el concilio había acabado, ya que pocos hombres querían perderse la lucha que podría dar origen a la guerra.

Ninguno de los Folkung y ninguno del linaje de Erik se había marchado, ya que había que mostrar, unidos ante los hombres del rey, que quien mataba a un pariente también dirigía un golpe contra todos ellos. Tanto más importante era estar al lado del hombre cuya vida tocaba a su fin a causa del honor. Había que estar del lado de los parientes desde el nacimiento hasta la muerte, y ahora tocaba la muerte.

Desde el oeste llegaron los Folkung y el linaje de Erik, serios y en silencio. Desde el este llegaron los hombres y parientes del rey en alegre alboroto y burla, puesto que sabían que la victoria era suya, pasase lo que pasase. Si Magnus Folkesson salvaba su vida dejando de aparecer, la victoria sería de los hombres del rey, ya que los Folkung serían deshonrados. Y si Magnus Folkesson luchaba contra Emund Ulvbane, la victoria sería igualmente segura, pero más placentera de contemplar.

En primera fila entre los Folkung llegaban Birger Brosa, Magnus Folkesson y sus dos hijos, todos envueltos en sus gruesos mantos azules, forrados de piel de marta, todos con yelmos y con el escudo con el león de los Folkung en su brazo izquierdo. Estos cuatro se colocaron un poco por delante de todos sus callados parientes y esperaron. Emund y su séquito llegaron tarde intencionadamente.

Hacía frío, y el sol, a punto de salir, coloreaba el cielo de rojo sangre tras los hombres del rey. Sería un buen día, opinaban todos mientras se unían impacientemente murmurando en espera de que saliesen los primeros rayos del sol, el momento en que se iniciaría la lucha.

Y cuando el primer borde candente del sol fue visible, se alzó un grito exhortatorio del lado del rey. Emund Ulvbane tiró su manto al suelo, sacó su pesada espada y con pasos y largos salió al centro del lugar.

Pero lo que luego sucedió no se lo había esperado ningún hombre. El más pequeño de los hijos de Magnus Folkesson, aquel al que llamaban el niño de los monjes o la monja, dejó el manto a un lado, se quitó el yelmo y la vaina, sacó su espada larga y débil y la besó mientras pronunciaba un juramento que nadie escuchó. Luego se santiguó y caminó lentamente pero sin vacilar hacia Emund.

Primero hubo un gran silencio entre los miles de reunidos, luego un murmullo de descontento que crecía por momentos. Todos vieron que el niño de los monjes no llevaba cota de malla, así que al menor golpe caería mortalmente herido. Y también se había quitado el yelmo.

Para Emund Ulvbane eso era una gran ofensa, ya que querían obligarlo a renunciar a la lucha o sin mucho honor matar a un niño de monjes indefenso, ya que ésa debía de ser la idea. Eso lo comprendieron también todos los Folkung, que estaban igual de sorprendidos que los hombres del rey de ver al joven Arn ir a un duelo de vida o muerte en el lugar de su padre. No obstante, era una empresa aventurada, pues nadie creía que Emund Ulvbane era hombre de mostrar misericordia o que quisiese renunciar a una lucha de victoria asegurada. Pero sí que había valentía en aquel niño, que apostaba su propia vida para salvar la de su padre y el honor del linaje, así opinaron incluso los hombres del rey.

Emund Ulvbane, sin embargo, no se dejaría enredar, sino que decidió acabar cuanto antes y de la manera más humillante con la lucha, como el ultraje de los Folkung merecía, y corrió con determinación hacia Arn con la espada alzada para cortarle la cabeza.

En seguida Emund Ulvbane se encontró en el suelo, ya que debía de haber golpeado hacia la cabeza de su contrario con demasiada ansia y por eso falló a lo grande. Pero el niño no supo aprovechar la posibilidad que Dios le había brindado, sino que se quedó quieto esperando a que su contrincante se levantase y atacase de nuevo. Tres veces golpeó Emund Ulvbane hacia su contrario que, sin problemas y moviéndose todo el tiempo en círculos, evitó su espada sin ni siquiera parar con la suya. Los que estaban lejos y no veían con toda claridad pensaron primero que Emund jugaba cruelmente al gato y al ratón. Pero los que estaban cerca vieron claramente que en absoluto era eso lo que estaba sucediendo.

Entre los Folkung y los del linaje de Erik se alzaron algunas risas y pronto el lugar rugía de la risa que bañaba con burla a Emund, quien pese a sus rabiosos esfuerzos sólo cortaba grandes agujeros en el aire.

Arn ya se sentía seguro, porque aunque su contrario era grande y fuerte, no era ni tan grande como el hermano Guilbert ni la décima parte tan hábil. Ahora se trataba en primer lugar de salvar la vida de Emund, de no ser afectado por la soberbia y después, cuando los jadeos de Emund fuesen más continuos y fuertes, ir al ataque. Arn estaba contento de que pese a todos los buenos consejos e intentos por convencerlo, había hecho valer su voluntad de no usar cota de malla ni yelmo, ya que si quería ganar sin matar tendría que poder moverse rápidamente y debería tener buena visibilidad en todo momento, puesto que el menor error lo llevaría a la muerte segura.

Cuando Arn de pronto empezó a defenderse, Emund ya empezaba a ser muy lento en sus movimientos. Y Arn lo cansaba aún más empezando a parar sus golpes con su espada o con su escudo, aunque todo el rato oblicuamente, de manera que llevaba los golpes de Emund hacia el suelo. Una y otra vez saltaban chispas de la pesada espada de Emund cuando golpeaba la piedra. Arn hacía ver que paraba esos golpes al derecho, pero cada vez doblaba la muñeca de manera que el golpe de Emund seguía resbalando en su propia dirección y no tardó en comprobar que este método de nuevo hacía caer a su contrario al suelo por su propio peso y fuerza. Entonces Arn salió rápidamente y dirigió la punta de su espada contra el cuello de Emund y le habló por primera vez. Emund estaba de rodillas, jadeando fuertemente en lo que parecía su último instante de vida.

Los dos luchadores se encontraban en el centro del lugar de lucha, demasiado lejos de todos los hombres para que alguien oyese lo que decían. Sólo se podía adivinar una cosa, que el hombre, al que algunos llamaban niño de los monjes, le había ofrecido la vida a Emund a cambio de que se diese por vencido y como muestra entregase su escudo. Pero Emund se echó hacia atrás, apartándose de la punta amenazadora de la espada, se levantó y la lucha empezó de nuevo.

No obstante, incluso los hombres del rey comprendieron la verdad y lo que en primer lugar no habían visto ni comprendido. El Folkung de quien Emund se había burlado diciendo que era un cachorro de perra y una monja le era absolutamente superior y no se trataba ni de magia ni de casualidad, ya que habían visto tanto y durante demasiado rato como para no dejarse engañar por sus ojos. Los guerreros expertos que estaban al lado de otro conocedor empezaron a describir lo que vieron mientras intentaban entender y seguir en el pensamiento lo que Arn hacía con su espada. Ya estaban de acuerdo con que el arte de Arn era grande y que Emund había encontrado a alguien superior. Desde el lado de los Folkung, la burla empezaba a alzarse cada vez más contra el vencido, y desde el lado del rey se oían gritos de que Emund debería darse por vencido y entregar su escudo. Todos habían visto ya que le había perdonado la vida varias veces.

Emund Ulvbane, sin embargo, tenía más honor que darse por vencido ante un crío, y había luchado tantas veces que sabía que incluso una situación terriblemente inferior podía cambiar de pronto sin que se tratase de un milagro. Al continuar la lucha se volvió más minucioso y se movía menos como para reservar las fuerzas.

Eso en un principio confundió un poco a Arn, que ahora comprendió que no podría ganar con la renuncia de Emund, cosa que habría sido lo sensato si notase que sus golpes nunca acertaban y con eso Arn le podría dar el golpe cuando quisiese. El chico sintió que tenía que pensar muy nítidamente y que, por indefenso que pareciese Emund, no debía dejarse llevar por la soberbia. Con gran determinación, dejó el escudo en el suelo para atraer a Emund a nuevos ataques feroces que lo dejarían definitivamente sin fuerzas.

Un susurro de temor pasó por el lugar cuando vieron que Arn dejaba el escudo en el suelo y, además, colocaba la espada en la mano equivocada, ya que ahora las posibilidades de Emund de acertar con uno de sus golpes eran el doble de antes. Y Emund mordió el anzuelo y atacó con tanto desespero como furia. Arn, que todo el tiempo se movía hacia el lado equivocado para Emund, tenía más posibilidades de golpear hacia su cabeza o su cuello; muchos lo vieron, pero nadie comprendió por qué desistió.

Arn, sin embargo, tenía una intención especial. Se había fijado, no en la cabeza ni el cuello de Emund, sino en su muñeca derecha, donde la cota de malla nórdica no protegía. Cuanto más se movía alrededor de Emund, tanto más aparecía el punto flaco, pero esperaba hasta ver el momento seguro. Entonces golpeó por primera vez con toda su fuerza.

Un susurro de temor recorrió la multitud de hombres reunidos al ver la gran espada de Emund volar por los aires con la mano derecha todavía asiendo la empuñadura.

Emund cayó de rodillas, tiró su escudo a un lado y apretó con la mano izquierda alrededor de su muñeca cortada para parar la sangre que salía a borbotones.

Arn se acercó a él y dirigió la punta de su espada contra su cuello y todos esperaron en súbito silencio el golpe mortal que era el derecho legal de Arn.

Pero Arn recogió el escudo rojo con el asa negra de Emund, le dio la espalda y recogió su propio escudo. Y luego caminó hacia su padre y le entregó el escudo de Emund.

Algunos de los hombres del hermano del rey, Boleslav, salieron apresuradamente a recoger a Emund y lo llevaron rápidamente fuera del alcance de la vista.

Magnus Folkesson, aliviado y con lágrimas de orgullo en los ojos, levantó triunfalmente el escudo rojo conquistado hacia el cielo y los Folkung sacaron sus espadas y picaron contra los escudos, produciendo una fuerte alarma de guerra.

Ningún hombre que allí estuviese olvidaría jamás ese día. Y los que no estuvieron oirían hablar tanto de ello que sería como si hubiesen estado presentes.

X

Como un viento de tormenta de otoño volvió Knut Eriksson, el aspirante al trono, a Götaland Occidental desde Noruega. Primero visitó al hermano de su padre, Joar Jevardsson, y allí, en la iglesia de Eriksberg, celebró el adviento y la acción de gracias por el retorno. Después de eso tenía muchos amigos a quienes visitar y también podía decir que acudía por la caza. Era un invierno de lobos en Götaland Occidental, en que la nieve no estaba demasiado alta para el caballo ni para el siervo de a pie, pero sin embargo perjudicaba al lobo en su huida. Durante esos inviernos era costumbre que los jóvenes cazadores audaces cabalgasen de casa en casa encargando cacerías de lobo. Pero aparte de la caza había unas cuantas cosas de que hablar en relación con la victoria de los Folkung y el linaje de Erik en el concilio de Axevalla. Y Knut tenía mucho que opinar sobre ello y muchas ideas que ahora quería sembrar y así facilitar luego la cosecha cuando llegase el momento oportuno.

Su primer y más importante objetivo en esta cacería de lobos por el país era Arnäs. Cuando él y sus hombres llegaron ya se les esperaba, pues había enviado unos jinetes el día anterior para avisar de su llegada.

Magnus había mandado ya a Svarte y a Kol con todos los siervos a su disposición a los bosques del Norte de Arnäs para acorralar a los lobos en las buenas tierras para la caza.

Eran unos hombres fuertes y briosos, la mitad de ellos noruegos, los que entraron cabalgando sobre sus monturas con los cascos repicando en el patio del castillo y en seguida fueron atendidos por los siervos domésticos que acudían corriendo a encargarse de sus caballos. Knut Eriksson fue el primero en bajar de un salto del caballo y se dirigió al encuentro de su anfitrión Magnus con los brazos abiertos. Pero la segunda persona a la que abrazó fue a Arn y lo tomó por los hombros, sacudiéndolo amigablemente y diciendo que éste era un encuentro realmente deseado, puesto que de Arn, precisamente de Arn entre todos, guardaba uno de los recuerdos más fuertes de su niñez. Primero Arn no entendía a qué se refería, pero cuando Knut con gran jocosidad le recordó aquella vez en que los dos juntos habían ido a escondidas por la misma casa principal en la que ahora se encontraban para escuchar al bardo noruego que había llegado con el padre de Knut, el santo Erik, y se les habían meado encima nada menos que un rey y un santo.

Arn lo recordó y dijo que ciertamente era un recuerdo impresionante, pero también era un acontecimiento bastante más divertido en el recuerdo de lo que les había parecido en aquel momento. Los dos se rieron en voz alta de aquello y era como si dos amigos se hubiesen encontrado después de muchos años. Con el brazo rodeando los hombros de Arn, Knut entró en la casa principal como el huésped de honor. Los dos hombres ya estaban hablando al mismo tiempo, lo que producía gran diversión a los demás, dado que uno hablaba como un noruego y el otro como un danés.

Luego era como si la bendición de Dios iluminase esta visita, pues nunca habían estado mejor en Arnäs ni habían sentido tanta felicidad en una misma habitación y en un mismo momento.

Magnus ya era el padre respetado de un hijo que había derrotado al mismísimo Emund Ulvbane en un desafío y había llevado un inmenso honor a la casa de su padre y a su linaje. Eskil sentía la misma felicidad por el hecho de que su hermano, en lugar de ser el más criticado, fuese ahora el más nombrado y con ello todas las sombras entre padre e hijos habían desaparecido. Arn se sentía como si él, el hijo pródigo, por fin hubiese vuelto a casa. Erika Joarsdotter recibía respeto y halagos de todas partes, puesto que los lomos de ciervo hechos al horno con exóticas especias del sur y los pequeños jabalíes adobados en miel que servía junto con la mejor cerveza e hidromiel de la casa producían tan grandes exclamaciones de admiración y de sorpresa que los invitados bebían una y otra vez a la salud de Magnus para felicitarlo por tener una mujer así. Ninguno de los invitados hizo la menor referencia al habla gangosa de Erika.

Knut Eriksson no podría haber tenido una recepción más cálida en la finca que según sus planes consideraba la más importante de toda Götaland Occidental. Por eso él también estaba repleto de felicidad y alivio en esta visita.

Cuando ya nadie pudo comer más, sino sólo beber, empezaron a hablar sobre lo que todo el mundo sabía que se trataría tarde o temprano, el desafío en el concilio de Axevalla.

A Arn ese tema lo avergonzaba y lo volvía taciturno y se limitaba a decir que había ganado a un granuja con peor espada y menos práctica, y que no era nada como para extenderse al respecto. Pero Knut le pidió que al menos le mostrase la espada, y la petición del hijo de un rey y el huésped de honor debía ser cumplida sin demora. Un siervo doméstico se acercó inmediatamente con la espada en las manos.

Knut la sacó de la funda con asombro y, sopesándola primero con una mano, luego salió al centro de la sala dando estocadas al aire para probarla; se notaba que su mano estaba acostumbrada a manejar una espada. No obstante, encontró la espada demasiado ligera y débil, tal como se rumoreaba, y le pidió a Arn que lo explicase.

Arn objetó diciendo que las espadas tenían poco que ver con mesas y jarras. Pero al ver la cara rosada e ilusionada de Erika Joarsdotter animándolo insistentemente a mostrar y explicar, obedeció en seguida.

Se acercó a Knut al centro de la sala y con su permiso sacó su espada de la funda y la sopesó en la mano.

–Tienes una espada noruega pesada y hermosamente labrada, mi querido amigo –dijo blandiendo pensativamente la espada en el aire–. Si aciertas, tal vez ni un yelmo resistiría, pero ¡mira ahora!

Alzó la espada como para golpearla por el lado ancho en el hogar y quebrarla por la mitad. Knut profirió un grito de temor. Arn paró el golpe como si estuviese asombrado, luego se rió y entregó respetuosamente la espada a Knut, diciendo que naturalmente nunca habría dañado la espada con la que tal vez se ganaría un reino.

Pero luego tomó su propia espada de las manos de Knut, la blandió y con toda su fuerza golpeó con ella por el lado ancho contra la piedra sin otro resultado que el eco del acero retumbando por toda la sala.

–Ahí tienes la diferencia, amigo Knut –se burló, doblando la punta de su espada un par de veces–. Nuestras espadas nórdicas son de hierro duro y pueden quebrarse y son pesadas de blandir. La espada que yo tengo tiene la tercera parte de la punta blanda y no se quiebra y es ligera de blandir.

Sus palabras despertaron asombro pero no incredulidad. Knut pidió poder intercambiar unos golpes con Arn y sacó de nuevo su espada y Arn alzó obedientemente la suya. Como para demostrar lo que había que demostrar, Arn paró los golpes de Knut un par de veces en el aire, dejando que la espada pesada perdiese su fuerza a causa de la flexibilidad de la espada ligera, de manera que él podía estar quieto y aparentar no esforzarse en absoluto mientras Knut tenía que usar mucha fuerza en cada golpe sin lograr nada. Finalmente, Arn dobló su muñeca súbitamente en una de sus paradas y el golpe de Knut se fue hacia el suelo y él mismo cayó detrás tambaleándose. Los amigos noruegos lo encontraron muy gracioso.

Knut, sin embargo, se levantó sin ira pero con admiración y se acercó a Arn y lo abrazó amigablemente diciendo que ojalá todos los santos procurasen que sus espadas siempre estuviesen del mismo lado, ya que no querría tener nunca a Arn por enemigo.

Brindaron unánimemente y bajo una gran emoción por estas palabras elocuentes y por esta buena tolerancia a la cerveza. Todos se sintieron unidos y no solamente por lazos de sangre.

Cuando Erika Joarsdotter un rato más tarde se levantó para dar las buenas noches, Eskil se adelantó y la halagó, dándole las gracias y deseándole un sueño tranquilo. Seguramente era la primera vez que lo hacía y ella se sintió como cuando el hielo del invierno finalmente se rompe y da paso a la primavera.

Cuando Arn se acercó para darle las buenas noches, ella sonreía alegremente y dijo en voz tan baja que sólo él pudo oírla que nunca nadie había recibido tanto aprecio por la preparación culinaria de otro. Arn rechazó esto diciendo que era la comida de la casa la que había deleitado a los invitados y que ambos habían trabajado duro para lograrlo. Añadió con un guiño que, no obstante, tendrían que conservar el secreto entre ellos dos, ya que de lo contrario los machos noruegos de nuevo pensarían que era un chico poco viril. Con eso se despidieron con gran amor la madrastra y el hijo.

Eskil aprovechó para hacer cambios en el banquete. Quienes aún tenían un hueco para cerveza e hidromiel podían acompañarlo a una de las habitaciones de la torre situada encima del patio, que estaría fría pero los siervos en seguida la prepararían con bandejas de fuego. Luego, quienes así lo deseasen podrían dormir sin molestias, y los que quisiesen armar jaleo podrían hacerlo sin molestar a la señora de la casa.

Todos los hombres jóvenes optaron por la habitación de la torre. Magnus prefirió dar las buenas noches.

Al principio hacía frío arriba en la habitación de la torre, hasta que encendieron los fuegos, y el frío del patio también hizo lo suyo, porque cuando de nuevo empezaron su reunión había cambiado el tono.

Knut, con palabras marcadas por la cerveza, empezó diciendo lúgubremente que de alguna manera había sido una lástima que Arn dejase con vida al asesino real, Emund. Aunque por otro lado, Arn había obrado bien, añadió apresuradamente Knut, porque lo ocurrido ridiculizaría eternamente a Emund, y ahora lo llamaban Emund *Manco* en lugar de Ulvbane *Matalobos*. Sin embargo, un asesino real no merecía seguir vivo, y siendo el hijo de su padre, Knut acabaría lo que Arn había dejado sin completar.

Arn palideció ante estas palabras y no pudo contestar. Tampoco hizo falta porque en seguida Eskil tomó parte en el asunto, aunque de una manera que nadie habría esperado.

Fue a buscar un mapa de pergamino y lo desenrolló sobre una de las mesas de la habitación, acercó unas velas y pidió a todos que se acercasen a mirar. En seguida se reunieron alrededor de él con gran curiosidad.

Eskil puso primero el dedo encima de Arnäs, siguiendo luego el río Tidan hasta el lugar del concilio de Askeberga al este, deteniéndose en Forsvik a la orilla del Vättern, que era la casa principal de Emund Ulvbane, es decir *Manco*, corrigió rápidamente.

–Mirad y pensad –dijo señalando los territorios de Emund con la mano–. Aquí está Emund en Forsvik, solo en terreno enemigo y con una mano menos. No debe de sentirse demasiado contento ni seguro. Del cachorro Boleslav no podrá esperar mucha ayuda y Karl Sverkersson tardará bastante en asomar el hocico por Götaland Occidental. ¡Fijaos ahora! Si nosotros de Arnäs pudiésemos comprar sus terrenos, seríamos propietarios de toda la tierra situada entre el Vänern y el Vättern. Todos los caminos y todo el comercio estarían en nuestras manos. Sería un gran paso hacia adelante.

Eskil los miraba como si todos hubiesen comprendido lo que quería decir, pero ése no era el caso. Knut contestó, ceñudo, que eso en realidad no tenía nada que ver con lo otro.

Entonces Eskil contestó con palabras dóciles que tal vez podrían arreglar este asunto primero, antes de darle su merecido al asesino real. De lo contrario, sus terrenos pasarían en herencia dentro de su mismo linaje enemigo.

Pero tal como estaba la situación ahora, dijo Eskil casi susurrando, Emund no se resistiría ante la idea de irse a vivir a un territorio más seguro y por eso tal vez se le podría ofrecer un precio bajo por Forsvik. No debería de ser un negocio demasiado complicado de conseguir.

De pronto, dos de los acompañantes noruegos de Knut, llamados Geir Erlendsen y Elling *el Fuerte*, no sin razón rompieron a reír en bramantes carcajadas puesto que lo habían comprendido todo. Al momento, todos los presentes de la sala estaban riendo hasta caerles las lágrimas. Todos excepto Arn, que en absoluto había comprendido dónde estaba la gracia.

Bebieron a la salud de Eskil por sus brillantes ideas y como buenos amigos en seguida le prometieron arreglar este asunto de la mejor manera.

–Pocas veces, amigo Eskil, has fijado un objetivo tan sencillo –resopló Geir Erlendsen en su cerveza–. Creo que a Emund *Manco* le será difícil rechazar tu oferta, aun siendo baja. Después dejas el asunto en nuestras manos y ¡tal vez encima te devuelva una buena parte de tu plata!

–¡Pongo a Dios por testigo, como capitán y futuro rey vuestro, que juramos honrar a los viejos amigos! –exclamó Knut Eriksson y de nuevo todos se rieron con mucha alegría, excepto Arn, que seguía sin comprender nada de los negocios que habían dispuesto.

Antes de que hubiese avanzado demasiado la noche y mañana les costase demasiado cabalgar por la nieve, el amigo noruego Eyvind Jonson opinó que ya era hora de escuchar lo que el bardo tenía que contar sobre padres y amigos y otras cosas reconfortantes para la razón. El bardo, cuyo nombre era Orm Rögnvaldsen, salió y esperó a que todos tuviesen su cerveza y estuviesen cómodos antes de empezar. Los amigos de Götaland Occidental seguramente se esperaban las historias sobre los viajes por mar hacia el oeste, pues esos cuentos eran los más apreciados por todos los hombres. Pero lo que el bardo empezó a contar era una leyenda totalmente nueva e iba de este modo:

Sería por el tiempo de la Ascensión de Cristo y se habían visto muchos presagios en el cielo. Aquel día, cuando san Erik participaba en la santa misa en la iglesia de la Santa Trinidad, en lo que se llama la montaña del Señor en Aros Oriental, recibió un mensaje a través de uno de sus hombres. El enemigo estaba cerca de la ciudad, rezaba el aviso, querían tomar la decisión de ir con las tropas armadas a su encuentro, sin demora. Se dice que contestó: «Dejadme oír en paz esta gran misa hasta el final. Por Dios que espero poder oír lo que resta de Su ceremonia en otro lugar.» Después de estas palabras se encomendó al Señor, se santiguó, salió de la iglesia y se armó a sí mismo y a sus hombres. Pese a ser tan pocos, valientemente fue con ellos al encuentro del enemigo.

El enemigo fue a su encuentro en la lucha, atacando sobre todo al rey. Cuando el enemigo hubo derribado al rey ungido por el Señor, le infligieron herida tras herida. Pronto estuvo medio muerto, pero entonces fueron aún más crueles, mofándose de él. Con palabras necias se acercó Emund Ulvbane, quien era el lacayo de Karl Sverkersson, e irrespetuosamente le cortó su venerable cabeza desde delante. Así fue como el santo Erik salió victorioso de la guerra hacia la paz cambiando gloriosamente su reino terrenal por el reino del cielo. Pero donde su cabeza cayó, de inmediato una fuente brotó y fluye aún hoy día y llámase la fuente de San Erik. Muchos milagros ha obrado su agua. Así vive todavía hoy y para siempre el santo Erik entre nosotros.

Cuando el bardo Orm Rögnvaldsen hubo acabado su narración, se produjo un gran silencio y nada de golpes de jarras en las mesas pidiendo más de lo mismo. Por el contrario, Knut pidió que Arn leyese una oración por la gloria de su padre y que, para que tuviese más fuerza, lo hiciese en el idioma de la Iglesia. Arn así lo hizo, pero todavía estaba emocionado por la pena y por algo semejante a la ira por lo que había oído.

Sin embargo, esto era lo que Knut había encomendado al elocuente Orm que narrara en todas y cada una de las casas que visitasen. Finalmente, todo hombre de este país conocería la leyenda; ésa era la idea de Knut.

Al día siguiente tuvieron mucha suerte con la caza de lobos en Arnäs y mataron a ocho. La piel de lobo era la mejor para el invierno.

Una gran misa del Gallo se celebraría en la iglesia de Husaby, la iglesia del rey. Sin embargo, no acudiría ningún rey, puesto que la gente de Götaland Occidental se había librado de reyes. Pero a Husaby sí iría el procurador Karle, el hombre más importante de Götaland Occidental. Por esa razón, los Folkung también celebrarían la misa del Gallo en Husaby y no en su propia iglesia en Forshem. Pero unos días antes llegó un mensaje a Arnäs con un estudiante enviado por el sacerdote de Forshem. Él, a su vez, había recibido una demanda del sacerdote del rey de Husaby de la que él mismo era responsable por vanagloriarse del buen cantor que tenía en sus misas, y ahora la cuestión era si Arn podría ir unos días antes a Husaby para ensayar con el coro en beneficio de la misa de Navidad. Arn encontró que ésta era una propuesta cristiana a la que no se podía negar, dejó la llana y se preparó inmediatamente para ir a Husaby. Magnus quiso que lo acompañasen unos guardias, ya que ahora Arn era un hombre que daría gran reputación al que lograse matarlo y también un hombre cuya muerte alegraría a los secuaces de Sverker. Pero Arn lo rechazó explicando que a la luz del día y encima del caballo nadie llegaría a tocarlo, por lo menos si lo dejaban montar su miserable caballo monacal, añadió con una risa.

Actualmente también Magnus sonreía ante este comentario, puesto que comprendía que se había equivocado tanto en referencia al caballo de Arn como a su espada, de la misma manera que se había equivocado tanto en referencia a la habilidad de Arn para usar la espada como a su caballo. Magnus se había disculpado por ello y ya no habría que mencionarlo más.

Arn marchó a la madrugada siguiente bien equipado y envuelto en piel de lobo y con la ropa para la iglesia en las alforjas. Hacía un frío mordaz, pero mantenía un paso ligero para que tanto él como *Chimal* pudiesen entrar en calor sin sudar y llegó a la iglesia de Husaby y la casa rectoral ya al mediodía. Después de acomodar en seguida a *Chimal* en el establo y beber un poco de cerveza de bienvenida y compartir el pan con la señora de la casa como exigía la costumbre, se acercó a la iglesia que, después de la catedral de Skara, era la más grande de Götaland Occidental y que tenía una enorme torre al oeste construida antes de que ningún hombre lo pudiese recordar.

Estaba de muy buen humor, puesto que le gustaba cantar y porque pensaba que los himnos de Navidad eran algo que todo el mundo se sabía de memoria y además la Navidad era una fiesta de alegría que hacía las notas fáciles de entonar incluso para quienes no hubiesen ensayado mucho.

Él no era el único de los cantores del coro que había recibido su enseñanza con los cistercienses. Allí también se encontraba Cecilia Algotsdotter, que se había turnado con su hermana Katarina en recibir educación en el convento de Gudhem al lado del lago Hornborgasjön.

Lo primero que oyó al entrar en la fría iglesia fue su voz. Se escuchaba pura y nítida por encima de todas las demás voces y Arn se paró maravillado a escuchar. Nunca había oído algo tan hermoso y pensó que brillaba como el soprano de un niño en un coro, tal como su voz había sonado de niño en Vitae Schola. Aunque probablemente esto fuese aún mejor. Había más plenitud y más vida en esta soprano femenina.

Se había parado lejos de los cantores que ensayaban y no veía a quién pertenecía esa voz celestial y por el momento no se preocupó más de ello, pues fijó la mirada en el suelo de piedra para que nada distrajese los ojos cuando los oídos querían captar hasta el último detalle de la música.

Cuando el coro de allí al fondo hubo cantado cuatro de los dieciséis versos del himno, el sacerdote que dirigía el coro hizo una pausa para corregir algo y reñir a un cantor de entre las segundas voces. Entonces Arn se acercó y saludó al sacerdote y tímidamente se inclinó un poco ante el grupo de cantores.

Fue entonces cuando la vio por primera vez. Era como si de nuevo viese a Birgite al lado del fiordo Limfjorden, pero ahora como mujer adulta. Birgite, por quien había hecho tanta penitencia y por la que casi había discutido con el padre Henri acerca del significado del amor. Tenía el mismo pelo rojo recogido en una gruesa trenza en la espalda, los mismos ojos marrones y alegres y la misma cara hermosamente pálida. Debía de mirarla con los ojos abiertos de par en par, porque le sonrió provocativamente, seguramente acostumbrada a que los hombres jóvenes la contemplasen. No obstante, ella no sabía quién era porque el sacerdote no había dicho nada sobre el cantor adicional, y además nada de quién era, puesto que no estaba seguro de que un hijo de Arnäs se molestase en ir hasta allí sólo para ensayar unas canciones.

Naturalmente, el sacerdote de Husaby se alegró, ya que si ese tal Arn solamente era la mitad de bueno de lo que había hecho alarde el sacerdote bobo de Forshem, entonces sería una misa del Gallo inusualmente hermosa, pues ya tenía una voz excepcionalmente bonita para la primera voz. Y puesto que era un sacerdote más jovial que severo y no perdía la ocasión de permitirse unas bromas y sorpresas, se inventó una pequeña jugarreta.

Dijo escuetamente que había llegado un cantor más desde la iglesia de Forshem, cosa que Arn encontró algo extraño, y que tal vez debían probar lo mismo que acababan de cantar pero únicamente a dos voces.

Hizo unas señas a Cecilia, quien con clara confianza salió delante de los demás, de nuevo disfrutando de las miradas del niño campesino de Forshem.

Arn comprendió que era precisamente ella quien tenía aquella voz celestial y este descubrimiento hizo que la mirase aún más embelesado.

Cecilia hizo lo que le había indicado el sacerdote y empezó a cantar la primera voz a solas, aunque en un tono alto para burlarse del cantor de Forshem.

Pero cuando al momento oyó, o mejor dicho, sintió en todo su cuerpo, cómo el nuevo cantor colocaba la segunda voz muy cerca de la suya y la seguía como en un baile donde sus voces se enlazaban entrando la una en la otra, salían y volvían con la misma facilidad como si desde siempre hubiesen cantado juntas, no pudo más que levantar la mirada hacia la suya. Él ya la estaba mirando y cuando sus miradas se unieron, los dos sintieron como si la voz del Señor hablase a través de la otra voz. Entonces ella empezó a variar su canto y hacerlo más difícil. Y él la siguió en la segunda voz con la misma facilidad de antes y ya no veían a los demás cantores ni al sacerdote, ni cómo todos ellos habían enmudecido por la belleza que fluía como una luz bajo las bóvedas de la iglesia, pues solamente tenían ojos el uno para el otro y no pararon hasta acabar los dieciséis versos.

Fue un día de trabajo duro y consiguieron mucho. El sacerdote de Husaby era amable con todos y estaba de mejor humor del que nadie lo había visto jamás. Si quería reprender a alguien, lo hacía con suavidad y pronto empezaban a sentirse seguros puesto que ahora tenían la posibilidad de dos cantores solos, cada uno en su voz, pero además el coro con dos voces principales que cantaban primero y el coro con la voz blanca, una segunda voz e incluso una tercera voz a solas, ya que Arn sabía añadir una tercera voz donde quisiese en estas sencillas y alegres canciones de Navidad.

Por eso todo el mundo estaba de muy buen humor cuando pararon para la cena, y Arn y Cecilia, que por fin tuvieron la posibilidad de empezar a hablar en seguida, se sumergieron en una animada charla sobre dónde el otro había aprendido todo y hablaron los dos a la vez sobre el convento de Gudhem o Vitae Schola o Varnhem. De esa manera y con sólo ojos el uno para el otro salieron a la escalera de la iglesia donde, sin embargo, los dos guardias de Cecilia la esperaban con su manto y su caballo para llevarla a la casa real de Husaby para la noche, sin cenar, tal y como su severo padre había ordenado.

Uno de los guardias dio con ira unos pasos hacia el niño cantor, que caminaba demasiado cerca de la doncella cuya virtud debía proteger. Pero el otro guardia, que había estado presente en el concilio de Axevalla, lo tomó por el brazo en advertencia, dio un paso adelante y saludó cortésmente al señor Arn de Arnäs.

Entonces fue como si a Cecilia Algotsdotter de pronto se le acabaran los alegres comentarios de cantos en el convento, pues pensó que había oído mal. Este amable joven de dulces ojos no podía ser aquel hombre del que todos hablaban con cada jarra de cerveza en toda Götaland Occidental.

–¿Cuál es tu nombre, cantor de monasterio? –preguntó con voz insegura.

–Soy Arn Magnusson de Arnäs –contestó Arn rápidamente, percatándose en ese mismo momento de que por primera vez en su vida había dicho su nombre exacto–. Y tú, ¿quién eres? –añadió, vacilante, mirándola profundamente a los ojos.

–Soy Cecilia Algotsdotter de Husaby –contestó tímidamente y con eso impresionó también a Arn, al igual que él la había impresionado a ella al pronunciar su nombre, puesto que los dos comprendieron que realmente era el Señor quien los había unido, tal como los dos habían sentido con tanta fuerza en su interior durante el apasionado encuentro de sus voces enlazándose dentro de la iglesia.

La misa del Gallo en el año del Señor de 1166 viviría para siempre en la memoria de los hombres. Jamás antes se habían escuchado cantos más hermosos al Señor, en eso estaban todos de acuerdo. Y era como si el cansancio, que tarde o temprano te viene encima al estar de pie tanto tiempo sobre un suelo de piedra, no atacase ni a una sola persona en esta misa.

También para los ojos era como si Dios hablase, ya que cuando el joven Folkung, con su manto azul y su cabello rubio, y la hija de Pål, vestida de seda en los colores verdes de su linaje y con su cabello rojo, cantaron juntos con tanta alegría y fuerza, todo el mundo pudo ver la intención del Señor para con esos dos. Y por si sus respectivos padres no lo viesen, mucha gente les informaría gustosamente de ello durante el banquete que luego seguiría en Husaby. Porque todo el mundo sabía que no había impedimentos de plata o de negocios, al igual que sabían que Algot Pålsson estaba en un aprieto. Era como si el Señor Cristo hablara a la congregación unida al dejar que las voces celestiales de los dos jóvenes divulgasen el buen mensaje de alegría de Navidad, que el amor es lo que concilia, el amor es la fuerza que resiste el mal y el amor, como ahora podían ver y escuchar en esta misa navideña.

Naturalmente, Algot Pålsson había observado con la misma claridad lo que quienes estaban peor colocados en la iglesia habían visto. Como era el arrendador del rey, en la finca real estaba colocado entre los primeros, al lado del procurador Karle Eskilsson y el señor Magnus. Y lo que vio y lo que vieron todos ciertamente encendió una esperanza en su interior. Pero por experiencia sabía que el señor Magnus y el hijo Eskil no eran negociadores fáciles y dada la actual situación, en que el hijo segundo, Arn, era tan nombrado por todos y muy amigo de Knut Eriksson, del que se rumoreaba que sería el próximo rey del país, lo que ahora pudiese infundir una ardiente esperanza, podía convertirse en cenizas en cuanto se hablase de negocios. Tal vez los de Arnäs albergasen planes de una boda más elegante, tal vez querrían unir aún más los linajes de los Folkung y de Erik, tal vez se hubiesen fijado en alguna hija monárquica noruega. Aunque Cecilia y Arn tuviesen elevados sueños y cantasen como ruiseñores a la vista y los oídos de todo el mundo, eso podía no significar nada cuando se llegase a negociar de verdad.

Por tanto, Algot Pålsson se debatía entre la esperanza y el desespero al contemplar estas posibilidades. También sentía temor ante el banquete, ya que era como quemar todas sus naves en la orilla detrás de sí, como hacían los antepasados según las leyendas cuando no había retorno posible. Para Algot ya no habría retorno.

La obligación de Algot como arrendador de una finca real era tenerlo todo preparado para que el rey pudiese ir cuando quisiese, con tanta gente en el séquito como le viniese a bien, para ser agasajado durante el tiempo que le diese la gana. Una finca real debía estar dispuesta en todo momento para un gran banquete.

Si el rey en persona, Karl Sverkersson, hubiese enviado sus jinetes para avisar que él y su séquito irían a la misa del Gallo a Husaby, como él y otros reyes habían hecho muchas veces antes, todo estaría en orden. Pero también habría sido poco inteligente teniendo en cuenta lo que le ocurrió al padre del rey, Sverker *el Viejo*, precisamente camino de la misa del Gallo. Y por el momento, Götaland Occidental no era terreno seguro para los hombres del linaje de Sverker.

Sin embargo, los Folkung habían anunciado su llegada junto con la del procurador y los señores de Arnäs a la vanguardia y muchos guardias, para celebrar las Navidades en Husaby como si los derechos del rey fuesen los suyos. Negarse habría sido aventurado, especialmente con la única excusa de que esta finca real pertenecía a Karl Sverkersson y no a los Folkung. Decir la verdad y lo correcto podría haber significado la muerte.

Pero aceptar, como lo había hecho Algot Pålsson, también podría implicar la muerte. Era un invierno con mucha nieve y ningún ejército real iría allí hasta la primavera, tal vez ni siquiera entonces. Pero si un ejército real llegase y venciese, no sería fácil explicar que el enemigo vencido había acabado con todas las provisiones del rey en su propia finca real. La única esperanza que le quedaba a Algot Pålsson era que los Folkung y sus amigos venciesen al llegar la primavera. Si no, no seguiría vivo por mucho más tiempo. No le había comentado nada a su hija Cecilia sobre estas preocupaciones y no tenía ni siquiera idea de si ella comprendía lo que había sucedido.

Sin embargo, fue un banquete excelente. Claro que al principio Algot Pålsson se había sentido presionado, sentado entre los escudos del procurador Karle a su lado en el sitial y los tres principales Folkung de Arnäs en los sitios que seguían por rango en el lugar del sitial. No era muy difícil calcular lo que todos ellos consideraban acerca del significado de comerse descaradamente la comida del rey como si fuese la suya. Ni siquiera se cuidaron de hacer bromas en voz alta sobre el asunto y bebieron a la salud del rey una y otra vez y cada vez con risas más altas.

Cecilia y Arn no tenían ninguna posibilidad de estar a solas en este banquete. Pudieron hablarse con los ojos, puesto que estaban sentados a solamente unos pasos. Sin embargo, esta manera de hablar era la menos discreta, pues a los ojos de los demás era tan obvio como un resonar de campanas de iglesia por la sala.

Magnus y Eskil pronto comprendieron que tenían ante sí un grave problema pero también habían decidido, en un escueto comentario susurrado, que no era el momento ni el lugar oportunos para discutir sobre este asunto ni con Arn ni entre ellos.

Después del banquete de Navidad en Husaby, los Folkung y su guardia viajaron hacia el sur hasta Eriksberg para visitar la casa de Joar Jevardsson, Knut Eriksson y sus amigos.

Después de tanta comida volvieron cansados a Arnäs. Pero Knut Eriksson y sus salvajes guardias noruegos no tardaron en ir a Arnäs, equipados como si hubiesen pensado en algo más que en otra caza exitosa de lobos por los bosques de Tiveden. Aunque las razones que daban era esta cacería.

Sin embargo, el tiempo hacía imposible la caza, lo cual parecía contentar tanto más a Knut Eriksson, ya que tenía muchos asuntos que discutir con los Folkung. Con Eskil quería comentar el tipo de negocios que serían adecuados para el que fuese rey tanto de los svear como de los godos y en esto Eskil tenía mucho que opinar. Ante todo, Eskil era de la opinión de que quien dominase tanto a Svealand como a Götaland Oriental debía hacer negocios con Sajonia y Lübeck mucho más que antes. Lo que hasta el momento no se había aprovechado de manera adecuada era el mar Báltico, como si acabase allí donde empieza Dinamarca después de los bosques de Småland. Una ruta comercial marina sería muy lucrativa, si se pudiese trabajar en paz y, ante todo, cerrar un acuerdo con los de Lübeck. Pero en ese caso habría que acuñar nuevas monedas reales, ya que la época en que se cambiaban las pieles de armiño por productos extranjeros probablemente ya había pasado. Y después se podría abrir una ruta comercial entre Noruega y las partes orientales del país desde Lödöse por encima del lago Vänern, por los territorios de Arnäs y luego al lago Vättern. Eskil opinaba que principalmente se podría comerciar con el pescado seco de Lofoten, que podrían comprar por casi nada pero vender con una buena ganancia.

A Knut Eriksson esas ideas comerciales lo animaron mucho y dijo que Eskil sería su hombre de confianza en todo lo que se refiriese a comercio y dinero en cuanto hubiese conquistado las tres coronas reales.

Sin embargo, sólo había algo de todo eso que se pudiese hacer en estos momentos, y era el negocio con Emund *Manco* en Forsvik, puesto que su territorio era el eslabón que faltaba entre Noruega y Svealand y Götaland Oriental. Pero como era un negocio que podría ser muy bueno para una de las partes y menos beneficioso para la otra, Eskil pensaba que habría que arreglarlo a las nuevas usanzas, con un contrato de compraventa por escrito. En Arnäs no tenían mucho pergamino y utensilios para escribir, pero seguramente los suficientes para hacerlo; le preguntaron a Arn si él podía escribir una cosa semejante, y él dijo que sí. Tanto en Vitae Schola como en Varnhem había trabajado de vez en cuando con los *archivarius* y en ambos monasterios se custodiaban muchas cartas del tipo que trataban de regalos y compras. Si solamente le dijesen quién compraría qué de quién, escribiría sin problema una carta de ese estilo.

Arn estuvo un rato escuchando las explicaciones de Eskil y se fue a la cámara de cuentas en la torre, sacó lo necesario para el trabajo y estuvo desaparecido el resto del día. Pero a la hora de la cena volvió con una carta muy bonita de pergamino en el que había puesto el sello de cera de Magnus Folkesson. Como la carta era en latín tal y como debían ser los documentos de este tipo para tener validez legal, tuvo que leerla varias veces en voz alta en la lengua popular para los demás:

En el nombre de la santa e indivisible Trinidad, yo, Magnus, señor de Arnäs, y mis dos hijos Eskil y Arn, hacemos saber para los ahora vivos y los que vendrán, que la necia y alargada contienda entre Emund Ulvbane y nosotros y nuestros hijos ya llegó a su fin y con la ayuda de Dios y el acuerdo que ambos hemos acabado de manera que Emund Ulvbane nos cede la finca de Forsvik con todas sus pertenencias, campos, bosques, aguas de pesca y todo lo necesario que pertene-

ce a la finca para que libremente y para siempre nos pertenezca a nosotros. Para este acuerdo y para siempre se han depositado cincuenta marcos de plata en la lengua popular.

También yo, Knut Eriksson, quien después de Dios he sido el institutor de la concesión y el acuerdo, junto con muchos otros testigos he participado en esta concesión. Y para que esto sea confirmado e inquebrantable, hemos sellado esta carta con las imprentas tanto del sello de Magnus como el de Knut y condenamos, por el poder que nos ha sido conferido por Nuestro Señor Jesucristo, su madre la eterna Virgen María y todos los santos, a quien quebrante este acuerdo y convenio a que sea proscrito. Testigos ante eso son Eskil y Arn Magnusson, Eyvind Jonson, Orm Rögnvaldsen, Ragnar, sacerdote de Forshem y muchos otros, cuyos nombres sería demasiado largo enumerar.

Cuando Arn hubo leído su texto tres veces para que todos comprendiesen lo que allí se decía, hubo un rato de animada charla. Los amigos noruegos consideraban que no debería llamar a Emund Ulvbane, sino mejor *Manco*. Magnus objetó que sería más probable que Emund pusiese su sello en una carta que lo llamaba Ulvbane. Pese a que Manco como nombre fuese más verdadero y más merecido, lo importante en este momento no era ofender por justo que fuese, sino hacer negocios. Los norueguchos finalmente lo aceptaron, aunque seguían murmurando que la sentencia sobre el hombre muerto era fija; a saber lo que querían decir con ello.

A partir de aquí, Knut quería que se lo llamase no solamente con el nombre de su padre, sino añadiendo «*rex sveorum et gothorum*», unas palabras que al principio solamente Arn entendía y objetaba, ya que era de la opinión de que lo que se deseaba fuese verdad, y que con razón se mereciese, de todos modos no podía ser proclamado en todo momento de antemano, ya que sería como vender la piel del oso antes de matarlo.

Nadie entendía nada de la discusión hasta que Arn explicó que significaba «el rey de los svear y de los godos», y Magnus tomó la palabra diciendo que era claro como el agua que todos los presentes albergaban la esperanza de que así fuese en un futuro no muy lejano, y que tal vez con razón ya debía ser así, pero muchos svear y godos desconocían esta circunstancia, puesto que realmente creían que el rey de Svealand y de Götaland Oriental era Karl Sverkersson. Así pues, esta carta tendría mucho más valor si su contenido era más verdadero. La verdad era que Knut Eriksson era Knut Eriksson y así sería también más adelante cuando fuese rey. Si ahora solamente se ponía su sello en la carta, tendría el mismo valor verdadero para siempre aun sin las cuatro palabras añadidas.

Dado que Knut no parecía querer reconsiderar este asunto, Arn le señaló que en realidad se había formulado como si Knut ya fuese rey pero con unas palabras que podían tener un doble sentido y luego leyó las palabras lentamente y con claridad: «... nosotros condenamos, por el poder que nos ha sido conferido por nuestro Señor Jesucristo, su madre la eterna Virgen María y todos los santos, a quien quebrante este acuerdo y convenio a que sea proscrito...»

Arn explicó que si se leía este «nosotros» en el sentido de solamente Knut Eriksson, Knut tenía por tanto el poder de Dios y solamente los reyes pueden tener eso. Además, sólo un rey puede en solitario condenar proscrito a alguien. Ciertamente también se podía leer este «nosotros» como si significase todos los nombres enumerados y, en ese caso, aunque más rebuscado, se entendería la amenaza de ser proscrito como si todos fuesen de la opinión de pedir un concilio para aceptarlo. No era fácil decir cómo interpretar el texto, lo cual era el efecto que Arn había querido conseguir. La intención era decir que Knut Eriksson era rey por la gracia de Dios, pero aun así, sin decirlo.

Knut lo aceptó, dio su sello con las tres coronas a Arn y le pidió ir a la cámara de escribir para sellarlo. Luego sólo faltaría el sello de Emund, pero todos estaban convencidos de que pronto colgaría al lado de los otros dos sellos aunque el mismo Emund por el momento no tuviese ni idea de su próximo negocio.

Al día siguiente, Eskil y Knut, todos los guardias noruegos y la mitad de la guardia de Arnäs cabalgarían hacia Forsvik para este asunto. Arn comentó algo sobre que fuesen tan armados sólo para una cuestión pacífica con cargamento de plata, pero Eskil le explicó que la mejor manera de evitar peleas era procurar que el contrario en un negocio complicado tuviese el menor interés posible en discutir. Los guardias noruegos causarían un fuerte efecto tranquilizador. Cuando Emund fijase su sello en la carta debía gozar de buena salud y estar calmado, si no fracasaría todo. Arn creyó entenderlo e hizo todo lo posible para tranquilizarse.

Knut se llevó a Arn aparte y le dijo que para precisamente este negocio sería más inteligente que Arn no los acompañase, puesto que su presencia podría influir en la paz espiritual de Emund de una manera desfavorable. Ahora tocaban negocios y eso era más una cosa de Eskil que de Arn. Pero pronto vendrían los tiempos de Arn y en los que Eskil no sería de gran utilidad.

Arn lo aceptó fácilmente y con tanta rapidez que Knut se sorprendió mucho. Pero Arn tenía otros planes y otros deseos y comentó algo de que mientras sus familiares fuesen a sus asuntos a la orilla de Vätter, él iría a sus menesteres a Husaby. Knut en seguida supo de qué se trataba, porque Eskil ya le había hablado acerca de Cecilia y los problemas que podrían surgir con ella y con Arn.

Poco después del día de Santa Gertrudis, cuando la primavera se respiraba en el aire y la nieve era fácil de penetrar para el caballo aunque los hielos todavía se mantenían estables, el grupo salió cabalgando de Arnäs fuertemente armado y cargado. Todo lo que llevaban debían cargarlo en las espaldas o en las alforjas, puesto que era imposible ir con carros ni tampoco con trineos, pues era el tiempo de la primavera más intransitable para las cargas pesadas. Eso también era intencionado, ya que Emund y su gente no esperarían visitantes en esta época del año, lo que facilitaría el negocio.

Primero cabalgaron hacia el Norte hasta el río Tidan, cuyo hielo todavía soportaba el peso y les facilitó la llegada al lugar de concilio de Askeberga, donde pernoctaron en los cobertizos que había. Al día siguiente se pusieron en marcha temprano al amanecer para llegar a Forsvik para la noche y poder entrar hasta el patio de la casa antes de ser descubiertos por la gente de Emund.

Y lo consiguieron. Emund y su gente fueron sorprendidos y fueron rápidamente desarmados. Sus guardias y otros hombres con aspecto de tener habilidad para las armas fueron encerrados en los almacenes de víveres o en las herrerías y fuertemente vigilados por unos hoscos noruegos. En la casa principal se encontraban luego solamente el propio Emund, su hijo adulto Germund, su señora Ingeborg y tres niños pequeños. En el interior de la casa principal también había algunos siervos domésticos, aunque los visitantes habían controlado minuciosamente que ninguno de ellos llevase armas.

Fue un banquete lúgubre donde, sin embargo, Eskil y Knut disfrutaron de la comida y hablaron en voz alta y sin el menor asomo de preocupación mientras Emund y su gente contestaban escuetamente y con sospecha a todo lo que se comentaba.

Especialmente Eskil parecía de un humor excelente y desde el principio había explicado que venía para negocios y que seguramente se pondrían de acuerdo, pero para seguir las costumbres tal vez sería mejor dedicarse primero a las delicias de la mesa y a las bebidas para luego poder hablar con más facilidad. Cuando hubo comido un rato hizo traer un baúl lleno de plata y lo colocaron encima de la mesa entre él y Emund, quien al verlo se alivió ligeramente, no porque sintiese muchos deseos de ver la plata, sino porque había temido que aquí no se tratase de plata sino de su vida y la de sus hijos. La plata encima de la mesa significaba negocios y no muerte. De todas formas, la conversación era apagada.

Cuando hubieron comido durante mucho rato, Eskil sugirió cortésmente que ya se hablase de negocios, conversaciones que eran más apropiadas entre hombres, por lo que la señora Ingeborg y sus hijos tenían el permiso de los huéspedes para retirarse. Los anfitriones obedecieron esta orden inmediatamente.

Al quedarse Eskil y Knut a solas con Emund, Eskil le habló sencilla y claramente. Dijo que por lo que se refería al precio podía parecer algo bajo, puesto que Forsvik naturalmente valía más que cincuenta marcos de plata, eso lo sabía todo el mundo. Aquí se interrumpió para abrir el baúl de la plata y sacó la carta de compraventa y la leyó en la lengua popular, no obstante sin leer todos los nombres de la carta y sobre todo eludiendo mencionar el nombre de Knut Eriksson. De ese modo, Emund se iba convenciendo de que realmente se trataba de un negocio, aunque uno muy poco favorable.

Luego Eskil remarcó que los treinta marcos de plata que Emund había recibido en el concilio de Axevalla –mencionaba ahora esas palabras por primera vez– podían contarse como parte de la suma de compra, puesto que la intención con esos treinta marcos era la de la reconciliación y que Emund entonces no la había aceptado, pero que ahora probablemente sería mejor que sí lo hiciera.

Emund dijo que podía comprender esa manera de pensar y dijo algo acerca de que ochenta marcos de plata sí era una buena suma, especialmente si se llegaba a una reconciliación con esa compra. Eskil afirmó estar contento por la facilidad de comprensión entre ellos hasta este punto.

Pero Emund aún no estaba dispuesto a fijar su sello y recibir la plata, no antes de tener ciertas garantías, pues no se sentía seguro haciendo negocios cuando sus propios guardias habían sido capturados por energúmenos noruegos de la peor calaña guerrera y no podía comprender lo que tenía que ver en el asunto ese hombre que los acompañaba a la mesa y que hacía llamarse Knut, pues él no conocía a ningún Knut.

Eskil respondió que bien podía comprender las dudas de Emund. Pero había una manera de evitarlas, cargando a la mañana siguiente a la familia de Emund en unos trineos y a los guardias que quisiesen acompañarlos. Luego se esperaría con el acuerdo hasta que los que viajasen en los trineos estuviesen a buen seguro. De esa manera, Emund no tendría que temer por la vida y seguridad de su familia.

Emund asintió pero añadió que su propia vida no valdría mucho en el momento en que se quedase a solas en Forsvik, rodeado de gente que no eran amigos suyos.

Eskil asintió pensativamente y dijo que en ese momento daba lo mismo. Pero había una gran diferencia entre que los familiares de Emund pudiesen marcharse vivos con tanta ventaja y que no los alcanzasen, a que todos fuesen asesinados inmediatamente por no lograr ponerse de acuerdo.

Entonces Emund aceptó el acuerdo. Pero quería sugerir una última cosa. La plata que pagaría la compra debería viajar junto con los familiares en los mismos trineos.

Eskil encontró mala esta sugerencia, ya que no era costumbre pagar por algo que todavía no te habían dado. Si Emund luego se negaba, toda la plata estaría perdida. Llegaron al acuerdo de ir a medias después de haber lidiado y discutido el asunto durante un rato. La mitad de la suma de la compra iría en los trineos por la mañana y la otra mitad se la daría a Emund después de haber confirmado la compra con su propio sello. Así acordaron y se retiraron para la noche durante la cual a mucha gente de Forsvik les costó dormir.

Al llegar la mañana liberaron a la mitad de los guardias encerrados para que pudiesen desayunar y preparar los trineos necesarios. Después Emund se despidió de su mujer Ingeborg y de sus hijos, llevó la mitad de la plata de Eskil, según lo acordado, hasta el primer trineo y la colocó al lado de su esposa. Los trineos se alejaron sobre los hielos del lago Vätter.

Esperaron sin muchas palabras dentro de la casa principal hasta que la ventaja de los trineos fuese suficientemente grande como para no ser alcanzados. Luego era hora de concluir el negocio. Emund estaba melancólico y pálido y la mano izquierda le temblaba mientras que, ayudado por Eskil, fijó su sello en la carta de compra. La herida de su brazo derecho manco olía mal por la pus que atravesaba las vendas de lino.

Cuando la carta de compraventa estuvo arreglada, Eskil la enrolló con mucho cuidado y la metió dentro de su camisa, empujó el baúl con la otra mitad del precio de la compra hacia Emund y se despidió explicando que por el momento no le quedaba nada por hacer en Forsvik. Algunos de sus hombres se quedarían para mantener la casa hasta la primavera y más tarde gente nueva se encargaría de Arnäs.

Después salió, todavía cortés hacia Emund, reunió sus guardias de Arnäs, montó y se fue cabalgando sin prisas.

Pero allí dentro en la casa principal nadie mostraba la menor señal de dejar a Emund salir al trineo que le estaba esperando. Cuando hubo pasado un buen rato y Eskil ya estuvo fuera del alcance de la vista o del ruido de Forsvik, Elling *el Fuerte* y Egil Olafsson salieron al patio y mataron de un golpe a los guardias que esperaban a su amo echando sus cadáveres en el trineo.

Al acabar entraron de nuevo en la casa principal y se sentaron sin decir nada, pues no hacía falta. Todo el mundo allí dentro había oído y entendido.

Knut se volvió hacia Emund y le habló en voz baja pero llena de un odio glacial:

–Preguntaste, Emund *Manco*, quién era, pues no conocías a ningún Knut. Ahora te lo diré, ya que no soy cualquier noruego. Soy Knut Eriksson, el hijo de Erik Jevardsson, y si has pagado la deuda a Eskil Magnusson aún te queda una deuda para conmigo.

Emund en seguida comprendió la deuda a la que se refería y se levantó de un salto de la silla como si pensase huir, pero fue inmediatamente capturado por los noruegos bajo alegres gritos. Lo sacaron al patio a golpes, profiriéndole patadas y mucha burla y allí, clavando hierros en el suelo helado, lo ataron de brazos y piernas, de manera que estaba de espaldas con un trozo de madera como almohada.

Geir Erlandsen preferiría haberlo atado al revés para enseñar a Knut lo que se había comentado pero no mostrado, la buena costumbre noruega de grabar el águila de sangre en los necios que merecían morir bajo tormento. Bueno sería también, después de romperle las costillas al asesino real y abrírselas como alas hacia el suelo, que Knut luego con sus propias manos pudiese arrancar el corazón de Emund de su cuerpo.

Knut, sin embargo, no quería oír hablar de ello, puesto que no quería manchar sus manos con la sangre de un necio. Siguiendo las Sagradas Escrituras, el asesino real debía morir del mismo modo que había matado, cortándole la cabeza desde delante.

Emund Ulvbane se mantuvo firme como un hombre y no pidió clemencia por su vida. Con un solo golpe, Knut Eriksson separó su cabeza del cuerpo, y la hizo colocar en una lanza en medio del patio para recordar a los siervos que quedaban que había un nuevo amo en Forsvik. Tiró el cuerpo de Emund dentro del trineo entre los cadáveres de los guardias y lo envió para ser quemado a cierta distancia sobre el hielo del lago.

Knut Eriksson y la mayoría de sus hombres sólo se quedaron un día más y repasaron todo lo que había de útil en los almacenes de víveres y los cobertizos de los barcos. Lo que encontraron era bueno, puesto que en uno de los cobertizos había la suficiente cantidad de madera de roble como para construir el barco que habían planeado. Eyvind Jonson, Jon Mickelsen y Egil Olafsen se quedaron en Forsvik para acabar el barco para cuando los hielos del lago Vättern se abriesen. Sería un trabajo duro que solamente unos constructores de barco noruegos podrían conseguir.

Con el resto de los guardias noruegos y algunos de los de Arnäs, Knut Eriksson volvió hacia Götaland Occidental. Había dado los primeros pasos largos por el camino que lo llevaría hasta las tres coronas reales.

¡Ya viene mi amado!
¡Ya escucho su voz!
Viene saltando sobre los montes,
viene saltando por las colinas.
Mi amado es como un corzo,
como un cervatillo.
¡Aquí está ya, tras la puerta,
asomándose a la ventana,
espiando a través de la reja!
Mi amado me dijo:
«Levántate, amor mío;
anda, cariño, vamos.
¡Mira! El invierno ha pasado
y con él se han ido las lluvias.»

(El Cantar de los Cantares, 2, 8, 11)

Murmurando una y otra vez las palabras del Señor como si lo llenasen más que cualquier otra cosa, Arn cabalgaba hacia Husaby levantando grandes trozos de tierra y nieve helada y hielo con los cascos de *Chimal*. El caballo estaba caliente y sudaba pero Arn llevaba su calor dentro de sí y pensaba que los vientos primaverales de la velocidad lo refrescarían. Sabía muy bien que estos sentimientos tal vez no eran los más apropiados para entrar en la casa del Señor y cantar la gloria de Dios y de nadie más. Y estaba completamente seguro de que el padre Henri tendría ciertos consejos severos acerca de ello.

Pero cabalgó como un poseído con la velocidad de un poseído porque no podía hacer otra cosa. Tan colmado estaba de Cecilia que apartaba todo lo demás excepto el Señor mismo. Y era como si el diablo lo tentase con pensamientos malvados y le preguntase que si tuviese que elegir entre el amor del Señor y el de Cecilia, ¿cuál elegiría? Era como si estos pensamientos malvados lo invadiesen por mucho que intentase defenderse, como si el diablo realmente hubiese descubierto un alma con una gran debilidad.

Tuvo que parar, bajar de *Chimal* y pedir perdón por los pensamientos malvados que lo invadían. Rezó hasta que tuvo frío y un poco más aún. Luego continuó con un paso un poco más decoroso, ya que estaba tan cerca de Husaby que la gente de allí pronto lo verían.

Llegó con tiempo de sobras a la iglesia, instaló a *Chimal* en el establo del sacerdote y lo limpió secándole el sudor y tapándolo con un burdo paño para que no se enfriase demasiado de prisa después de la cabalgata. *Chimal* lo miró con grandes ojos pensativos como si el caballo estuviese ofendido y hubiese descubierto sus intenciones.

Era el día de la Anunciación de María, la época en que las grullas llegaban a Götaland Occidental y en que se debía haber puesto el arado en la tierra en Vitae Schola en Dinamarca, y en esta misa le gustaba tanto cantar como en la de Navidad. La Virgen María era la santa protectora del monasterio de Varnhem y, por tanto, todos los cantores que venían de Varnhem se sabían de memoria todas las misas pertenecientes a la Santa Virgen.

Pero durante los cantos en la iglesia fue como si lo condujesen al pecado aunque cantaba con Cecilia con la misma devoción como durante la Navidad, porque en los textos que hablaban del amor hacia Nuestra Señora miraba a los ojos de Cecilia y cada palabra iba dirigida a ella y él sentía en sus palabras al contestar que ella cantaba de la misma manera y quería decir lo mismo que él.

Sin comprender que con ello arrinconaba la dignidad de Algot Pålsson, se invitó a sí mismo a quedarse unos días en la casa real de Husaby para que él y Cecilia pudiesen ensayar unos cantos nuevos para la próxima misa. Exactamente como Arn había imaginado, sin comprender por qué, Algot Pålsson no era quien para negar una petición a un hijo de Arnäs. Por eso se hizo en seguida tal como Arn había sugerido sin comentarlo demasiado.

Pero luego empezó la lucha entre los dos jóvenes, por una parte, y todos los que querían o debían vigilarlos, por otra. Ellos intentaron usar todo su ingenio para poder hablar a solas. Algot y las mujeres mayores se dieron cuenta y usaron por su parte toda su inteligencia para vigilarlos en cada momento. Mientras estaban sentados en la sala con otras personas cerca cantando las alabanzas del Señor en unos cantos a cual más hermoso, nadie tenía nada que objetar. La resistencia de Arn y Cecilia cantando juntos era grande, pero no más grande que la resistencia de los demás para vigilarlos. Y cuidaron mucho de que no se sentasen demasiado cerca el uno del otro. En la cena se sentaban los dos jóvenes en el sitial, pero con Algot entre ellos como un gran muro y sólo podían acercarse cuando Cecilia cortésmente le llenaba la jarra de cerveza a Arn, lo cual lo situaba ante un serio dilema, puesto que había decidido no beber nunca más tanta cerveza como en la primera visita a Husaby.

Poco antes de la Anunciación de María, el sacerdote Sune de Husaby había estado en *collegium* con el obispo Bengt en Skara. A pesar de la dificultad de transitar por los caminos en esta época del año, se habían reunido muchos más servidores de Dios de la diócesis de lo esperado, señal de la gran preocupación que con los vientos del chismorreo se había extendido por toda Götaland Occidental después del concilio nacional de Axevalla. Todo el mundo sabía ya que el rey Karl Sverkersson no se contentaría con perder todo el poder en Götaland Occidental, al igual que todo el mundo sabía que el que estaría en primera fila para quitarle la corona sería Knut Eriksson. En el peor de los casos, el rey Karl podría ir con su ejército a Götaland Occidental y entonces no sería fácil saber quién vencería. Lo único seguro era que una guerra devastaría el país.

La cuestión sobre la que el *collegium* del obispo Bengt debía tomar posición era si la iglesia debía tomar partido por uno u otro en esta lucha sobre el poder terrenal. Igual cantidad de hombres de Dios ponderaban al rey Karl, entre ellos el mismo obispo, como a Knut Eriksson, pero la mayoría era de la opinión de que la única postura sabia para la iglesia era no entrometerse en la lucha terrenal. Si la iglesia entraba en ese juego, podría tener amargas consecuencias. El *collegium* del obispo

Bengt llegó rápidamente a esta conclusión, y Sune de Husaby era uno de los más fervientes defensores. Seguramente, porque él mismo había sido obligado a participar en ese juego cuando tuvo que celebrar la misa del Gallo para los Folkung en la iglesia real de Husaby.

Pero también tenían otros temas que discutir cuando los hombres de Dios de la diócesis se reunían, y el deán explicaba a todo aquel que lo escuchase y pronto también a todos los que ya no tenían ganas de oírlo, cómo había sido testigo de un milagro cuando un pequeño e indefenso niño monacal de Varnhem había abatido a dos guerreros con la ayuda del arcángel Gabriel.

Puesto que el sacerdote Sune estaba compartiendo la cena en la casa real de Husaby y vio a Arn en la mesa, recordó esta milagrosa historia y la relató tal como la había oído. Todos los comensales escucharon con interés y muy atentos, excepto Arn, que ponía cara de no gustarle lo que oía. Entonces al sacerdote se le ocurrió que tal vez el muchacho sabía más acerca de este acontecimiento; él era de Varnhem y debía de haberlo oído antes o incluso conocía al niño monacal en cuestión. Por eso el sacerdote le preguntó a Arn al respecto.

Todos vieron que a Arn le incomodó la pregunta, pero nadie entendía por qué. No sería muy probable que Arn sintiese envidia hacia alguno de los niños monacales.

Arn contestó de mala gana, ya que se sentía atrapado y no podía escapar con una mentira como las demás personas. Pero dijo la verdad, que el deán había malinterpretado toda la historia. No se trataba de ningún milagro, ni tampoco de un indefenso niño monacal, puesto que se trataba de él mismo. Lo que había pasado era que unos campesinos borrachos llegaron corriendo de una fiesta nupcial y sin ton ni son lo acusaron de ser el secuestrador de la novia, a pesar de que sólo llevaba unas horas fuera de los muros del monasterio. Intentaron matarlo, pero para que su asesinato pareciera un poco más propio de hombres, le dieron una espada con la que defenderse.

Llegado hasta aquí en su explicación, Arn tuvo que hacer una pausa para pensar cómo continuaría. Preferiría no hacerlo, ya que consideraba que ya estaba dicho todo lo que hacía falta, pues no sentía el menor orgullo por lo que había hecho, sino arrepentimiento. Pero también había tenido tiempo para aprender cómo pensaban los hombres aquí fuera en el mundo bajo y suponía que lo encontrarían presumido. El que presumía era en realidad el deán, que en su altivez se había considerado testigo de un milagro del Señor en un sucedido en el que sólo existía la desgracia, pero esto también era difícil de explicar sin hablar mal del deán.

Durante el impaciente silencio que siguió cuando Arn parecía no querer decir más, Cecilia le pidió que continuase. Arn levantó la mirada y encontró la de ella y era como si la Virgen María le hablase y le comentase cómo poner sus palabras para hacer una historia de bondad de algo que en su origen era malvado.

Relató rápidamente lo doloroso. Unos campesinos borrachos querían matar a alguien que creían que era un indefenso niño monacal, si bien resultó ser Arn, quien había sido entrenado en el arte de la espada por uno de los templarios del Señor. Por eso la lucha fue breve. Consecuentemente, no se trató de ningún milagro, al igual que tampoco fue un milagro lo de Axevalla.

Pero sí existía un milagro en esta historia, un milagro de amor. Porque en la continuación que el deán no había visto ni comprendido, realmente se podría reconocer la inmensa bondad de la Virgen María y la atención que dispensaba a quienes confiaban en Ella. Arn se avergonzó algo por sus palabras atrevidas sobre el deán, pero nadie en la sala lo riñó ni frunció la nariz y eso le dio valor para continuar.

Hacía tiempo que la Santa Virgen había escuchado las oraciones sinceras de una joven mujer llamada Gunvor y un joven hombre llamado Gunnar. Se querían tanto que preferían morir antes que renunciar a la felicidad de vivir juntos como marido y mujer con la bendición de Dios.

Gunvor, azotada por la desesperación más oscura, huyó de la misma boda, antes de la consumación del matrimonio en la cama, salió al camino y encontró precisamente a ese niño monacal que nada sabía ni comprendía pero que había sido enviado por la Virgen María para auxiliar a Gunvor. Con ello fue salvada de una vida desgraciada con un hombre con quien no quería vivir, pues él fue uno de los dos muertos.

El deán, sin embargo, necesitaba un nuevo arrendador para la finca donde había tenido lugar la cerveza nupcial, y ese arrendador fue Gunnar. Así pues, Gunnar y Gunvor pudieron casarse y ahora vivían felices, juntos para el resto de su vida terrenal. Su amor, con la ayuda de la Santa Virgen María, había vencido todas las leyes y tradiciones y reglas existentes, ya que el amor era más fuerte que todo lo demás. La Santa Madre de Dios había mostrado precisamente esto al escuchar las fervorosas oraciones de Gunvor y Gunnar y los recompensó por haber confiado en Ella incluso en los momentos más desesperados.

Cuando Arn hubo llegado hasta ahí en su narración, leyó los versos de las Sagradas Escrituras sobre el inmenso amor vencedor, los conocía tan bien de memoria también en la lengua popular que podía recitarlos en cualquier momento. Con ello impresionó fuertemente a todos los comensales y a Cecilia la que más, exactamente como había esperado.

El sacerdote de Husaby se quedó pensativo y confirmó que las palabras que Arn había leído realmente eran palabras de Dios. El amor era así, añadió, que realmente podía obrar milagros y en las Sagradas Escrituras había muchos ejemplos de ello. Ciertamente, no era cosa tan fácil de entender, ya que la mayoría de la gente que vivía bajo las condiciones de Götaland Occidental tenían que beber la cerveza nupcial por otras razones que las que fueron dadas a Gunvor y Gunnar. No obstante, Arn había narrado esta historia con mucho entendimiento eclesiástico y por eso el sacerdote de Husaby profesaba la misma opinión que él. Nuestra Señora realmente había mostrado un milagro del amor y de la fe y no un milagro de la espada ni de la violencia. De eso se podrían aprender muchas cosas.

A todos los comensales les pareció algo difuso lo que se podía aprender, aunque era una historia muy hermosa. Pero el sacerdote de Husaby no quiso ser más explícito. Sin embargo, después de la cena y las oraciones, llamó a Algot aparte y tuvieron una conversación de la que nadie oyó nada.

Posiblemente fue esta conversación la que hizo que Algot cambiase algo de parecer, ya que a la mañana siguiente le preguntó a Arn si él, siendo tan conocedor de los caballos, quisiese llevar a Cecilia a dar un paseo a caballo en un día de primavera tan bonito. En este asunto, Arn no se hizo de rogar.

Así fue cómo Cecilia y Arn cabalgaron el uno al lado de la otra subiendo las laderas sureñas de Kinnekulle este primer día caluroso de primavera con vientos cálidos. La salguera estaba en flor y los riachuelos estaban colmados de agua y sólo quedaban unas manchas de nieve sobre la tierra. Era como si al principio no se atreviesen a hablarse, pese a que por fin estaban solos, puesto que los guardias los seguían a una distancia correcta para poder ver pero no oír. Arn se callaba todo lo que había dicho en los pensamientos febriles nocturnos o cuando cabalgaba como un torbellino encima de *Chimal* y gritaba las palabras al viento. En cambio, empezó a enredarse con descripciones infantiles sobre los méritos de *Chimal* y por qué los caballos de Tierra Santa eran tanto mejores que los demás caballos.

A Cecilia este tema le despertaba un interés relativo. Pero sonrió como para animarlo a continuar hablando. Ella también había tenido largas conversaciones nocturnas con Arn en sus sueños, aunque entonces se había imaginado que él diría las palabras correctas primero y luego ella le contestaría tan excitante que él continuaría con más de lo mismo. Se quedó taciturna ante la charla sobre las cualidades de los caballos y cómo aparearlos mejor.

Cuando Arn estuvo casi desesperado por su propia timidez y la traición a todo lo que había prometido decirle en cuanto tuviese posibilidad, rogó en silencio a la Santa Madre de Dios que le diese un poco de la fuerza que le había dado a Gunvor. Y en seguida le llegaron las palabras como si Nuestra Señora le dirigiese sonriendo en clemencia. Hizo parar a *Chimal*, miró de soslayo a los guardias que aún estaban fuera del alcance del oído y le recitó las palabras con la mirada fijamente puesta en sus ojos y con júbilo en su interior:

Me robaste el corazón,
hermanita, novia mía;
me robaste el corazón
con una sola mirada tuya,
con uno de los hilos de tu collar.
¡Qué gratas son tus caricias,
hermanita, novia mía!

¡Son tus caricias más dulces que el vino,
y más deliciosos tus perfumes
que todas las especias aromáticas!
Novia mía,
de tus labios brota miel.
¡Miel y leche hay debajo de tu lengua!
¡Como fragancia del Líbano
es la fragancia de tu vestido!

(El Cantar de los Cantares, 4, 9, 11)

Cuando Cecilia hubo escuchado las palabras del Señor, que también eran las palabras de Arn para ella, paró su caballo y lo miró largamente, ya que primero le habló con las palabras de sus ojos como habían tenido que hacer hasta ahora. Estaba totalmente quieta en la silla pero respiraba fuertemente.

–No podrás entender nunca, Arn Magnusson, cuánto he deseado oír estas palabras de tu boca –dijo finalmente sin bajar la mirada–. Así ha sido desde que nuestras miradas se encontraron al unirnos en la primera canción. Quiero ser tuya más que nada en este mundo.

–También yo soy tuyo, Cecilia Algotsdotter, más que nada en el mundo y para siempre –contestó Arn, invadido por una solemnidad que hizo sonar las palabras como una oración–. Es verdad que me robaste el corazón con una sola mirada, como dicen las palabras del Señor. Ya no quiero separarme nunca de ti.

Cabalgaron un rato en silencio hasta llegar a un viejísimo y casi decaído roble que se inclinaba sobre un pequeño torrente. Allí descabalgaron y se sentaron en el suelo, apoyando la espalda contra el roble. Los guardias de Husaby se pararon primero un poco inseguros a una cierta distancia y parecían no ponerse de acuerdo sobre si acercarse más. El sonido del torrente hacía que no pudiesen oír nada si no se situaban muy cerca. Eligieron, sin embargo, sentarse donde estaban para poder apenas ver pero oír nada.

Cecilia y Arn se tomaron de las manos mirándose sin decir palabra durante largo rato y ambos sintieron el milagro dentro de ellos mismos.

Finalmente Arn dijo que volvería a Arnäs, por difícil que fuese separarse de ella, para explicárselo todo a su padre. Tal vez, pensaba, podrían celebrar la cerveza de compromiso ya para el verano.

Ella primero se alegró de sus palabras y echó la mano hacia el corazón, como de dolor, pero luego la cara se le ensombreció como por el paso de una nube.

–Tal vez necesitemos a la Santa Virgen tanto como esa Gunvor y ese Gunnar de los que nos hablaste con tanta hermosura –dijo seriamente–. Porque nuestro amor tendrá que pasar por unas pruebas muy difíciles y unos obstáculos muy altos, como ya debes de saber.

–No, no sé nada de eso –dijo Arn–. Porque no existen obstáculos tan grandes, ni montaña tan alta, ni un bosque tan profundo ni un mar tan ancho por el que cruzar navegando. Con la ayuda de Dios no habrá ningún obstáculo para nosotros.

–De todas formas, tendremos que rezar mucho por la ayuda de Dios –contestó ella con la mirada bajada–. Porque mi padre es un hombre de Karl Sverkersson y tu padre es uno de los de Knut Eriksson, lo sabe todo el mundo. Mi padre teme por su vida a causa de eso y mientras viva Karl no se atreverá a unirse tan fuerte a los Folkung. Así es, mi más querido Arn, ¡ay, qué alegría poder decir estas palabras! Pero así es de todas formas, que nuestro amor tiene más de un gran mar que cruzar mientras Karl Sverkersson sea rey y mi padre un hombre del rey.

Arn, no obstante, no se dejó abatir lo más mínimo por ello. No solamente porque su confianza fuese grande y creía tener a la Virgen María a su lado y al de Cecilia, sino también porque tanto como sabía de Aristóteles y san Bernardo de Clairvaux, del mundo superior e inferior de Platón y de las reglas de la convivencia según los cistercienses, de los que la gente en Götaland Occidental no tenían ni idea, conocía muy poco las reglas que regían la lucha por el poder; de lo que la gente en Götaland Occidental lo conocía absolutamente todo.

Él se confiaba completamente en su fe de que lo más grande de todo era el amor.

XI

Magnus y Eskil estaban solos en la cámara de cuentas de la torre y su conversación no era fácil. Les iba muy bien tener a Arn ocupado en el hielo del lago Vänern, donde serraba cuadrantes de hielo con la misma forma que las piedras para la construcción de los muros. Los cuadrantes de hielo fueron transportados en trineos hasta Arnäs y almacenados en su sótano de hielo entre capas de viruta de los talleres de carpintería. Había insistido mucho en hacerlo ahora antes de que el hielo fuese demasiado fino. Y era una suerte que tuviese esta ocupación urgente. Habría sido difícil mantener esta conversación en su presencia.

Que los hombres jóvenes, y por lo que decían, a veces también las mujeres jóvenes, sufriesen tentaciones que podían ser difíciles ya lo conocían por propia experiencia. La vida era así y no había nada que hacer más que esperar hasta que hubiese pasado como un resfriado primaveral. Magnus lo recordaba de su temprana juventud y al recordarlo se emocionó y confesó a Eskil que la mujer que había sido la primera ama de Arnäs, y la madre de Eskil y Arn, al principio no significó para él más que un par de alazanes hermosos u otras adquisiciones para la casa. Pero con el tiempo, había llegado a querer a esta Sigrid más que a nada. Lo que Arn llamaba amor podía crecer con sensatez si convivías bien y sensatamente. Pensándolo mejor, también Erika Joarsdotter se había vuelto más bonita y más fácil de tratar y, según cómo, hasta agradable. Por lo menos, nunca antes había sido tan fácil tenerla en la casa. Así sucedía con eso que Arn llamaba amor.

Pero esta sabiduría de una persona mayor no podía explicarse con palabras a una persona joven. No tenía sentido intentar hablar de sensatez donde no la había. Igualmente, si alguien había perdido a un ser querido y acaba de ponerlo bajo tierra y le decías que el tiempo cura todas las heridas. Sería la verdad, pero no tendría sentido decirlo en aquel momento, cuando peor se sentía la desgracia.

Así que, ¿cómo procederían con Arn y su deseo de ir, preferiblemente mañana mismo, a celebrar la cerveza de compromiso a Husaby?

Eskil decía que había que pensar fríamente, lo cual se podía hacer mejor sin la presencia de Arn, puesto que estaba como un hierro candente. Existían cosas en pro y cosas en contra y había que sopesarlas como la plata para ver lo que pesaba más.

En contra de la propuesta de Arn hablaba principalmente el hecho de que nadie sabía quién tendría el poder monárquico en sus manos durante los próximos dos años. Sin embargo, mientras Karl Sverkersson fuese rey, Algot Pålsson se cuidaría mucho de unir su linaje con el de los enemigos del rey, por lo menos si era un hombre sensato. Y por su propia parte tampoco sería sensato enlazarse con una boda al linaje enemigo de Knut Eriksson, porque si se llegaba a imaginar otro rey que Karl, sería precisamente Knut Eriksson.

En pro de la propuesta de Arn, no obstante, había cosas que también tenían su importancia. Como Forsvik al lado del Vättern ya pertenecía a Arnäs, se dominaba toda la parte Norte de Götaland Occidental, la parte al sur del bosque Tiveden por donde se establecería la ruta comercial entre los cuatro países. Esta cadena era más débil del lado de Kinnekulle, donde empezaban las tierras de Algot. Si se pudiese adquirir Kinnekulle y las orillas al sur del Väner, tendría mucho valor. Y si surgiese la ocasión de hacer tal negocio, Algot estaría en un aprieto y se lo podría convencer de dar estos terrenos como dote, el doble de grande de lo usual.

No era muy probable, no obstante, poder llevar esto a cabo mientras Karl Sverkersson viviese. Pero Algot se mostraría más solícito de hacer negocios si Karl Sverkersson dejase la vida terrenal tan pronto como era la intención de Knut Eriksson.

Así estaban las cosas. Mientras Karl Sverkersson se encontrase seguro en su castillo en el lago Vätter, no había nada que hacer. Pero si falleciese en seguida se podría realizar este negocio tan importante para Arn.

Eskil sólo podía ver una debilidad en este cálculo. La cuestión sería si Birger Brosa y el concilio del linaje tendrían otros planes. Ése había sido el caso cuando el mismo padre Magnus pensaba beber la cerveza nupcial o con Cecilia o con Katarina, por los mismos motivos de los que ahora estaban hablando. En cambio, fue Erika Joarsdotter porque el concilio del linaje encontró ese matrimonio más favorable.

Pero Magnus dijo no saber nada acerca de planes de este tipo. Tal como estaban las cosas se habían unido de buena manera con el linaje de Erik a través de Erika Joarsdotter. Knut ciertamente tenía una hermana, llamada Margareta, pero ya estaba casada con el rey Sverre de Noruega.

Puesto que el propio hermano de Magnus, Birger Brosa, estaba casado con Brigida, la hija del rey Harald Gille de Noruega, los lazos noruegos eran suficientemente fuertes. No, Magnus no podría ver ningún casamiento que pudiese ser más importante para Arnäs ni para el linaje que con Katarina o Cecilia, no importaba con quién. Aunque Arn seguramente era de la opinión de que Cecilia lo era todo y nunca jamás en su vida podría haber ninguna otra.

Quedaba decidir quién se lo diría a Arn. El mensaje era sencillo. Mientras Karl estuviese con vida no habría cerveza de compromiso.

Pero igual de sencillo que era pronunciar estas palabras, igual de difícil sería decírselo a un joven hijo o hermano que vivía una fiebre o locura que él llamaba amor.

Magnus debería decírselo, puesto que era el padre y el poder sobre las cervezas nupciales era derecho suyo. Eskil, en cambio, debería decírselo, puesto que era su hermano y no tenía el poder ni podría ser convencido sino solamente explicar. Dieron muchas vueltas al sensible asunto y decidieron que sería Eskil quien le diría cómo estaban las cosas.

Una semana antes de San Tiburcio, cuando las aguas todavía helaban pero empezaban ya a oscurecerse, Knut Eriksson llegó sin previo aviso a Arnäs. Había viajado de prisa con la única compañía de Geir Erlendsen, el bardo Orm Rögnvaldsen y Berse *el Fuerte*. Habían viajado por Götaland Occidental, donde el bardo había trabajado duro para merecer el buen sueldo que le daban y acababan de llegar de Skara, donde Knut tenía muchos oídos y ojos y donde habían comprado buenos conocimientos a un hombre que acababa de dejar los servicios de Karl Sverkersson fuera en la isla de Visingsö.

Knut no dijo el porqué de su visita, sino sólo que quería hablar con Arn, a quien encontró afligido entre los siervos domésticos y las cocinas, un lugar y en un estado que en absoluto convenían a un hombre como Arn, según Knut Magnusson.

Para la confusión de Arn, Knut en seguida quiso que compitiesen en el tiro al arco. Para ello, les hicieron un objetivo de paja atado y lo colocaron en el patio del castillo. Arn no quiso negarse, pero no encontró alegría alguna en este juego. Pusieron el objetivo a cuarenta pasos de distancia, cosa que Arn encontró demasiado difícil para Knut, pero éste lo quería así. Eligieron entre los mejores arcos y los más fuertes y todos en la casa fueron a ver lo que ocurriría, ya que todo el mundo sabía que tal vez fuese el próximo rey del país el que disparaba flechas con uno de los hijos de Arnäs y nadie quería ser el único que no había sido testigo. Cuando estuvieron uno al lado del otro con los arcos preparados y Arn todavía no parecía tener ganas de jugar a este juego, Knut lo agarró por los hombros con las dos manos, lo abrazó y le dijo algo que había preparado muy bien.

–Ahora, mi querido amigo de la infancia, vas a disparar para vencer a tu rey y nada más, como si todo dependiese de estas flechas. Imagínate que se trata de Cecilia, sí, lo sé todo sobre ella y tú. Imagínate que yo soy tu rey y puedo hacerla tuya si sólo me vences.

Ves, ahora yo disparo primero. No tienes que contestarme ahora, sólo disparar bien.

Mientras Arn se preparaba para disparar lo mejor que podía, totalmente aturdido por esas palabras, Knut disparó sus diez flechas levantando gran admiración por ello, ya que nadie se imaginaba que fuese tan buen arquero.

Luego Arn disparó con el semblante serio y un gran silencio en su interior, como si realmente todo dependiese de estas flechas. Después todos vieron que había una gran diferencia entre los dos y que Arn era el mejor.

Knut volvió a tomar a Arn entre sus brazos y abrazándolo le dijo que bien podría ser que hubiese disparado para tener a Cecilia Algotsdotter como su esposa y ama. Con estas palabras dejaron el patio del castillo y se fueron solos a la torre, adonde Knut pidió que les sirviesen cerveza.

Al quedarse a solas, Knut no esperó a que les trajesen la cerveza para empezar a explicarle a Arn cómo estaba la situación. Porque ya había llegado el momento. Para él se trataba de la corona real y para Arn se trataba de Cecilia. Knut Eriksson tenía muchos informadores por todo el país y por eso conocía todo lo que era importante saber y también todo lo que podía parecer menos importante, como lo de Arn y Cecilia.

Arn contestó hurañamente que sí comprendía que muchos conocimientos eran importantes para el que luchaba por la corona real, pero que no comprendía la intención de este juego con los arcos y las flechas. ¿Por qué esta competición en la que un futuro rey se arriesgaba a perder y ser criticado por ser el vencido?

En ese momento entraron los siervos domésticos con la cerveza y Knut sonrió ampliamente por esta interrupción, puesto que bien comprendía la impaciencia y curiosidad de Arn. Primero bebieron a la salud el uno del otro como mandaba la tradición y Knut vio en los ojos de Arn la ardiente impaciencia que exigía una respuesta en ese mismo momento. Aun así, no contestó, sino que empezó a hablar de su padre, el sagrado san Erik, que había sido bueno con todos, quien nada pidió para sí mismo, quien prefirió un cilicio y largas horas de oración ante una vida señorial, quien ayudó a los débiles frente a los fuertes y quien murió como un santo de mano de unos infames. Tal vez Arn había oído hablar mucho de ello antes, pero había una cosa que añadir.

El padre de Erik Jevardsson era Jedvard de Orkney, que había navegado con Sigurd Jorsalafar hasta Tierra Santa y allí hizo grandes servicios al rey noruego. Para agradecer la ayuda cristiana, el rey Sigurd le regaló a Jedvard de Orkney dos pequeñas astillas de la Santa Cruz en la que sufrió y murió Nuestro Salvador. Al rey Sigurd le había ofrecido todo un trozo de esta santa madera el rey Balduino de Outremer, o reino de Jerusalén.

Aquí Knut detuvo su narración y preguntó si Arn había oído hablar de Outremer, y las alegres carcajadas del muchacho y su exaltado asentimiento lo hicieron comprender que efectivamente lo conocía.

Bien, estas dos astillas de la Santa Cruz las había heredado el padre de Knut, Erik Jevardsson y las había hecho incrustar en una cruz de oro que siempre llevaba alrededor del cuello. Cuando Emund Manco le cortó la cabeza, la santa reliquia cayó al suelo y por un hombre falso fue llevada hasta el hombre que estaba tras el asesinato, el hombre al que ahora llamaban Karl Sverkersson, rey. Por tanto, no solamente era un asesino real, sino también un infame que había atentado contra una Santa Reliquia de Dios. Esta cruz con las dos astillas fundidas en oro de la cruz de Nuestro Salvador la llevaba ahora el mismísimo Karl Sverkersson alrededor de su cuello y eso debía de ser en todo momento abominable ante los ojos de Dios, de eso no cabía la menor duda, ¿verdad?

Arn asintió al momento que debía de ser abominable ante los ojos de Dios y dijo que habría que hacer todo lo posible para corregir esta falta.

Entonces Knut Eriksson sonrió hacia Arn y repitió suavemente que la hora ya había llegado. Pero para alcanzar el lugar en donde se hallaba la Santa Reliquia de Dios, sólo podían ir unos pocos hombres, que resistiesen bien el frío, que navegasen bien y que supiesen disparar correctamente con arco y defenderse mejor con la espada que otros hombres.

Por eso habían hecho este concurso, siguió Knut. Porque había hombres que sabían disparar bien en competiciones pero, en cambio, no sabían en una lucha con la cabeza llena de ira y temor. Para Arn había sido lo mismo disparar y a la vez pensar en Cecilia, pero Arn había salido airoso de la prueba.

Ahora y no más tarde se haría lo que debía hacerse, continuó Knut y preguntó como si verdaderamente fuese una pregunta, un poco titubeante y asegurando que cuando fuese rey sería el primero en bendecir una cerveza nupcial entre Arn y Cecilia, si Arn estuviese dispuesto a seguirlo en este viaje como uno más de sólo ocho hombres...

Era la tercera vez que alguien le decía a Arn que no tendría a Cecilia mientras Karl Sverkersson siguiese con vida. Si había dudado las dos primeras veces, ahora no dudó en absoluto.

Cuando llegaron a Forsvik a la orilla del Vätter descubrieron que Eyvind Jonson, Jon Mickelsen y Egil Olafsen habían construido una pequeña pero muy bonita embarcación con el fondo ancho, se hundía poco en el agua y se podía remar con tres pares de remos. Los guardias noruegos se excusaron por no haber decorado el barco con los signos rúnicos que habrían hecho falta para acabarlo, pero que la aptitud para la navegación había sido lo principal, puesto que los hielos estaban a punto de abrirse. Esta pequeña embarcación, que estaba construida como una nave principal noruega, sin embargo, podía navegar más rápido que otros barcos de los tiempos, especialmente en Götaland Occidental; podía ser remada más rápido que ninguna otra, especialmente con remeros noruegos, y podía ser arrastrada por encima de los hielos con facilidad. Knut estaba muy contento con lo que veía y se lo explicó todo a Arn, que no había tenido nada que ver con Noruega como los demás de su linaje.

Tras tres días de espera llegó la hora de partir. Primero celebraron una misa y Arn la dijo en latín para que tuviese más fuerza. Después de la misa, Knut Eriksson les habló y les dijo que había llegado la hora decisiva. Su fuerza era que solamente eran ocho hombres buenos que llegarían por el lago Vätter cuando nadie lo creía posible. Allí afuera, en el cabo sur de Visingsö estaba el asesino real Karl Sverkersson con su guardia y se creía a salvo. Pero Dios no ayudaría a aquel que hubiese asesinado a un santo solamente por su interés. Cuando hubiesen ganado lo que se tenía que ganar, todos y cada uno serían recompensados según sus méritos.

No se habló más. Con la ayuda de los caballos sacaron la embarcación del agujero en el hielo en donde la habían guardado para que el agua hinchase el tablazón y fuese estanco al agua. Guardaron los caballos y terminaron de cargar y cada uno tomó una cuerda para el trabajo duro de arrastrar el barco hasta el agua abierta. Pero el barco tenía el fondo tan ancho que era fácil de arrastrarlo encima del hielo y los ocho hombres eran suficientes.

Después de trabajar así durante medio día llegaron a una grieta que llevaba hacia el agua abierta en medio del lago Vätter y ya divisaban la isla de Visingsö. El viento venía del oeste como de costumbre en esta época del año y pronto pudieron izar las velas. Cuanto más al sur navegaron, más se abría la grieta en agua abierta. Al crepúsculo vieron que el cabo sur de Visingsö, adonde se dirigían, estaba rodeado de agua abierta y comprendieron entonces que Dios estaba con ellos. Si hubiesen llegado un día antes, habrían tenido que dejar el barco fuera en el hielo, completamente visible al llegar la luz del día. Un día más tarde, el hielo del Vättern se habría derretido y en el castillo real de Näs habrían colocado guardias en las murallas para comenzar la vigilancia contra los peligros del lado del mar.

Arriaron la vela y remaron lentamente hacia Näs y no llegaron a la orilla hasta bien entrada la oscuridad. Allí se sentaron a esperar en una bahía con densos matorrales de aliso. Taparon el barco con la vela y encendieron fuegos en dos tinas de hierro y enviaron unos hombres a tierra para controlar que no se viese el fuego. Porque les hacía falta calor, ya que las noches de primavera en el Norte seguían siendo tremendamente frías.

Knut estaba de buen humor como si todo lo difícil ya hubiese pasado. Se sentó cerca de Arn y dijo que esta noche sería o la última noche juntos o bien la primera de un largo viaje.

Luego habló del hombre que había asesinado a su propio padre y que había intentado asesinar al padre de Arn con falsedad y un desafío desigual, pero Arn lo interrumpió en seguida diciendo que estas palabras no eran necesarias. Arn ya lo sabía todo y había reflexionado mucho sobre ello.

Aun así sentía dudas, admitió ante Knut. Había hecho un juramento sagrado de no alzar la espada en ira o por interés propio solamente y ahora le parecía que estaba a punto de hacer precisamente eso. Con la muerte de Karl Sverkersson, él mismo ganaría mucho. Dijo que ya había comprendido que no solamente era una cuestión de conseguir la santa reliquia que pertenecía a su buen amigo Knut por derecho y que injustamente colgaba alrededor del cuello de Karl Sverkersson. Había comprendido que este cuello iba a caer al liberar la cruz.

Knut no dijo nada para aliviar la angustia de Arn, ya que todo lo dicho era verdad. En cambio habló con voz cálida y suave de Cecilia y la alegría que sentirían si en calidad de su rey los pudiese unir en cualquier iglesia e incluso ante el arzobispo de Aros Oriental. Arn se quedó caliente y blando a pesar del aire frío y húmedo de la noche invernal y contestó que cualquier iglesia le bastaría mientras estuviese cerca. Y así pudieron reír juntos, y cuando la risas se apagaron, Knut dijo que si quería, Arn podía usar una de las espadas noruegas que no llevaban juramentos sagrados.

Luego Knut bajó la voz y explicó lo que iba a suceder. En Skara habían comprado muchos conocimientos, pero el más importante era de un hombre que hacía poco había dejado el servicio de Karl Sverkersson en Näs. Les había dicho que cuando no había peligro alguno en Näs, como ahora cuando los hielos ni te sostenían ni se rompían, todas las mañanas Karl Sverkersson daba un pequeño paseo antes que nada hacia la orilla para estar a solas. El porqué lo hacía nadie lo sabía, pero siempre era el mismo paseo al amanecer. Ocurría exactamente al alba, cuando la primera luz te dejaba ver dónde ponías el pie.

Por esta importante información se le había dado al traidor de Karl Sverkersson su merecido.

Si ahora Dios los ayudaba, todo esto ocurriría al final de la noche, pues sería la última antes de que rompieran los hielos cuando Karl Sverkersson empezase a esperar a embarcaciones enemigas. O sea, que ahora sólo quedaba rezar e intentar dormir algo.

Pusieron el guardia. El barco estaba bien escondido en la oscuridad detrás de los alisos de la orilla.

Arn no durmió mucho aquella noche fría y tal vez tampoco los demás hombres, aunque eran noruegos y no tenían aspecto de temer que el día siguiente pudiese ser el último de su vida.

Pero todo fue como si Dios los ayudase hasta el final y más aún. Arn estuvo preparado con arco y flecha ya cuando aún era completamente oscuro. Con la primera luz cambió algo a una posición mejor. A su lado estaba el mismo Knut y Jon Mickelsen y Egil Olafsen, y todos llevaban gruesos abrigos de piel de lobo y dobles vendas en las piernas por el frío. Estaban tan cerca del castillo que fácilmente habrían llegado a la albardilla con las flechas. Arn llevaba una espada noruega a su costado. No quería llevar la suya en este menester. No se hablaron mucho.

Cuando el pesado portal de roble del muro de Näs se abrió era como si todo el frío de sus articulaciones hubiese desaparecido de golpe y como si se calentasen en el fuego de la exaltación. Vieron salir a un hombre con dos hombres a su lado. Observaron que los tres se dirigían hacia la orilla, muy cerca del lugar donde ellos mismos estaban. Arn hizo un movimiento como para tensar el arco, pero los otros tres lo detuvieron inmediatamente.

En la tenue luz del alba era difícil distinguir los colores. Pero cuando los tres hombres del castillo pasaron a sólo unos metros de distancia se vio que el primero llevaba una capa roja y una cruz dorada al cuello.

Knut Eriksson levantó la mano en advertencia de que nadie hiciese nada antes que él, pese a que todos ya sabían que era el rey quien acababa de pasar.

El rey Karl Sverkersson bajó hasta la orilla del Vättern. Allí se detuvo y se agachó al agua, llenó un puño con agua y se la bebió antes de caer de rodillas para rezar y agradecer, por última vez, que estas aguas le hubiesen salvado la vida una noche más.

La tierra no estaba escarchada. Por eso Knut Eriksson pudo acercarse tan rápido en cuanto los tres se hubieron arrodillado sin que lo oyesen llegar. Decapitó al rey en seguida y luego a uno de los guardias. Pero al otro no lo mató. En cambio, puso su espada contra su cuello, hizo señales a Egil y Jon de que se acercasen, lo cual hicieron rápidamente después de susurrar a Arn que se quedase en el lugar.

Arn vio cómo su más querido amigo de la infancia se inclinó a por la cadena dorada y la lavó de la sangre en las aguas del Vätter. Luego se dirigió hacia Arn después de susurrar algo a los guardias noruegos, que tapándole la boca al vivo, se lo llevaron arrastrando.

Tiraron el barco a flote y subieron a bordo. Los noruegos se sentaron a los remos y Knut se puso al remo timón a popa con el reo en una mano y la cadena dorada con la Sagrada Reliquia de Dios en la otra. Cuando todo estuvo preparado para marchar, soltó al reo y le dijo en voz alta:

–Ahora te digo, reo, eres libre. La vida te ha sido regalada pero sabrás quién después de Dios te la regaló. Soy Knut Eriksson y ahora soy tu rey. Ve a la misa de Tiburcio mañana y da las gracias a Dios por tu vida, ya que igual que te ha salvado la vida, a nosotros nos ha guiado hasta aquí. Pero ¡date prisa para que no crean que has sido tú quien ha matado a Karl Sverkersson!

Con eso, Knut indicó con la mano a los remeros que remaran con fuerza; y con vigorosos golpes de remo salieron al agua abierta más lejos que un tiro de flecha mientras el reo –a quien el rey Knut Eriksson había soltado como un gatito al agua– corría con todas sus fuerzas hacia el portal de roble a medio abrir del muro del castillo real, ese castillo que estaba construido con tanta seguridad que nadie podría matar al rey allí.

Los remeros descansaron en sus remos para esperar a los guardias de Karl Sverkersson, quienes venían corriendo hacia la orilla con sus ballestas y arcos largos. Dispararon las flechas en vano y el rey Knut alzó la Sagrada reliquia de Dios por encima de la cabeza en señal de victoria.

Luego pusieron rumbo a Forsvik, que estaba en el sentido contrario al viento. Ningún perseguidor en Götaland Occidental podía remar en contra del viento como los amigos noruegos del rey Knut.

La semana después de San Felipe y Santiago, cuando se habían llevado todas las bestias a los prados y las cercas estaban controladas, de pronto la primavera tardía cambió a verano. El cálido viento del sur se quedaba durante largo tiempo. Todo el verdor diáfano llegó de golpe y entre los robles de la falda de Kinnekulle, una alfombra densa de anémonas blancas cubría el suelo. El buen augurio del pájaro cuco se oyó por primera vez en el oeste.

Esta vez Arn venía cabalgando sólo y a paso tranquilo hacia Husaby. Era como si quisiese alargar el dulce sufrimiento ahora que sabía que Cecilia sería suya. También tenía mucho sobre lo que reflexionar, puesto que últimamente había cumplido muchas misiones al servicio de Knut Eriksson. Habían sucedido muchas cosas y no estaba muy seguro de comprender todas las intenciones de Knut Eriksson.

Cuando volvieron a Forsvik después de su viaje afortunado a Visingsö, pudieron navegar hasta dentro del puerto, tanta era la diferencia del hielo en solo un día. Knut hizo enviar en seguida un mensajero a Arnäs y a Magnus Folkesson, quien le volvía a enviar a Joar Jevardsson en Eriksberg. Antes de nada había que informar a los amigos de lo ocurrido, ya que pronto se juntarían los ejércitos de guerra.

Arn estaba preparado para ir él mismo con el mensaje, diciendo que de este modo llegaría antes. Pero Knut opinó que había asuntos importantes en los que Arn debía asistir a su rey, y que viajar hacia Cecilia lo podría hacer cuando lo que se debía hacer primero estuviese hecho.

En primer lugar, Knut y Arn tenían que cruzar el lago Vätter de nuevo, tanto con caballos como con guardias para cabalgar juntos hasta Bjälbo e informar a Birger Brosa de lo sucedido. Aquí no se podía perder ni un solo día, porque el desconocimiento podría ser lo mismo que la muerte, ya que todos los amigos deberían tener tiempo para unirse antes de que el enemigo atacase. Además, sería mejor que Birger Brosa fuese informado de lo ocurrido por uno de los suyos, que además hubiese estado presente en el fallecimiento del infame en Visingsö. Lo mismo sucedía con el segundo hombre importante que había que visitar, el arzobispo Stéphan en Aros Oriental. Knut debía ganarse tanto a Birger Brosa como al arzobispo para su causa y ambos hombres eran muy cercanos a Arn. El muchacho no pudo objetar nada ante eso.

Cuando entraron cabalgando en Bjälbo, Birger Brosa los recibió primero como si fuesen solamente unos jóvenes que iban de visita a casa de unos familiares y se excusó porque tendría que dejarlos al día siguiente, puesto que tenía un importante asunto de negocios que resolver en Linköping. Pero Knut pidió que los dejasen a solas e informó a Birger Brosa de lo ocurrido. Ninguna persona de Bjälbo podría poner su pie durante mucho tiempo en Linköping, que había sido la ciudad de Karl Sverkersson y que ahora sería la ciudad de Boleslav o de Kol.

Birger Brosa se quedó callado pensando sin que su cara reflejase en absoluto sus sentimientos. De pronto se levantó diciendo que solamente había una opción. Todo el linaje ya estaría detrás de Knut Eriksson en su esfuerzo por retomar la corona real de su padre. Era la única solución. Habría que estar unidos en contra del linaje de Sverker y sus partidarios daneses y habría que mostrar fuerza y nada de dudas, al igual que habría que aprovechar de manera sabia la ventaja que se tenía de tiempo y de conocimiento.

Tal como habían estado las condiciones del hielo el día anterior cuando Karl Sverkersson falleció allí en el Vätter, la noticia tardaría todavía unos días antes de llegar a tierra firme. Birger Brosa tomó a su cargo de usar este conocimiento en Götaland Occidental, pero sugirió a Knut que actuase rápidamente y se fuese a Aros Oriental sin demoras para, si fuese posible, tener al arzobispo Stéphan de su parte y después reunir a los svear en un concilio a las piedras de Mora para designar al nuevo rey. Todo esto tendría que ocurrir rápidamente y, por tanto, no había más tiempo para festejos ni descanso. Tal como Birger Brosa dijo, se hizo.

También Knut Eriksson aceptó inmediatamente lo que Birger Brosa había dicho, ya que sabía que él era el más sabio en cuanto a la lucha del poder. Pero cuando estaban preparándose para partir, Knut manifestó un deseo que a Arn le costó entender. Quería que de los almacenes de Bjälbo se les diesen unos escudos del linaje de los Folkung, capas azules y banderines para las puntas de las lanzas y un grupo de guardias más. Birger Brosa asintió en seguida, pensativo, como si entendiese perfectamente la intención de Knut con esta petición, que a Arn le parecía innecesario perder tiempo con una cosa tan insignificante y demasiado grande al mismo tiempo. Pero últimamente Arn se había dado cuenta de que los hombres como Knut y Birger a menudo pensaban siguiendo caminos totalmente distintos de los suyos y en los que él era un viajero poco habituado.

En un principio, en Aros Oriental el arzobispo Stéphan se negó a recibir a Knut Eriksson cuando éste en compañía de Arn solicitó audiencia en la casa arzobispal. Según un rumor, el arzobispo se enfadó y dijo algo de que ese hombre sólo venía para intrigar.

Sin embargo, cuando el arzobispo Stéphan oyó que Knut venía en compañía de Arn Magnusson cambió de parecer y los recibió en seguida a los dos, y cuando se encontraron en la oscura cámara escritorio del arzobispo, Arn cayó inmediatamente de rodillas y le besó la mano mientras Knut primero dudaba antes de hacer lo mismo. Para el enojo de Knut, la conversación se hizo en la lengua de la iglesia, de manera que él fue el menos importante de los tres y varias veces se molestó con Arn por las palabras que no fueron de Arn sino del arzobispo.

Lo que el arzobispo Stéphan tenía que decirle a Knut, sin embargo, estaba claro y era de fácil comprensión, aunque de poco agrado. La iglesia no podía ni quería tomar posición en esta lucha que se avecinaba. En calidad de arzobispo, Stéphan se encargaba del reino de Dios y no de las luchas interiores de los pretendientes al trono terrenal, y por tanto no sería posible ponerse del lado de Knut ni de los hermanos de Karl Sverkersson, ni de cualquier otro que en poco tiempo probablemente vendría del sur. El poder terrenal era una cosa y el poder de Dios era otra.

Knut Eriksson se contuvo al comprender que no había nada más que ganar en este asunto, pero pidió a Arn que solicitase recibir la comunión de la mano del mismo arzobispo en la misa del día siguiente. Arn no vio nada malo en esta sugerencia y tal vez influyó también en el arzobispo al proponer la sugerencia de Knut. Aunque el arzobispo sospechó que Knut tenía segundas intenciones que no meramente recibir la comunión, aceptó la propuesta. Tal vez lo tomó como una manera amigable de salir de esta disputa con un hombre que probablemente sería el próximo rey del reino. Aunque la iglesia no se pudiese entrometer en la misma lucha del poder monárquico, sería mejor que la iglesia estuviese a buenas con él.

Después de despedirse respetuosamente del arzobispo, Knut se mostró lleno de vigor y energía y dijo que todavía había mucho que ganar, y cuando volvieron con los guardias que los estaban esperando, vestidos como durante el viaje y sin la ropa azul, les dijo de entrar en la ciudad y difundir ciertos rumores.

Al día siguiente, Knut y Arn cabalgaron hacia la misa en primera fila delante de sus guardias, que ahora llevaban los colores azules ondeando en las puntas de las lanzas y en las capas. Knut y Arn, además de llevar las capas azules, estaban completamente armados y con los escudos mostrando el león de los Folkung y las tres coronas.

Los rumores habían atraído a tanta gente a esta misa que la mayoría no cabían dentro de la iglesia, sino que esperaban fuera. Llegados hasta la escalera de la iglesia, Knut y Arn desmontaron mientras los guardias se quedaron a cuidar de sus caballos. Entraron el uno al lado del otro y todos se apartaron en señal de respeto. En el atrio, Knut desató su espada como era debido y la dejó a un lado. Pero al subir por la entrada de la iglesia Knut se sorprendió enormemente de que Arn no se hubiese quitado la espada y susurrando le dijo algo al respecto. Arn le sonrió misteriosamente negando con la cabeza. Y lo que ocurrió cuando llegaron hasta el arzobispo para recibir la comunión le sirvió a Knut Eriksson tanto como le sorprendió, ya que una vez en el altar, Arn blandió su espada y un murmullo de terror pasó por toda la congregación. Al momento siguiente le entregó el arma al mismo arzobispo, quien la recibió con mucho respeto, la besó y la asperjó con agua bendita antes de devolvérsela a Arn, quien se inclinó, volvió a meter la espada en la funda y se arrodilló susurrándole a Knut que hiciera lo mismo inmediatamente.

Todos los demás se habían apartado y estaban solos, arrodillados para recibir la comunión del mismo arzobispo. Luego no se quedaron durante el resto de la misa, sino que salieron lentamente de la iglesia el uno al lado del otro en cuanto hubieron recibido el sagrado sacramento de Dios.

Al salir a la escalera de la iglesia ya había un gran alboroto, porque el rumor de la espada bendecida por el arzobispo ya había llegado, sin que nadie supiese de qué espada se trataba.

Knut, sin embargo, blandió su espada y habló en voz alta y dijo que esta espada que llevaba en la mano era bendecida por Dios y con esta espada había matado al hombre que era un infame y que había matado al rey Erik exactamente en este lugar. Luego se quitó la cadena dorada que llevaba al cuello, la alzó y la cruz brilló al sol, mientras Knut decía que ésta era la santa reliquia de Dios que le había quitado al infame Karl Sverkersson. Puesto que él, Knut, sentía tanta veneración por los svear y sus concilios como lo había sentido su padre Erik, ahora convocaba un concilio dentro de cinco días y solicitó que se avisase a procuradores de Svealand para informarlos de ello.

Cuando hubo acabado de hablar, estalló de nuevo el alboroto, primero más de sus propios guardias que de los demás, pero pronto se extendió a todos los congregados. Nadie podía creer otra cosa que incluso el mismo arzobispo ya había tomado parte en la cuestión de quién sería elegido rey de Svealand. Y así se difundió el rumor con la rapidez del viento.

Un poco más tarde el mismo día, cuando hubieron vuelto a su campamento, al que Knut hizo llevar agua bendita de la fuente de San Erik para que él mismo pudiese asperjar a todos que viniesen a él por esa razón, Arn fue liberado de sus servicios para con el rey.

Knut se lo llevó aparte y dijo que lo que ahora tocaba eran unos días de larga espera y conversaciones con unos y otros que llegaban. Tal vez, decía Knut, Arn no tendría tanta paciencia para ello. ¿No sería mucho mejor cabalgar hacia Cecilia tan rápido como lo llevase el viento? Evidentemente, Knut no quería ser tan duro con sus hombres y poner más trabas a esa felicidad.

Entonces Arn abrazó a su más querido amigo y se despidieron en seguida. Arn se fue cabalgando para cumplir sus sueños y Knut se quedó para el poder.

Tardó una semana en llegar a las laderas de Husaby, más de prisa de lo que cualquier hombre en el Norte podría lograr, al menos encima de un caballo nórdico. También había tenido tiempo de parar en Arnäs para explicar todo lo ocurrido y para lavarse y cambiarse de ropa.

Y ahora por fin se acercaba a Husaby e iba cabalgando lentamente y con los estribos tan cortos que *Chimal* iba como bailando impacientemente hacia adelante. Cuanto más se acercaba a Husaby, menos le preocupaban todas las cosas raras que había visto concernientes a la lucha del poder.

Habían llamado a Algot Pålssom a Arnäs para decidir sobre la dote y encontraron mejor llevar estas conversaciones entre Eskil y Magnus por un lado y Algot por el otro, sin necesidad de participación por parte de Arn.

Esta propuesta le parecía doblemente buena. Primero, no le importaba en absoluto si él y Cecilia eran un buen negocio o ni siquiera un mal negocio para ninguno de sus padres. Segundo, preferiría ver a Cecilia con todo lo bueno que tenía que decirle sin que estuviese vigilado por su padre o sus sospechosos guardias.

Era como si todo fuese demasiado bueno para ser verdad. Pronto estaría con ella. Pronto la tendría en sus brazos y le diría que podrían beber la cerveza de compromiso en Husaby para la misa de San Eskil.

Magnus y Eskil lo habían arreglado de esa manera, ciertamente sin preguntar primero a Algot, que la cerveza de compromiso se celebraría en Husaby y la cerveza nupcial en Arnäs. Cecilia recibiría Forsvik como regalo de bodas. Lo que ella tuviese que pagar en dote ya sería lo que su hermano Eskil y su padre Magnus sacasen a Algot. Eran de la opinión de que no pondría objeciones a su propuesta.

Pero estos asuntos no remordían la conciencia de Arn. Algunos bosques u orillas, ¿qué serían en comparación con lo más grande que Dios le había regalado al hombre?

Y aunque Algot no se preocupase mucho por los sentimientos de su hija, como tampoco Magnus tomaba su segundo hijo en serio en cuanto a esas cosas, con este casamiento Algot obtenía mucho en cuanto a la seguridad de bienes y vidas, la suya propia y la de su linaje. Arn había aprendido eso sobre lo que se refería de la lucha del poder.

Lo que hace poco, la última vez que vio a Cecilia, parecía oscuro y desesperado ya se había convertido en luz. Igual que Gunvor y Gunnar, Arn y Cecilia nunca se descuidarían de dar las gracias a la Virgen María por su poder demostrado de nuevo y por enseñarles que lo más grande de todo es el amor.

Cuando Arn se acercó a Husaby fue descubierto por unos siervos que estaban trabajando con la plantación de nabos. Uno se fue corriendo a la casa para advertir de su llegada. Por eso hubo un gran alboroto, y cuando Arn estuvo cerca todos los siervos domésticos, los guardias y la otra gente de la casa se habían colocado en doble fila hacia la entrada de la casa principal. Cuando Arn cabalgó entre ellos, los siervos profirieron sus trinos de júbilo y los guardias hicieron ruido con sus armas y otras herramientas que los siervos tenían a mano.

Cecilia salió a la escalinata de la casa principal y dio unos pasos como si tuviese intención de correr hacia Arn antes de dominarse, entrelazó las manos y lo esperó con la espalda tiesa. Su abuela Ulrika salió detrás de ella con cara de querer decir algo severo, pero al descubrir a Arn entre las hileras de los siervos y los guardias, se contuvo y se quedó esperando de la misma manera que la hija de su hija.

En su fuero interno, Arn libraba una lucha cuando desmontó de *Chimal*, cuyas riendas un siervo corrió a recoger. Su cara ardía y comprendía que se ruborizaba, el corazón le latía tan violentamente que temía perder el conocimiento y tuvo que armarse de toda su fuerza para caminar con cortesía y dignidad hacia Cecilia ante todos esos ojos, al igual que ella lo esperaba, comedida, con la mirada decorosamente bajada.

Pero de pronto alzó la vista y ambos se miraron. Con ello, toda cortesía comedida se quebró y echaron a correr, y cuando se encontraron se abrazaron de una manera que en absoluto correspondía a unos jóvenes que todavía no habían tomado la cerveza de compromiso. De nuevo se alzaron los trinos de júbilo de los siervos y se produjo tan gran alboroto que nadie pudo decir nada audible durante un buen rato.

Los siervos de Husaby ya sabían todo lo ocurrido y lo que se esperaba y muchos de ellos albergaban la esperanza de seguir a Cecilia después de la cerveza nupcial. Era la opinión reinante entre los siervos que los que fuesen a casa de Cecilia y del señorito Arn serían mejor tratados que en ningún otro sitio. Lo que de Arn se contaba entre los siervos eran cosas buenas que no trataban de espadas ni de arcos, como lo hacían los hombres libres delante de sus jarras de cerveza. Se decía que el señorito Arn trataba a un siervo como a un hombre.

Arn y Cecilia no se querían soltar, pero se obligaron a ello cuando la abuela Ulrika tosió por tercera vez. Las dos mujeres y Arn entraron en la casa principal para que el muchacho pudiese beber la cerveza de bienvenida y compartir un trozo de pan. Ya dentro, la abuela Ulrika tomó la palabra y empezó a indagar sobre el regalo nupcial, el dote y dónde se tomaría la cerveza de compromiso. Arn tuvo que esforzarse por contestar lúcidamente a todo eso como si verdaderamente le importase y tuvo que describir la situación de Forsvik, la cantidad de casas, el tamaño de la casa principal, la cantidad de siervos que había en la casa y otros detalles que no conocía exactamente. No fue hasta después de eso que Ulrika empezó a preguntar por asuntos que a Arn le parecían más importantes, sobre cómo los Folkung en Götaland Occidental se habían puesto y si los svear aún habían celebrado el concilio. Arn la tranquilizó asegurándole que los Folkung tanto en Götaland Occidental como Oriental estaban completamente unidos con el linaje de Erik, y que Knut Eriksson probablemente ya hubiese sido elegido rey en el concilio de los svear, puesto que había oído de todos y cada uno cuando iba cabalgando desde Aros Oriental a través de Svealand que no había dudas al respecto. El rey Eric Jevardsson había sido muy estimado en Svealand, y según tenía entendido Arn, a Karl Sverkersson en absoluto lo habían querido de la misma manera. Y seguramente no se sabía nada en Svealand sobre los hermanos del rey Boleslav y Kol y tampoco les importaba mucho. Lo más probable era, por tanto, que Knut Eriksson ya fuera el rey de los svear y que vendría al concilio de Götaland Occidental en el verano para ser elegido rey también aquí.

Con esas buenas nuevas se dejó contentar la señora Ulrika y se dio cuenta de que había hecho sufrir a los jóvenes obligando a Arn a hablar de asuntos que ciertamente eran más importantes que los desvaríos y sentimientos apasionados de ellos, pero a los que daban muy poca importancia en ese momento. Por eso les sorprendió comentando intencionadamente que el tiempo era bueno y no habría peligro para dar un paseo en caballo hacia Kinnekulle. Ante estas palabras, Cecilia se levantó de un salto y abrazó a su abuela Ulrika, quien normalmente era muy severa y lúgubre.

En seguida le ensillaron y embridaron una yegua tranquila para Cecilia, quien se vistió para el paseo con una cálida capa verde y ancha que le cubría desde el cierre del cuello hasta los tobillos. Con un gesto experto dobló la capa por encima del brazo y en un salto estuvo sentada en la silla antes de que ni Arn ni los siervos tuviesen tiempo de ayudarla. Y mientras Arn recibió una bolsa de piel con pan y carne y unas tazas de madera que una sierva doméstica amablemente le entregó por si el viaje fuese largo –dijo con una risa poco decorosa–, Cecilia animó a su yegua y se fue galopando rápidamente. Cuando se hubo apartado un poco se volvió en la silla y le gritó que intentase seguirla. Arn echó la cabeza hacia atrás y soltó una risa llena de felicidad, acarició cariñosamente a *Chimal* por el cuello y le dijo jocosamente que ahora los esperaba una caza en la que no podían fallar. Luego se subió al caballo con un gran salto que hizo suspirar de sorpresa a todos los presentes y se fue. Pero mantuvo a *Chimal* en un galope corto para que no alcanzase en seguida la capa verde ondulante y el cabello rojo allí a lo lejos, delante de él, pero sin embargo solamente a la distancia de unos breves suspiros.

Cuando estuvieron fuera de la vista de la finca real de Husaby hizo galopar a *Chimal*. Tan rápido como el viento alcanzó y pasó a Cecilia, dio la vuelta a *Chimal* con un golpe y volvió a toda velocidad hacia ella, se apartó en el último momento y luego dio unas vueltas rápidas alrededor de ella, gozando de su clara risa que lo envalentonaba y lo hacía sentirse demasiado presuntuoso. Se puso de pie en la silla y se balanceaba con las manos en el aire y pasó delante de ella a toda carrera, de manera que Cecilia, sorprendida por todas esta acrobacias, tuvo que detener a su caballo, y cuando se volvió hacia ella, riendo orgullosamente con los brazos en jarras, no vio la gruesa rama de roble, que lo barrió como un guante al suelo.

Pareció una caída tremenda y él se quedó totalmente quieto. Cecilia, fuera de sí por la angustia, detuvo el caballo, descabalgó y se tiró hacia él acariciando su cara inerte desesperadamente. Pero entonces Arn abrió primero un ojo, luego el otro y riéndose la tomó en sus brazos y rodaron entre las anémonas blancas mientras ella hacía ver que estaba enfadada por haberlo asustado.

De golpe se quedaron callados, se sentaron y se abrazaron durante largo rato sin decir nada, como si en este momento no existiesen las palabras, solamente el canto de los pájaros.

Estuvieron sentados así hasta que empezó a dolerles el cuerpo por la postura torcida. Ella primero se soltó y se reclinó hacia atrás en la hierba y él se acostó a su lado, acariciándole la cara, y luchando contra la timidez la besó con cuidado primero en la frente, luego en las mejillas y en la boca. Ella no tardó en responder a sus besos y su primera timidez se fue con el viento del verano.

Volvieron tarde a la casa real de Husaby.

XII

Fue la bondad de Cecilia la que los hundió a ambos en la más profunda desgracia. Alguien podría objetar y decir que el Señor Dios finalmente decide lo bueno y lo malo que ha de ocurrir y que los hombres son golpeados ciegamente por la felicidad o la desgracia como la muerte cuando las «Nornas», las diosas del destino, de pronto cortan el hilo de la vida de una persona.

Tal visión de la vida no era cosa anormal en Götaland Occidental, pero para los cistercienses o para Arn estas creencias eran solamente vestigios del viejo paganismo y rozaban la blasfemia, pues en ese caso se estaría diciendo que la bondad o la maldad de los hombres, sus pecados o sus buenas obras, sus errores o su sabiduría, al igual que su amor a Dios, nada importaban. Por su propia voluntad y junto con el amor a Dios, cada hombre y cada mujer dirigían en gran parte su propia vida. Y según Arn explicaba amargamente su desgracia, ésta tenía principalmente su origen en la bondad de Cecilia. Sólo hacía falta compararla por un instante con su hermana Katarina para darse cuenta. Además, fue entre las dos hermanas donde se decidió todo desde un principio.

La felicidad de Cecilia significaba la desgracia para Katarina.

Cuando Cecilia ya no iba a volver a Gudhem para seguir estudiando ni los progresos del espíritu ni los de las manos, esto significaría, tal y como lo veía Katarina, que la habían atrapado como una rata tras los detestables muros del convento. Ese sentimiento aumentó aún más cuando se enteró de la dote tan grande que su padre tenía que pagar para casar a una de sus hijas con los Folkung. Ya no era probable que Algot dejase casarse también a Katarina y ella temió ser para siempre presa en el convento y marchitarse como una vejarrona entre las otras.

Cecilia y Arn solamente habían tomado la cerveza de compromiso y eso no se debía a ellos mismos, sino a la lucha por el poder. A Knut Eriksson le había costado un poco más de lo esperado hacer que los svear lo eligiesen rey en las piedras de Mora. Y cuando ese asunto por fin estuvo arreglado se retrasó aún más en su intención de ir al concilio de Götaland Occidental a causa de Boleslav, que envió un ejército hacia él, de manera que tuvo que convencer a los svear de salir a combatir como lo primero que hacían por su nuevo rey.

Boleslav, sin embargo, no había reunido las fuerzas suficientes, ya que pensaba que tendría el tiempo en su contra si se demoraba demasiado. Reunió a gente del propio linaje y a algunos daneses y se fue hacia Bjälbo, donde fue derrotado en seguida por Knut Eriksson y sus svear, Birger Brosa y los Folkung en Götaland Oriental. Con ello todo estaba tranquilo por el momento, pero les había tomado mucho tiempo y ya había transcurrido la mitad del verano.

Magnus Folkesson en Arnäs estaba decidido a tener un rey a la mesa cuando fuesen a tomar la cerveza nupcial y por eso quería esperar hasta que Knut hubiese concluido con su concilio en Götaland Occidental donde, sin duda alguna, sería elegido por unanimidad.

Consecuentemente, Arn y Cecilia ya podrían haber sido marido y mujer ante Dios cuando viajaron hacia Gudhem, pero solamente eran novios. Aun así, pronto se vería en el cuerpo de Cecilia que llevaba el hijo de Arn debajo de su corazón.

Arn se había informado, preocupado, sobre aquello con su hermano Eskil, quien sabía mucho de las leyes mundanas del país, pero Eskil solamente rió y dijo que si el padre de Cecilia realmente quisiese sacarlo a relucir, Arn tendría la obligación de pagar seis marcos de plata en recompensa. Por tanto, Eskil no le dio importancia y le dijo que Algot Pålsson no estaba precisamente en posición de discutir sobre dinero pequeño. Peor que así no estaban las cosas.

Cecilia, por amor a su hermana, quería ver a Katarina para intentar consolarla dentro de lo posible. Para ella no era difícil adivinar el tormento que estaría sufriendo Katarina dentro de los muros de Gudhem, puesto que creía conocer bien a su hermana.

Sin embargo, ése no era el caso, como bien se llegaría a ver. De esa manera, nunca habría puesto un pie en Gudhem para intentar consolar a Katarina.

Cuando las dos hermanas se encontraron en el jardín del convento de Gudhem, Cecilia hizo lo que pudo para no estallar de su propia felicidad, esforzándose por intentar consolar a Katarina y prometiendo que inmediatamente después de la boda hablaría con su padre, quien seguramente tomaría más en serio sus palabras en cuanto formase parte del linaje de los Folkung. Ya encontrarían algo que hiciese entrar en razón a Algot, tal vez algo tan sencillo como su avaricia y que le costaría mucha plata mantener a una hija encerrada en un convento. Dinero malgastado, además, puesto que se trataba de una hija que en absoluto apreciaría este amor paternal. Con esta verdad se rieron juntas.

De nuevo Cecilia fue tentada a hablar de su propia felicidad, cómo primero irían a vivir a Arnäs mientras fuesen tiempos inseguros, cómo luego irían a Forsvik al lado del Vätter, cómo viajarían con Eskil a conocer a los familiares noruegos y de todo lo que se le ocurría que para Katarina simbolizaba la feliz vida en libertad en las afueras de los muros del convento. Cecilia estaba demasiado poseída por su propia felicidad para ver cómo los ojos de Katarina se estrecharon de odio y envidia. Cuando Katarina preguntó de pasada si eran demasiadas fiestas las que habían hecho engordar la cintura de Cecilia, ésta no pudo contener su alegría cuando le explicó el secreto que ciertamente era un pequeño pecado al precio de seis marcos de plata y algunos *Pater Noster* y *Ave María*, tal vez una camisa de cilicio y una semana a pan y agua o cual fuese la penitencia. Sin embargo, era verdad que estaba encinta. Y cuando había empezado a hablar de ello, ya no pudo contenerse, puesto que sentía tanto temor como felicidad ante el hecho de dar a luz.

Katarina ya no estaba escuchando lo que ella contemplaba como la charla infantil de su hermana menor, puesto que ya estaba planeando cómo este asunto podía convertirse en su propia salvación.

Cuando finalmente llegó la hora de separarse, abrazó cariñosamente a Cecilia y le advirtió que cuidase de su futuro hijo y sobre todo que le diese sus más cariñosos deseos de felicidad a Arn.

Pero en cuanto la puerta del convento se hubo cerrado detrás de Cecilia, quien para aumentar la rabia de Katarina parecía suspirar de alivio en el momento de salir, Katarina, llena de fría determinación, se apresuró a ver a su priora para cambiarlo todo cuanto antes mejor.

Gudhem era un convento joven, recién establecido tras recibir unas donaciones de Karl Sverkersson, como también había donado la tierra del convento de Vreta en Götaland Oriental. Lo que pensase el linaje de Erik sobre el convento, cuyo origen estaba en Karl Sverkersson y su linaje, ciertamente era una incógnita. Pero la priora de Gudhem, la madre Rikissa, que pertenecía al linaje de Sverker y era familia próxima del ya asesinado Karl, había expresado su preocupación porque Gudhem tal vez tuviese que cambiar de lugar o dejar de existir. Si Knut Eriksson llegaba a ser rey, cosa que todo el mundo creía, no sería muy bueno ser del linaje de Sverker en Götaland Occidental ni tampoco estar en un convento fundado por los Sverker. Era bien sabido que en sus tiempos, Erik Jevardsson había estirado sus manos avariciosas hacia Varnhem.

La madre Rikissa era una mujer antipática, algunos incluso la llamaban mala, y a veces a las jóvenes novicias no les resultaba fácil tratar con ella. Pero siendo familia próxima a un rey, también conocía bien todo lo relacionado con el poder terrenal.

Cuando Katarina llegó e inesperadamente confesó un viejo pecado cometido que había callado en sus anteriores confesiones, de cómo había tenido relaciones carnales con el joven Arn Magnusson, debería haber sido muy severa con Katarina por callar tanto tiempo. Pero Katarina explicaba, con la mirada baja y como secando una lágrima, que su pecado ahora era mucho peor, puesto que ese Arn no solamente la había seducido a ella mientras que con suaves palabras le había prometido la cerveza nupcial, sino también a su hermana Cecilia, quien ya estaba encinta.

La madre Rikissa en seguida vio que se abría una gran posibilidad ante sí. Obviamente, Katarina también la había visto, puesto que señaló decorosamente que el seductor era amigo íntimo de Knut Eriksson y que las cosas se complicarían mucho para el enemigo si excomulgaban a Arn Magnusson.

Al oír la madre Rikissa estas palabras pensó que Katarina y ella estaban hechas por el mismo molde, puesto que tenían las mismas ideas en este gran asunto. Se contentó con un castigo muy leve por la falta de confesión tardía de Katarina y la castigó a una semana de soledad, silencio, pan y agua y el listado habitual de oraciones. Katarina besó humildemente la mano de la madre Rikissa, agradeciéndole en voz alta a la Santa Virgen la bondad que había recibido y se marchó con una pequeña sonrisa alegre que no se le escapó a los sagaces ojos de la madre Rikissa.

Pero luego la madre Rikissa se dirigió con pasos determinados y los talones golpeando fuertemente el suelo –ese sonido al que las novicias de Gudhem temían más que a nada– hacia el *scriptorium* para ponerse cuanto antes manos a la obra.

Escribió a Boleslav para que se dirigiese al arzobispo de Aros Oriental para este asunto y escribió al obispo Bengt en Skara para que en seguida se ocupase de esta excomunión antes de que el crimen fuese peor y bendecido por uno de los servidores del Señor de la diócesis uniendo a los pecadores en matrimonio. Albergaba buena esperanza de tener al obispo Bengt de su lado, puesto que sabía que él compartía su preocupación de que los tiempos de generosidad para con la iglesia y sus principales servidores ya hubiese acabado. Porque también el obispo Bengt estaba en deuda con el linaje de Sverker.

Pronto los deseos de Katarina y de la madre Rikissa se cumplieron, aunque lo hubieran deseado por motivos distintos. Dos semanas más tarde, el obispo Bengt declaró en la misa de la catedral de Skara que Cecilia Algotsson y Arn Magnusson estaban excomulgados. Ningún hombre de la iglesia en toda Götaland Occidental podría tener ya contacto con ellos dos en relación con la unidad cristiana. El único refugio que podrían encontrar sería en un monasterio o convento.

Por segunda vez, Arn y Cecilia viajaron juntos al convento de Gudhem, pero esta vez su viaje era desdichado. Magnus les envió una tropa de guardias para acompañarlos y todos los hombres tenían órdenes estrictas de llevar los colores y los banderines de los Folkung. Magnus no quería que su hijo viajase hacia la penitencia y el refugio avergonzado y a escondidas.

No tenían mucho que decirse durante el camino porque ya todo había sido dicho muchas veces. A Cecilia le había costado perdonar a Arn, por mucho que hubiese explicado que había estado tan borracho de cerveza aquella vez cuando Katarina acudió a él que apenas supo lo que había pasado. Pero entonces ella objetó que de todas formas se lo había callado, de manera que ella fue implicada en un pecado que podría haber evitado al haberlo conocido. Contra eso él se defendió débilmente diciendo que, en primer lugar, no era fácil hablar con la que más quería en este mundo de que había pecado con su hermana, y en segundo lugar, que no había conocido aquella ley que decía que eso era una abominación. En lo segundo ella lo creía, pese a que encontraba raro que precisamente él no conociese la ley cristiana. Después de dar vueltas sobre este asunto empezaron a pensar en el camino del futuro. Tal como Arn lo entendía, el pecado tardaría mucho tiempo en ser pagado y escrito a Roma, tal vez un año, tal vez más. Ella veía el futuro aún más negro.

Al separarse delante de los muros de Gudhem juró por Dios que algún día volvería a buscarla, juró por su espada para convencerla aún más, cosa que ella encontró infantil. Pero repitió insistentemente que debía creerlo, que nunca dejase de creerlo, porque mientras le quedase aliento, siempre estaría esperando el momento de reunirse con ella de nuevo, y le suplicó que nunca hiciese los tres votos, puesto que nunca podría retractarse de ellos. Mejor vivir como novicia, aunque las novicias, al igual que los novicios, vivían peor en el convento que los que habían hecho los votos. Asintió en silencio a eso y se fue corriendo hacia la puerta, donde la madre Rikissa la esperaba desdeñosa y severa. Cuando la puerta de roble con los herrajes se cerró tras ella, Arn sintió una pena tan grande que pensó que iba morir. Cayó de rodillas y rezó durante largo rato. Todos los guardias esperaron callados y pacientemente a una distancia prudencial. También ellos sentían pena por él, por los Folkung y por toda la alegría robada que sufrían ellos y los familiares de Erik. Sentían odio hacia el linaje sverkeriano que, como todo el mundo sabía, eran los culpables de lo ocurrido.

Arn sólo cabalgó una corta distancia de Arnäs junto con sus hombres. Luego detuvo su caballo y se cambió de ropa y en lugar de la camisa con el escudo de los Folkung se puso el sencillo traje gris de paño burdo con ribetes rojos que había llevado como la primera ropa mundana aquel día hacía menos de un año cuando salió de Varnhem. Entonces el objetivo había sido que aprendiese algo sobre el mundo inferior. Había aprendido mucho este año, pero pensó que casi todo era malo.

De pronto decidió cabalgar solo hacia Varnhem a lo largo de la orilla este del lago Hornborgasjön y a través de los bosques de Billingen. Intentaron disuadirlo de ello, ya que eran tiempos inseguros y nadie podía saber lo que acechaba en los bosques. Arn contestó fríamente que él no se apartaría de su espada y que el Señor protegiese a los bandoleros u otra gentuza que se atreviesen a tocarlo en el estado mental en que se encontraba. Con eso mandó dar la vuelta a *Chimal* y se alejó cabalgando sin más palabras. Todos los guardias de su tropa sabían que ninguno de ellos podría seguir a aquel caballo tal como corría y no pudieron hacer otra cosa que empezar el lúgubre regreso hacia Arnäs sin la compañía de él, cuya vida habían jurado preservar con sus propias vidas si fuese necesario.

Cabalgó mucho rato por pantanos y turberas, donde no existían moradas humanas, y la molesta marcha lo retrasó tanto que ya había oscurecido cuando encontró las faldas de la montaña Billingen. Sabía que solamente tenía que seguir hacia el Norte para encontrar las tierras de Varnhem donde o conocía el camino o bien podría preguntar hasta encontrarlo. Pero era difícil cabalgar por la montaña de noche con el cielo nublado y ni las estrellas ni la luna alumbrando el camino. Continuó indiferente mientras veía cómo llevar a *Chimal*, pero se preparaba para detenerse durante la noche. Sería una noche fría, ya que no se había traído pieles de cordero sino solamente un fino manto, pero lo tomó como el mero principio de los suplicios y la penitencia que imaginaba que lo esperarían. No le importaría sufrir mucho, mientras eso le acortase el tiempo de castigo para que con la ayuda de Dios pudiese cumplir su sagrado juramento e ir a rescatar a Cecilia de Gudhem.

Al anochecer encontró una pequeña cabaña donde se veía la luz de un fuego y al lado había un establo medio en ruinas en el que una vaca mugió angustiada cuando se acercó. Pensó que allí debían de vivir siervos liberados o fugitivos, pero preferiría dormir en su cabaña que a la intemperie del frío bosque.

Con osadía entró a pedir cobijo para la noche. No temía nada, puesto que no se podría imaginar nada peor que lo que ya sufría. Llevaba plata con que pagar, cosa que era honradamente cristiano en lugar de hacer visitas con la espada como único fundamento.

Aun así, le asustó un poco la anciana encorvada que estaba sentada al lado del fuego removiendo una olla. Tenía la voz graznante y no le saludó cortésmente, sino con sorna y con palabras que no comprendía acerca de que la gente como él debería temer la oscuridad, mientras que la gente como ella era amiga de la oscuridad.

Arn le contestó con palabras tranquilas y le explicó que solamente deseaba cobijo para la noche para no lastimar a su caballo si continuaba en la oscuridad por la montaña, y añadió que pagaría bien por este favor. Cuando ella no contestó salió a desensillar a *Chimal* y lo instaló en el establo al lado de la solitaria y delgada vaca. Al entrar de nuevo en la cabaña se quitó la espada y la tiró sobre un lecho vacío, señalando que pretendía dormir en él, y acercó un taburete de tres patas hacia el fuego para calentarse las manos.

La anciana lo miró, recelosa, con los ojos entreabiertos durante un buen rato antes de preguntarle si él era un hombre con derecho a llevar espada o uno que la llevaba de todas formas. Arn contestó que sobre eso probablemente habría varias opiniones, pero que ella no tenía nada que temer de su espada. Para tranquilizarla, cogió el pequeño saco de cuero que Eskil le había dado al despedirse, sacó dos monedas de plata y las colocó al lado del hogar para que fuesen visibles a la luz de las brasas. La vieja las tomó en seguida, mordiéndolas para probarlas, cosa que Arn encontró increíble, ya que no podía entender cómo alguien podría dudar de su palabra o de sus buenas intenciones. Ella pareció satisfecha, con lo que sus pocos dientes le habían contado y le preguntó si él, como todos los demás, había venido para saber lo que le deparaba el futuro. Arn contestó que todo lo que le esperaba estaba en manos de Dios y nadie más podría vaticinar sobre ello. Eso le hizo mucha gracia a la vieja, y rió enseñando unos pocos dientes negros en su boca. Siguió removiendo la olla un rato y luego le preguntó si quería un poco de sopa. Arn la rechazó, pero también lo habría hecho sentado a una mesa de banquete real. Estaba decidido a tomar sólo pan y agua durante mucho tiempo.

–En lo que has de encontrar en la vida veo tres cosas, chico –dijo de pronto, como si lo que imaginaba ver le saliese pese al poco interés de Arn–. Veo dos escudos, ¿quieres saber lo que veo? –continuó cerrando fuertemente los ojos como para ver mejor en su fuero interno. La curiosidad de Arn ya estaba despierta y tal vez lo notaba detrás de sus párpados cerrados.

–¿Qué escudos ves? –preguntó él, seguro de que iba a decir algo raro.

–Uno de los escudos tiene tres coronas doradas contra el cielo y el otro tiene un león –dijo en un tono nuevo, cantarín y con los ojos todavía cerrados.

Arn enmudeció. No podía entender cómo una solitaria anciana en medio de tierra virgen podía tener la menor idea de esas cosas, y estaba seguro de que aún menos sabría quién era o adivinaría algo mirando sus vestidos. Recordó una historia a la que no había prestado demasiada atención y que Knut le había contado, sobre que estando su padre Erik Jevardsson en una cruzada le habían vaticinado las tres coronas. Pero eso había ocurrido lejos de aquí, al otro lado del mar Báltico.

–¿Cuál es la tercera cosa que ves? –preguntó, cauteloso.

–Veo una cruz y oigo palabras con la cruz y lo que oigo son las palabras. En este signo vencerás –continuó con la misma voz cantarina sin hacer una mueca ni abrir los ojos.

Arn primero pensó que debía de ser más perspicaz de lo que se había imaginado y que tal vez había leído la inscripción en latín de su empuñadura.

–¿Querrás decir *In hoc signo vinces*? –preguntó, indagador.

Pero la anciana negaba con la cabeza, como si las palabras latinas no significasen nada para ella.

–¿Ves a alguna mujer en lo que me depara el futuro? –preguntó con cierto temor, que seguramente reflejaba su voz.

–¡Tendrás a tu mujer! –gritó entonces con la voz estridente y abrió los ojos mirándolo salvajemente–. Pero nada será como tú esperas, ¡nada!

Se reía con voz ronca y graznante y era como si su estado de ánimo se hubiese roto y ya no le pudiese sacar ni una palabra sensata. Pronto la dejó estar y se echó a dormir en el lugar en que había tirado la espada. Se envolvió en su manto, se giró hacia la pared y cerró los ojos, pero no podía dormir. Dio una y otra vuelta a lo que la anciana le había dicho y lo encontró tan verdadero como mísero. Ciertamente era raro que pudiese ver los linajes de los Folkung y Erik dentro de él, tenía que admitirlo. Pero con ello no había dicho nada que él ya no supiese. Era un consuelo que le dijese que tendría a Cecilia y eso era lo que él pensaba. Pero el que nada sería como él imaginase, eso era contradictorio. Finalmente debió de dormirse de todas formas.

Cuando se despertó al amanecer, la anciana había desaparecido, pero *Chimal* estaba esperando en su sitio afuera en el pequeño establo y le relinchó, dándole la bienvenida como si nada hubiese ocurrido.

Era pasado mediodía cuando entró por la puerta del monasterio de Varnhem y todos los olores conocidos le golpearon desde los jardines y las cocinas del hermano Rugiero. Su llegada era esperada pero despertó también cierto alboroto y dos hermanos fueron corriendo a su encuentro. Uno se llevó a *Chimal* y el otro lo acompañó en silencio hasta el *lavatorium*, señalando sus vestidos. Cuando Arn no comprendía, el hermano le dijo, quisquilloso, que puesto que lo habían excomulgado no se le podía hablar hasta que por lo menos se hubiese lavado un poco y luego le darían un traje de novicio.

Arn se lavó minuciosamente durante mucho rato y cortó su cabello largo bajo oraciones pertinentes. Vestido con su capa de novicio que tan curiosamente conocida le era, se presentó ante el padre Henri en su lugar favorito en el claustro. El padre Henri lo miró con gran severidad pero también con algo de amor. Luego suspiró profundamente y sacó sus rosarios y le señaló a Arn que se preparara para la confesión. Arn se arrodilló y pidió al venerable san Bernardo que le diese fuerza y honradez para llevar a cabo esta confesión que no sería fácil de pronunciar.

El rey Knut Eriksson llegó con su séquito real y junto con Birger Brosa a Arnäs. Eran muchos hombres, a quienes tardarían bastante tiempo en alojar debidamente. No obstante, los estaban esperando y habían avisado al pueblo próximo de que recibiesen bien a los muchos hombres hambrientos y cansados.

Birger Brosa insistía impacientemente en celebrar el consejo cuanto antes y no tomar la cerveza primero y sentarse con los estómagos inflados y pensar perezosamente cuando lo que se debía debatir eran cosas de gran importancia. Aunque el rey Knut estuviese presente, en seguida se siguió la voluntad de Birger Brosa y todos los implicados se reunieron en la sala de la casa principal con sólo un poco de cerveza en el cuerpo.

Primero se rezó por la bendición del Señor de esta reunión, que aquí se dijesen cosas sabias y no estúpidas. Sonaba tan torpe y simple que la añoranza de Arn atravesó la sala como un golpe de aire. Pero la cuestión de Arn solamente era una de las muchas en las que había que avenirse.

Birger Brosa fue quien llevó la palabra una vez que todos estuvieron tranquilos para empezar el consejo y su opinión era que la primera cuestión que había que tratar debía ser el concilio de Götaland Occidental, ya que mucho dependía de que Knut tuviese cuanto antes su segunda corona real. Nadie lo contradijo.

Por tanto dedicaron un buen rato a pensar cómo enviar mensajeros y cómo difundir mejor y cuanto antes la noticia del concilio. Puesto que nada de lo dicho en esta cuestión era nuevo ni desconocido, se concluyó pronto.

La siguiente cuestión era, según Birger Brosa, la mejor manera de proceder para Knut para deshacerse de la vergüenza acaecida sobre los Folkung con un miembro del linaje excomulgado. Eso, según Birger Brosa, era un asunto sobre el que debía opinar el mismo Knut.

Knut Eriksson empezó asegurando que Arn era, como todos sabían, su mejor amigo, y que Arn, además, le había hecho grandes favores que debían ser pagados, además que todo lo bueno que los Folkung y los Erik podían hacer los unos para los otros tenía que sobreponerse a todo lo demás. Cuando esto y otras cosas similares estuvieron aclaradas fue al grano.

Por lo que él entendía, un arzobispo podría cancelar sin dificultad la excomunión del obispo Bengt en Skara. Por desgracia, el arzobispo se había marchado y nadie sabía adónde. Por lo menos no se encontraba en Linköping, lo cual sería malo si estuviese escondido entre la gentuza sverkeriana, pero tampoco estaba en Svealand. Eso lo habían averiguado los informadores de Knut; un arzobispo no se oculta tan fácilmente.

Ahora bien, esos hombres de Dios eran a veces un poco duros de pelar. Así que aunque encontrasen a ese arzobispo huido no era fácil predecir cómo se pondría si su rey le exigiese una resolución en unos asuntos en los que la iglesia quería hacer valer sus derechos. A los sacerdotes siempre se los podía amenazar, era obvio. Los sacerdotes eran avaros y se preocupaban por sus tierras y luchaban por nuevos regalos terrenales, cosa que a veces los ablandaba en las negociaciones. De todos modos, no se podía decidir nada más en este asunto antes de realizar dos concilios. Knut decía que primero tendría que ser elegido rey también en Götaland Occidental, tal como había dicho su querido amigo y sabio consejero Birger Brosa; luego se podría negociar con el arzobispo. Además, había que sacar al cura de su escondrijo antes de saber nada de su punto de vista.

Magnus asintió tristemente a eso diciendo que en esta cuestión, por el momento, ya no se podría llegar más lejos. Sin embargo, quería pasar a lo que era segundo más importante. Los pleitos de la iglesia que tenían que ser enviados por escrito a Roma eran muy complicados para la gente cristiana corriente. Lo que sí se sabía era que estas complicaciones llevarían su tiempo. Por tanto habría que pensar en el hijo de Arn y Cecilia. Según las mujeres, Cecilia daría a luz al hijo de Arn poco después de medio invierno. Podrían estar casi seguros de que la vieja sverkeriana de Gudhem haría echar al niño tan pronto como pudiese; eso, por desgracia, era obvio. ¿Qué se debía hacer al respecto?

Knut Eriksson dijo primero que si se elegía pronto rey de Götaland Occidental se encargaría, no sin cierto placer, de darle un rapapolvo a esa bruja de los Sverker de Gudhem, pues ella debería comprender que ya no tenía las espaldas cubiertas y eso la ablandaría en las negociaciones.

Birger Brosa frunció la nariz ante estos comentarios y opinó que Knut primero debería pensarlo dos veces antes de enojar a la Iglesia, como había hecho su padre. Sería mejor ir por el otro lado con palabras suaves que no con amenazas. Segundo, un niño nacido en cama ilegítima nunca podría quedarse en el convento. Sería mucho pedir y nadie sacaría provecho del chismorreo que llegaría en consecuencia. Con eso la cuestión estaba clara: ¿quién cuidaría del hijo de Arn Magnusson? Y además, ¿un hijo ilegítimo sería legítimo si el matrimonio se celebraba más tarde?

Eskil dijo tener respuesta a ambas preguntas. Arreglar que el hijo de Arn y Cecilia –fuese niño o no, no podía entender por qué todo el mundo estaba tan seguro de ello– se quedase a vivir en casa de Algot Pålsson no era nada bueno. Ya se decía que Algot había estado refunfuñando acerca de que en lugar de un yerno tendría un bastardo en la casa. Tales palabras no daban muestra de buena voluntad. Por consiguiente, el niño debería ser cuidado por el linaje de los Folkung.

Y en cuanto a la segunda pregunta, si un niño ilegítimo se volvería legítimo, la respuesta era sencilla. Si se lograse anular la excomunión y luego se tomase la cerveza nupcial como era la intención de Arn y Cecilia, todo estaría arreglado de nuevo.

Birger Brosa dijo, reflexivo, que puesto que él mismo tenía niños pequeños y para ellos una madre y dos nodrizas extras, le parecía más adecuado que el niño fuese a Bjälbo. Nadie lo contradijo en eso.

La última cuestión que debían debatir era menos importante pero igual de molesta que una llaga en el pie. Algot Pålsson no solamente se había quejado de un niño bastardo, también se había lamentado en voz alta y amargamente de que un hijo de Arnäs le había complicado un buen negocio que seguramente ya estaría perdido. Algot ciertamente no era un enemigo peligroso y se guardaría de blandir un arma contra los Folkung. Pero de todas formas sería malo que él fuese quejándose de esa manera.

Magnus contestó que habría que preocuparse de eso solamente si tardaban mucho los escritos de los sacerdotes a Roma y todo lo que eso conllevaba. Si tardaba poco tiempo, todo se arreglaría como estaba decidido al principio, y con ello, la paz. Pero si el asunto se alargaba durante varios años, cosa que se había oído decir, sería peor. En ese caso, decía Magnus, habría que arreglar el negocio como lo habían decidido. Pero con Katarina de novia y Eskil de novio. A esa tal Katarina acababan de soltarla del convento allí abajo en Gudhem.

La idea no era difícil de comprender, pero dejó atónitos a todos los presentes en la mesa. Todos sabían que había sido Katarina la causante de este disgusto que ahora hacía sufrir no solamente a Arn y a Cecilia, sino a todo el linaje de los Folkung. Sería duro, suspiró Eskil, pagar tanto a Katarina por su malvada actuación.

Birger Brosa dijo fríamente que aun así sonaba inteligente y que el joven Eskil debería comprender que aquí se hablaba de negocios, no de sentimientos. Así que si Arn no salía, Eskil tendría que prepararse para ir a la cama nupcial con una mujer a la que no se le podría dar la espalda tranquilamente sin recibir en ella un puñal.

Así concluyeron. Aquí, en esta mesa se trataban los negocios y la lucha de poder y, de ningún modo, era aquí el amor lo más grande de todo.

El padre Henri no había demostrado la más mínima intención de estar dispuesto a concederle a Arn el perdón por sus pecados mientras escuchaba su confesión. Tampoco Arn se lo esperaba; ya, ante todo, estaba excomulgado y ni siquiera un prior como el padre Henri podría cancelar una excomunión. Escuetamente, el padre Henri le había explicado el significado del pecado de Arn y luego lo había enviado a una celda para reflexionar, a pan y agua y todo lo demás que era de esperar.

Durante todo su tiempo afuera en el mundo inferior, Arn había cometido tres pecados graves. Primero había matado a dos campesinos borrachos; segundo, borracho él mismo, había mantenido relaciones carnales con Katarina, y tercero, había mantenido relaciones carnales con Cecilia.

De estos tres pecados le habían perdonado los dos primeros tan fácilmente que el propio Arn se había sorprendido. Pero el tercer pecado, que consistía en que había mantenido relaciones carnales también con Cecilia, la mujer a la que más amaba y con la que quería vivir como marido y mujer para siempre, era un pecado tan grande que lo habían excomulgado y la había llevado también a ella a la misma desgracia. No era fácil de comprender. Matar a dos hombres era como si nada, tener relaciones carnales con una mujer a la que no amaba era como si nada. Pero hacer lo mismo con la mujer a que amaba más que nada en el mundo, tal y como lo describían las Sagradas Escrituras, ése era el peor pecado de todos.

Le habían enviado el texto legal del archivo de Varnhem y en ese texto estaba todo escrito clara e inexorablemente. En el archivo sólo se guardaban los textos que la misma Iglesia hubiese impuesto, todo lo demás sobre desafíos y calumnias y multas del precio de una moneda si matabas al siervo de uno o robabas el ganado de otro, era de poco interés para la Iglesia.

Pero la ley que había infringido Arn era algo por lo que la iglesia había luchado y finalmente conseguido. En el texto del código de matrimonio, en el octavo grupo de la ley de Götaland Occidental decía:

Si alguien posee a su hija, este pleito se enviará por escrito fuera del país hasta Roma. Si padre e hijo poseen a la misma mujer, si dos hermanos poseen a la misma mujer, si los hijos de dos hermanos poseen a la misma mujer, si madre e hija poseen al mismo hombre, si dos hermanas poseen al mismo hombre, si las hijas de dos hermanas o los hijos de dos hermanos poseen al mismo hombre, será una abominación.

Eso decía. Estaba hermosamente trazado en latín, mientras que el texto que seguía en la lengua popular estaba escrito de forma más cursiva. A Arn no le costaba reconocer la prohibición, en seguida supo de qué texto de los libros de Moisés de las Sagradas Escrituras estaba extraído.

Pero había prohibiciones raras y curiosas en las Sagradas Escrituras y todo lo que Arn creía saber sobre cómo interpretarlo no valía nada. Era fácil comprender que era una abominación si alguien poseía a su hija. Pero que eso fuese lo mismo que haber poseído a Katarina una vez en una borrachera y luego por amor haber hecho algo que únicamente era lo mismo en cuanto a los miembros del cuerpo con Cecilia, pero no con el sentido, eso era imposible de comprender.

Arn reflexionó largo rato sobre la ley de Dios sin llegar a ninguna conclusión. Por mucho que probase su sentido teológico sobre los mandamientos del Antiguo Testamento, en el que encontró la prohibición contra la que había pecado igual como la prohibición de llevar la ropa de cierto color o el pelo cortado de cierta manera durante el mes de luto, todos estos pensamientos se derrumbaban porque esa misma prohibición estaba en la ley de los godo-occidentales. Recordaba bien la veneración que sus familiares sentían cuando el procurador Karle pronunciaba una ley. Había tan poco lugar a interpretaciones que su propio padre se había dispuesto a morir por las palabras de la ley.

Según la ley, había cometido un crimen igual de abominable como el de poseer a su propia hija.

Pero de todas formas era la Santa Iglesia de Dios la que lo juzgaría. Y entre los hombres de Dios se consideraban los pensamientos e intenciones detrás de un crimen de otro modo que entre los godo-occidentales.

Por más vueltas que le daba a esta cuestión, siempre terminaba en cómo decidiría el padre Henri. Puesto que era obvio que no sería juzgado por un concilio; resoplaba al pensar en lo fácil que sería para él defenderse con una espada o con un número incalculable de hombres jurados folkungianos.

Sería juzgado por la Santa Iglesia de Dios y entonces, como mínimo, habría buen juicio y posibilidad de sopesar lo bueno y lo malo. Así se tambaleaba entre la esperanza y la desesperación.

Su esperanza creció aún más cuando un hermano fue a buscarlo para una entrevista con el arzobispo Stéphan. Arn no tenía ni idea de que el arzobispo se encontrase en Varnhem y primero pensó que tal vez eso tenía que ver con su asunto, ya que el arzobispo siempre había dicho que Arn siempre tendría un amigo allá afuera en el otro mundo que lo ayudaría, y ése no era otro que el mismísimo arzobispo. Repleto de nueva esperanza, Arn se apresuró hasta el claustro, donde encontró al padre Henri en el lugar habitual, y para su alegría, también al arzobispo Stéphan. Se arrodilló inmediatamente y besó la mano de Stéphan y no se sentó hasta que lo invitaron a hacerlo.

Lo que vio en los ojos del arzobispo, sin embargo, cuando éste lo contempló un rato en silencio, no era cariño. Por la mirada, Arn sintió cómo su cálida esperanza se enfriaba rápidamente.

–Has tenido tiempo de complicar bastantes cosas en tu breve estancia afuera en el mundo inferior –comenzó a decir el arzobispo finalmente.

Tenía la voz muy severa, y el padre Henri a su lado no miraba a Arn, sino que parecía contemplar sus propias sandalias.

–Sabes muy bien que el poder de la Iglesia no debe entrometerse con el poder terrenal –continuó el arzobispo en el mismo tono severo–. Y de todas formas, eso es precisamente lo que has hecho y me has ocasionado muchos problemas. Lo hiciste con los ojos abiertos e incluso de manera muy inteligente.

El arzobispo calló como para escuchar las excusas y explicaciones de Arn, pero éste, que estaba convencido de que iban a discutir sus pecados carnales, se sintió completamente confuso. No entendía de qué hablaba el arzobispo y lo dijo y pidió disculpas por su simpleza. El arzobispo suspiró profundamente, pero Arn intuyó una pequeña sonrisa en el venerable como si de todas formas creyera en la alegada simpleza de Arn.

–¿No puedes tener tan poca memoria como para no recordar que nos vimos hace poco arriba en Aros Oriental? –preguntó el arzobispo con voz suave y dura a la vez.

–No, Su Excelencia, pero no entiendo cómo pude haber pecado entonces –contestó Arn, inseguro.

–¡Pues es extraño! –refunfuñó el arzobispo–. Vienes en compañía de uno de aquellos pretendientes al trono de los que, desgraciadamente, esta parte del mundo está lleno. Cooperas en la petición de que yo de alguna manera corra a coronarlo casi al momento. Cuando yo rechazo esta petición, por razones que ya sabías de antemano, ¿qué haces entonces? Pues me engañas hasta casi quitarme la sotana y me dejas con el trasero al aire, eso es lo que haces. Y puesto que eres uno de nosotros, y siempre lo serás, el padre Henri y yo nos hemos preguntado larga y sinceramente qué era lo que estarías pensando cuando actuaste de aquella manera.

–No pensé mucho –contestó Arn, vacilante, ya que empezó a entender de qué se trataba–. Como dice Su Excelencia, es verdad que sabía que la Iglesia no podría apoyar en seguida a Knut Eriksson. Pero no encontré nada raro en que fuese Su Excelencia mismo quien se lo transmitiese a mi amigo. Y así fue como sucedió.

–Bien, pero después, ¿qué pensabais cuando inventasteis aquel espectáculo que hizo creer al estúpido gentío allí afuera que yo había ungido y coronado a ese canalla?

–Me temo que no entendí mucho de aquello –contestó Arn, avergonzado–. No habíamos hablado de lo que ocurriría si Su Excelencia se negaba a acceder al deseo de Knut Eriksson. Él pensó que era una petición sencilla. Yo no pude hacerle entender que no lo era, puesto que ya se sentía rey. Entonces pensé que lo tendría que explicar Su Excelencia mismo, tal y como sucedió.

–¡Sí, sí, sí! –dijo el arzobispo con un bufido–. Ya lo has dicho. ¡Pero ahora pregunto por lo que pasó después de que le canté las cuarenta al canalla!

–Entonces me dijo que le pidiese a Su Excelencia si los dos podríamos ser honrados con recibir la comunión de Su Excelencia en la misa del día siguiente. No lo encontré nada anticristiano. Pero no sabía que...

–¡O sea, que no lo habíais comentado antes, no conocías las jugadas que seguirían! –interrumpió el arzobispo severamente.

–No, Su Excelencia, no lo sabía –contestó Arn, avergonzado–. Mi amigo no había pensado más allá de que accederían a su primera petición. Aquello de la comunión no lo habíamos comentado en absoluto.

Los dos hombres mayores miraron intensamente a Arn, quien no apartaba la mirada ni mostraba la menor duda, puesto que lo que había dicho era toda la verdad como si todavía estuviese bajo las reglas de confesión.

El padre Henri carraspeó ligeramente y miró al arzobispo, quien le correspondió la mirada y asintió en acuerdo. Habían llegado a la conclusión de algo que habían discutido de antemano, eso podía entenderlo Arn. Pero no entendía de qué se trataba.

–Bueno, jovencito, a veces eres más inocente de lo permitido, hay que admitirlo –dijo el arzobispo en un tono diferente y mucho más amable–. Trajiste tu espada y me la entregaste y sabías que yo no podría más que bendecirla y los dos estabais vestidos en traje de guerra. ¿Qué pensaste sobre ello?

–Mi espada está santificada y nunca he roto su juramento. Me sentí orgulloso de poder entregarle esa espada sagrada a Su Excelencia, pensé que también vos, Su Excelencia, sentiría lo mismo, puesto que la consagración ocurrió aquí en nuestra casa de los cistercienses –contestó Arn.

–¿Y no te diste cuenta de que tu amigo, ese tal Knut, se aprovecharía de ello? –preguntó el arzobispo con una sonrisa cansada a la vez que sacudía la cabeza.

–No, Su Excelencia, pero después he comprendido...

–¡Después hubo un espectáculo por toda Svealand! –dijo el arzobispo, echando chispas–. Los rumores hicieron parecer que yo hubiese bendecido la espada que mató a Karl Sverkersson, como si yo además hubiese bendecido a Knut Eriksson y casi lo hubiese ungido y coronado, y ¡desde aquel momento no he tenido un instante tranquilo por todos los pequeños reyes y medio reyes y pretendientes al trono que me han acosado a la vez! Voy a dejar el país por un tiempo, por eso estoy aquí y no por ti, si era eso lo que pensabas. Sin embargo, te creo en cuanto a todo lo ocurrido arriba en Aros Oriental y tienes mi perdón por ello.

Arn cayó de rodillas ante el arzobispo y besó de nuevo su mano, dándole las gracias por la inmerecida clemencia y el perdón que le había dispensado, dado que su estupidez no era excusa suficiente. En un breve momento de felicidad, Arn se imaginó que todo había pasado, que su pecado no había sido poseer a Cecilia por amor, sino haber ayudado a Knut Eriksson a burlarse con intenciones astutas del mismísimo arzobispo.

Pero no había pasado todo. Cuando Arn se hubo alzado a la indicación suave del arzobispo y se hubo sentado enfrente de los dos viejos amigos recibió su veredicto.

–Escúchame bien –dijo el arzobispo–. Tus pecados en cuanto a la burla de tu propio arzobispo están perdonados. Pero has infringido la ley de Dios en cuanto que has poseído a dos mujeres que son hermanas y por ese pecado, que es una abominación, no hay misericordia sencilla. Lo común sería que te condenásemos a la penitencia eterna para el resto de tu vida. Pero vamos a mostrarte indulgencia porque creemos que ésas son las intenciones del Señor. Harás tu penitencia durante media vida, veinte años, y lo mismo hará tu concubina. Harás tu penitencia en calidad de un templario del Señor y tu nombre será a partir de ahora Arn de Gothia y ningún otro. Ve a tu penitencia y que el Señor guíe tus pasos y tu espada y que Su gracia te ilumine. ¡Eso, ya está! El hermano Guilbert te lo explicará todo mejor. Yo me marcho, pero nos veremos en el camino a Roma, adonde irás primero.

A Arn le daba vueltas la cabeza. Comprendió que había recibido clemencia pero no del todo. Porque media vida era más de lo que había vivido y no podría ni imaginarse a sí mismo como un hombre viejo, a los treinta y siete años de edad, cuando sus pecados estarían perdonados. Imploró con la mirada al padre Henri sin decir nada y parecía no poder marcharse hasta que éste le hubiese dicho algo.

–El camino a Jerusalén ha sido torcido al principio, mi querido Arn –dijo el padre Henri quedamente–. Pero ésa es la voluntad de Dios, de eso estamos los dos convencidos. ¡Ahora ve en paz!

Cuando Arn, cabizbajo y con pasos casi tambaleantes, los hubo dejado, los dos hombres se quedaron durante un largo rato enredándose en una conversación cada vez más profunda sobre la voluntad de Dios. Los dos tenían muy claro que la intención de Dios era enviar otro gran guerrero para Su Sagrado ejército.

Pero ¿y si Knut Eriksson hubiese sido rey un poco antes para que Arn y Cecilia hubiesen sido bendecidos como marido y mujer? ¿Y si Cecilia, quien al parecer era una persona tan inocente y de buen corazón como Arn, no hubiese ido a visitar a su hermana Katarina? ¿Y si la priora Rikissa no hubiese sido del linaje sverkeriano y por ello hubiese puesto en marcha este escándalo con fuerza y gran resolución?

Si todo esto y otras muchas cosas no hubiesen ocurrido, el Ejército Sagrado de Dios habría tenido un guerrero menos. Por otro lado, el filósofo ya había mostrado que este tipo de razonamientos nunca eran sólidos. No obstante, Dios había mostrado su voluntad y había que doblegarse ante ella.

El hermano Guilbert iba con cuidado con Arn los primeros días cuando su misión era hacer entender a Arn lo que ahora y por mucho tiempo sería su cometido. No lo dejó hablar de su castigo ni de todo lo que tenía que dejar, se quedó en lo concreto.

Por consiguiente, Arn tendría que cabalgar con el arzobispo Stéphan hasta Roma, pero allí se separarían sus caminos, puesto que el arzobispo tenía cosas que arreglar con el papa Alejandro III y Arn tenía que presentarse en el castillo de los templarios en Roma, el castillo templario más grande del mundo. Eso era así porque en Roma todos los aspirantes eran aceptados o rechazados. Ciertamente eran muchos los que se sentían llamados a luchar en el Sagrado Ejército de Dios, tanto más porque con ello se obtenía el perdón por todos los pecados y se llegaba al cielo en caso de morir con la espada en mano. Consecuentemente, sólo uno de cada diez esperanzados era aceptado tras realizar las pruebas.

Estas pruebas apenas significarían una dificultad para Arn. Lo que se exigía para ser aceptado era que se fuese con un blasón en el escudo, una regla que al hermano Guilbert no le gustaba, ya que había visto a muchos escuderos luchando que podrían haber sido buenos hermanos de la orden si no fuese por esta regla precisamente. Pero no era ningún problema para Arn, quien llevaba los leones del linaje de los Folkung en su escudo. Y las otras dos exigencias tampoco serían un problema. El hermano Guilbert sonreía cuando explicó escuetamente que esas exigencias eran que debería saber aproximadamente una cuarta parte de lo que Arn sabía de las Sagradas Escrituras, la lógica y la filosofía. Y tal vez bastaría con una cuarta parte del manejo de Arn de las armas. Además, una carta del arzobispo nórdico y del padre Henri. Pero eso no era lo más importante, muchos esperanzados hijos de condes franceses llevaban esas cartas de recomendación. Pero no iban con los conocimientos de Arn. Y nadie podría oponerse a la expresa voluntad de Dios.

Arn se quejó entonces de que la voluntad de Dios le parecía muy cruel. ¿Por qué debía precisamente él caer en la desgracia y tener que dejar a su amada Cecilia para cumplir la voluntad de Dios en el campo de batalla en Outremer?

El hermano Guilbert admitía que no tenía ninguna respuesta a esta pregunta, pero que tal vez la respuesta se manifestara con el tiempo. En cambio, dijo que él mismo sabía desde hacía años que eso ocurriría. El hermano Guilbert dijo que había conocido a pocos, siquiera a un hombre, con las habilidades de Arn, y ¿si Dios lo había obsequiado con esos dones, habría una intención determinada en ello? Y ¿lo mismo cuando Dios ya a los cinco años de edad lo envió a Varnhem para entrenarlo en todo lo que ahora hacía de él un templario aceptable?

Arn veía con facilidad la lógica de este razonamiento, pero eso no aliviaba ni su pena ni su deseo.

El hermano Guilbert le enseñó a Arn un nuevo equipo a su medida, que lo había mantenido ocupado durante tiempo. Lo más importante era una cota de malla con más de diez mil anillas en dos capas y con una manta de paño burdo entre medio y un forro de tela suave en la parte interior. La cota de malla le subía por la cabeza y bajaba por los brazos hasta las muñecas y más debajo de las rodillas, y aun así era más ligera de llevar que las cotas de malla nórdicas. Con esto iban también unos pantalones que protegían las piernas y bajaban alrededor de los pies. Quien fuera vestido de esa manera iría protegido desde la coronilla hasta los dedos de los pies y eso era lo que la nueva estrategia de guerra exigía. El hermano Guilbert finalmente sacó una camisa de armas negra con una cruz blanca que cubría todo el pecho. Eran los colores de la Iglesia que él llevaría al acompañar al arzobispo en calidad de jinete protector hasta Roma. Pero también era el traje del escudero en la orden de los templarios, así que Arn llegaría preparado al castillo de ellos en Roma, y tenía el permiso del arzobispo para llevar ese traje durante todo el camino.

Arn sentía veneración y orgullo al probarse estas prendas, pero no había alegría en sus ojos. El hermano Guilbert tampoco se lo esperaba.

Pero ante la partida de Arn dos días más tarde, le había reservado una sorpresa especial que se imaginaba que sí tendría el efecto deseado en el ánimo de su joven discípulo.

El hermano Guilbert rodeó con sus brazos los hombros de Arn en consolación, y como si fuese solamente un rato de conversación sin destino determinado, lo acompañó hasta el cercado de caballos más apartado. Al llegar no dijo nada, sólo señaló con la mano. Allí estaba el caballo amado de Arn, *Chamsiin*.

Arn primero se quedó callado. Luego lo llamó y *Chamsiin* en seguida aguzó las orejas y volvió la cabeza hacia él. Al momento el gran caballo se acercó como un trueno hacia él en un galope impetuoso, encabritándose delante de la cerca en donde estaban el hermano Guilbert y Arn, dio unas vueltas, se encabritó de nuevo y relinchó como quejándose o en señal de bienvenida a un amigo estimado.

Arn pasó la cerca de un salto, se lanzó al cuello de *Chamsiin* y lo cubrió de besos.

–Ahora es tuyo –dijo el hermano Guilbert–. Es nuestro regalo de despedida para ti, Arn de Gothia. De templario aprendí que lo más importante en la Guerra Santa es ciertamente la fe en Dios. Luego viene el ejercicio y la humildad. Pero después vienen las buenas armas y un caballo como *Chamsiin*.

Cuando Arn vestido con su traje negro con la cruz blanca montó a *Chamsiin* para emprender su largo viaje en el que primero iba a alcanzar al arzobispo, su rostro mostraba determinación, pero también una pena tan grande como el día en el que le habían dado su veredicto.

Ya habían cantado todas las misas. Todas las palabras de despedida ya habían sido pronunciadas. Pero aún estaban el padre Henri y el hermano Guilbert allí, a solas con Arn, como para decir algo más. Les costaba comportarse con dignidad cristiana, porque la pena de Arn les dolía tanto como fuerte era su convicción de que lo que ahora sucedía realmente era la voluntad de Dios.

–¡Por Dios y muerte a todos los sarracenos! –dijo el padre Henri con esforzada valentía.

–¡Por Dios y muerte a todos los sarracenos! –contestó Arn al blandir su espada sagrada, alzándola hacia el cielo mientras decía este nuevo juramento. Luego apretó los flancos de *Chamsiin* y se marchó a paso tranquilo.

El padre Henri quiso entrar en seguida en su monasterio pero el hermano Guilbert levantó un dedo en señal de que esperasen un momento y señaló a Arn.

Estuvieron así sin que el padre Henri comprendiese el motivo, pero el hermano Guilbert todavía tenía el dedo levantado como si estuviese esperando.

De pronto vieron cómo Arn daba unos pasos al galope a la derecha, luego a la izquierda y después cómo hizo que su vigoroso caballo cambiase de pasos al galope a la derecha y a la izquierda por cada paso, un arte difícil por lo que el padre Henri podía suponer. Pero no debía confundir esa capacidad de artimañas con la alegría.

–¿Ves lo que yo veo, querido padre Henri –susurró el hermano Guilbert casi con devoción–. Dios guarde a Arn, pero también a los sarracenos que encuentre en su camino.

Eso último le resultó al padre Henri incomprensible y que rozaba la blasfemia. Pero ahora no había lugar para palabras duras, no ahora que veían alejarse al hijo más estimado de Varnhem para siempre.

Además, el padre Henri sabía que en algunos aspectos el hermano Guilbert tenía una opinión rara acerca de los sarracenos. No obstante, daba por sentado que Arn, quien una vez había sido puro en el alma como un Perceval, nunca sufriría tales tentaciones. Ciertamente, Dios mantendría su mano protectora sobre un guerrero como Arn.